Eine Arbeitsgesellschaft – auch für Muslime

D1935459

Schriftenreihe Graduiertenkolleg Islamische Theologie

herausgegeben von

Katajun Amirpur,
Harry Harun Behr,
Mouhanad Khorchide,
Ömer Özsoy,
Klaus von Stosch,
Erdal Toprakyaran,
Bülent Uçar

Koordination:
Jan Felix Engelhardt

Band 3

Mouez Khalfaoui
Matthias Möhring-Hesse (Hrsg.)

Eine Arbeitsgesellschaft – auch für Muslime

Interdisziplinäre und interreligiöse Beiträge zur Erwerbsarbeit

Waxmann 2015
Münster • New York

Bibliografische Informationen der Deutschen Nationalbibliothek
Die Deutsche Nationalbibliothek verzeichnet diese Publikation in der Deutschen Nationalbibliografie; detaillierte bibliografische Daten sind im Internet über http://dnb.d-nb.de abrufbar.

Schriftenreihe Graduiertenkolleg Islamische Theologie, Band 3

ISSN 2198-5537
Print-ISBN 978-3-8309-3262-8
E-Book-ISBN 978-3-8309-8262-3

© Waxmann Verlag GmbH, 2015
Steinfurter Straße 555, 48159 Münster

www.waxmann.com
info@waxmann.com

Umschlaggestaltung: Gregor Pleßmann, Ascheberg
Satz: Sven Solterbeck, Münster
Druck: Hubert & Co., Göttingen

Gedruckt auf alterungsbeständigem Papier,
säurefrei gemäß ISO 9706

FSC
www.fsc.org
MIX
Papier aus verantwortungsvollen Quellen
FSC® C016439

Printed in Germany

Alle Rechte vorbehalten. Nachdruck, auch auszugsweise, verboten. Kein Teil dieses Werkes darf ohne schriftliche Genehmigung des Verlages in irgendeiner Form reproduziert oder unter Verwendung elektronischer Systeme verarbeitet, vervielfältigt oder verbreitet werden.

Inhalt

Vorwort 7

I. Vorklärungen

Berthold Vogel
Arbeit, Sozialpolitik und Wohlfahrtsstaat 21

II. Muslime und ihre Erwerbsarbeit

Christine Hunner-Kreisel und Jana Wetzel
Ausgrenzungsmechanismen in der Migrationsgesellschaft
Muslimische Jugendliche und ihre Perspektiven auf Arbeit 39

Judith Dick
Arbeitspflicht für Muslime und Musliminnen im Sozialstaat
Eine Anregung zum Nachdenken über Solidarität und Menschenwürde 63

Niloufar Hoevels
Muslime in der aktuellen Rechtsprechung zum Arbeitsrecht 83

Kirsten Wiese
Arbeiten mit Kopftuch und Gesichtsschleier
Rechtliche Vorgaben für die Zulässigkeit eines religiösen und geschlechtsspezifischen Symbols in öffentlichen und privaten Arbeitsverhältnissen in Deutschland 95

Hansjörg Schmid
Diskriminierung von Muslimen in der Erwerbsarbeit aus christlicher Sicht. . . 123

III. Theologische Versuche über Erwerbsarbeit

Torsten Meireis
Protestantismus und Arbeitsgesellschaft 145

Ansgar Kreutzer
Induktive Gnadenlehre
Die wissenschaftstheoretische Bedeutung der Erwerbsarbeit für die katholische Theologie 169

Matthias Möhring-Hesse
„… festgenagelt, entwürdigt und bloßgestellt“
Theologische Erkundigungen über Lohnarbeit 181

Sarah Prenger
Den Himmel auf Erden verwirklichen
Wie die CAJ zur Humanisierung der (Arbeits-)Welt beizutragen versucht ... 199

Necmettin Kizilkaya
Die rechtliche und mystische Debatte über Erwerb (*kasb*)
und die Entstehung der *kasb*-Literatur 225

Mouez Khalfaoui
Erwerbsarbeit aus muslimischer Perspektive 233

Abdelaali El Maghraoui
Das Arbeiten im Bankwesen aus Sicht muslimischer Gelehrter
Arbeit zwischen Zinsverbot und wirtschaftlicher Realität 247

Mohamed Haj Salem
Kann Glücksspiel Erwerbsarbeit sein?
Spielverbot in der muslimischen Kultur als Fallstudie 265

Autorinnen und Autoren 275

Vorwort

Seine *Anekdote zur Senkung der Arbeitsmoral*, jene Geschichte über die Klugheit des Müßiggangs im Süden Europas, schrieb Heinrich Böll vor über fünfzig Jahren.[1] Seitdem hat sich die ‚Arbeitsmoral' auch in den südlichen Ländern des Kontinents dramatisch verändert – und im Sinne von Bölls arbeitseifrigen Touristen ‚verbessert'. Doch immer noch ist die Bundesrepublik in einem im internationalen Vergleich besonders starken Maß Arbeitsgesellschaft, eine durch Erwerbsarbeit bestimmte Gesellschaft mit auf Erwerbsarbeit ausgerichteten Sozialverhältnissen, inklusive einem besonders an Erwerbsarbeit interessierten und in Erwerbsarbeit drängenden Sozialstaat. Und nur weil die Bundesrepublik in einem hohen Maße Arbeitsgesellschaft ist, sind Musliminnen und Muslime über die Jahrzehnte hinweg zu einem relevanten Bevölkerungsteil geworden, gehört der Islam inzwischen zur Bundesrepublik. Eine entsprechende Nachfrage nach Arbeitskräften hatte schließlich die Bundesrepublik für Einwanderung geöffnet. In den Worten Max Frischs, eines weiteren bedeutenden Nachkriegsautors: Zwar habe man „Arbeitskräfte gerufen, […] es kamen [jedoch] Menschen,"[2] darunter eben auch Menschen muslimischen Glaubens. Dass diese Menschen in der Bundesrepublik ihre Heimat gefunden haben und dass auch der Islam mittlerweile ‚dazugehört', lässt sich ebenfalls auf Erwerbsarbeit zurückführen. Zumindest wird häufig behauptet, dass die Integration der Einwanderinnen und Einwanderer in die Bundesrepublik vor allem über deren Beschäftigung, über die Zugehörigkeit zu Betrieben und Unternehmen, zu Sozialversicherungen und Gewerkschaften ‚gelaufen' sei. Im Gegenzug zeigen sich Schwierigkeiten bei der Integration, etwa bei den Kindern und Enkeln der ersten Zuwanderinnen und Zuwanderer, maßgeblich als deren Probleme auf dem Arbeitsmarkt: So ist es für diese Gruppe schwierig, eine Anstellung zu finden, die sowohl hinsichtlich des Einkommens und der sozialen Absicherung als auch der Qualität der auszuübenden Tätigkeit der Beschäftigung anderer sozialer Gruppen ebenbürtig wäre.

Musliminnen und Muslime gehören zur bundesdeutschen Arbeitsgesellschaft und die bundesdeutsche Arbeitsgesellschaft wird von Musliminnen und Muslimen ‚bevölkert'. Davon handelt dieser Sammelband – und gleichwohl handelt er nicht allein von Muslimen. Vielmehr geht es gleichermaßen um Muslime und die mit ihnen in der Bundesrepublik lebenden Menschen. Im Mittelpunkt dieses Sammelbandes steht die Frage, ob und inwiefern die Religiosität der Erwerbstätigen die ihnen gesellschaftlich auferlegte Erwerbstätigkeit prägt, wie und in welchem Ausmaß Religion in die Erwerbsarbeit einfließt bzw. einfließen kann und welchen

---

1 Zum Beispiel enthalten in Heinrich Böll, *Kölner Ausgabe,* 12:1959–1963, Köln 2008.

2 Max Frisch, Überfremdung I, Vorwort zu Alexander J. Seiler, *Siamo italiani*, Zürich 1965, zitiert nach: Max Frisch, *Forderungen des Tages*, Frankfurt am Main 1983, 188.

Raum Erwerbsarbeit für Religiosität bestehen lässt. In modernen, erst recht in post- oder auch nur spätmodernen Zeiten rechnen wir überall mit Differenzen und deswegen auch damit, dass Individuen nicht durch etwas, sondern vielmehr durch Differenzen von etwas und anderem, wenn nicht gar durch Differenzen zwischen Differenzen geprägt werden. In dieser Erwartung machen wir jedoch vor allem zwei Ausnahmen: Erwerbsarbeit und Religiosität prägen Menschen ganzheitlich. Wir gestehen uns wechselseitig zu, dass wir sind, was wir – im Modus der Erwerbsarbeit – arbeiten. Wir gestatten uns, dass unsere Erwerbsarbeit unser Leben ist, nehmen – selbst in unseren Paarbeziehungen und Familien – auf die Erwerbsarbeit des jeweils anderen Rücksicht und richten unsere Tages- bis Jahresplanung auf deren Ansprüche aus. Politisch wurde diese ‚ganzheitliche' Ausrichtung auf die Erwerbsarbeit seit den 1990er-Jahren massiv unterfüttert: Gesellschaftliche Zugehörigkeit verspricht vor allem Beschäftigung, weswegen die erfolgreiche Eingliederung in den Arbeitsmarkt – oder auch schlicht: ‚Arbeit, Arbeit, Arbeit' – als Schlüssel gesellschaftlicher Inklusion und als oberstes Ziel sozialpolitischer Aktivitäten ausgegeben wurde. Seither ‚fordert und fördert' der bundesdeutsche Sozialstaat in die Erwerbsarbeit hinein – und lässt den Erwerbsfähigen keine realistische Alternative hierzu. Analog gilt aber auch, dass wir sind, was wir glauben, dass wir uns selbst und die anderen von unserem bzw. ihrem Glauben, unserem bzw. ihrem Bekenntnis oder unserer bzw. ihrer Religionszugehörigkeit her verstehen. In den Glaubens- und Religionsgemeinschaften wird von Menschen erwartet, dass sie mit ganzem Herzen und mit ihrem ganzen Leben ‚dabei' sind. Man redet abfällig über ‚Sonntagschristen' und ‚laue Muslime', über diejenigen, deren Glaube einzig zu einem mehr oder weniger regelmäßigen Besuch von Gottesdienst und Freitagsgebet, nicht aber für das Leben außerhalb von Kirche und Moschee ‚reicht'. Außerhalb der Glaubens- und Religionsgemeinschaften rechnet man mit der ausgreifenden Prägekraft von Religiosität, damit, dass – insbesondere bei Muslimen – Glaubende ‚ganz und gar' Glaubende, Religiöse ‚ganz und gar' Religiöse sind. So setzt etwa Jürgen Habermas' ‚postsäkulare Gesellschaft' religiöse Bürger voraus, die ihre Religiosität mit in die Öffentlichkeit ziehen und auch als Bürger nur religiös sein können.

Wenn aber Erwerbsarbeit und Religiosität gleichermaßen den Anspruch erheben, Lebensverhältnisse und soziale Beziehungen zu bestimmen, ist ein Konflikt quasi vorprogrammiert. Den ‚ganzheitlichen' Ansprüchen der Erwerbsarbeit wird man nicht entsprechen können, wenn man zugleich den ‚ganzheitlichen' Ansprüchen seines Glaubens oder seiner Religion folgen will – und umgekehrt. Im Fall von religiösen Erwerbstätigen und erwerbstätigen Religiösen – zumindest bei jenen, die beiden Lebensbereichen gleichermaßen gerecht werden wollen – kollidieren die Ansprüche, für Arbeit und Glauben in gleichem Ausmaß Aufmerksamkeit und Zeit aufzubringen, die Ansprüche an die eigene Lebensgestaltung und das eigene Aussehen, die Ansprüche an den Umgang mit anderen Menschen und sich selbst.

Derartige Kollisionen oder auch nur die Erwartung hiervon können zudem zum Anlass genommen werden, Menschen in Kontexten der Erwerbsarbeit und – zumindest prinzipiell – auch in den Glaubens- und Religionsgemeinschaften wegen ihrer anderweitigen Beanspruchung bzw. aufgrund der Unterstellung abweichender Beanspruchung zu benachteiligen: Das Tragen eines Kopftuchs ist im Öffentlichen Dienst nicht gestattet, da dieses als religiöses Symbol gedeutet wird. Entsprechend werden religiöse Musliminnen beim Bund, den Ländern oder in den Kommunen keine Anstellung finden. Oder: Wer nicht die ‚richtige' Religionszugehörigkeit aufweisen kann, also Muslime oder Konfessionslose, dem bleiben weite Bereiche der sozialen Dienste verschlossen, wenn diese von kirchlichen Wohlfahrtsverbänden wie Caritas und Diakonie ausgeübt werden. Zumindest ist der Zugang für sie weder planbar noch transparent.

Obwohl es sich hierbei um kein neues Phänomen handelt, war in den letzten Jahren wiederholt die Rede von der Rückkehr des Religiösen: Religion steht wieder im Vordergrund gesellschaftlicher Phänomene und es wird ihr eine bedeutende Rolle bei der Lebensgestaltung vieler Menschen zugesprochen. Hierdurch entstanden neue Probleme: Insbesondere hat sich ein Spannungsfeld aufgetan zwischen dem, was die jeweilige Religion von ihren Anhängern ‚erwartet', und den Anforderungen, mit welchen sich Erwerbstätige in der Arbeitswelt konfrontiert sehen. Seit jeher hat man sich sowohl im Islam als auch im Christentum theologisch zumeist bemüht, diesen Konflikt zwischen Erwerbsarbeit und Religiosität abzumildern und Muslimen und Christen theologisch den Zugang zur Erwerbsarbeit zu öffnen. Einem seit Max Webers *Protestantischer Ethik* gut gepflegten Vorurteil zufolge hat das Christentum, zumindest in einer seiner konfessionellen Spielarten, die Erwerbsarbeit, mit der wir es heutzutage zu tun haben, kulturell sogar vorbereitet. Das dürfte zwar übertrieben sein. Jedoch hat man sich im Christentum und vergleichbar wohl auch im Islam mit der Erwerbsarbeit, wie wir sie kennen – das heißt, die arbeitsvertragliche Bindung an einen Arbeitgeber zur Veräußerung von Arbeitskraft gegen Lohn – theologisch arrangiert. Doch nicht zuletzt dadurch, dass sie Religiöse in Erwerbsarbeit ‚einweisen', nehmen sich islamische und christliche Theologien das Recht heraus, sich über die Erwerbsarbeit zu stellen: Indem sie im Namen Gottes oder der Religion oder auch nur zur Empfehlung erfüllten Lebens Religiösen einen theologischen Weg in diese Erwerbsarbeit zu zeigen versuchen, ‚entscheiden' sie, was eine passende Erwerbsarbeit ist, in welche man Religiöse theologisch ‚guten Gewissens' einweisen kann. Da es ihrer Meinung nach der Glaube ist, der den Menschen ‚ganzheitlich' einnehmen soll, können sie gar nicht anders, als der Erwerbsarbeit, die doch nicht minder umfassende Ansprüche an den Menschen stellt, Grenzen zu setzen. Selbst wenn sie Erwerbsarbeit grundsätzlich gutheißen, ist es islamischen und christlichen Theologien nahezu unmöglich, deren ganzheitlichen Ansprüchen an den Erwerbstätigen nicht kritisch entgegenzutreten.

In unseren heutigen Zeiten wird diese kritische Haltung aufgrund der Tatsache, dass Erwerbsarbeit im Zuge ihrer Subjektivierung stärker auf die Erwerbstätigen zugreift als jemals zuvor, zusätzliche Brisanz gewinnen. Beiden Seiten – das heißt den auf steigende Flexibilität und Rendite setzenden Arbeitgebern einerseits und den zunehmend qualifizierten und Selbstverwirklichung in ihrer Tätigkeit anstrebenden Arbeitnehmern andererseits – geht es um eine umfassende Veräußerung des Abgabevermögens, welches Menschen mit in die Erwerbsarbeit bringen; und zwar auch jenes Arbeitsvermögens, dessen Veräußerung im Arbeitsvertrag als die subjektiven, nicht zertifizierten und nicht qualifizierbaren Vermögen von Einzelnen gar nicht geregelt werden können. Es geht ihnen also um die Veräußerung von Subjektivität. Dabei entzieht sich die Erwerbsarbeit, womöglich auch von beiden daran beteiligten Parteien aus, ihren räumlichen und zeitlichen Begrenzungen, ‚sprengt' auch ihre biografischen Begrenzungen in den Individuen und bestimmt deren Leben, deren Lebensverhältnisse und deren soziale Zusammenhänge stärker denn je. Hat man angesichts steigender Arbeitslosigkeit in den späten 1970er-Jahren das ‚Ende der Arbeitsgesellschaft' angekündigt, so ahnen wir nun, dass wir uns mehr denn je in einer von Erwerbsarbeit eingenommenen Gesellschaft befinden. Egal ob im christlichen oder islamischen Kontext: Eine Theologie, die an sich selbst den Anspruch stellt, den Lebensverhältnissen von Glaubenden gegenüber sensibel und gegenüber den von Erwerbstätigen bevölkerten Glaubens- und Religionsgemeinschaften offen zu sein, wird sich mit dieser ausufernden Arbeitsgesellschaft auseinandersetzen und ihr Paroli bieten müssen. Interessant ist dann weniger, dass Theologien kritisch gegenüber der Arbeitsgesellschaft sind, sondern mehr, in welchem Maße, mit welchen Gegenentwürfen und mit welchen Argumenten sie in diese Auseinandersetzung gehen.

Allein die Tatsache, dass Menschen sich durch ihren Glauben ‚ganzheitlich' bestimmen lassen (wollen), bringt sie in unseren modernen, spät- oder postmodernen Zeiten gelegentlich schon unter Fundamentalismus-Verdacht – insbesondere dann, wenn sie Muslime sind. Diesem Verdacht können sie sich erwehren: Fundamentalistisch ist man nicht deshalb, weil man das eigene Leben unter ein ‚Grundmotiv' zu bringen oder dem eigenen Leben einen religiösen ‚roten Faden' zu geben versucht – und dazu vorgegebene Differenzen der sozialen Welt in einer eigenen und in diesem Fall eben religiösen Identität integriert oder zumindest zu integrieren sucht. Fundamentalistisch wird man erst in dem Maße, wie man bestehende Differenzen nach außen einzieht, diese Differenzen – etwa zwischen Religion und Politik – gegenüber anderen negiert und gar anderen die eigenen Entdifferenzierungen abverlangt. In diesem Sinne wären christliche und islamische Theologien fundamentalistisch, wenn sie Erwerbsarbeit nicht als etwas Eigenes und vor allem Eigensinniges behandeln, sondern sie von vornherein als eine von Gott geforderte Arbeit begreifen oder aber diese als deren Gegenstück negieren würden. Fundamentalistisch in diesem Sinne wären aber auch Vorstellungen von

Erwerbsarbeit, die dieser gestatten, mit ihren Ansprüchen auf andere Bereiche moderner Gesellschaften auszugreifen, diese von ihren Ansprüchen her einzunehmen – und dabei deren Eigenheiten und Eigensinn zu zersetzen und diesen die Ressourcen für deren Verwirklichung, einschließlich der dafür notwendigen Zeit von Menschen, zu berauben. Fundamentalistisch wären Vorstellungen, dass Menschen vor allem Erwerbstätige sind und deshalb von Kindesbeinen an bis ins hohe Alter ihr Leben auf ihre Erwerbstätigkeit hin auszurichten haben. Gut beraten sind wir, uns gegen jede Form von religiösem Fundamentalismus zu wehren und ihm gegenüber die Pluralität unserer Gesellschaft und deren Differenzierungen zu verteidigen. Gut beraten sind wir aber auch, dasselbe gegenüber dem Fundamentalismus der Erwerbsarbeit zu tun und uns über dessen Verbreitung nicht zu täuschen. In den dazu notwendigen Aufklärungen können womöglich christliche und islamische Theologien eine produktive Rolle spielen, wenn sie denn in Auseinandersetzung mit einer ausgreifenden Erwerbsarbeit treten.

Theologien, die sich mit Erwerbsarbeit befassen, werden sich auch mit den Benachteiligungen beschäftigen, die religiösen Menschen aufgrund ihrer besonderen Eigenschaften und Merkmale oder ihnen auch nur zugeschriebenen Eigenschaften und Merkmale erwachsen. Derartige Benachteiligungen sind nicht schon immer und schon gar nicht von vornherein ungerechtfertigt. Sie bedürfen aber der Rechtfertigung gerade auch gegenüber den hiervon Betroffenen. Andernfalls handelt es sich hierbei um Diskriminierungen, welche die davon Betroffenen in ungerechtfertigter Weise gegenüber anderen zurückstellen, ihnen Lebens- und Beteiligungschancen vorenthalten und ihre Autonomie auch in Sachen ihres eigenen Glaubens und ihrer Religiosität einschränken. Benachteiligungen daraufhin zu prüfen und gegebenenfalls Diskriminierungen auszuweisen, gehört zu den Aufgaben sowohl der islamischen als auch der christlichen Theologie. Diese Aufgabe stellt sich aber nicht innerhalb der Grenzen von Religionen und Konfessionen: So ist das Kopftuchverbot im Öffentlichen Dienst keineswegs nur ein Thema für die islamische Theologie. Geht es um Benachteiligungen, gar um Diskriminierungen von religiösen Menschen, dann sind Theologien interkonfessionell und interreligiös gefordert. Derartige Benachteiligungen lassen sich nur im Abgleich zwischen den Religionen und Konfessionen beurteilen und Diskriminierungen können nur im Namen des allen Religiösen gleichermaßen zustehenden Rechts auf aktive Religionsfreiheit kritisiert werden.

Nicht zuletzt deshalb wird in diesem Buch die theologische Auseinandersetzung mit Erwerbsarbeit interreligiös angestrebt. Aus den unterschiedlichen religiösen Traditionen heraus werden theologische Einschätzungen und Beurteilungen der Erwerbsarbeit unternommen, wobei es die Autorinnen und Autoren eint, dass sie sich mehr für die Art und Qualität der theologischen Überlegungen interessieren als für deren Herkunft. In diesem Buch finden sich außerdem Beiträge aus nichttheologischen Disziplinen und von Autorinnen und Autoren, die sich zwar keiner religiösen Tradition zurechnen, sich aber gleichwohl für die Spannungen zwischen Erwerbsarbeit und Religiosität und – aus unterschiedlichen Gründen – für die religiöse ‚Herkunft' von Erwerbstätigen interessieren. Mithin ist dieses Buch nicht nur interreligiös, sondern auch interdisziplinär.

Das ‚Interreligiöse' dieses Buches ist allerdings auf die islamische und christliche Theologie beschränkt. Dies begründet sich nicht in der Sache, sondern erklärt sich aus der besonderen Situation an der Universität Tübingen. Mit der Einrichtung des Zentrums für Islamische Theologie (ZITh) zum Wintersemester 2011/2012 boten sich dem interreligiösen Dialog und dem wissenschaftlichen Austausch zwischen den Theologien ganz neue Möglichkeiten und Perspektiven. Bereits die Einrichtung des ZITHs verdankte sich der interreligiösen Zusammenarbeit der Theologien an der Universität Tübingen. Inzwischen hat sich hier ein fester Raum etabliert, an dem Vertreterinnen und Vertreter der beiden Theologien aufeinandertreffen und kooperieren können. Ein Resultat dieser Tübinger Kooperation ist der vorliegende Sammelband, der von einem intensiven Austausch und einer Zusammenarbeit auf Augenhöhe zeugt.

Die Beiträge dieses Buches wurden in zwei Workshops in interdisziplinärer und interreligiöser Besetzung vorbereitet. Der erste Workshop fand 2013 an der Universität Tübingen, der zweite 2014 in der Katholischen Akademie der Diözese Rottenburg-Stuttgart statt. Beide wurden vom Graduiertenkolleg Islamische Theologie der Stiftung Mercator gefördert. Die Akademie der Diözese in Rottenburg-Stuttgart hat den zweiten Workshop gefördert und auch zur Entstehung dieses Buches beigetragen. Für diese Förderung bedanken sich die Herausgeber beim Graduiertenkolleg Islamische Theologie und bei der Katholischen Akademie. Da dieser Abschnitt dem Dank gewidmet ist, soll an dieser Stelle auch der Lektorin dieses Buches, Jessica Karagöl, für ihre sensible Betreuung der Texte im Interesse der Leserinnen und Leser gedankt werden.

Der Aufbau dieses Bandes spiegelt den problemorientierten Ansatz, den wir für den interdisziplinären und interreligiösen Zugang zur Erwerbsarbeit gewählt haben. Im *ersten Teil* dieses Buches wird zunächst geklärt, was unter Erwerbsarbeit verstanden wird: ein gesellschaftlich reguliertes Verhältnis der arbeitsvertraglich vereinbarten Veräußerung von Arbeitskraft und deren Entlohnung. Bei der soziologisch informierten Vorklärung werden besonders der sozialpolitische Einfluss auf Erwerbsarbeit und der Rückeinfluss der so regulierten Erwerbsarbeit auf die Sozialpolitik notiert. Im *zweiten Teil* werden Benachteiligungen von Musliminnen und Muslimen bei der Erwerbsarbeit sowie deren besondere Situation in der Bundesrepublik, aber auch die Wahrnehmung dieser Benachteiligungen im Christentum untersucht. Theologische Versuche über Erwerbsarbeit aus der christlichen – dabei evangelischen und katholischen – und der islamischen Theologie werden im *dritten Teil* vorgestellt, wobei einige dieser Versuche stärker historisch interessiert sind, andere wiederum eher gegenwartsbezogen argumentieren.

Aus der Industrie- und Arbeitssoziologie heraus entwickelt *Berthold Vogel* in seinem Beitrag „Arbeit, Sozialpolitk und Wohlfahrtsstaat“ ein für dieses Buch grundlegendes Verständnis von Erwerbsarbeit. Mit dem Begriff Erwerbsarbeit wird ein gesellschaftlich, maßgeblich staatlich, das heißt sozialpolitisch, arbeitsrechtlich und arbeitsmarktpolitisch reguliertes Verhältnis bezeichnet, in dessen Rahmen die Mehrheit der in der Bundesrepublik lebenden Erwachsenen arbeitet. Dass Sozialpolitik nicht nur die Folgen von Erwerbsarbeit kompensiert, sondern aktives Moment der gesellschaftlichen Durchsetzung, Verbreitung und Aufrechterhaltung von Erwerbsarbeit ist, war – so die für seine Disziplin kritische Diagnose von Vogel – in den Hochzeiten der industrie- und arbeitssoziologischen Forschung zwar gegenwärtig, wurde aber nur wenig explizit gemacht. Ein entsprechender Blick auf die Erwerbsarbeit ist aber auch für die gegenwärtigen in diesem Bereich stattfindenden Veränderungen relevant: Die größere Verwundbarkeit von Beschäftigten, die wachsende Unverbindlichkeit ihrer Beschäftigungsverhältnisse, aber auch die zunehmende soziale und materielle Ungleichheit innerhalb des Erwerbssystems werden maßgeblich von sozialpolitischen und arbeitsrechtlichen Interventionen verursacht. So aber werden die sozialen Verhältnisse in der Arbeitswelt in materieller, aber auch in soziokultureller Hinsicht immer ‚unähnlicher‘. Deshalb wird auch in diesem Band nicht über die eine und gleiche Erwerbsarbeit für alle Erwerbstätigen gesprochen werden können.

In diesem Sinne wird im zweiten Teil des Buches die besondere Lage von muslimischen Erwerbstätigen in den Blick genommen. Der erste Beitrag befasst sich mit der Lage von muslimischen Jugendlichen vor ihrem Übergang von der Schule zu Ausbildung, Hochschule oder anderweitiger Beschäftigung. Im Rahmen ihres Forschungsprojektes „Muslimische Jugendliche und ihre Perspektiven auf Arbeit“ können *Jana Wetzel* und *Christine Hunner-Kreisel* die starke Bedeutung von Erwerbsarbeit für die Lebensentwürfe der von ihnen befragten Jugendlichen ausweisen. Weil sie aber ihre Identität auf zukünftige Erwerbsarbeit hin entwerfen, antizipieren die Jugendlichen Schließungsmechanismen beim Übergang in eine Ausbildung und auf den Arbeitsmarkt. Ihre Erwartungen entwickeln sie auf der Basis von im Schulsystem gemachten Erfahrungen sowie von Erlebnissen ihrer Peergroups auf dem Arbeits- und Ausbildungsmarkt. Während Jugendliche, die sich mit höheren Bildungsabschlüssen auf einen Zugang zum Studium vorbereiten, stärker eigene Präferenzen und Fähigkeiten ansprechen und sich ihre eigenen Bildungserfolge selbst zusprechen, bevorzugen Jugendliche mit geringeren Bildungsabschlüssen kollektivistische Zuschreibungen und antizipieren deswegen auch ethnisch begründete Schließungen; sie messen schulischen Leistungen keinerlei Bedeutung für ihren Übergang in Ausbildung und auf den Arbeitsmarkt bei. Aber auch die Jugendlichen mit höheren Bildungsabschlüssen sind sich kollektivistischen und eben auch ethnischen Zuschreibungen bewusst; sie versuchen diese durch – im Vergleich zu den ‚nicht-ethnisierten‘ Mitschülerinnen und Mitschülern

– bessere Leistungen auszugleichen. Schützen sie sich so vor kollektivistischen Defizitzuschreibungen, geraten sie jedoch unter den ständigen Druck, ihren Aufstieg und ihre Leistungen darzustellen.

Seit den Hartz-Reformen setzt der bundesdeutsche Sozialstaat verstärkt eine ‚Arbeitspflicht' gegenüber allen Erwerbsfähigen durch und „fordert und fördert" in Erwerbsarbeit hinein. In ihrem Beitrag „Arbeitspflicht für Muslime und Musliminnen im Sozialstaat" untersucht *Judith Dick*, ob und inwiefern der deutsche Sozialstaat bei der Durchsetzung dieser ‚Arbeitspflicht' – etwa bei Sperrzeiten im Arbeitslosenversicherungsrecht oder bei Sanktionen im Grundsicherungsrecht – den religiösen Pflichten Rechnung trägt, die Musliminnen und Muslime für sich in Anspruch nehmen. Sowohl bei den Sozialversicherungen als auch bei der Grundsicherung für Arbeitsuchende sieht sie rechtliche Möglichkeiten solcher Art sozialstaatlicher Rücksichtnahme. Systematisch ließen sich diese Möglichkeiten zugleich begründen und ausbauen, wenn das bundesdeutsche Sozialrecht konzeptionell stärker auf Solidarität und Menschenwürde verpflichtet würde und diese beiden ‚Kollektivsymbole' mit Hinblick auf die Religiosität der solidarisch verbundenen und unbedingt würdigen Menschen gefüllt würden. Ebenfalls aus juristischer Perspektive gewährt *Niloufar Hoevels* einen Überblick über „Muslime in der aktuellen Rechtsprechung zum Arbeitsrecht". Bundesdeutsche Arbeitsgerichte müssen Konflikte lösen, die sich aus den rechtlichen Anteilen und – zahlenmäßig überwiegend – aus religiösen Anteilen der islamischen Scharia ergeben. In ihrem Beitrag „Arbeiten mit Kopftuch und Gesichtsschleier" sichtet *Kirsten Wiese* Gesetzeslage und Rechtsprechung zur Zulässigkeit der religiös bedeutsamen Kopf- und Gesichtsbedeckung in öffentlichen und privaten Arbeitsverhältnissen. Das aus dem Koran herausgelesene Gebot der Kopfbedeckung steht ihr zufolge für eine grundgesetzlich unzulässige Trennung der Geschlechter und für eine ebenso unzulässige Dominanz von Männern über Frauen. Gleichwohl betont Wiese, dass Frauen im Namen des Grundrechts auf aktive Religionsfreiheit das religiös motivierte Tragen von Kopftüchern in Erwerbsarbeitsverhältnissen grundsätzlich erlaubt werden müsse und es ihnen allenfalls in begründeten Einzelfällen verboten werden könne. In diesem Sinne weist sie auch die für den Öffentlichen Dienst angeführten Begründungen für ein allgemeines Kopftuchverbot – die negative Religionsfreiheit sowie die Neutralität des säkularen Staates – zurück.

Wie werden die Benachteiligungen und Probleme von Musliminnen und Muslimen im Christentum wahrgenommen? Diese Frage beschäftigt *Hansjörg Schmid* in seinem Beitrag „Diskriminierung von Muslimen in der Erwerbsarbeit aus christlicher Sicht": Die christlichen Kirchen und Theologien haben in Deutschland den Musliminnen und Muslimen gegenüber durchweg eine anwaltschaftliche Rolle eingenommen und ihre Interessen in vielerlei Angelegenheiten vertreten, dabei aber ihre Benachteiligungen in der Erwerbsarbeit zumeist übersehen. Die Anwaltschaftlichkeit wird in den christlichen Kirchen und Theologien bis hin zur

Bevormundung von Musliminnen und Muslimen betrieben, wobei neben die Anwaltschaftlichkeit auch die Abgrenzung als ein gegenläufiges Paradigma tritt. In der Auseinandersetzung mit dem Islam partizipieren so die christlichen Kirchen und die Theologien an einer verbreiteten Islamkritik und an den Trends der allgemeinen Islamdebatte, statt sich diesen zu verwehren.

Wurden im zweiten Teil Probleme und Benachteiligungen von religiösen Arbeitnehmenden untersucht, nimmt sich im dritten Teil die Theologie, als die Sprachform religiöser Menschen, Erwerbsarbeit zu ihrem Gegenstand. Dieser Teil wird mit Beiträgen aus der christlichen Theologie eröffnet: *Torsten Meireis* verfolgt in seinem Beitrag „Protestantismus und Arbeitsgesellschaft" die Wechselwirkung zwischen protestantischen Vorstellungen über Arbeit und gesellschaftlichen Sozialbeziehungen und legt dar, dass sich erst in dieser Wechselwirkung die in Deutschland vertraute Arbeitsgesellschaft mit ihrem ‚Arbeitsversprechen' im 19. und 20. Jahrhundert ausbilden konnte. Konnte die protestantische Vorstellung vom Beruf noch lange im Kontext moderner Erwerbsarbeit wirksam bleiben, hat sich der Bezug zum Berufsbegriff zunehmend aufgelöst, und dies auch in der protestantischen Theologie. Für die katholische Theologie setzen – so *Ansgar Kreutzer* in „Induktive Gnadenlehre" – die theologischen Bemühungen über Erwerbsarbeit erst mit der „Theologie der Arbeit" von Marie-Dominique Chenu OP ein. Daran interessiert Kreutzer insbesondere, dass mit Chenu nicht nur ein neues und relevantes Thema katholisch-theologisch erschlossen wurde, sondern dass anhand dieses Themas zugleich ein neuer Typ von Theologie, eine sogenannte induktive Theologie, entwickelt wurde. Auf dem Wege induktiver Theologie lässt sich nicht nur, wie bei Chenu, die Fabrikarbeit früherer Zeiten, sondern auch aktuelle Formen von Erwerbsarbeit und vor allem das überhitzte Arbeitsethos der gegenwärtigen Arbeitsgesellschaft theologisch begreifen und kritisieren.

Im Rahmen eines Forschungsprojektes wurden Arbeitergeschwister und Betriebsseelsorger und -seelsorgerinnen, ausgebildete katholische Theologen und Theologinnen, die entweder als ‚normale' Arbeitnehmende erwerbstätig oder aber als kirchlich Angestellte in der kategorialen Seelsorge für Erwerbstätige beschäftigt sind, zu ihren Theologien über Erwerbsarbeit befragt. *Matthias Möhring-Hesse* stellt in seinem Beitrag „Theologische Erkundungen über Lohnarbeit" die Breite der erkundeten Theologien über fünf Typen von Theologien über Erwerbsarbeit vor. Indem sich die befragten Arbeitergeschwister und Betriebsseelsorger und -seelsorgerinnen über diese fünf Typen hinweg auf gegenwärtige Verwerfungen der Erwerbsarbeit, etwa prekäre Beschäftigung oder verdichtete und beschleunigte Arbeit, und das hierdurch verursachte Leiden der Arbeitnehmenden konzentrieren, durchbrechen sie in ihren Theologien die öffentliche und auch kirchliche Schönrede über Lohnarbeit, weisen deren Legitimation über biographische und soziale ‚segensreiche' Wirkungen zurück und erkennen das Leiden an der Erwerbsarbeit gegenüber den davon Betroffenen an. Die mit ‚Gott' gemeinte Wirklichkeit können sie an den von ihnen angesprochenen Orten der Erwerbsarbeit nur in ab- oder widerständigen Sachverhalten wirklich und anwesend sehen; sie besprechen Gottes Fremdheit gegenüber der von Arbeitnehmenden erlittenen Arbeit. Ihre „Theologie der Arbeit" gerät so zur theologischen Anklage gegen das Leiden in der Erwerbsarbeit, und zwar nicht weil Arbeitnehmende in ihrer Religiosität verletzt werden, sondern weil ihnen in und durch die Erwerbsarbeit das von Gott zugesagte Heil verwehrt wird. In ihrem Beitrag „Den Himmel auf Erden verwirklichen: Geschichte und Gegenwart der CAJ" stellt *Sarah Prenger* die Christliche Arbeiterjugend (CAJ), einen christlichen, an die katholische Kirche gebundenen Jugendverband, und dessen Engagement bezüglich Problemen der Erwerbsarbeit vor. Weil in ihrem Engagement in theologischer Sprache auf Gottes Gerechtigkeit in der Welt verpflichtet, beschäftigen sich die Jugendlichen mit konkreten Widerfahrnissen der Erwerbsarbeit, mit der Situation von Jugendlichen in der Gastronomie, mit prekärer Arbeit und mit Problemen von Jugendlichen ohne Aufenthaltstitel, und machen ihr entsprechendes Engagement für eine gerechtere Erwerbsarbeit zu einem Moment ihres Glaubens an einen ‚Himmel auf Erden'.

Die Beiträge aus dem islamischen Kontext, nicht immer ausdrücklich theologische Texte, weisen einen deutlichen Unterschied zu den Beiträgen aus der christlichen Theologie auf. Während sich Letztere stärker der modernen bzw. zeitgenössischen Erwerbsarbeit widmen, beziehen sich die muslimischen Beiträge mehr auf die Anfangsphase der islamischen Theologie. So versuchen *Necmettin Kizilkaya* und *Mouez Khalfaoui* in ihren Beiträgen „Die rechtliche und mystische Debatte über Erwerb (*kasb*) und die Entstehung der ‚*Kasb*-Literatur' im Islam" bzw. „Erwerbsarbeit aus muslimischer Perspektive" die muslimische Arbeitstheorie in ihrer Anfangsphase neu zu interpretieren. Beide Autoren konzentrieren sich auf die Entstehung des Begriffs bzw. der Gattung von *kasb* (Erwerb) und betonen, dass mit diesem Begriff sozialgesellschaftliche Entwicklungen über eine lange Zeit hinweg begriffen wurden. Dabei ist die muslimische Auffassung von Erwerb spannungsreich: Auf der einen Seite sollen Menschen zum Arbeiten motiviert werden, auf der anderen Seite wird Erwerbstätigkeit als Ablenkung vom Beten, dem Hauptziel menschlicher Existenz, abgewertet. Die Auseinandersetzung beider Strömungen begleitet die Debatte über Arbeit in muslimischen Kulturen in allen Epochen. Khalfaoui arbeitet heraus, dass sich die Spannung bereits in unterschiedlichen Konzeptionen von Arbeit niederschlägt: Während Theologen sich mit theoretischen Fragen der Erwerbsarbeit bzw. Arbeitsethik und unter anderem mit der Frage, ob Beten besser als Arbeiten sei, beschäftigten, haben sich Juristen mit praktischen Aspekten der Erwerbsarbeit befasst. Sie haben dazu aber nicht die Gattung *kasb*, sondern die Gattung *ijara* (Vermietung/Leasing) genutzt und denken konzeptionell im Modus des Vertrags. Durch diese neue Auslegung der Entstehungsphase der muslimischen Erwerbstheorie wurden die Weichen gestellt für eine umfassende Untersuchung dieses Themas in modernen Epochen, um festzustellen, wie und inwieweit Änderungen bzw. Reformen in diesem Bereich zu verzeichnen sind. Bezug nehmend auf diese Debatte sucht *Abdelaali El-Maghraoui* in „Das Arbeiten im Bankwesen aus Sicht muslimischer Gelehrter“ die besondere Form der Arbeit in Banken theologisch zu interpretieren, und zwar angesichts des religiösen Verbots von Zinsen. Dieser Beitrag ermöglicht einen Einblick in gegenwärtige Umsetzungsansätze der islamischen Theologie. Aufbauend auf dem immer wichtiger werdenden Bereich des Islamic banking werden zwei Ansätze zum Arbeiten im Bankwesen dargestellt. Während Gelehrte aus Saudi-Arabien am klassischen Verbot jeglicher Tätigkeit in diesem Bereich festhalten, versuchen ägyptische Gelehrte dieses Verbot aufzuweichen. Diese unterschiedlichen Positionen lassen sich anhand der sozioökonomischen Situation in den jeweiligen Ländern erklären.

*Mohamed Haj Salem*s Beitrag „Kann Glücksspiel ein Beruf sein? Spielverbot in der muslimischen Kultur als Fallstudie“ wirft einen Blick auf Arbeit aus einer anthropologischen Perspektive – und setzt dabei beim Glücksspiel an. Gilt es im zeitgenössischen Erwerbsverständnis als eine Bedrohung und als Verschwendung, zeigt Haj Salem, dass dem Glücksspiel in vorislamischer Zeit wichtige religiöse, wirtschaftliche, gesellschaftliche und politische Dimensionen innewohnten. So wurde über das Glücksspiel der Lebensunterhalt von Armen und Benachteiligten gesichert sowie der soziale Ausgleich in einem Stamm und damit auch dessen Zusammenhalt gewährleistet. Glücksspiel galt daher keineswegs als das Gegenteil von Arbeiten und wurde folglich auch nicht negativ bewertet. In religiöser Hinsicht wurde das Glücksspiel ähnlich der Arbeit geschätzt und galt geradezu als Prototyp der theologisch gewollten Kombination aus Arbeit und Freude.

Somit bestätigt sich auch in diesem Beitrag, dass islamische und christliche Theologie der modernen Erwerbsarbeit und ihres ganzheitlichen Zugriffs auf Menschen und ihre Beziehungen Grenzen setzen und dem gegenwärtigen ‚Ausgreifen‘ von Erwerbsarbeit widersprechen. Gleichwohl sind auch religiöse Menschen dem Zugriff der Arbeitsgesellschaft ‚ausgeliefert‘. Daher führen religiöse Pflichten, aber auch über Religion laufende kollektive Zuschreibungen zu Benachteiligungen auf dem Arbeitsmarkt sowie in anderen gesellschaftlichen Bereichen. Dass davon in der Bundesrepublik gegenwärtig vor allem Musliminnen und Muslime betroffen sind, wird in diesem Sammelband gezeigt. Derartigen Benachteiligungen zu widersprechen, ohne deswegen in die Übertreibungen einer überhitzten Arbeitsgesellschaft einzusteigen, die Bedeutung von Erwerbsarbeit auch für religiöse Menschen zu bestätigen, dabei den imperialen Ansprüchen der Erwerbsarbeit zu widersprechen, darin dürfte ein gemeinsames Anliegen aller Autorinnen und Autoren dieses Buches liegen.

Mouez Khalfaoui
Matthias Möhring-Hesse

I.
Vorklärungen

Berthold Vogel

Arbeit, Sozialpolitik und Wohlfahrtsstaat

Gestalt, Entwicklung und Status der Erwerbsarbeit sind zu einem guten Teil das Ergebnis wohlfahrtsstaatlicher Eingriffe und arbeitsrechtlicher wie arbeitsmarktpolitischer Regulation. Zustand und Form des Arbeitslebens sind eng mit der staatlichen Ordnung der Volkswirtschaft, der politischen Gestaltung der Arbeitsmärkte und der rechtlichen Normierung der Beschäftigungsverhältnisse verknüpft. Staat, Recht und Politik konstituieren die moderne Arbeitswelt. Das geschieht durch Initiativen der Bildungs- und Forschungspolitik, aber auch durch die Justierungen der Sozialversicherung oder des individuellen Arbeitsrechts. Darüber hinaus sind staatliche Einrichtungen und sozialpolitische Institutionen relevante und in tarif- wie personalpolitischer Hinsicht stilprägende Tätigkeitsfelder. Wohlfahrtsstaatliche Sozialpolitik ist daher nicht nur Ausdruck des Leistungsstaates, der sichert und verteilt, sondern sie repräsentiert sich im „arbeitenden Staat“[1], der als Arbeitgeber einen Beschäftigungsfaktor ersten Ranges darstellt. Der arbeitende Staat ist ein Ort der Gesellschaftsgestaltung. Daher gehen Vorschläge zur wohlfahrtsstaatlichen Gestaltung der Arbeit immer mit spezifischen Bildern und normativen Vorgaben sozialer Entwicklung einher. Vorstellungen einer guten, gerechten und den Menschen angemessenen Sozialordnung durchziehen die Geschichte der modernen Arbeitswelt – von Lorenz von Stein über die Enqueteberichte des Vereins für Sozialpolitik und die Sozialenzykliken von Papst Leo XIII. (Rerum novarum) bis zu New Labour oder Agenda 2010. In diesen Ordnungsbildern des Sozialen geht es gleichermaßen um Fragen beruflicher und sozialer Integration, um Aspekte der ‚richtigen‘ Lebensführung wie um die Justierung von Lebenschancen und Privilegien für spezifische Gruppen und Klassen der Gesellschaft. Das gilt etwa mit Blick auf den Ausbau des Schul- und Gesundheitswesens, aber zum Beispiel auch für die Entwicklung der Arbeits- und Sozialgerichtsbarkeit.

In der Arbeits- und Industriesoziologie wird wohlfahrtsstaatliche Politik hingegen sehr funktional diskutiert: entweder als Reaktion auf die negativen Folgen der Lohnarbeit bzw. der kapitalistischen Verwertung der Arbeitskraft, zum Beispiel wenn die Erwerbsarbeit verloren geht, wenn Armut droht, wenn gesundheitliche Schädigungen durch Erwerbstätigkeit eintreten oder wenn es um die Existenzsicherung in der Zeit nach dem Arbeitsleben geht. Oder sie wird als Abwehr politischer Legitimationskrisen gedeutet, die im Wesentlichen der Beruhigung und Dämpfung sozialer Konflikte und Ungleichheiten dient, die ihren Ausgangspunkt in der Arbeitswelt haben. Eine grundlegende Kritik der funktionalen Verengung

1 Lorenz von Stein, *Begriff und Wesen der Gesellschaft. Ausgewählt und eingeleitet von Karl Gustav Specht,* Köln 1956.

der Sozialpolitik auf Defizitausgleich und Schadensbegrenzung formulierten in den späten 1970er-Jahren Gero Lenhardt und Claus Offe in ihrem Beitrag „Staatstheorie und Sozialpolitik". Sie betonen, dass wohlfahrtsstaatliche Politik keineswegs allein Reaktion auf vorhandene Probleme ist, sondern immer auch Aktion zur Gestaltung der Gesellschaft, vor allem im Hinblick auf Bedingungen, Formen und Ausprägungen der Lohnarbeit in einer erwerbsarbeitszentrierten Arbeitnehmergesellschaft. In historischer Perspektive erscheint Sozialpolitik zwar in der Regel als eine nachträgliche ‚Korrektur' bzw. als Reaktion auf Probleme der Lohnarbeit. Doch Sozialpolitik kompensiert bei weitem nicht nur die Folgen der Lohnarbeit, sondern ist aktives Moment der gesellschaftlichen Durchsetzung, Verbreitung und Aufrechterhaltung von Lohnarbeit.[2]

Hier klingt der Grundton an, der uns im Folgenden begleiten wird. In einem ersten Schritt geht es um eine knappe arbeitssoziologische Ortsbestimmung, in der deutlich wird, dass die staatlichen, politischen und rechtlichen Rahmenbedingungen in der arbeitssoziologischen Debatte zwar stets gegenwärtig waren, aber dennoch keinen systematischen Platz in der analytischen Bestimmung der Erwerbsarbeit hatten. Staat und Recht sind Rahmenbedingungen, aber keine erklärenden Faktoren. Nach diesem Hinweis auf analytische Desiderata der Arbeitssoziologie in der Vergangenheit kommt die Frage ins Spiel, inwieweit sich die politischen und staatlichen Rahmenbedingungen der Erwerbsarbeit aktuell und in der jüngeren Vergangenheit verändert haben; es erscheint doch wenig ertragreich, nur retrospektiv Defizite zu beklagen, da die politische Gestalt der Erwerbsarbeit schließlich aktuellen Veränderungen unterliegt, die zu berücksichtigen sind, wenn das Verhältnis von Erwerbsarbeit und Sozialpolitik soziologisch beleuchtet wird. Abschließend wird die Frage angesprochen, welchen inhaltlichen Herausforderungen und empirischen Perspektiven sich die Arbeitssoziologie zukünftig gegenübersieht. Hier sehen wir klare Tendenzen im Sinne einer stärkeren rechtlichen Vervielfältigung arbeitsgesellschaftlicher Statuslagen, im Sinne einer größeren Verwundbarkeit und Unverbindlichkeit von Beschäftigungsverhältnissen, sowie im Sinne einer wachsenden sozialen und materiellen Ungleichheit innerhalb des Erwerbssystems. Die drastische Expansion der Niedriglohnbeschäftigung und die Verbreitung prekärer Arbeitsverhältnisse bis weit in die Mittelschichten ist nur ein Thema; der Aufstieg neuer Berufe in den Dienstleistungsprofessionen und die Etablierung von ‚Gewinner-Kulturen' in der Arbeitswelt der ‚high performer' sind andere zu berücksichtigende Aspekte. Die sozialen Verhältnisse in der Arbeitswelt werden sich immer ‚unähnlicher', nicht nur in materieller, auch in soziokultureller Hinsicht. In allen drei Schritten geht es darum, mit der Bestimmung des Verhältnisses von Arbeit und

2 Gero Lehnhardt und Claus Offe, „Staatstheorie und Sozialpolitik. Politisch-soziologische Erklärungsansätze für Funktionen und Innovationsprozesse der Sozialpolitik", in: Christian Ferber und Franz-Xaver Kaufmann (Hg.), *Soziologie und Sozialpolitik. Sonderheft der Kölner Zeitschrift für Soziologie und Sozialpsychologie*, Opladen 1977, 98–127.

Sozialpolitik die politische Ökonomie der Erwerbsarbeitsgesellschaft sichtbar zu machen.

1. Arbeitssoziologische Ortsbestimmung

Welche unterschiedlichen Perspektiven finden wir in der arbeits- und industriesoziologischen Literatur auf das Verhältnis von Erwerbsarbeit und Sozialpolitik? *Erstens* ist zu erkennen, dass in der empirischen Arbeits- und Industriesoziologie die wohlfahrtsstaatliche Sozialpolitik als systematischer Ausgangspunkt und als Zentrum der Analyse der Erwerbsarbeit Randthematik bleibt. Die Gründe hierfür liegen in den gesellschaftspolitischen Anforderungen und in der spezifischen Ausgangslage der Industriesoziologie der 1950er-Jahre. Der Hinweis von Fritz Böhle aus den 1970er-Jahren, dass die „Einwirkungen staatlicher Sozialpolitik auf Entwicklungen im Arbeitsbereich" in der soziologischen Analytik der Arbeitswelt weitgehend ausgespart bleiben, und umgekehrt „staats-, verwaltungs- und rechtssoziologische (…) Untersuchungen"[3] den systematischen Bezug auf die Arbeitswelt notorisch unterlassen, gilt *cum grano salis* noch heute. Zwar findet sich insbesondere in den Analysen „kritischer Industriesoziologie"[4] der Hinweis auf die politische Form der Erwerbsarbeit. Im Gesamteindruck ist jedoch die Staatsferne der Arbeitssoziologie kaum zu übersehen. Das Politikverständnis der Arbeits- und Industriesoziologie ist betriebs- und akteurszentriert. *Zweitens* hat sich unabhängig von der empirischen Forschung eine konzeptionelle und theoretische Debatte entwickelt, die den Wohlfahrtsstaat aus politökonomischer Perspektive von der Erwerbsarbeit her problematisiert. Diese Bemühungen weisen nur vereinzelt Berührungspunkte mit der empirischen Arbeits- und Industriesoziologie auf. Zur spezifischen Orientierung der Arbeits- und Industriesoziologie tragen *drittens* schließlich gesellschaftspolitische Vorhaben und politisch-staatliche Akteure bei. Sie wirken seit den 1970er-Jahren in starkem Maße auf deren Fragestellungen ein. Die erfolgreiche Etablierung und Institutionalisierung der Arbeits- und Industriesoziologie verdankt sich nicht zuletzt dieser Expansion staatlicher Forschungsstrukturen und politischer Planungsbedürfnisse. *Viertens* war der Wohlfahrtsstaat zwar nur in Ausnahmefällen der Ausgangspunkt und das analytische Zentrum der Arbeits- und Industriesoziologie. Dennoch entstand in den vergangenen Jahrzehnten eine vielfältige arbeits- und industriesoziologische Wirkungsforschung, die Zusammenhänge zwischen sozialpolitischen Interventionen und Gestaltungen der Arbeitswelt knüpfte. Das gilt für Fragen der

3 Fritz Böhle, „Humanisierung der Arbeit und Sozialpolitik", in: Christian Ferber und Franz-Xaver Kaufmann (Hg.), *Soziologie und Sozialpolitik. Sonderheft der Kölner Zeitschrift für Soziologie und Sozialpsychologie*, Opladen 1977, 290.

4 Vgl. Michael Schumann, *Metamorphosen von Industriearbeit und Arbeiterbewusstsein: Kritische Industriesoziologie zwischen Taylorismusanalyse und Mitgestaltung innovativer Arbeitspolitik,* Hamburg 2003.

betrieblichen Gesundheitsvorsorge, der Alterssicherung, des Arbeitsschutzes oder auch der Beschäftigungs- und Arbeitsmarktpolitik. Insofern kommt auf diese Weise das Verhältnis von Erwerbsarbeit und Sozialstaat durch thematische Nebeneingänge in den Blickpunkt soziologischer Forschung.

Die arbeits- und industriesoziologische Forschung besaß seit den 1950er-Jahren eine Leitfunktion für die Entwicklung der westdeutschen Soziologie. Diese Blütezeit ging von stilprägenden Forschergruppen aus.[5] Es gab die Gruppe um Heinrich Popitz und Hans Paul Bahrdt, die in ihren wegweisenden Studien über „Technik und Industriearbeit"[6] und „Das Gesellschaftsbild des Arbeiters"[7] nach dem Wandel des Klassenbewusstseins und dem Einfluss der technischen Entwicklung auf die Erfahrung der industriellen Arbeitswelt fragten. Zur gleichen Zeit arbeiteten Burkart Lutz und Theo Pirker unter der Überschrift „Arbeiter, Management, Mitbestimmung"[8] zu Prozessen betrieblicher Demokratisierung. Und schließlich sind in diesem Kontext industriesoziologischer Pionierleistungen die Betriebsklima-Untersuchungen von Ludwig von Friedeburg zu nennen.[9] Trotz Differenzen im Detail war sich diese industriesoziologische Gründergeneration darin einig, die Soziologie der Erwerbsarbeit mit zeitdiagnostischem Anspruch zu praktizieren. Das Ziel war, die Ergebnisse theoretisch zu verallgemeinern (Kapitalismusanalyse), aber zugleich im betrieblichen Detail in hohem Maße präzise zu sein. Der gemeinsame Maßstab empirischer Präzision war der Betrieb. Die Orte der Arbeitsleistung, der Arbeitsbelastungen sowie der Arbeitskonflikte wurden zum Nukleus der Forschungsbemühungen und der theoretischen Anstrengungen. Fragen nach Demokratie, politischer Stabilität und gesellschaftlicher Integrationsfähigkeit wurden vom Betrieb her gedacht und formuliert. Das Denken der Gesellschaft fand im industriellen (Groß-)Betrieb seinen Ausgangspunkt. Die Industriearbeiterschaft rückte auf diese Weise als zentraler Akteur gesellschaftlicher Entwicklung in den Blickpunkt neuer, moderner Sozialforschung. Die Arbeiter waren die zentrale Trägergruppe der demokratischen Industriegesellschaft. Der qualitative Kern der sozialen Entwicklung der noch jungen Bundesrepublik Deutschland lag daher – zumindest aus dieser Perspektive – in der Zukunft der betrieblich organisierten Erwerbsarbeit. Die formative und normative Kraft des Wohlfahrtsstaates als Ordnungsmodell ei-

---

5 Vgl. Horst Kern, *Empirische Sozialforschung. Ursprünge, Ansätze, Entwicklungslinien*, München 1982.

6 Heinrich Popitz, Hans Paul Bahrdt, Ernst August Jüres und Hanno Kesting, *Technik und Industriearbeit,* Tübingen 1957.

7 Heinrich Popitz, Hans Paul Bahrdt, Ernst August Jüres und Hanno Kesting, *Das Gesellschaftsbild des Arbeiters. Soziologische Untersuchungen in der Hüttenindustrie,* Tübingen 1957.

8 Burkart Lutz und Theo Pirker, *Arbeiter, Management, Mitbestimmung. Eine industriesoziologische Untersuchung der Struktur, der Organisation und des Verhaltens der Arbeiterbelegschaft in Werken der deutschen Eisen- und Stahlindustrie,* Stuttgart 1955.

9 Ludwig von Friedeburg, *Soziologie des Betriebsklimas*, Frankfurt am Main 1963.

ner erwerbsarbeitszentrierten Gesellschaft kam in diesen Überlegungen allein als Rahmenbedingung in das soziologische Blickfeld.

1.1 Die Formierung der Erwerbsarbeit

Ein gutes Beispiel für die punktuelle Ausleuchtung des Einflusses staatlicher Regulierungen auf Erwerbsarbeit ist der Band *Arbeitssituation, Lebenslage und Konfliktpotential* aus der Studienreihe des Soziologischen Forschungsinstituts Göttingen.[10] In programmatischen Beiträgen werden hier verschiedene Formierungen wohlfahrtsstaatlicher Politik diskutiert. Das (Sozial-)Staatsbewusstsein der Arbeiter[11] kommt zur Sprache, die Regulation der Arbeitskonflikte durch Arbeitsrecht[12] oder die Historie des Arbeitsschutzes.[13] In diesen Beiträgen werden auf interessante Weise die Defizite empirischer Sozialforschung zu staatlicher Politik und rechtlicher Regulierung angesprochen. Ein Beispiel für Forschungen zum Verhältnis von Sozialpolitik und Erwerbsarbeit sind die im Umfeld des Münchener Instituts für sozialwissenschaftliche Forschung entwickelten und durchgeführten Studien. Exemplarisch kann hier der Programmtext „Produktionsprozeß, Risiken und Sozialpolitik. Anregungen für ein Forschungskonzept"[14] genannt werden. Im Rahmen des Sonderforschungsbereichs „Theoretische Grundlagen sozialwissenschaftlicher Berufs- und Arbeitskräfteforschung" wurden beispielsweise das Arbeitsrecht und die Sozialpolitik als wichtige Gestaltungsfaktoren der betrieblichen Nutzung von Arbeitskraft bearbeitet.[15] Der Fixpunkt des sozialpolitischen Denkens war freilich auch in diesen Forschungsansätzen die im kapitalistischen Betriebszusammenhang eingebundene und ‚vernutzte' Arbeitskraft, die konsequent als sozialpolitikbedürftig gedacht wurde. Die wohlfahrtspolitische Konstitution der Erwerbsarbeit, die öffent-

10 Martin Osterland (Hg.), *Arbeitssituation, Lebenslage und Konfliktpotential. Studienreihe des Soziologischen Forschungsinstitutes Göttingen,* Frankfurt am Main und Köln 1975.

11 Vgl. Martin Baethge und Michael Schumann, „Legitimation und Staatsillusion im Bewusstsein der Arbeiter – Überlegungen zum Staatsverständnis der Arbeiter anlässlich einer empirischen Studie", in: Osterland 1975, 39–69.

12 Vgl. Wolf Rosenbaum, „Arbeitsrecht und Arbeitskonflikte in der Bundesrepublik", in: Osterland 1975, 125–144.

13 Vgl. Ingeborg Nahnsen, „Bemerkungen zum Begriff und zur Geschichte des Arbeitsschutzes", in: Osterland 1975, 145–166.

14 Fritz Böhle, „Produktionsprozeß, Risiken und Sozialpolitik. Anregungen für ein Forschungskonzept", in: *Soziale Welt. Zeitschrift für sozialwissenschaftliche Praxis und Forschung* (33 (3), 1982), 346–364.

15 Vgl. Manfred Deiß, Norbert Altmann, Fritz Böhle, Volker Döhl und Dieter Sauer, „Schutz durch Arbeitsschutz? Was Arbeitsrecht und Sozialpolitik zur Verbesserung der Arbeitsbedingungen beitragen können", in: Karl Martin Bolte (Hg.), *Mensch, Arbeit und Betrieb. Beiträge zur Berufs- und Arbeitskräfteforschung*, Weinheim 1988, 183–213. Und: Fritz Böhle und Dieter Sauer, „Intensivierung der Arbeit und staatliche Sozialpolitik", in: *Leviathan* (3 (1), 1975), 49–78.

liche Daseinsvorsorge als zentrale Strukturvoraussetzung des wirtschaftlichen und betrieblichen Geschehens sowie die arbeits- und sozialrechtliche Formierung des Arbeitnehmers als spezifische Sozialfigur bzw. als bestimmtes Modell der Lebensführung und Konsumneigung blieben auch in diesen Forschungszusammenhängen analytische Beigaben – interessante Rahmenbedingungen eben. Die Bestimmung des Verhältnisses von Wohlfahrtsstaat, Sozialpolitik und Erwerbsarbeit folgte der Dominanz der ökonomischen Analyse. Die Logik der Kapitalverwertung sticht das Nachdenken über die Eigenständigkeit und Wirkkraft staatlichen Handelns aus. In der arbeits- und industriesoziologischen Debatte über die Globalisierung setzt sich seit den 1990er-Jahren diese ökonomische Grundausrichtung der Analyse der Erwerbsarbeit bis heute fort.[16] Als ein erstes Zwischenresümee können wir an dieser Stelle festhalten, dass der Gründungsakt der bundesdeutschen Arbeits- und Industriesoziologie in einer relativen, aber dennoch deutlichen Distanz von staats- oder politikwissenschaftlichen Debatten und in der ausdrücklichen Hinwendung zur konkreten Arbeitswirklichkeit im Betrieb stattfand. Die Faustregel der vergangenen Jahrzehnte lautete: ‚shop floor' statt ‚welfare state'. Der Sprung zu einer empirischen Systematisierung des Verhältnisses von Sozialpolitik und Arbeit blieb über weite Strecken aus. Das ist freilich nicht nur ein Blick in die Vergangenheit. Denn die betriebsbezogene Orientierung der Empirie der Arbeitssoziologie hat sich in den vergangenen Jahren eher noch verstärkt. Die Arbeits- und Industriesoziologie ist heute in weiten Teilen eine empirisch sehr präzise, methodologisch ausgereifte, thematisch spezialisierte betriebliche Organisationswissenschaft, die sich durch gesellschaftsanalytische Ansprüche nur noch begrenzt herausgefordert sieht.

1.2 Die Praxis der Forschungsförderung

Diese Entwicklung des soziologischen Nachdenkens über Erwerbsarbeit steht in engem Zusammenhang mit der staatlichen Forschungsförderung. Insbesondere in den 1970er-Jahren wurden im Zuge sozialliberaler Planungen für eine modernisierte Arbeitswelt umfangreiche Programme zur Forschungsförderung aufgelegt. Damit verband sich das Ziel, „die langfristigen Folgen des technisch-ökonomischen Wandels zu erfassen und die darin enthaltenen Beeinträchtigungen der Lebensinteressen der Arbeitnehmer aufzufangen, zu kompensieren oder doch wenigstens zu entschärfen. (…) Ohne empirische Sozialwissenschaft waren solche Informationen schlechterdings nicht zu erhalten."[17] Insbesondere zwei Programme standen im Vordergrund. Zum einen das arbeitssoziologische Schwerpunktprogramm der Deutschen Forschungsgemeinschaft (DFG). Die DFG förderte von 1971 bis 1979 insgesamt 55 industriesoziologische Forschungsvorhaben zu Fragen der „indus-

16 Vgl. Daniel Cohen, *Fehldiagnose Globalisierung. Die Neuverteilung des Wohlstands nach der dritten industriellen Revolution*, Frankfurt am Main und New York 1998.

17 Kern, 239 ff.

triellen Beziehungen", zur Dynamik des „technisch-organisatorischen Wandels" der Erwerbsarbeit und zu verschiedenen Einzelaspekten des Verhältnisses von „Arbeitssituation und Bewusstsein". Die starke betriebliche Prozessorientierung bzw. Subjektbezogenheit der Forschungsförderung ist in diesem Schwerpunktprogramm nicht zu übersehen. Sozialpolitik bleibt eine wichtige Randbedingung der ausgewählten arbeits- und industriesoziologischen Forschungsgegenstände, ein systematisches Zentrum ist sie nicht. Noch deutlicher wird die Ausrichtung der Forschung am betrieblichen Geschehen anhand des ambitionierten Programms zur „Humanisierung des Arbeitslebens" (HdA).[18] Das Bundesforschungsministerium rief unter der Regie von Hans Matthöfer eine Vielzahl von Projekten ins Leben, die sich auf Fragen der Arbeitsorganisation, der Arbeitsplatzgestaltung, aber auch der Arbeitssicherheit konzentrierten. Im Grunde konstituierte die HdA-Forschung die arbeitssoziologische Wirkungsforschung. Dieser Typus arbeitssoziologischer Forschungsförderung stärkte und förderte die Betriebs- und Arbeitsprozessorientierung der Arbeits- und Industriesoziologie. Das Potenzial der oben angesprochenen arbeits- und industriesoziologischen Gründergeneration, welche die betriebliche Wirklichkeit zum zentralen Ansatzpunkt einer Politik der Demokratisierung und der sozialen Integration deklarierte, wurde auf diese Weise aufgegriffen, institutionalisiert und bekräftigt.

Ein weiterer Zugriff auf das Thema Sozialpolitik und Erwerbsarbeit ist konzeptioneller Art. Dieser Zugriff hat Geschichte. Er beleuchtet das Verhältnis von moderner Staatlichkeit und kapitalistischer Wirtschaftsentwicklung. Ein früher Protagonist dieser Debatte ist Lorenz von Stein, in dessen Werk sich auf exemplarische Weise die Verknüpfung von staatlicher Intervention und kapitalistischer Marktentwicklung bündelt. Er prägte die Begriffe der „industriellen Gesellschaft" und der „Socialpolitik".[19] Zugleich hat Lorenz von Stein in bemerkenswerter soziologischer Klarsicht darauf hingewiesen, dass auf der einen Seite die industrielle Gesellschaft keine Zukunft ohne Sozialpolitik und staatliche Intervention haben wird, und dass auf der anderen Seite auch die Entwicklung der Sozialpolitik und der öffentlichen Daseinsvorsorge von der Substanz industrieller Produktivität und Wertschöpfung zehren. Kapitalismus und Wohlfahrt schließen in dieser Lesart einander nicht aus. Im Gegenteil, sie sind aufeinander angewiesen. Gleichwohl finden sie sich in einem Spannungsverhältnis, weshalb staatlicher Ausgleich und verwaltende Eingriffe nötig sind. Diese konzeptionelle Linie, das Verhältnis von Markt, Arbeit und Staat als konfliktreiche Komplementarität zu denken, gilt es mehr denn je aufzugreifen.

---

18 Vgl. hierzu bspw. Günther Wachtler, *Humanisierung der Arbeits- und Industriesozialisierung*, Stuttgart 1979. Und: Paul Oehlke, *Arbeitspolitik zwischen Tradition und Innovation*, Hamburg 2004.

19 Von Stein 1956.

2. Veränderte Rahmenbedingungen der Erwerbsarbeit

Die Zeiten intensiver und ambitionierter arbeitssoziologischer Forschungsförderung, die im vorhergehenden Abschnitt skizziert wurden, liegen lange zurück. Nicht nur die politische Landschaft hat sich seitdem in vielerlei Hinsicht verändert, auch die Arbeitswelt ist eine andere geworden. Sie ist heute vielfältiger in ihren Statusformen, aber auch verwundbarer mit Blick auf ihre Integrationsfähigkeit. Die Prekarität der Arbeit ist zur Chiffre der Gesellschaftsentwicklung geworden. Neue Erwerbsklassen der Befristeten, der Praktikanten, der Minijobber oder der Niedriglöhner haben sich herausgebildet. Diese Entwicklung steht auch in Zusammenhang mit der veränderten sozialpolitischen Gestalt und Gestaltung der Erwerbsarbeit. Die Leitfiguren und Prototypen wohlfahrtsstaatlich gestalteter Arbeitsgesellschaften, die betrieblich und tariflich gebundenen Arbeitnehmer, verlieren quantitativ und normativ an Bedeutung. Deren Erfahrungen, Bedürfnisse und Orientierungen waren über Jahrzehnte die Referenzpunkte der Arbeits- und Industriesoziologie. Doch diese sieht sich nun mit neuen Fragen konfrontiert. Sie betreffen unmittelbar die betriebliche Organisation und die soziale Sicherung der Erwerbsarbeit, reichen zugleich aber auch weit über sie hinaus. Es ist daher an der Zeit, die Sozialpolitik und den Wohlfahrtsstaat als formierende Kräfte der Erwerbsarbeit und als Arbeitsfelder und -orte im Umbruch neu zu analysieren. Fragen nach dem Verhältnis von Sozialpolitik, Wohlfahrtsstaat und Erwerbsarbeit gewinnen in einer disparaten, prekären, aber dennoch chancenreichen Arbeitswelt neue Brisanz. Doch um in dieser Hinsicht weiterzukommen, bedarf es zunächst einiger begrifflicher Vergewisserungen. Mit welcher Art von Sozialpolitik und Wohlfahrtsstaatlichkeit haben wir es heute zu tun? Welche Rolle spielt in diesen Zusammenhängen die Erwerbsarbeit? Um auf diese Fragen Antworten zu finden, können zunächst zwei Typen wohlfahrtsstaatlicher und sozialpolitischer Gestaltung unterschieden werden, die beide gleichermaßen auf die Gestalt der Arbeitswelt einwirken: der „sorgende" und der „gewährleistende" Staat.[20]

Was sind die Charakteristika des sorgenden Staates?[21] Die staatliche Sorge und Vorsorge zielte bis weit in die 1990er-Jahre auf mehrere Felder: zum einen auf die Minimierung sozialer Risiken und die Dämpfung sozialer und materieller Ungleichheiten durch staatliche Garantien der Statussicherung in den erwerbsbiographischen, gesundheitlichen und altersbezogenen Wechselfällen des Lebens. Weiterhin richtete sie sich auf die Absicherung beruflicher Karrieren und die Öffnung sozialer Aufstiegsperspektiven durch schulische, betriebliche und universitäre Bildung; die Grundlage war ein euphorischer Bildungsbegriff – Bildung als Bürgerrecht. Zudem lief die Politik des sorgenden Staates auf eine übersichtliche Trennung beruflicher und privater Arbeitswelten hinaus. Das hatte Konsequenzen

20 Vgl. Berthold Vogel, *Die Staatsbedürftigkeit der Gesellschaft*, Hamburg 2007.

21 Vgl. Abram de Swaan, *Der sorgende Staat*, Frankfurt am Main und New York 1990.

für die soziale und materielle Balance zwischen Männern und Frauen, für die Strukturierung und Ausgestaltung privater Lebenswelten und nicht zuletzt für die Formung des familiären Zusammenlebens. Schließlich charakterisierte dieses Modell die Sorge um die Organisation und den Ausbau öffentlicher Dienste als Systeme der Daseinsvorsorge. Diese Dienste waren zugleich ein expansives Beschäftigungsfeld – der Staat als Arbeitgeber gewann stark an Bedeutung. Das strukturelle, finanzielle und normative Zentrum sorgender Wohlfahrtsstaatlichkeit bildete die sozialversicherungspflichtige Erwerbsarbeit. Die Geschichte vom sorgenden Staat kann immer auch als Geschichte bildungshungriger und aufstiegsorientierter Arbeiter- und Angestelltenmilieus erzählt werden, die im Ausbau der sozialen Sicherheit Karriere, neue soziale Sicherheiten und berufliche Opportunitäten fanden. Die Expansion des Bildungswesens, des Gesundheitssystems, der Pflegeeinrichtungen, der sozialen und technischen Infrastrukturen, der Wohlfahrtsverbände oder der Sozialversicherungen diente seit den 1950er-Jahren vielen als berufliche und soziale Aufstiegsleiter. Die sozialstrukturelle Generaltendenz des sorgenden Wohlfahrtsstaates ist nicht zu übersehen: Mit dessen Expansion formierte sich eine neue breite Mittelklasse, deren Mentalitäten, Moralvorstellungen und Manieren noch heute das gesellschaftliche Klima prägen. Insbesondere für Frauen öffneten sich neue Beschäftigungsfelder. Die Erwerbsarbeit wurde weiblicher, dienstleistungsorientierter und vor allen Dingen qualifizierter. Auf diesen Grundlagen veränderten sich auch die fiskalischen, demographischen und soziokulturellen Voraussetzungen der Sozialpolitik im Wohlfahrtsstaat. Das hat zur Folge, dass auch die Bedürfnisstrukturen der Gesellschaft in vielen Feldern – in der Familie, in der Erziehung, bei der Arbeit, aber auch in der Freizeit – andere geworden sind. Nicht selten treten sie in Konflikt zum bisherigen Modell der auf Sorge ausgerichteten staatlichen Organisation des Sozialen. Die Prozesse der Individualisierung und die Neuformulierung sozialer und beruflicher Ansprüche weichen – als historisches Resultat staatlicher und rechtlicher Sorgebereitschaft – das normative Fundament sorgender Wohlfahrtsstaatlichkeit auf. Der sorgende Staat wird auf diese Weise zum Opfer des eigenen Erfolgs.

Im Zuge dieser Entwicklung gewinnt seit Beginn der 2000er-Jahre ein neues Modell demokratisch und rechtsstaatlich organisierter Wohlfahrtspolitik an sozialer, struktureller und normativer Bedeutung. Es lassen sich bereits die Konturen einer veränderten Architektur wohlfahrtsstaatlicher Praxis erkennen, die sehr eng mit den Umbrüchen der Arbeitswelt verknüpft sind. Sichtbar wird ein Modell „gewährleistender Staatlichkeit,“[22] dessen fiskalisches und ökonomisches Fundament nach wie vor das Erwerbsarbeitsverhältnis ist. Dieses Modell verzichtet auf universale Integrationsansprüche, es bietet keine auf Dauer gestellte Sicherung des Status

22 Vgl. Vogel, *Staatsbedürftigkeit der Gesellschaft*, 47 ff. Und: Wolfgang Hoffmann-Riem, *Modernisierung von Recht und Justiz. Eine Herausforderung des Gewährleistungsstaates*, Frankfurt am Main 2000.

und des Lebensstandards mehr, und die Dämpfung sozialer Ungleichheit wird als ökonomisch kontraproduktiv angesehen. Die Bildung wird ihres aufstiegsoptimistischen Charakters entkleidet und auf Fragen ökonomischen Nutzens konzentriert. Darüber hinaus leitet der gewährleistende Staat den arbeitsrechtlichen Abschied von einer tarifvertraglich kollektivierten Arbeitswelt ein, deren Aufstiegsleitern nun entweder recht kurz geraten oder nur mühsam zu erklimmen sind. Aspekte der Fürsorge treten in den Hintergrund. Die Prinzipien der Gewährleistungsverantwortung des Staates und der sozial- wie beschäftigungspolitischen Gestaltung der Erwerbsarbeit lauten nicht mehr berufliche Statusstabilität und soziale Bindung, sondern Kostenrechnung, Projekt und Vertrag. Die Kostenrechnung prägt im Rahmen institutionalisierter Benchmarks in stärkerem Maße als früher die Gewährung von Wohlfahrtsleistungen. In Zeiten knapper Kassen und normativer Neuorientierung rücken die Fragen nach betriebswirtschaftlicher Effizienz in den Vordergrund. Die staatlichen Aktivitäten verlieren auf diese Weise nicht notwendigerweise an Qualität, aber doch an Stetigkeit, Regelmäßigkeit und Verlässlichkeit. Die Arbeit am, im und mit dem Wohlfahrtsstaat wird mehr und mehr zum Projekt, ob in der Altenpflege, der Jugendfürsorge oder der Stadtteilpolitik. Schließlich befindet sich auch die Steuerung der staatlichen Wohlfahrtspflege im Umbruch. Sie erfolgt wesentlich über Vertrag bzw. vertragsgebundene Netzwerkstrukturen. Eingliederungsvereinbarungen werden zentrale Steuerungsinstrumente der Arbeitsmarktpolitik und Beschäftigungsförderung. Doch Tendenzen kontraktueller Steuerung finden sich nicht nur im staatlich organisierten Sozialleistungssystem, sondern sind zentraler Bestandteil betrieblicher Personalpolitik. Der Vertrag wird zur arbeits- und industriesoziologisch relevanten Kategorie. Prozesse und Elemente der Kontraktualisierung lassen sich auf zahlreichen Ebenen inner- und zwischenbetrieblicher Kooperation finden.[23]

All diese Veränderungen repräsentieren zwar keinen fundamentalen Bruch in der Strukturlogik des Wohlfahrtsstaates, aber die Arbeit der Sozialpolitik und die Sozialpolitik der Arbeit verschieben sich doch. Die voraussetzungsvolle Wechselbeziehung von Sozialpolitik und Erwerbsarbeit wird neu justiert. Die strukturelle Zentralität der Erwerbsarbeit bleibt freilich bestehen, erfolgt doch der erfolgreiche Zugang zum Leistungssystem sozialer Sicherung noch immer über die Erwerbsarbeit. Auch mit Blick auf die Finanzierungsgrundlagen sozialer Sicherungen gilt, dass zwar wesentliche Verschiebungen in Richtung privater Eigenvorsorge und Selbstbeteiligung stattfinden, doch die Grundüberzeugung, dass auch der gewährleistende Staat ein aktiver Leistungs- und Steuerstaat sein muss, dessen fiskalische Basis in der Abschöpfung erwerbsarbeitsbezogener Leistungen besteht, wurde bislang nicht in entscheidender Weise modifiziert. Die Veränderungen der staatlichen Architektonik sozialer Sicherung und Daseinsvorsorge ändern nichts daran – die

23 Vgl. Peter Kalkowski, *Der Vertrag als Kategorie der Arbeits- und Industriesoziologie. Manuskript für das SOFI-Forschungskolloquium*, Göttingen 2006.

Arbeit bleibt sozialpolitisch voraussetzungsvoll. Wenn zudem die Sozialpolitik als zentraler Arbeitsort selbst erheblichen Veränderungen unterliegt, dann ergeben sich daraus neue Anforderungen an die Arbeitssoziologie.

Das neue Verhältnis von Erwerbsarbeit, Sozialpolitik und wohlfahrtsstaatlicher Gestaltung lässt sich an bestimmten Orten der Gesellschaft besonders gut nachvollziehen. Ein exemplarischer Fall ist die Transformation der korporativen Wohlfahrtsverbände in politisch konstituierte Wohlfahrtsmärkte bzw. in ‚Sozialkonzerne'. Das Verbandssystem aus Caritas, Diakonie, Arbeiterwohlfahrt und Paritätischem Wohlfahrtsverband als Dachorganisation transformiert sich in einen marktgesteuerten Sozialsektor mit einer größeren Differenzierung der Leistungsanbieter und mit mehr Wettbewerb anstelle eingespielter Verfahren der Sozialpartnerschaft.[24] Das verändert im Übrigen auch die Rolle der Kirchen als Arbeitgeber und Marktakteure. Jetzt geht es um das Management öffentlicher und privater Ressourcen, da die staatliche Alimentierung nur noch unter Vorbehalt stattfindet. In der Wohlfahrtspflege tritt nun die kurzfristige Kalkulation an die Stelle langfristiger Planung und das korporative Wohlfahrtsgeschehen wird immer stärker über Märkte reguliert. Mit dem politischen Aufbau von Wohlfahrtsmärkten verändern sich auf der Angebotsseite die Beschäftigungsbedingungen und Tätigkeitsfelder der Wohlfahrtsakteure. Im stärkeren Marktbezug der Wohlfahrt stehen jedoch nicht nur strukturelle, sondern auch normative Praktiken und Gesellschaftsbilder zur Verhandlung.

Die Entwicklung der Verbände ist das eine, das andere ist der Wandel der öffentlichen Dienste von Orten beruflicher Sicherheit und klarer Karrierewege zu Experimentierfeldern prekärer Beschäftigung. Sie folgen damit der allgemeinen Entwicklungsrichtung der Arbeitsmärkte. Im Fall der öffentlichen Dienste haben wir es allerdings nicht nur mit schrumpfenden oder boomenden Branchen zu tun. In den unterschiedlichen Tätigkeitsfeldern des öffentlichen Dienstes stehen die Stärke oder Schwäche, die Qualität und die Organisation der universalen Daseinsvorsorge, des Gemeinwohls und der Konfliktregulation zur Disposition. Die Qualität des gesellschaftlichen Lebens ist mit der Qualität der öffentlichen Dienste eng verknüpft. Daher spricht einiges dafür, dass ein wichtiges Zentrum des Wandels der Arbeitswelt in den öffentlichen Diensten liegt. Diese transformieren sich von einem Ort der Statussicherheit und der wohlgeordneten Routine in ein nervöses und reformfiebriges Experimentierfeld. Kostensparende Einschnitte und organisationspolitische Zumutungen prägen den institutionellen Alltag. Bei der Forcierung von Verwaltungsreformen unter dem Schlagwort New Public Management oder der Neuorganisation öffentlicher Aufgabenerfüllung unter dem Stichwort der Public Private Partnership handelt es sich um (betriebs-)wirtschaftliche Leitbilder, die auf politische Weise den Druck knapper Haushaltskassen auszugleichen versuchen. Es

24 Vgl. Ingo Bode, *Disorganisierter Wohlfahrtskapitalismus. Die Reorganisation des Sozialsektors in Deutschland, Frankreich und Großbritannien*, Wiesbaden 2004.

sind gerade staatliche Agenturen, die intensiv auf die Einführung von Marktprinzipien und auf kontraktuelle Aufgabendelegation an Private drängen. Arbeiten für den Staat heißt daher heute, mit knappen Personalressourcen zu tun zu haben, mit der Verlängerung der Arbeitszeiten, mit zunehmender Arbeitsverdichtung und auch mit der Durchsetzung flexiblerer Arbeitsbedingungen. Neue soziale Ungleichheiten sind die Folge. Sie trennen nicht mehr qualifizierte und unqualifizierte Arbeitskräfte, oder die Statuslagen von einfachem, gehobenem oder höherem Dienst – sie verlaufen nun mitten durch die Dienstklassen des Wohlfahrtsstaates. Beschäftigte, die unter den Bestandsschutz des alten Dienstrechts fallen, stehen neben instabilen Beschäftigtengruppen, die auf Zeit sowie unter Inkaufnahme schlechterer Entlohnung und flexiblerer Arbeitszeiten tätig sind. Die ursprüngliche Homogenität und Übersichtlichkeit in wohlfahrtsstaatlicher Verwaltung und öffentlichem Dienst löst sich in eine Heterogenität vielfältiger Statuslagen auf. Diejenigen, die die Prekarität der Arbeitswelt oder die Prekarität familiärer und nachbarschaftlicher Beziehungen bearbeiten sollen, sind selbst häufig prekär beschäftigt. Die Beschäftigung beim Staat hat den beruhigenden Unterton gesicherter Laufbahnen und dauerhafter Gratifikationen verloren.

Doch mit der stärkeren Marktorientierung staatlichen Handelns, mit der steigenden Nachfrage nach Beratung und Therapie entwickeln sich auch in den öffentlichen Diensten neue berufliche Gelegenheiten und es entstehen neuartige Karrierefelder. Andere Arbeitnehmerfiguren kommen nun voran: der Controller, der Mediator, der Projektentwickler, der Therapeut oder der Case Manager. In diesem Tätigkeitsfeld der politischen Markteröffnung, der Sicherstellung von Markttransparenz und der administrativen Bewertung von Marktleistungen sind neue fachliche Qualifikationen und betriebliche Kompetenzen gefragt. Mit Blick auf diese Entwicklungen im Verhältnis von Sozialpolitik und Erwerbsarbeit stellt sich der Arbeitssoziologie mithin eine Vielzahl neuer Anforderungen.

3. Herausforderungen und Perspektiven der arbeitssoziologischen Forschung

Im Rückblick auf die Erfolgsgeschichte der Arbeits- und Industriesoziologie der 1960er-Jahre schreibt Michael Schumann: Die Industriesoziologie „entzauberte das problematisch gewordene Bild einer befriedeten Mittelstandsgesellschaft. Und obwohl ihr theoretisches Vermögen begrenzt war, sie über keine elaborierte, allgemein anerkannte ‚Theorie der Gesellschaft' verfügte (die Marxsche Kritik der politischen Ökonomie bot nur eine Orientierung, nicht mehr), hatten ihre Aussagen für die gesellschaftlichen Akteure und die Medien Deutungskraft. ‚Arbeit' – und die durch sie zu erklärenden gesellschaftlichen Probleme – wurde wieder zur Schlüsselkategorie."[25]

Vieles spricht dafür, dass wir heute mit Blick auf das Verhältnis von Wohlfahrtsstaat, Sozialpolitik und Erwerbsarbeit mit einer ähnlichen Situation konfrontiert sind. Die wachstumsgewisse, wohlstandsgeprägte und auf Erwerbsarbeit konzentrierte Mittelstandsgesellschaft der zweiten Hälfte des 20. Jahrhunderts verliert im Zuge der fiskalischen und strukturellen Nöte wohlfahrtsstaatlicher Leistungspolitik, infolge der wachsenden Prekarität der Erwerbsarbeit und aufgrund des arbeitsmarktpolitischen Abschieds von der sozialen und beruflichen Statussicherung in substantieller Weise ihre Kraftquellen. Neue soziale Differenzen und Konflikte sowie verschärfte Spannungen in der Arbeitswelt sind die Folge. Diese Entwicklung beschränkt sich nicht auf den nationalen Rahmen, sondern sie ist ein europäisches Phänomen. Im Großen und Ganzen gilt diese allmähliche Erosion des Bündnisses von industrieller Arbeit, korporativer sozialer Sicherung und mittelständischen Formen der Lebensführung in allen (west-)europäischen Gesellschaften. Insofern geht Michael Schumanns Überlegung in doppelter Hinsicht in die richtige Richtung, wenn er eine ‚Renaissance' arbeits- und industriesoziologischer Forschung in Aussicht stellt.[26] Denn zum einen stehen die politische Organisation, die rechtliche Gestaltung und die betriebswirtschaftliche Praxis der Erwerbsarbeit tatsächlich in neuer Weise auf dem Prüfstand. Damit sind eklatante soziale Problematiken verknüpft, zu denen eine auf der Höhe der Zeit befindliche Soziologie aussagefähig sein muss. Diese gesellschaftspolitische Aussagefähigkeit ist im Schumannschen Verständnis nicht nur ein, sondern das Wesensmerkmal kritischer Sozialforschung. Zum anderen erfordert auch die bemerkenswerte und wissenschaftlich bislang nur unzureichend reflektierte Gleichgerichtetheit arbeits- und sozialpolitischer Veränderungen eine Renaissance der Arbeits- und Industriesoziologie. Wir sind aktuell Zeugen einer doppelten Transformation. Unter den strukturellen, aber eben auch normativen Leitvokabeln der Eigenverantwortung, der Kontraktualisierung und der Subjektivierung sind gleichermaßen die Veränderungen in der Arbeitswelt angesprochen, die mit dem Stichwort der „negativen Individualisierung"[27] umschrieben sind, wie auch die Veränderungen im Arbeits- und Sozialrecht, in der sozialen Sicherung, oder in der öffentlichen Daseinsvorsorge. Die Neuformierung der Arbeitswelt und des Wohlfahrtsstaates hat in starkem Maße auch mit veränderten subjektiven Ansprüchen und individuellen Bedürfnissen gegenüber der Arbeit und wohlfahrtsstaatlichen Dienst- und Sicherungsleistungen zu tun. Es verändern sich durch neue Ungleichgewichte und Ungleichheiten mithin nicht nur die Strukturen der Arbeitswelt; auch die Ansprüche an Erwerbsarbeit sind nicht mehr dieselben wie

25 Schumann, *Metamorphosen von Industriearbeit*, 161 f.

26 Vgl. *ebd.*

27 Robert Castel, *Die Metamorphosen der sozialen Frage. Eine Chronik der Lohnarbeit*, Konstanz 2000.

im Zeitalter (groß)industrieller Blüte. Ökonomen wie Daniel Cohen oder Soziologen wie John Goldthorpe zeigen, dass der Zuwachs an dienstleistenden Tätigkeiten die Disparitäten in der Arbeitswelt und die wohlfahrtsstaatliche Organisation des Sozialen weit mehr verändert hat als die viel diskutierten Prozesse der Globalisierung.[28] Gleichwohl ist nur dann eine produktive Renaissance arbeitssoziologischer Fragen zu erwarten, wenn künftig verschiedene programmatische Anforderungen erfüllt werden. Worin bestehen diese programmatischen Anforderungen an die Arbeits- und Industriesoziologie?

Zunächst ist die methodische Abkehr von der Betriebszentrierung der Arbeits- und Industriesoziologie gefordert. Sozialpolitik wird immer noch in erster Linie als betriebliche Arbeits- oder Sozialpolitik wahrgenommen und erforscht. Diese methodologische Engführung muss angesichts veränderter betrieblicher Realitäten in den produzierenden und vor allen Dingen in den dienstleistenden Sektoren der Erwerbsarbeit aufgebrochen werden. Zudem ist eine stärkere konzeptionelle Hinwendung zu den rechtlichen Voraussetzungen und politischen Gestaltungsprinzipien der Arbeitswelt notwendig, zumal wir es – Stichwort Kontraktualisierung – mit einer immer stärkeren Verrechtlichung der Arbeit zu tun haben. Die veränderten Rechts- und Vertragsformen der Erwerbsarbeit und der betrieblichen Organisation sowie die Neujustierung der rechtlichen Grenzziehungen zwischen Arbeit und Nichtarbeit oder zwischen stabilen und prekären Beschäftigungsformen müssen in das Blickfeld der Arbeits- und Industriesoziologie kommen. Die Ferne zum Recht als normatives Funktions- und Gestaltungsprinzip muss in der arbeits- und industriesoziologischen Forschung überwunden werden, indem beispielsweise die Arbeits- und Sozialgerichtsbarkeit als moderierende und integrative Organisationen stärkere Aufmerksamkeit finden oder auch die rechtlich basierten institutionellen Umbauten zur Kenntnis genommen werden, die in der Arbeitsverwaltung stattfinden. Ein weiterer zentraler Punkt sind in diesem Zusammenhang die Verschiebungen im Tarifwesen, insbesondere der Substanzverlust der Tarifautonomie. In einem programmatischen Sinne geht es um die empirische und theoretische Ausarbeitung einer Soziologie des ‚arbeitenden Staates', die einen neuen Blick auf die Verbindung von Erwerbsarbeit und Sozialpolitik erlaubt.[29] Kurzum, die Welt der Arbeit muss stärker vom Recht und ihrer sozialpolitischen Gestaltung her gedacht werden.

Der Historiker Tony Judt beschreibt in dem Band zur *Geschichte Europas seit dem Zweiten Weltkrieg*[30] die Konturen eines zwar vergehenden, zugleich aber sehr wirkmächtigen Zeitalters. Dieses Zeitalter war von der Praxis wie vom Geist des

---

28 Vgl. Cohen. Und: John H. Goldthorpe, „Globalisierung und soziale Klasse", in: Walter Scherer und Stefani Scherer (Hg.), *Mehr Risiken – mehr Ungleichheit? Abbau von Wohlfahrtsstaat, Flexibilisierung von Arbeit und die Folgen*, Frankfurt am Main und New York 2003, 31–61.

29 Vgl. Berthold Vogel, *Wohlstandskonflikte. Soziale Fragen, die aus der Mitte kommen*, Hamburg 2009.

30 Tony Judt, *Die Geschichte Europas seit dem Zweiten Weltkrieg*, München 2006.

kollektiven Aufstiegs und der materiellen Sekurität erfüllt, und es war geprägt von den Strukturen und Einrichtungen wirtschaftlichen Wohlstands, sozialer Wohlfahrt und industrieller wie bürokratisch organisierter Erwerbsarbeit. Dynamischer Wegbereiter und stabiler Garant dieser Ära war in weiten Teilen Europas die rechtsstaatlich gerahmte und durch Arbeit und Betrieb korporativ gestaltete Sozialverfassung des Wohlfahrtsstaates. Wenn wir daher heute über die Verbindung von Sozialpolitik und Erwerbsarbeit reden, dann beziehen wir uns explizit oder implizit immer auf diese Epoche der europäischen Gesellschaftsgeschichte. Ihre Energie bezog diese Epoche aus der produktiven Spannung zwischen Mobilität und Sekurität, zwischen neuen sozialen Perspektiven für viele und der Bereitschaft zur Sorge um Stabilität für alle. Die Arbeits- und Industriesoziologie war eine, vielleicht sogar die wichtigste und einflussreichste wissenschaftliche Repräsentantin dieses Zeitalters. Sie förderte dessen sozial- und arbeitspolitische Energien und profitierte gleichermaßen davon. Doch die Energien dieses Zeitalters sind erschöpft. Wohlfahrtsstaat und Erwerbsarbeit finden jetzt in einer neuen, spannungsreichen Beziehung zueinander. Das alles ändert jedoch nichts daran, dass die Erwerbsarbeit sozialpolitisch voraussetzungsvoll bleibt. Im Zuge ihrer Verrechtlichung könnte man sogar sagen: Die Erwerbsarbeit wird immer mehr Gegenstand sozialpolitischer Formierung und Gestaltung. Für die Arbeits- und Industriesoziologie ist es eine Herausforderung, die Öffentlichkeit über diese sich verändernden Voraussetzungen aufzuklären.

Diese Herausforderung ist nicht gering, denn es scheint unstrittig zu sein, dass zu Beginn des 21. Jahrhunderts allen modernen Arbeitsgesellschaften die klar erkennbare Entwicklungsrichtung abhandengekommen ist, die Tony Judt für die zweite Hälfte des 20. Jahrhunderts noch beschreiben konnte. Die Spaltung der Gesellschaft in Gewinner und Verlierer gewinnt an Schärfe, die beruflichen Mittelklassen sehen sich unter Druck, der Niedriglohnsektor weitet sich aus, die Prekarität der Arbeit ist längst kein soziales Randgruppenphänomen mehr. Die Geschichte der Arbeit, die wir heute erzählen, ist keine Aufstiegsgeschichte mehr; aber sie ist auch keine einfache Abstiegsgeschichte, die nur noch Verluste und Deklassierungen bilanziert. Nicht wenige Menschen sehen sich heute im Erwerbsleben gleichermaßen als Gewinner und Verlierer: Sie haben mehr Freiräume, aber die Kontrolle wächst; die Technik erleichtert die Arbeit, aber die Verdichtung der Arbeit zehrt die Beschäftigten psychisch aus; die beruflichen Möglichkeiten nehmen zu, zugleich wächst aber auch die Verwundbarkeit der Beschäftigungsverhältnisse. Die Entwicklung der Arbeit zeigt mithin in unterschiedliche Richtungen – mit Blick auf neue Klassenunterschiede, aber auch mit Blick auf die Erfahrungen der Arbeitskräfte selbst. Die Zeit der Eindeutigkeiten scheint zunächst einmal vorüber zu sein. Wer über das Verhältnis von Arbeit, Sozialpolitik und Wohlfahrtsstaat nachdenkt, der wird diese Uneindeutigkeiten und Unschärfen in Rechnung stellen müssen.

II.
Muslime und ihre Erwerbsarbeit

Christine Hunner-Kreisel und Jana Wetzel

Ausgrenzungsmechanismen in der Migrationsgesellschaft

Muslimische Jugendliche und ihre Perspektiven auf Arbeit

Erfahrungen beim Übergang in eine schulische oder betriebliche Ausbildung bzw. Hochschulbildung sowie anschließend auf dem Arbeitsmarkt sind ein bedeutender Teil von Identitätskonstruktionsprozessen[1] im Jugendalter.[2] Der Zugang zum Ausbildungs- und Arbeitsmarkt kann eine komplexe Herausforderung für Jugendliche[3] darstellen[4] und geht gegebenenfalls einher mit Entscheidungsfindungen über die eigene berufliche Zukunft. Unsere Forschung haben wir ausgehend von der in der aktuellen Literatur bestehenden Annahme, dass die muslimische Religionszugehörigkeit für die Erfahrungen der Jugendlichen in Form von Identitätskonstruktionen[5] und Fremdzuschreibungen relevant ist,[6] konzipiert. Diese vermutete Relevanz untersuchen wir in einem Forschungsprojekt im Hinblick auf den Arbeitsmarkt.

Im vorliegenden Beitrag präsentieren wir erste empirische Befunde aus dem Forschungsprojekt zum Thema „Muslimische Jugendliche und ihre Perspektiven auf den Arbeitsmarkt". Im Zusammenhang mit dem Projekt fragen wir, welche Wünsche und Zukunftsperspektiven muslimische Jugendliche in Bezug auf Arbeit entwickelt haben, welchen Einfluss die soziale Umwelt auf diese hat, welche Erfahrungen die Jugendlichen in den Übergangsprozessen machen und wie sie diese verhandeln und bewältigen. Vor dem Hintergrund unserer empirischen Befunde

1 Dabei folgen wir hier einem Verständnis von Identitätskonstruktion, das Identität ausgehend von Winker und Degele (vgl. Gabriele Winker und Nina Degele, *Intersektionalität. Zur Analyse sozialer Ungleichheit*, Bielefeld 2009, 59) als Unterscheidung zwischen sich und den Anderen versteht. Die Subjekte machen für diese Unterscheidung spezifische soziale Merkmale für sich relevant und versehen sie mit Bedeutungen.

2 Vgl. Jürgen Mansel und Heike Kahlert, „Arbeit und Identität im Jugendalter vor dem Hintergrund der Strukturkrise. Ein Überblick zum Stand der Forschung", in: Jürgen Mansel und Heike Kahlert (Hg.), *Arbeit und Identität im Jugendalter. Die Auswirkungen der gesellschaftlichen Strukturkrise auf Sozialisation*, Weinheim 2007, 7.

3 Unseren Analysen liegen zwei Gruppendiskussionen zugrunde, deren Teilnehmer und Teilnehmerinnen im Alter von 14 bis 24 Jahren sind.

4 Vgl. Mansel und Kahlert, 7.

5 Vgl. Sigrid Nökel, „‚Neo-Muslimas' – Alltags- und Geschlechterpolitiken junger muslimischer Frauen zwischen Religion, Tradition und Moderne", in: Hans-Jürgen Wensierski und Claudia Lübcke (Hg.), *Junge Muslime in Deutschland. Lebenslagen, Aufwachsprozesse und Jugendkulturen*, Opladen 2007, 135 f.

6 Vgl. Yasemin Shooman, „Das Zusammenspiel von Kultur, Religion, Ethnizität und Geschlecht im antimuslimischen Rassismus", in: *Aus Politik und Zeitgeschichte* (16–17, 2012), 55.

nehmen wir dabei an, dass berufliche Perspektiven auf Arbeit und ihre Verwirklichung zum einen in Auseinandersetzung mit den Erfahrungen Jugendlicher entstehen. Zum anderen leiten wir aus unseren Auswertungen und Analysen die These ab, dass je nach Bildungs- bzw. Ausbildungsgang unterschiedliche Mechanismen an den einzelnen Übergängen wirken und diese in einem engen Zusammenhang mit der Entfaltung von Perspektiven der Jugendlichen auf den Arbeitsmarkt in den Blick zu nehmen sind. Unter Mechanismen verstehen wir dabei Zugangsbarrieren und Auswahlkriterien, die Zugänge zum Arbeitsmarkt sowie zur schulischen und betrieblichen Ausbildung regulieren. Die rekonstruktiven Analysen der eigenen Daten zeigen, dass die befragten Jugendlichen beim Übergang zu einem Hochschulstudium individualisierte Zugangsmechanismen reflektieren, wohingegen sie beim Zugang zu geringer qualifizierten betrieblichen Ausbildungsberufen ihre beruflichen Aspirationen vor dem Hintergrund von Erfahrungen von kollektivistischen Zugangs- und Auswahlkriterien, wie ethnisierenden Zuschreibungen, verhandeln. In unserem Beitrag stellen wir die Auswertung und Analyse von zwei Gruppendiskussionen dar, die mit zwei Jugendgruppen in sunnitischen Moscheen erhoben wurden und rekonstruieren die kollektiven Orientierungsmuster in den Gruppen.

Unser Beitrag gliedert sich in fünf Punkte. Zunächst thematisieren wir die Situation von Jugendlichen mit Migrationsgeschichte auf dem Arbeitsmarkt (1). In einem zweiten Punkt reflektieren wir muslimische Jugendliche in der Migrationsgesellschaft als Forschungsgegenstand (2). Anschließend stellen wir unsere methodologischen und theoretischen Zugänge dar. Die Auswertung unserer Daten nehmen wir anhand der dokumentarischen Methode vor. Dabei rekonstruieren wir die jugendlichen Orientierungen vor kollektiven Erfahrungsräumen und erweitern die Auswertungen auf die Überlappungen der Erfahrungsräume anhand einer intersektionalen Perspektive (3). Es folgt unter Punkt vier die Auswertung und Analyse von zwei Gruppendiskussionen (4). In einem fünften und letzten Punkt nehmen wir eine Kontrastierung der Auswertungen sowie eine weiterführende Interpretation der Daten vor (5). Wir beenden den Beitrag mit einer Zusammenfassung unserer bisherigen Befunde und verorten diese vor dem Hintergrund des aktuellen Forschungsstandes zu Schließungsmechanismen beim Übergang auf den Arbeitsmarkt.

1. Jugend – Migration – Arbeit

Die Bedeutung von Arbeit und Bildung unterlag in Deutschland in den letzten 60 Jahren einem enormen Wandel. Durch die Entwicklung von einer Industrienation zu einer dienstleistungsorientierten Gesellschaft sind Bildung und formal hohe Bildungsabschlüsse zur Schlüsselfunktion für den Zugang zum Arbeitsmarkt und damit auch zu gesellschaftlicher Teilhabe und Integration geworden.[7] Dementsprechend unterliegen niedrige Bildungsabschlüsse im Zuge der Bildungsexpansion einem Abwertungsprozess[8] und gewährleisten heute häufig keine Integration auf dem Arbeitsmarkt mehr. Zugänge zu den notwendig gewordenen hochqualifizierten Bildungsabschlüssen unterliegen in Deutschland wiederum nicht allein dem meritokratischen Leistungsprinzip, sondern sind darüber hinaus sowohl abhängig von der sozialen[9] als auch von der ethnischen Herkunft des Schülers bzw. der Schülerin.[10] Ethnie- und schichtabhängig differente Zugänge zur Bildung werden zum einen, im Anschluss an Bourdieu, als Folge von einem nicht stimmigen Passungsverhältnis zwischen schulischem und familiärem Habitus[11] und zum anderen als Resultat institutioneller Diskriminierung[12] diskutiert.

Auch bei der Ausbildungsplatzvergabe, so wird aus Studien der letzten 15 Jahre ersichtlich, sind Jugendliche mit Migrationsgeschichte[13] benachteiligt.[14] Dies kann mit einem kapitaltheoretischen Ansatz sowohl mit dem Fehlen von kulturellem als auch sozialem Kapital erklärt werden, was häufig in Zusammenhang mit einer Migrationsgeschichte steht. Dabei erschweren geringe formale Bildungs- und Berufsabschlüsse der Eltern und eingeschränkte soziale Netzwerke den Zugang zu einer

---

7 Vgl. Ingo Leven, Gudrun Quenzel und Klaus Hurrelmann, „Familie, Schule, Freizeit: Kontinuität im Wandel", in: Shell Deutschland Holding (Hg.), *Jugend 2010. Eine pragmatische Generation behauptet sich*, Frankfurt am Main 2011, 71.

8 Vgl. Mansel und Kahlert, 7.

9 Vgl. *ebd.*, 26; vgl. Leven, Quenzel und Hurrelmann, 71 f.

10 Vgl. Ursula Boos-Nünning und Yasemin Karakaşoğlu, *Viele Welten leben. Zur Lebenssituation junger Frauen mit Migrationshintergrund*, Münster 2005, 163 f.

11 Vgl. Jutta Ecarius und Katrin Wahl, „Bildungsbedeutsamkeit von Familie und Schule. Familienhabitus, Bildungsstandards und soziale Reproduktion – Überlegungen im Anschluss an Pierre Bourdieu", in: Jutta Ecarius, Carola Groppe und Hans Malmede (Hg.), *Familie und öffentliche Erziehung. Theoretische Konzeptionen, historische und aktuelle Analysen*, Wiesbaden 2009, 27 f.

12 Vgl. Mechthild Gomolla und Frank-Olaf Radtke, *Institutionelle Diskriminierung. Die Herstellung ethnischer Differenz in der Schule*, Opladen 2002, 257–277.

13 Wir beziehen uns sowohl hier als auch im Folgenden auf Studien, die die Kategorie „mit Migrationshintergrund" verwenden. Dieses ist der Tatsache geschuldet, dass kaum Daten vorliegen, die sich explizit auf Jugendliche beziehen, die sich selbst als religiösen Muslim bzw. als religiöse Muslima bezeichnen.

14 Vgl. u. a. Mona Granato und Ursula Beicht, „Prekäre Übergänge vermeiden – Potenziale nutzen. Junge Frauen und Männer mit Migrationshintergrund an der Schwelle von der Schule zur Ausbildung", in: Friedrich-Ebert-Stiftung (Hg.), *WISO-Diskurs*, Bonn 2011, 25–27; Frank Gesemann, *Die Integration junger Muslime in Deutschland. Bildung und Ausbildung als Schlüsselbereiche sozialer Integration*, Berlin 2006, 13 f.; Ursula Boos-Nünning, „Berufliche Bildung von Migranten und Migrantinnen. Ein vernachlässigtes Potenzial für Wirtschaft und Gesellschaft", in: Friedrich-Ebert-Stiftung (Hg.): *Kompetenzen stärken, Qualifikationen verbessern, Potenziale nutzen: Berufliche Bildung von Jugendlichen und Erwachsenen mit Migrationshintergrund*, Bonn 2006, 6.

Ausbildung.[15] Ein Mangel an Ressourcen kann allerdings nur bedingt die Benachteiligung von Jugendlichen mit Migrationsgeschichte erklären. Auch bei gleicher sozialer und kultureller Ressourcenausstattung sind die Versuche von Jugendlichen mit Migrationsgeschichte in eine betriebliche Ausbildung zu münden nicht gleichermaßen erfolgreich wie jene von Jugendlichen ohne Migrationsgeschichte.[16] Dieses ist durch die „grundlegende Strukturdifferenz zwischen allgemeinbildendem Schulsystem und dem Zugang zur betrieblichen Berufsausbildung"[17] zu erklären, die durch die Entkopplung des Ausbildungssystems aus dem allgemeinbildenden Schulsystem und seiner Integration in den Arbeitsmarkt entsteht. Durch diese Zweiteilung ist die Diskrepanz zwischen Zugangsvoraussetzungen zu begehrten Ausbildungsberufen und Hochschulbildung auf der einen Seite und weniger privilegierten betrieblichen Ausbildungsberufen auf der anderen Seite begründet. Zugänge zu betrieblichen Ausbildungen sind im Gegensatz zu schulischen Ausbildungen noch stark von informellen Beurteilungskriterien abhängig. Das bedeutet, dass neben den Zugangsmechanismen, die auch im Schulsystem wirksam sind, beim Zugang zu Ausbildungsberufen informelle marktförmige Schließungsprozesse eine Rolle spielen. Statt durch individualistische Schließungsregeln anhand von Bildungstiteln sind die Zugangsbarrieren anfälliger für kollektivistische Schließungsregeln, die oftmals anhand von vergeschlechtlichenden und ethnisierenden Kategorisierungen erfolgen.[18]

Diese Gewichtung von kollektivistischen Schließungsmechanismen bei betrieblichen Ausbildungen wird in der Studie von Imdorf deutlich. Demzufolge stützen sich Betriebe bei der Auswahl von Auszubildenden auf Kriterien, die zu einer vermeintlich optimalen Reproduktion des Betriebes führen. Neben inhaltlichen und fachlichen Kompetenzen der Mitarbeitenden bestehen diese in betriebsinternen Passungsverhältnissen und einer guten Kundenbindung. Jugendlichen mit Migrationsgeschichte wird aufgrund von Vorurteilen und stereotypen Zuschreibungen von ‚Anderssein' eine gelungene soziale Integration in ein oftmals ‚familiär' strukturiertes Team und die Fähigkeit, eine erfolgreiche Kundenbindung herzustellen, abgesprochen.[19] Anhand dieser Ergebnisse wird deutlich, dass sich soziale Ungleichheit in Deutschland sowohl im Bildungssystem, in

15 Vgl. Mona Granato und Ursula Beicht, „Übergänge in eine berufliche Ausbildung. Geringere Chancen und schwierige Wege für junge Menschen mit Migrationshintergrund", in: Friedrich-Ebert-Stiftung (Hg.), *WISO-Diskurs*, Bonn 2009, 28.

16 Vgl. *ebd.*

17 Ulrike Hormel, „Ethnisierung von ‚Ausbildungsfähigkeit' – ein Fall sozialer Schließung in der Migrationsgesellschaft", in: Maja S. Maier und Thomas Vogel (Hg.), *Übergänge in eine neue Arbeitswelt? Blinde Flecke in der Debatte zum Übergangssystem Schule – Beruf*, Wiesbaden 2013, 251.

18 Vgl. *ebd.*, 251 f.

19 Vgl. Christian Imdorf, „Die Diskriminierung ‚ausländischer' Jugendlicher bei der Lehrlingsauswahl", in: Ulrike Hormel und Albert Scherr (Hg.), *Diskriminierung: Grundlagen und Forschungsergebnisse*, Wiesbaden 2010, 204–209.

Form von Abschlüssen, als auch durch Zugänge zu Ausbildungsberufen entlang der Kategorien soziale Herkunft und Ethnizität (re-)produziert. Neben Aspekten der sozialen und ethnischen Herkunft wird auch die Kategorie Geschlecht beim Ausbildungszugang relevant. Während weibliche Jugendliche in der Schule noch bessere Schulabschlüsse zu verzeichnen haben als männliche Schüler, können sie diese besseren Ausgangsbedingungen auf dem Ausbildungs- und Arbeitsmarkt nicht in privilegiertere Positionen konvertieren, die einen gesicherten Verdienst und Aufstiegschancen gewährleisten. Weibliche Jugendliche münden seltener als männliche Jugendliche in duale Ausbildungsberufe und sammeln sich bei gleicher schulischer Leistung in wenigen Ausbildungsberufen, die geringe Aufstiegschancen bieten und im Dienstleistungssektor zu verorten sind.[20] Besonders weibliche Jugendliche mit Migrationsgeschichte sind von diesem Mangel an betrieblichen Ausbildungsplätzen und schlechten Zugängen betroffen.[21] Dies sind erste Hinweise auf intersektionale Verschränkungen von Schließungsmechanismen, die für den Zugang in betriebliche Ausbildungen relevant werden.

Die dargestellten, meist quantitativen Studien fragen nach Bedingungen, die eine Benachteiligung der Jugendlichen hervorrufen. Dementsprechend wird sich vermehrt auf Jugendliche bezogen, die mit einem Haupt- oder Realschulabschluss die Schule verlassen. In Untersuchungen im Bereich der Migrationsforschung sind allerdings seit einigen Jahren auch gegenläufige Tendenzen erkennbar. Weg von einer Defizitorientierung richtet sich der Blick zunehmend auch auf bildungserfolgreiche Menschen mit Migrationsgeschichte sowie auf die Frage, welche Faktoren zum Bildungserfolg beitragen.[22] Analysegegenstand sind in diesen Forschungen weniger die Bildungsinstitutionen und ihre ungleichheitsgenerierenden Wirkungen, sondern „die sozialen Konstellationen sowie die psychosozialen Anforderungen, die mit einem Bildungsaufstieg einhergehen."[23] In diesen Studien wird ausgehend von der Frage nach dem Bildungserfolg nach einem besseren analytischen Verständnis von Bildungsbenachteiligung gestrebt und untersucht, wie strukturelle und individuelle Faktoren zusammenwirken können.[24] Diese neuere Forschungsrichtung entspricht aktuellen empirischen Befunden, denen zufolge Jugendliche mit

20 Vgl. Mona Granato und Karin Schittenhelm, *Junge Frauen: Bessere Schulabschlüsse – aber weniger Chancen beim Übergang in die Berufsausbildung*, 2004. Online abrufbar unter http://www.bpb.de/apuz/28222/junge-frauen-bessere-schulabschluesse-aber-weniger-chancen-beim-uebergang-in-die-berufsausbildung?p=all. Zuletzt aufgerufen am 10.02.2014.

21 Vgl. Granato und Beicht, *Prekäre Übergänge vermeiden,* 13.

22 Bspw. Aladin el Mafaalani, *BildungsaufsteigerInnen aus benachteiligten Milieus. Habitustransformationen und soziale Mobilität bei Einheimischen und Türkeistämmigen*, Wiesbaden 2012; Merle Hummrich, *Bildungserfolg und Migration. Biografien junger Frauen in der Einwanderungsgesellschaft*, Wiesbaden 2009; Ulrich Raiser, *Erfolgreiche Migranten im deutschen Bildungssystem – es gibt sie doch: Lebensläufe von Bildungsaufsteigern türkischer und griechischer Herkunft*, Berlin u. a. 2007.

23 Mafaalani, 14.

24 Vgl. *ebd.*, 13.

Migrationsgeschichte trotz erschwerter Zugänge zu Bildung über höhere Bildungsabschlüsse als ihre Eltern verfügen und damit einen sozialen Aufstieg vollziehen.[25] Im Rahmen dieser Befunde fällt auf, dass Jugendliche mit Migrationsgeschichte von Benachteiligung zwar besonders betroffen sind, im milieuspezifischen Vergleich allerdings erfolgreicher im Bildungssystem abschneiden als Gleichaltrige ohne Migrationsgeschichte.[26] Diese konträren Ergebnisse machen deutlich – wie auch eine Schweizer Studie von Mey, Rorato und Voll bestätigt –, dass derzeit zwei gegenläufige Tendenzen zu verzeichnen sind. Einerseits erleben Jugendliche mit Migrationsgeschichte einen rasanteren sozialen Aufstieg als Jugendliche ohne Migrationsgeschichte und gehören dementsprechend zur Gruppe der Bildungsaufsteigenden, auf der anderen Seite gehört diese Gruppe auch überdurchschnittlich oft zu den Jugendlichen, die nach dem obligatorischen Schulbesuch in keine weitere Ausbildung münden und somit keinen Bildungsaufstieg verzeichnen können.[27] „Mit anderen Worten zeichnen sich Angehörige der so-genannten [*sic*] zweiten Generation nicht nur durch höhere Aufstiegschancen, sondern auch durch ein erhöhtes Abstiegsrisiko aus.“[28] Diese Mobilitätsprozesse erklären sich Juhasz und Mey, indem sie Jugendliche als handelnde Subjekte wahrnehmen, „die bewusst Ressourcen und Strategien einsetzen, um ihren (vergleichsweise kleinen) Möglichkeitsraum bestmöglich auszunutzen bzw. zu vergrößern.“[29] Dies wird auch in den empirischen Befunden von Schittenhelm deutlich. In ihren Analysen weist sie darauf hin, dass die Bewältigungsstrategien bei einem erschwerten Zugang zum Arbeitsmarkt sehr unterschiedlich ausfallen können (prophylaktische Erweiterung der beruflichen Optionen, Strategien der Distanzierung, Strategien der Risikoabwendung oder Berufsfindung durch nachträgliche Kurskorrektur)[30] und abhängig sind von der „Erfahrung von Handlungs- und Gestaltungschancen im biographischen Verlauf.“[31] Soziale Positionierungen werden hier als Resultat der individuellen Auseinandersetzung mit gesellschaftlichen Strukturen verstanden.[32]

25 Vgl. Marion Gemende, Chantal Munsch und Steffi Weber-Unger Rotino, „Migration und Geschlecht – zwischen Zuschreibungen, Ausgrenzungen und Lebensbewältigung. Eine Einführung“, in: Marion Gemende, Chantal Munsch und Steffi Weber-Unger Rotino, *Eva ist emanzipiert, Mehmet ist ein Macho.* Weinheim und München 2007, 18.

26 Vgl. Anne Juhasz und Eva Mey, „Adoleszenz zwischen sozialem Aufstieg und sozialem Ausschluss“, in: Vera King und Hans-Christoph Koller (Hg.), *Adoleszenz – Migration – Bildung. Bildungsprozesse Jugendlicher und junger Erwachsener mit Migrationshintergrund*, Wiesbaden 2006, 67.

27 Vgl. *ebd.*

28 Vgl. *ebd.*

29 Vgl. *ebd.*, 69.

30 Vgl. Karin Schittenhelm, „Statuspassagen junger Frauen zwischen Schule und Berufsausbildung im interkulturellen Vergleich“, in: Elisabeth Schlemmer (Hg.), *Ausbildungsfähigkeit im Spannungsfeld zwischen Wissenschaft, Politik und Praxis*, Wiesbaden 2007, 62 ff.

31 *Ebd.*, 65.

32 Vgl. Juhasz und Mey, 69.

Vor dem Hintergrund dieser Ausführungen gehen wir weder von einer Strukturdetermination noch von einem autonomen Subjekt aus, das unabhängig von gesellschaftlichen und historischen Kontexten handelt. Dieser Annahme folgend untersuchen wir in unserem Projekt die subjektiven und kollektiven Erfahrungen, die durch ihre Verankerung in gesellschaftlichen und historischen Kontexten geprägt sind. Wir befragen unsere Daten aus Gruppendiskussionen und Einzelinterviews dahingehend, welchen Umgang die Jugendlichen mit gesellschaftlichen Bedingungen, wie beispielsweise unterschiedlichen Schließungsregeln, finden und wie sich diese in ihren Identitätskonstruktionen aufzeigen lassen. Einen Fokus unserer Analysen legen wir dabei auf die Wahrnehmungen und Einschätzungen der Handlungsmöglichkeiten von Seiten der Jugendlichen.

2. Muslimische Jugendliche in der Migrationsgesellschaft als Forschungsgegenstand

Die dargestellte Fragestellung hat sich vor dem Hintergrund des Befundes entwickelt, dass das Aufwachsen in der Migrationsgesellschaft[33] von den befragten Jugendlichen als eine soziale Dimension relevant gemacht wird, und zwar auf Grundlage ihrer Erfahrungen. Gemeinsam ist allen Befragten die Erfahrung von gesellschaftlichen Diskriminierungen, beispielsweise in Bildungsinstitutionen, sowie deren Internalisierung als nicht zu ändernde soziale Tatsache. Die vorliegenden Befunde zeigen dabei, dass niemand der Befragten eine Ausbildungs- und Berufskarriere für sich plant, ohne dabei antizipierte Wahrnehmungen der Zuschreibung von ethnischer Zugehörigkeit[34] als Migrant bzw. Migrantin und/oder als Muslim bzw. Muslimin auf der Ebene der Identitätskonstruktionen in unterschiedlichen Formen zu rationalisieren und diese Wahrnehmungen auch in die eigenen Zukunfts- und Berufspläne zu integrieren.

Die Muslime und Musliminnen und *der* Islam sind derzeit auch in migrationswissenschaftlichen Debatten Thema. Im Bereich der Erziehungswissenschaften und Jugendforschung wird die vermeintlich besondere Lebenssituation junger Mus-

33 Der Begriff Migrationsgesellschaft bezeichnet die derzeitige gesellschaftliche Realität, die entscheidend durch Migrationsprozesse geprägt ist. Durch den Begriff der Migration (im Gegensatz zur Einwanderung oder Zuwanderung) soll ein umfassender Blick auf unterschiedliche Migrationsphänomene wie unterschiedliche Formen der Migration, Vermischung von Sprachen und hybride Identitäten, Rassismen und Fremdheitskonstruktionen eröffnet werden. Diese wiederum werden in Diskursen reproduziert und werden u. a. in Bildungsinstitutionen relevant und beeinflussen jugendliche Bildungsverläufe (vgl. Paul Mecheril, *Migrationspädagogik*, Weinheim 2010, 11).

34 Es handelt sich hierbei um Zuschreibungen, die aus einer Dominanz – im Hinblick auf Deutungshoheiten – beanspruchenden gesellschaftlichen Position heraus vorgenommen werden (vgl. auch Shooman, 55).

lime und Musliminnen ebenfalls aufgegriffen.[35] Allerdings geschicht dies häufig im Rahmen von Studien über Jugendliche mit Migrationsgeschichte, in denen am Rande deutlich wird, dass muslimische Jugendliche durch ihre Religion spezielle Erfahrungen sammeln oder der Religion eine verstärkte Bedeutung zuweisen.[36] Vor dem Hintergrund unseres Forschungsgegenstandes erachten wir es als notwendig, unterschiedliche Facetten des aktuellen Diskurs- und Forschungsstandes zu reflektieren. Die empirischen Befunde der letzten Jahre zeigen nämlich, dass Jugendliche ihrer muslimischen Religiosität vermehrt Bedeutung beimessen und diese auch als Widerstandsstrategie gegenüber ethnisierenden und diskriminierenden Zuschreibungen nutzen können.[37] Dies wird unter anderem dadurch erklärt, dass sich die Jugendlichen mit dem Bezug auf die Religiosität Alternativen zu sie festlegenden Ethnizitätskonstruktionen als ‚Türke/Türkin', ‚Ausländer/Ausländerin' oder ‚Jugendlicher mit …-stämmigem Migrationshintergrund' eröffnen. Gleichzeitig findet auf gesellschaftlicher Ebene eine diskursive Verschiebung von *den Migranten und Migrantinnen* hin zu *den Muslimen und Musliminnen* statt. Damit kommt es zu einer Gleichsetzung von ‚Migrantsein' und ‚Muslimsein'[38] und damit zu einer Ethnisierung von Religiosität.[39] Daher steht eine Forschung wie die unsrige mit dem ‚Untersuchungsgegenstand' muslimische Jugendliche vor der Herausforderung, einer Ethnisierung oder Religiosisierung jugendlicher Lagen zu widerstehen, sowie gleichzeitig die Identitätskonstruktionen der Jugendlichen ernst zu nehmen. Die Situation junger Muslime und Musliminnen wird nämlich selten explizit thematisiert, und häufig wird im Kontext von Forschungen und Berichten mit einer synonymen und damit unreflektierten Verwendung von eigentlich unterschiedlichen Kategorien gearbeitet. Der Bezug auf die eigene religiöse Orientierung wird aber nicht

35 Vgl. Hans-Jürgen Wensierski, „Das islamisch-selektive Bildungsmoratorium – Zur Struktur der Jugendphase junger Muslime in Deutschland", in: Jutta Ecarius und Marcel Eulenbach (Hg.), *Jugend und Differenz. Aktuelle Debatten der Jugendforschung*, Wiesbaden 2012; vgl. Nökel; Ursula Boos-Nünning, „Religiosität junger Musliminnen im Einwanderungskontext", in: Hans-Jürgen Wensierski und Claudia Lübcke (Hg.), *Junge Muslime in Deutschland. Lebenslagen, Aufwachsprozesse und Jugendkulturen,* Opladen 2007; Yasemin Karakaşoğlu, „Zur Interdependenz von Religion und Bildung am Beispiel muslimischer Jugendlicher in Deutschland", in: Markus Harring, Carsten Rohlfs und Christian Palentien (Hg.), *Perspektiven der Bildung,* Wiesbaden 2007; Nikola Tietze, „Muslimische Identitäten", in: Wolf-Dietrich Bukow und Erol Yildiz (Hg.), *Islam und Bildung*, Opladen 2003.

36 Vgl. Tina Spies, *Migration und Männlichkeit. Biographien junger Straffälliger im Diskurs*, Bielefeld 2010, 214; vgl. Hummrich, 240–249; vgl. Inken Keim, *Die „türkischen Powergirls". Lebenswelt und kommunikativer Stil einer Migrantinnengruppe in Mannheim*, Tübingen 2007, 58–61; vgl. Boos-Nünning und Karakaşoğlu, 366–430.

37 Vgl. Nökel 2007, 135 f.; vgl. Nikola Tietze, „Muslimische Religiosität als Prozess. Islamische Identitäten junger Muslime in Deutschland und Frankreich", in: Michiko Mae und Britta Saal, *Transkulturelle Genderforschung. Ein Studienbuch zum Verhältnis von Kultur und Geschlecht*, Wiesbaden 2007, 214.

38 Vgl. Gemende, Munsch und Weber-Unger Rotino, 10.

39 Vgl. Shooman, 55.

nur zur Konstruktion der eigenen Identität für die Jugendlichen bedeutsam; in der Migrationsgesellschaft fungieren Bezüge auf ‚den Islam' nämlich gleichzeitig als Fremdzuschreibungen und soziale Markierungen. Die Zuschreibung als ‚Muslim/Muslimin' manifestiert sich oftmals auch unabhängig davon, ob die Betroffenen eine religiöse Identität als expliziten Bestandteil ihrer Identitätskonstruktionen setzen. Markierungen als ‚Muslim/Muslimin' vollziehen sich anhand bestimmter sichtbarer sozialer Merkmale, mittels derer die Markierten damit (quasi automatisch) als religiös eingeordnet werden. Dabei erfahren die Jugendlichen gesellschaftliche Diskriminierungen, die aufgrund einer in der Migrationsgesellschaft weit verbreiteten skeptischen bis häufig auch ablehnenden Haltung gegenüber muslimischer Religiosität sowie dem Islam als Religion bestehen. Shooman spricht beispielsweise für die Migrationsgesellschaft von einem sogenannten antimuslimischen Rassismus, der die Religion „als rückständig, frauenfeindlich, unwandelbar, irrational und gewaltbereit"[40] darstellt.

Wir haben für eine weiterführende Analyse unserer Daten eine intersektionale Perspektive gewählt, um dem Forschungsgegenstand im Spannungsfeld von Identitätskonstruktionen als Muslim oder Muslimin sowie gleichzeitig wirksam werdender gesellschaftlicher Diskriminierungen entlang unterschiedlicher sozialer Kategorien Rechnung zu tragen. Wie Shooman hervorhebt, ist dabei in einem intersektionalen Verständnis zu beachten, dass die Gruppe der Muslime und Musliminnen nicht nur durch bestimmte ethnische Markierungen konstruiert wird. Diese Konstruktion erfolgt vielmehr durch Bezug auf weitere Kategorien,[41] wie etwa Geschlecht oder auch Generation. Gerade in antimuslimischen Diskursen ist diese Verschränkung besonders gegeben. Dies kann an der Konstruktion der muslimischen Frau verdeutlicht werden. Muslimische Frauen werden als unterdrückt und entrechtet dargestellt,[42] womit ihnen eine Position jenseits von der des muslimischen Mannes sowie jenseits der nicht-muslimischen Frau zugeschrieben wird.

Unsere Arbeitshypothese, die auf einer ersten Auswertung und Analyse der bisher erhobenen Daten beruht, ist, dass sich Muslime und Musliminnen mit besonderen Fremdzuschreibungen und Markierungen auseinandersetzen müssen. In der Jugendphase können solche Markierungen besondere Bedeutungen und Herausforderungen im Rahmen von (kollektiven) Identitätsbildungsprozessen mit sich bringen.[43] Gleichzeitig werden „im Verlauf der Adoleszenz über Bildungskarrieren zahlreiche Weichen für berufliche Möglichkeiten und spätere soziale Platzierungen

40 *Ebd.*, 54.

41 Vgl. *ebd.*, 56.

42 Vgl. Gemende, Munsch und Weber-Unger Rotino, 9.

43 Vgl. Vera King und Hans-Christoph Koller, „Adoleszenz als Möglichkeitsraum für Bildungsprozesse unter Migrationsbedingungen. Eine Einführung", in: Vera King und Hans-Christoph Koller (Hg.), *Adoleszenz – Migration – Bildung. Bildungsprozesse Jugendlicher und junger Erwachsener mit Migrationshintergrund*, Wiesbaden 2009, 10.

im Erwachsenenalter gestellt."[44] Hier knüpfen wir mit der Fragestellung unseres Beitrags an, wie die Befragten wahrgenommene Ausgrenzungsprozesse mit Blick auf die Ausbildungssysteme und den Arbeitsmarkt auf der Ebene der kollektiven Identitätskonstruktionen[45] integrieren und welchen Umgang sie mit diesen in gemeinsamen Aushandlungsprozessen finden.

3. Forschungsdesign und Methode: Kollektive Orientierungen und überlappende Erfahrungsräume

Zur Auswertung der Gruppendiskussionen beziehen wir uns auf die dokumentarische Methode[46] und möchten diese durch eine intersektionale Perspektive erweitern. Anhand dieser Methode können die konjunktiven Erfahrungs- und Orientierungsräume von Gruppen aufgezeigt werden.

Erfahrene Lebensbedingungen und Handlungsmöglichkeiten können sowohl individuell als auch kollektiv erfolgen. Kollektive Erfahrungen und Orientierungen entstehen durch ähnliche Bewältigungsanforderungen und parallel beschrittene Lebensphasen.[47]Anhand von Gruppendiskussionen wollen wir diese kollektiven Erfahrungen von jungen Muslimen und Musliminnen aufzeigen. In Gruppendiskussionen wird die Retroperspektive der Jugendlichen ersichtlich; in ihnen werden heutige Deutungen und Wahrnehmungen von vergangenen Ereignissen verhandelt.[48] Gleichzeitig kommt es auch zu einer prospektiven Sichtweise: auf Grundlage der heutigen Erfahrungswelt werden zukünftige Ereignisse, Chancen und Bewältigungsmöglichkeiten eingeschätzt.[49]

In der Wissenssoziologie Mannheims wird zwischen reflexivem, theoretischem Wissen und dem handlungsleitenden, inkorporierten Wissen, auch atheoretisches

44 *Ebd.*

45 Kollektive Identitäten verstehen wir mit Carolin Emcke als dynamische „Vergemeinschaftungen (die) *bestimmte Praktiken und Überzeugungen* teilen." Carolin Emcke, *Kollektive Identitäten. Sozialphilosophische Grundlagen*, Frankfurt am Main 2000, 17. Konstitutiv für die Entwicklung von kollektiven Identitäten sind sowohl geteilte Missachtungs- als auch Anerkennungserfahrungen; vgl. *ebd.*, 17 ff.

46 Die dokumentarische Methode wurde in der Tradition der Wissenssoziologie Karl Mannheims und der Ethnomethodologie in ihrer heutigen Form von Ralf Bohnsack in den 80er-Jahren weiterentwickelt; vgl. Ralf Bohnsack, „Dokumentarische Methode", in: Ralf Bohnsack, Winfried Marotzki und Michael Meuser (Hg.), *Hauptbegriffe qualitativer Forschung*, Opladen 2011, 40.

47 Vgl. Karin Schittenhelm und Julia Küchel, „Dokumentarische Bildungs- und Übergangsforschung. Mehrperspektivität durch Methodentriangulation", in: Peter Loos, Arnd-Michael Nohl, Aglaja Przyborski und Burkhard Schäffer (Hg.), *Dokumentarische Methode. Grundlagen – Entwicklungen – Anwendungen*, Berlin u. a. 2013, 99 f.

48 Vgl. Karin Schittenhelm, *Soziale Lagen im Übergang. Junge Migrantinnen und Einheimische zwischen Schule und Berufsbildung*, Wiesbaden 2005, 105.

49 Vgl. *ebd.*, 106.

Wissen genannt, unterschieden.[50] Handlungen von Akteuren und Akteurinnen werden vom atheoretischen Wissen geleitet.[51] Im Gegensatz zu objektivistischen Ansätzen besteht die Annahme in der dokumentarischen Methode darin, dass dieses atheoretische Wissen den Akteuren und Akteurinnen selbst auch zugängig, oft aber nicht bewusst ist.[52] Das bedeutet, dass die Forschenden nicht mehr wissen als die Akteure und Akteurinnen selbst. Die Aufgabe sozialwissenschaftlich Forschender besteht deshalb darin, diese atheoretischen Wissensbestände „zur begrifflich-theoretischen Explikation zu bringen."[53] Vertreter und Vertreterinnen der dokumentarischen Methode gehen davon aus, dass es bestimmte kollektive Erfahrungsräume gibt, die Mitglieder mit gleichen lebensweltlichen Erfahrungszusammenhängen teilen. Daran knüpfen wir mit unserem Begriff der kollektiven Identitätskonstruktionen an. Vor dem Hintergrund des wissenschaftstheoretischen Selbstverständnisses der dokumentarischen Methode blicken wir auf kollektive Identitätskonstruktionen, die nicht unbedingt durch reale gemeinsame Erfahrungen und Erlebnisse, sondern vielmehr durch ähnliche Lebenszusammenhänge bedingt werden. Ziel der dokumentarischen Methode ist es, diesen milieu- oder gruppenspezifischen Orientierungsrahmen, den Habitus, in den Gruppendiskussionen zu explizieren. Dafür sind die Forschenden auf die Interpretation der Daten angewiesen, da sie meistens nicht am kollektiven Erfahrungsraum der Befragten teilhaben.[54] Dies wird möglich, indem bei der Auswertung der Diskussion nicht nur danach gefragt wird, „*was* die gesellschaftliche Realität in der Perspektive der Akteure *ist,*" sondern auch danach, „*wie* diese in der Praxis *hergestellt* wird."[55]

Vertreter und Vertreterinnen der dokumentarischen Methode weisen darauf hin, dass der untersuchte Erfahrungsraum der Individuen und Gruppen nicht eindimensional verläuft, sondern sich aus unterschiedlichen, sich durchdringenden und überlappenden Erfahrungsräumen zusammensetzt. Diese Erfahrungsräume werden also neben milieutypischen Orientierungen unter anderem von geschlechts-, alters-, oder migrationstypischen Dimensionen geprägt.[56] Um beispielsweise sicherzugehen, dass festgestellte, vermeintlich migrationsbedingte Orientierungen nicht Aussagen über jugendtypische Orientierungen im Allgemeinen darstellen,

50 Vgl. Ralf Bohnsack, Iris Nentwig-Gesemann und Arnd-Michael Nohl, „Einleitung: Die dokumentarische Methode und ihre Forschungspraxis", in: Ralf Bohnsack, Iris Nentwig-Gesemann und Arnd-Michael Nohl (Hg.), *Die dokumentarische Methode und ihre Forschungspraxis. Grundlagen qualitativer Sozialforschung,* Wiesbaden 2013, 12.

51 Vgl. Ralf Bohnsack, „Die Dokumentarische Methode am Beispiel des Gruppendiskussionsverfahrens", in: *Zeitschrift für Soziologie der Erziehung und Sozialisation,* (24 (2), 2004), 212.

52 Vgl. *ebd.*

53 *Ebd.*

54 Vgl. *ebd.*, 60.

55 *Ebd.*, 213.

56 Vgl. Bohnsack, Nentwig-Gesemann und Nohl, 16 f.

schlagen Bohnsack et al. die Arbeit mit Vergleichsgruppen vor.[57] So können die unterschiedlichen Dimensionen einer Orientierung voneinander abgegrenzt und ausdifferenziert werden.[58] Dem Aspekt der Vielschichtigkeit von Erfahrungsräumen möchten wir, wie bereits erläutert, auch eine besondere Relevanz einräumen. In unserer Analyse wollen wir die Verwobenheit der Dimensionen allerdings nicht mithilfe von Vergleichsgruppen – wie im Kontext der dokumentarischen Methode vorgeschlagen – herausarbeiten. Stattdessen wollen wir Vergleiche ziehen, die aus dem Material resultieren und legen deshalb eine intersektionale Perspektive[59] an die Daten an. Damit setzen wir keine relevante Kategorie, die durch Hinzunahme einer Vergleichsgruppe kontrastiert wird, sondern möchten die Kategorien, die für eigene Entscheidungsfindungen und Erfahrungen bedeutsam werden, aus dem Material ableiten und diese mit Gruppen kontrastieren, die sich auch im Kontext von Moscheen treffen.

Durch diese Vorgehensweise leiten wir die Bedeutung von Religion[60] aus dem Material ab, anstatt uns diese durch die Verwendung einer Vergleichsgruppe zu erschließen. Dieses Vorgehen scheint uns angemessen, um weitestgehend auf bereits

57 Vgl. *ebd.*, 17.

58 Vgl. *ebd.*

59 Das Konzept der Intersektionalität wird seit Anfang der 90er-Jahre vermehrt diskutiert. Entstanden aus der Kritik an der weißen Frauenbewegung und -forschung durch Kimberlé Crenshaw und andere schwarze Frauen (vgl. Kimberlé Crenshaw, „Die Intersektion von ‚Rasse' und Geschlecht demarginalisieren: Eine schwarze feministische Kritik am Antidiskriminierungsrecht, der feministischen Theorie und der antirassistischen Politik", in: Helma Lutz, María Teresa Herrera Vivar und Linda Supik (Hg.), *Fokus Intersektionalität. Bewegungen und Verortungen eines vielschichtigen Konzeptes*, Wiesbaden 2012, 35 ff.) hat sich das Konzept in den Gender Studies, in der Migrationsforschung und Forschungen zu sozialer Ungleichheit etabliert. Hauptanliegen von Vertretern und Vertreterinnen des Konzeptes ist es, die Wechselwirkungen ungleichheitsgenerierender Verhältnisse in den Fokus der Analyse zu stellen und weg von einer lediglich eindimensionalen Perspektive auf soziale Ungleichheit zu kommen (vgl. Cornelia Klinger und Gudrun-Axeli Knapp, „Achsen der Ungleichheit – Achsen der Differenz: Verhältnisbestimmungen von Klasse, Geschlecht, ‚Rasse'/Ethnizität", in: Cornelia Klinger, Gudrun-Axeli Knapp und Birgit Sauer, *Achsen der Ungleichheit. Zum Verhältnis von Klasse, Geschlecht und Ethnizität*. Frankfurt am Main 2007, 37). Im Gegenteil, die Annahme besteht, dass erst im Schnittpunkt unterschiedlicher Herrschaftsverhältnisse und Strukturkategorien gesellschaftliche Verteilungen von Ressourcen sowie die Aufrechterhaltung sozialer Ungleichheit und damit auch Lebensbedingungen für Menschen sichtbar werden und sich erklären lassen; vgl. Christine Riegel, „Intersektionalität als transdisziplinäres Projekt: Methodologische Perspektiven für die Jugendforschung", in: Christine Riegel, Albert Scherr und Barbara Stauber, *Transdisziplinäre Jugendforschung. Grundlagen und Forschungskonzepte*, Wiesbaden 2010, 67 f.

60 Darunter verstehen wir zum einen die eigene Verortung der Jugendlichen als gläubig oder religiös und die Relevant-Werdung der Religion in der alltäglichen Lebensführung der Jugendlichen. Zum anderen auch die religionisierenden Zuschreibungen, die mittels sichtbarer islamisch-konnotierter Symbole oder auch anhand von religionsexmanenten Merkmalen, wie Sprache oder ethnische Herkunft, die mit einer muslimischen Religionszugehörigkeit gleichgesetzt werden, erfolgen.

vorgefestigte Differenzierungen zu verzichten und somit einer Homogenisierung, Vereindeutigung und Verfestigung von Differenzkonstruktionen vorzubeugen.[61]

4. Kollektiv hergestellte Identitätskonstruktionen der Jugendlichen und Perspektiven auf den Arbeitsmarkt

Die vorliegenden Befunde basieren auf den Analysen zweier Gruppendiskussionen. Die *Gruppe Fahrrad*[62] setzt sich aus ca. 15 Teilnehmenden zusammen, die alle einen familiären Migrationshintergrund haben und deren Eltern über eine formal niedrige Bildungsqualifikation verfügen. Sie sind zwischen 14 und 18 Jahre alt und besuchen oder besuchten bis auf eine Ausnahme die Hauptschule, die Realschule oder berufsvorbereitende Maßnahmen. Die *Gruppe Tankstelle*[63] besteht aus acht weiblichen Jugendlichen, die sich im Rahmen von Angeboten der Moschee treffen. Die meisten jungen Frauen der Gruppe kennen sich schon seit vielen Jahren, teilweise schon seit ihrer frühen Kindheit. Die Mitglieder der Gruppe haben alle das Gymnasium besucht oder besuchen es noch heute und haben einen vergleichbaren familiären Hintergrund wie die erste Gruppe. Die Teilnehmerinnen der Gruppendiskussion sind zwischen 15 und 24 Jahre alt. Die Gruppenleitungen waren in beiden Interviewsituationen anwesend, zwischen 35 und 40 Jahre alt und haben sich in beiden Fällen aktiv in die Gruppendiskussion eingebracht.[64]

Im Folgenden präsentieren wir Interpretationen unserer Daten mit Blick auf zwei Aspekte: die kollektiv hergestellten Identitätskonstruktionen der Jugendlichen sowie ihre Perspektiven auf den Arbeitsmarkt.

---

61 Vgl. Christine Riegel, *Intersektionalität und Jugendforschung*, 2012, 11 f.; online abrufbar unter http://portal-intersektionalitaet.de/theoriebildung/schluesseltexte/riegel/. Zuletzt aufgerufen am 30.12.2014.

62 Die einzelnen Gruppen werden im Verfahren der dokumentarischen Methode häufig nach prägnanten inhaltlichen Begrifflichkeiten gewählt, wobei wir versucht haben, möglichst neutrale Begriffe zu verwenden. Die Gruppe Fahrrad haben wir nach ihrer Aussage bezüglich „Asozialität“ benannt, diese beinhaltet „in der Stadt mit dem Fahrrad rumfahren (…) und schreien.“

63 Die Gruppe Tankstelle erhielt ihren Namen durch Narrationen in der Gruppendiskussion über Erfahrungen, die sie in der Öffentlichkeit als bedeckte Musliminnen machen; als Beispiel wurde die Tankstelle angeführt.

64 Für die Interpretation der Daten muss der Umstand, dass die Gruppenleitungen bei den Diskussionen anwesend waren, berücksichtigt werden. Möglich wäre ein anderer Verlauf der Diskussion ohne Anwesenheit der Gruppenleitung, eventuell wären weniger erwünschte Diskursverläufe stärker ausgeprägt. Bei der Auswertung gilt es zusätzlich zu beachten, dass die Interviews von einer nicht-muslimischen Frau ohne Migrationsgeschichte aus dem Hochschulbereich durchgeführt wurden. In einem intersektionalen Verständnis bestand damit ein spezifisches Macht- und Herrschaftsverhältnis, das (gegebenenfalls) Einfluss auf den Diskussionsverlauf hatte.

Kollektiv hergestellte Identitätskonstruktionen (Gruppe Fahrrad)

Durch Erfahrungen in der sozialen Umwelt, beispielsweise durch Fremdwahrnehmungen und gesellschaftliche Diskurse, wird die Identitätskonstruktion und Selbstwahrnehmung der Jugendlichen entscheidend geprägt. In Abhängigkeit von diesen entwickeln Jugendliche unterschiedliche Perspektiven auf Arbeit. Bevor wir auf den Orientierungsrahmen bezüglich Arbeit und Arbeitsmarktzugängen eingehen, möchten wir die kollektiv hergestellte Selbstpositionierung der Gruppe Fahrrad darstellen.

Int: äh was ihr ä::hm denkt (1) wer in unserer wer bestimmt das wie die Gesellschaft funktioniert (.) also warum die Gesellschaft so ist wie sie ist
M.: wegen uns eigentlich (.) ne. weil ähm wie wir uns verhalten jetzt gegenüber von den (.) wir sind ja jetzt (.) nicht Deutsche halt (.) wir sind jetzt mehr Ausländer (.) und wenn wir jetzt die Ausländer jetzt uns so verhalten wie wir uns immer so gegen ü- von Freunden oder so verhalten
T.: asozial
M.: ja genau:
Mehrere: @
M: das is dann, das macht die Jugend dann so wie wir jetzt sind (.)

In dieser Passage[65] (*Passage Gesellschaft*) werden soziale Teilhabe und die derzeitige Situation in der Gesellschaft thematisiert. Prägnant scheint hier der Fokus auf negative gesellschaftliche Entwicklungen zu sein. Diese werden von den Teilnehmenden mit dem ‚schlechten' Verhalten der Jugendlichen der eigenen Gruppe verknüpft. Dieses wird als ‚asozial' markiert. Auf der einen Seite gelte es, dieses in Formen zu bekämpfen, die massenmediale Aufmerksamkeit genießen, etwa anhand von Boxtrainings, „damit die ruhig bleiben." Auf der anderen Seite stelle ‚Asozialsein' ein wünschenswertes Verhalten dar, welches sich auch „deutsche Jugendliche" aneignen wollen würden. Die in der *Passage Gesellschaft* zusammengefassten und weiterführend interpretierten Aussagen der Jugendlichen verweisen unseren Interpretationen zufolge auf einen öffentlichen Diskurs über männliche Jugendliche mit Migrationsgeschichte. In diesen Diskurs sind häufig mit ‚dem Islam' in einen Zusammenhang gestellte Vorstellungen von Männlichkeit eingelagert.[66] Diese Vorstellungen integrieren die Jugendlichen in ihre Selbstwahrnehmungen. Teilweise nehmen sie eine Umdeutung der negativ besetzten Diskurse ins Positive

65 *Passage Gesellschaft* verweist auf eine spezifische Passage der Gruppendiskussion, aus der wir die Interviewsequenz entnommen haben und die wir im Verlauf unserer Auswertung mit anderen Passagen kontrastiert haben, z. B. *Passage Ausbildungsplatzzugänge*.

66 Vgl. Martina Weber, „Ethnisierung und Männlichkeitsinszenierungen. Symbolische Kämpfe von Jungen mit türkischem Migrationshintergrund", in: Christine Riegel und Thomas Geisen (Hg.), *Jugend, Zugehörigkeit und Migration. Subjektpositionierung im Kontext von Jugendkultur, Ethnizitäts- und Geschlechterkonstruktionen*, Wiesbaden 2010, 309.

vor, wenn sie beispielsweise sagen, dass die „deutschen Jugendlichen“ selbst gerne ‚asozial‘ wären. Dabei bezeichnen die befragten Jugendlichen die Bemühungen der als deutsch markierten Jugendlichen als Versuche zur Integration. Der Begriff des Asozialseins und damit von den Jugendlichen in einen Zusammenhang gebrachte Verhaltensweisen wie „Kriminellsein“, „Aggressivsein“, aber auch „Coolsein“ und „in der Stadt mit dem Fahrrad herumfahren und (…) schreien“ ist der wesentliche Kern der Selbstdarstellungen der Jugendlichen. Der Bezug auf Asozialsein, so wird deutlich, scheint für die Jugendlichen von Ambivalenz geprägt. Auf der einen Seite wird dies innerhalb der Jugendkultur als Ressource anerkannt und als erstrebenswert angesehen. Damit findet eine Aufwertung und Umdeutung der negativ besetzten Zuschreibung von Asozialsein in den jugendlichen Ausführungen statt. Auf der anderen Seite positionieren sich die Jugendlichen selbst als „nicht-asozial“ oder bewerten ein ‚asoziales‘ Verhalten als negative Eigenschaft. Besonders mit Blick auf die Zukunft thematisieren sie ein solches Verhalten eher als Hindernis, um ihre Wünsche von angestrebten, gesellschaftlich konformen Lebensformen umzusetzen. Diese werden als nichtkriminell, bestehend aus einer Familie und einem Arbeitsplatz beschrieben. Damit kommt es zu einer Differenz zwischen derzeitiger jugendlicher Selbstdarstellung und den gewünschten zukünftigen Lebensentwürfen.

Perspektiven der Jugendlichen auf den Arbeitsmarkt (Gruppe Fahrrad)

Die bisher dargestellten Interpretationen werden im Hinblick auf die wahrgenommenen Handlungsmöglichkeiten der Jugendlichen auf dem Arbeitsmarkt bedeutsam. Wie deutlich wurde, scheint Integration auf dem Arbeitsmarkt ein zentraler Aspekt der gewünschten Lebensführung der Jugendlichen zu sein. Das für sich selbst konstatierte ‚asoziale‘ Verhalten verknüpfen die Jugendlichen mit ethnisierenden Zuschreibungen an sich selbst als „sozusagen Ausländer“ und/oder als „Türke“. Dabei bestehen in der Wahrnehmung der Jugendlichen konträre Verhaltensweisen zwischen ‚Deutschen‘ und ‚Ausländern‘. Diese duale Positionierung, die auch mit konträren Verhaltensweisen einhergeht, wird mit Blick auf Fragen der Zugänglichkeit des Arbeitsmarktes erneut relevant gemacht, wie in der folgenden Interviewsequenz deutlich wird:

T: Aber zum Beispiel Ausbildungsplätze (.) wenn ein sozusagen Ausländer und ein Deutscher sich bewerben wird der Deutsche genommen und nicht wir
M: Na (.) kommt nicht drauf an, wenn er jetzt zum Beispiel Deu- wenn jetzt zum Beispiel Deutsch und Türke (.) wenn der Türke jetzt (.) bessere Noten hat und der Deutsche hat auch so welche Noten aber die gucken nämlich nur auf AV und SV (.) wenn der Deutsch jetzt fünf und sechs hat (1) und der
T: └ nein
M: Ausländer hat jetzt zwei und drei
T: Die gucken wie du heißt

An diesem Ausschnitt der *Passage Ausbildungsplatzzugänge* und im weiteren Verlauf der Passage wird der Orientierungsrahmen bezüglich Arbeitsmarktzugängen, der sich durch die gesamte Gruppendiskussion zieht, deutlich. Auf der einen Seite beinhaltet er einen Bezug auf die ethnische Herkunft, auf der anderen Seite wird sich auf institutionell erworbenes kulturelles Kapital in Form von Noten bezogen. Erkennbar ist, dass schulische Bildung in Form von Noten und Abschlüssen von keinem der Gruppenteilnehmer als Ressource angesehen wird, um berufliche Pläne umzusetzen und um Zugänge zu Ausbildungsplätzen zu erhalten. Als Resultat dieser verwehrten Anerkennung von schulischen Leistungen wird im weiteren Verlauf der Diskussion der Sinn des Schulbesuches stark in Frage gestellt und eher als ein verpflichtender Abschnitt im Leben deklariert.[67] Wie sowohl in der obigen Textstelle als auch in der komparativen Analyse zu mehreren Passagen deutlich wird, scheint das Verhalten für die Jugendlichen ebenfalls eine bedeutende Rolle zu spielen. Dieses wird wiederum in Verbindung mit der ethnischen Herkunft thematisiert und reguliert Arbeitsmarktzugänge. Ein durch institutionelle Vertreter bescheinigtes ‚gutes' Verhalten – und damit erneut eine fremdbestimmte Bewertung – scheint für die Jugendlichen ausschlaggebendes Kriterium zu sein, um in eine Ausbildung zu münden, wie am Bezug auf die Relevanz von Arbeitsverhalten (AV) und Sozialverhalten (SV) deutlich wird. Der Maßstab von Verhalten scheint eine übergeordnete Kategorie darzustellen, die den Zugang zum Ausbildungsmarkt bei allen Bewerbern und Bewerberinnen reguliert, die Anforderungen an ein ‚gutes' Verhalten variieren jedoch je nach ethnischer Zugehörigkeit. Demzufolge nehmen die Jugendlichen der Gruppe Fahrrad eine höhere Erwartungshaltung ihnen gegenüber bezüglich eines ‚guten' Verhaltens im Vergleich zu nicht-ethnisierten Jugendlichen wahr.

Vor dem Hintergrund dieser Ausführungen wollen wir im Folgenden die Bedeutsamkeit der kollektivistischen Zugangsmechanismen für die Perspektive der Jugendlichen auf Einmündungsmöglichkeiten auf den Arbeitsmarkt darstellen.

---

67 U: (…) wenn sich da Drei bewerben zwei äh sag ich mal Deutsche ein ein (.) Türkischer oder is egal Albaner, wird erst äh äh vorangenommen ah können wir mit dem was anfangen; (.) mit dem: (.) Franz (.) sag ich mal (.) und wenn er da Praktikum macht und er is: (.) wirklich überhaupt nicht geeignet für den Beru:f dann nehmen die erstmal Johannes //°mhmh°//(.) und dann kommt T.

T: Letzte Möglichkeit genau
U: Das is das is äh äh mir selber passiert
Int: Okay
U: Ja und äh daher kann ich sagen (.) er hat damit gar nicht so unrecht
U2: Wieso gehen wir dann zur Schule,
M: Aber das ja nicht bei jedem Betrieb so
F: Weil das Pflicht ist
B: Ja
T: °Wer geht wer geht freiwillig in die Schule°

Die Perspektive der Bedeutsamkeit der kollektivistischen Zugangsmechanismen

Es wird deutlich, dass die Jugendlichen vor dem Hintergrund ihrer Erfahrungen davon ausgehen, dass Leistung im Sinne von guten Zeugnisnoten keine Bedeutung für ihre Zugangsmöglichkeiten auf den Ausbildungs- und damit Arbeitsmarkt hat. Anstelle solcher individualistischer Zugangsmechanismen erfahren die Jugendlichen der Gruppe Fahrrad vor allem die ethnische Herkunft als ausschlaggebendes Kriterium für eine Einmündung in Arbeit oder in Ausbildungsplätze. Institutionelle rassistische Diskriminierung wird hier vor allem bei der Auswahl der Auszubildenden betont. Verglichen wird diese Schlechterstellung auch mit einer Benachteiligung in der Schule. Bezogen wird sich hier vor allem auf einen türkisch klingenden Namen. Dieser steht in der Diskussion für ein zentrales Merkmal des ‚Anders-Seins' und stellt in der Wahrnehmung der Jugendlichen das übergeordnete Auswahlkriterium dar. Als Kontrastierung wird ein ‚typisch deutscher' Name verwendet. Die Jugendlichen beschreiben sich in der Fremdwahrnehmung also als „nicht deutsch" und sehen im Kontext von Ausbildungsplatzzugängen die Aufrechterhaltung von ungleichen Zugängen durch Bezug auf die Ethnizität als zugeschriebene Markierung gegeben. Für die von uns formulierte These der Irrelevanz von individualistischen Zugangsmechanismen in der Wahrnehmung der Jugendlichen spricht weiterhin ihre Betonung von sozialen Netzwerken an anderer Stelle im Interview.

F: hier bei Firma A (.) hier bei Firma A da sind auch viele Ausländer
T: └ °ihr denkt alle voll falsch°
M: Ja das sind alles Verwandte da drin

Aus Sicht der Jugendlichen können soziale Netzwerke dazu beitragen, in unqualifizierte Arbeit zu münden. „Vitamin B" (*Passage Ausbildungsplatzzugänge*) ersetzt laut Einschätzung der Jugendlichen sogar einen fehlenden Abschluss und wird als Ressource angesehen, anhand derer sich Nachteile, die durch eine Migrationsgeschichte oder durch einen fehlenden Abschluss bestehen, ausgleichen lassen. Gleichzeitig gehen sie davon aus, dass soziale Netzwerke in ihrer aktuellen Lebenslage jedoch nur bei bestimmten regionalen Firmen aktivierbar sind. So kann ihrer Erfahrung nach nicht auf soziale Netzwerke zurückgegriffen werden, wenn es um Ausbildungsplätze anstelle von unqualifizierter Arbeit geht. Des Weiteren wird der Zugang zum Ausbildungsmarkt durch Bezug auf die soziale Herkunft reflektiert. Diese wird allerdings nicht explizit von den Jugendlichen benannt. Sie reflektieren hier vor allem ihre eigene soziale Lage, die durch niedrige Schulabschlüsse gekennzeichnet ist. Dies wird beispielsweise auch dadurch deutlich, dass die Jugendlichen höher qualifizierende Ausbildungsgänge nicht als mögliche zukünftige berufliche Alternativen erwägen. Die soziale Lage wird implizit bei allen Überlegungen der Teilnehmenden über mögliche Zugänge zum Arbeitsmarkt berücksichtigt. Diese verstärkt wiederum kollektivistische Schließungsmechanismen, da die eingeschränkte Auswahl der zur Verfügung stehenden Berufe stark anfällig für informelle Zugangskriterien ist. Prägnant ist hier, dass im Gegensatz zur Kategorie Ethnizität die Kategorie Klasse oder soziale Herkunft nicht expliziert wird. Diese häufige Dethematisierung der letztgenannten Strukturkategorie in Bezug auf Ungleichheitsverhältnisse ist nach Winker und Degele durch den Rekurs auf die eigene Leistung, und damit individuell zurechenbare Verschuldung von unprivilegierten Positionen, vermehrt zu beobachten.[68]

Kollektiv hergestellte Identitätskonstruktionen (Gruppe Tankstelle)

Auch in der zweiten Gruppe, die wir im Folgenden Gruppe Tankstelle nennen, werden Fremdzuschreibungen und die eigene Positionierung zu diesen von den Jugendlichen thematisiert. Die Thematisierung von Sprache, Ethnizität und sozialer Herkunft erfolgt zum einen, um besondere Barrieren und Anforderungen, die sich im Zusammenspiel der Kategorien ergeben, zu verdeutlichen. Zum anderen werden im Kontext der Thematisierungen defizitäre Fremdwahrnehmungen von Seiten des Lehrpersonals verhandelt, wie die folgende Interviewsequenz zeigt:

L.: (…) das war auch bei meiner Leistungskurs-Lehrerin so ich hatte Bio-LK (.) und sie war der Meinung dass wir halt (1) °bisschen° Deutsch sprechen müsstn (.) und dass sie ne Freundin hätte (.) ähm mit der könnten wir uns halt unterhalten (.) so @ Kaffee trinken gehn @ (1) @ uns halt bisschen
N: └ @ (2) @ @ Wirklich, @
L: unterhalten (1) sie wollte uns auch die Nummer gebn @ weil sie halt/
N.: Aber das is doch nicht so schlimm oder,
L.: Ich find das schon bisschen (.) also dreist (.) also ich weiß nicht, also ich kann (.) wir könn uns ja
N.: └ Also bei uns is das ja so ( ) aber ( ) bei uns
L.: unter- äh äh verständigen oder? Ich/ich studiere auch und ich kann die deutsche Schrift (.) ich bin
N: └ @ (2) @
L.: hier aufge- äh aufge-
T.: Aufgewachsen
L.: Aufgewachsen (.) und (.) ich kann lesen ich kann schreiben ich bin genau so: (.) intelligent wie andere die hier aufgewachsen sind also wir ham das selbe Niveau (.) @ joah und @
N.: └ @ °Ja meine Freundin°
L.: Wir werden da als dumm dargestellt und das fand ich son bisschen traurig

In der rekonstruktiven Analyse der *Passage Schule* zeigt sich, dass sich die Jugendlichen der Fremdwahrnehmung von Seiten des Lehrpersonals als „dumm"

68 Vgl. Winker und Degele, 44.

ausgesetzt fühlen. „Dumm" beinhaltet hier eine von Seiten der Lehrerin prinzipiell angenommene Hilfs- und Förderbedürftigkeit. Diese Zuschreibungen werden allerdings vehement abgelehnt. Angebote, die aufgrund ihrer angenommenen Hilfsbedürftigkeit von der Lehrerin gemacht werden, werden als übergriffig bewertet. Hier wird also deutlich, dass sich die Jugendlichen gegen Handlungen wehren, die als Stigmatisierungen wahrgenommen werden. Dabei verorten die Jugendlichen die antizipierten Stigmatisierungen als Bestandteil eines Bildes von Frauen mit Migrationsgeschichte, das in Problemdiskursen über die hilfsbedürftige Migrantin produziert wird.[69] Dieses Bild reproduziert die Vorstellung von der unterdrückten, hilfsbedürftigen Migrantin. Dabei weisen sie dieses Bild unter Bezugnahme auf ihr ‚Aufgewachsensein' und ihre schulischen Leistungen zurück und positionieren und präsentieren sich damit unseren Rekonstruktionen zufolge in ihren Identitätskonstruktionen als soziale Aufsteigerinnen.

Perspektiven der Jugendlichen auf den Arbeitsmarkt (Gruppe Tankstelle)

Wie im vorherigen Abschnitt deutlich wurde, verorten die weiblichen Jugendlichen sich konträr zu kollektivistischen Zuschreibungen der hilfsbedürftigen Migrantinnen, indem sie sich auf ihre eigenen Leistungen beziehen. Vor diesem Hintergrund sind auch ihre wahrgenommenen Handlungsmöglichkeiten beim Zugang zu einer Ausbildung zu verstehen. In den Aushandlungsprozessen in der Gruppendiskussion wird dies an der stark individualisierten Reflexion über berufliche Aspirationen und die entsprechenden Zugangsvoraussetzungen sichtbar.

L.: (...) Oder ich hätte ich hätt n duales Studium gemacht (.) // hmhm // (1) weil damit man halt was in der Hand hat weil ich seh ganz von vielen (.) dass die halt (.) ähm (.) das Studium nicht abschließen könn weil es halt so schwer ist; u:nd (1) nichts in der Hand haben (1) dann is (.) halt (.) fünf oder vier Jahre halt umsonst studiert; (.) muss man wieder von Null anfangen

Int: °Ja ok°

N.: Mir ergehts überhaupt nicht so (.) ich mein du hast die Risiken bei ner Ausbildung ja genauso dass du nach drei Jahren sagst oh man das schaff ich gar nicht und das ist überhaupt nichts für mich und (.) gut ist (.) dann hast du ja auch drei Jahre deines Lebens verschwendet quasi (...)

Den gemeinsamen Orientierungsrahmen der Gruppe Tankstelle stellt das Streben nach einer Integration auf dem Arbeitsmarkt durch eine qualifizierte Tätigkeit dar. Vor diesem Hintergrund reflektieren die Jugendlichen, wie eine Sicherstellung dessen zu gewährleisten ist. Bildungs- und Ausbildungsentscheidungen werden sorg-

69 Vgl. Andreas Pott, „Tochter und Studentin. Beobachtungen zum Aufstieg in der zweiten türkischen Migrantengeneration", in: Vera King und Hans-Christoph Koller (Hg.), *Adoleszenz – Migration – Bildung*, Wiesbaden 2006, 47.

fältig abgewogen und zugunsten der angestrebten Integration auf dem Arbeitsmarkt getroffen. Bildung wird in diesem Orientierungsrahmen von den Jugendlichen als Mittel und Ressource angesehen, um berufliche Zukunftspläne umzusetzen. Andere Ressourcen, auf die beim Zugang zu Ausbildung oder Arbeitsmarkt zurückgegriffen werden könnten, werden nicht thematisiert. Schließungsmechanismen und Realisierungschancen von angestrebten Berufen werden damit als individuell bedingt verhandelt. Institutionell erworbene Bildung erscheint den Jugendlichen dann sinnvoll, wenn diese auch in entsprechende arbeitsmarktrelevante Abschlüsse konvertiert werden kann. Ist dies nicht der Fall, wird institutionelle Bildung als „Verschwendung“ (siehe Interviewsequenz) bewertet, das heißt Bildung wird nicht als Möglichkeit gesehen, um zum Beispiel die eigene Persönlichkeit zu erweitern. Auch in anderen Passagen wird dementsprechend deutlich, dass nur institutionelle Bildung als verwertbare Ressource eingeschätzt wird. Außerschulische Bildungsressourcen, wie beispielsweise die eigene Zweisprachigkeit, die jedoch für den Hochschulzugang als nicht verwertbar angesehen wird, werden von den Jugendlichen nicht (an)erkannt.

Hier werden individuelle Fähigkeiten vor dem Hintergrund von strukturellen Anforderungen reflektiert, die die weiblichen Jugendlichen der Gruppe Tankstelle in der Schulzeit oder im Studium internalisiert haben. Es besteht ein stark selbstverantwortliches Verständnis von Realisierungschancen. Als ausschlaggebend für den Erfolg auf dem Arbeitsmarkt wird die eigene Leistung angesehen. Unseren Interpretationen zufolge lastet das Gefühl einer hohen Verantwortung auf den Jugendlichen, aber es entstehen auch Handlungsmöglichkeiten, indem Zugänge zum Ausbildungssystem in ihrer Wahrnehmung durch eigene Leistungen realisiert werden können. Gleichzeitig reflektieren die Jugendlichen ungleiche Startchancen wie beispielsweise mangelnde Deutschkenntnisse und fehlende Kenntnisse des Schulsystems auf elterlicher Seite, sowie auch die Zugehörigkeit zu einem bildungsfernen Milieu und damit das ‚Aufsichselbstgestelltsein‘ im Prozess des sozialen Aufstiegs. Den Jugendlichen der Gruppe Tankstelle ist bewusst, dass sie für den sozialen Aufstieg besondere Leistung erbringen und erschwerten Anforderungen standhalten müssen. In ihren Ausführungen berichten die Jugendlichen der Gruppe Tankstelle von direkt und indirekt gemachten Erfahrungen mit sichtbar gemachter muslimischer Religiosität, insbesondere beim Tragen eines Kopftuchs. Kopftuchträgerinnen sind auch bei einem vorhandenen qualifizierten Abschluss von kollektivistischen Schließungsmechanismen betroffen. Um ihr Ziel von einer Integration auf dem Arbeitsmarkt weiterhin aufrechtzuerhalten, wird deshalb zu Beginn des Studiums versucht, einen pragmatischen Umgang mit antizipierten, unüberwindbar scheinenden strukturellen Barrieren zu finden.

A: Also ich würd auch gerne danach studiern: (.) Türkisch auf Leh;ramt ähm aber ich weiß jetzt nicht ich trag jetzt kein Kopftuch aber wenn ich später Kopftuch trage will i::ch wirklich (ea) ob ich wirklich Chancen habe mit mein Kopftuch zu unterrichten // hmhm / das weiß ich nicht oder ob ich wirklich so studiern kann: das weiß ich auch nicht (.) das: (.) würde mich gerne interessieren (.) // hmm // ja (.) und ich will jetzt auch nicht nach dem Studium einfach so (ea) zu Hause bleiben, weil ich mit mein Kopftuch nicht unterrichten kann (1)

B: °Ne das stimmt° (3)

Dies zeigt sich an dieser Passage, indem die eigene Religiosität und daraus resultierende Relevantsetzungen, wie beispielsweise das Kopftuch-Tragen, quasi automatisch in den Entscheidungsfindungsprozess einbezogen werden. Die eigene Religiosität und die Integration in den Arbeitsmarkt werden als gleichbedeutend gesetzt und vor dem Hintergrund von wahrgenommenen gesellschaftlichen und/ oder strukturellen Barrieren verhandelt und aufeinander abgestimmt. Dies geschieht, indem schon vor Beginn des Studiums Berufe ausgeschlossen werden, die den Erfahrungen mit der Migrationsgesellschaft zufolge mit einem Kopftuch nicht ausgeübt werden können. Das heißt vor dem Hintergrund unserer Ausführungen aber auch, dass in den Wahrnehmungen der Befragten mit dem Übergang auf den Arbeitsmarkt eine Verlagerung der Schließungsmechanismen von individualisierten hin zu kollektivistischen erfolgt. Der Zugang zum Studium wird damit gegebenenfalls zum Moratorium für ‚sichtbar' muslimisch-religiöse Jugendliche, indem Zugänge anhand von individualistischen Auswahlverfahren möglich werden, die die Jugendlichen ihren Wahrnehmungen zufolge selbstbestimmt bestreiten können.

5. Kontrastierung

Zusammenfassend wird deutlich, dass die antizipierten Fremdwahrnehmungen und Selbstpositionierungen der jungen Muslime und Musliminnen sowie Zugangsmechanismen zum Ausbildungsmarkt geprägt sind durch das Zusammenwirken unterschiedlicher Ungleichheitsverhältnisse. Diese schreiben sich auch in die wahrgenommenen Handlungsmöglichkeiten und Chancen der Jugendlichen ein.

Die ethnische Zugehörigkeit ist das kollektivistische Moment, mit dem sich sowohl die Jugendlichen der Gruppe Fahrrad als auch der Gruppe Tankstelle in der Fremdwahrnehmung immer wieder konfrontiert sehen. Die Rekonstruktionen der Daten zeigen, dass in den Thematisierungen von Ethnizität in den Gruppendiskussionen implizit vergeschlechtlichte symbolische Repräsentationen[70] verwoben sind. Die Diskussion der männlichen Jugendlichen der Gruppe Fahrrad dreht sich stark um auffälliges Verhalten und Gesetzesabweichungen, die als asozial markiert werden. Demgegenüber sind die weiblichen Jugendlichen der Gruppe Tankstelle mit

70 Symbolische Repräsentationen bezeichnen nach Winker und Degele Diskurse, Bilder, Normen, Ideologien, Vorstellungen und Wissensbestände, die in einer Gruppe oder einer Gesellschaft kollektiv geteilt werden und diese damit sinnhaft strukturieren; vgl. Winker und Degele, 20 f.

Defizitzuschreibungen konfrontiert, die entlang der Kategorien Geschlecht, Ethnizität, Religion und Klasse bzw. sozialer Herkunft verlaufen. Die Gruppe Fahrrad positioniert sich im Schnittpunkt von ähnlichen Kategorien. Weiter im Vordergrund steht hier allerdings die Kategorie des (Jugend-)Alters, während direkte religiöse Markierungen in den Hintergrund treten. Deutlich wird im Zuge einer intersektionalen Perspektivnahme, dass die wahrgenommenen Fremdzuschreibungen, die Selbstpositionierungen und die antizipierten Zugänge zum Arbeitsmarkt nur dann in ihrer Bedeutsamkeit für die befragten Jugendlichen zu verstehen sind, wenn die je spezifischen Wechselwirkungen der einzelnen Kategorien in den analytischen Blick genommen werden.

Demzufolge werden in der Gruppe Fahrrad Fremdzuschreibungen als ambivalent in die Identitätskonstruktion eingearbeitet. Teilweise werden sie übernommen und reproduziert, teilweise werden die Stigmatisierungen aber auch umgedeutet und positiv angeeignet. Demgegenüber werden die Defizitzuschreibungen von den Jugendlichen der Gruppe Tankstelle konsequent abgelehnt. Da sich die weiblichen Jugendlichen der Gruppe Tankstelle kollektivistischen Zuschreibungen bewusst sind, versuchen sie durch eine bessere Leistung (hier im von ihnen relevant gemachten Vergleich zu den „nicht-ethnisierten" Mitschülern und Mitschülerinnen) den Fokus für die Beurteilung auf ihre Fähigkeiten zu verlagern. In ihrer Selbstpositionierung als Bildungsaufsteigerinnen ist es den Teilnehmerinnen der Gruppe Tankstelle möglich, Zuschreibungen kritisch zu hinterfragen und von sich zu weisen. Defizite werden somit nicht in das Selbstbild der weiblichen Jugendlichen der Gruppe Tankstelle integriert. Durch die konträr zu den Fremdzuschreibungen eingenommene Selbstpositionierung scheinen die Jugendlichen der Gruppe Tankstelle jedoch unter dem ständigen Druck zu stehen, ihren Aufstieg und auch ihre Leistungen darstellen zu müssen, um – unseren Interpretationen zufolge – diese vor kollektivistischen Zuschreibungen zu schützen.

6. Fazit

Anhand der Rekonstruktion der jugendlichen Erfahrungen lassen sich erste Annahmen über die Perspektiven muslimischer Jugendlicher auf den Arbeitsmarkt ableiten. Diese entfalten sich vor dem Hintergrund der starken Bedeutung von Erwerbsarbeit für die Lebensentwürfe der von uns befragten Jugendlichen. Aufgrund der großen Bedeutung, die die Erwerbsarbeit für die Befragten beider Gruppen besitzt, sind die Jugendlichen beim Übergang in eine Ausbildung und auf den Arbeitsmarkt von Schließungsmechanismen abhängig. Unsere Rekonstruktionen zeigen, dass sich ihre beruflichen Perspektiven vor bereits im Schulsystem gemachten Erfahrungen sowie durch Erfahrungen, die in der Peergroup auf dem Ausbildungs- und Arbeitsmarkt gemacht werden, entwickeln. An diese Erfahrungen knüpfen die

Aushandlungen von Berufswünschen und die Einschätzungen von Zugangsvoraussetzungen sowie auch die Beurteilung der eigenen Handlungsmöglichkeiten an.

Unsere Befunde bezüglich der wahrgenommenen Schließungsmechanismen der Jugendlichen möchten wir abschließend mit dem Konzept von kollektivistischen und individualistischen Schließungsmechanismen, wie zu Beginn unseres Beitrags erläutert, in einen Zusammenhang bringen. Unsere Befunde decken sich mit den Annahmen Hormels,[71] denen zufolge gerade für weniger privilegierte Ausbildungsberufe kollektivierte Zugangsmechanismen an Bedeutung gewinnen, während individualisierte Zugangsvoraussetzungen wie Noten, Abschlüsse und Leistung an Gewichtung verlieren. In Übereinstimmung mit diesen Annahmen zeigt die Rekonstruktion unserer Daten, dass in der Wahrnehmung der weiblichen Jugendlichen mit höheren Bildungsabschlüssen der Zugang zur Hochschulausbildung durch Bildungstitel und damit individualisierte Leistungskriterien möglich wird und kollektivistische Schließungsmechanismen an Relevanz verlieren. Dies wird in der Reflexion der weiblichen Jugendlichen der Gruppe Tankstelle im Hinblick auf ihre Berufsfindung deutlich. In diesem Zusammenhang diskutieren die Jugendlichen eigene Präferenzen und Fähigkeiten, die wiederum als ausschlaggebend für Zugänge bestimmt werden. Die weiblichen Jugendlichen nehmen somit ihren Bildungserfolg als weitestgehend selbstbestimmt wahr. Es lässt sich die Interpretation vornehmen, dass kollektivistische Zugangsbarrieren in den rekonstruierten Erfahrungen der Jugendlichen beim Übergang auf den Arbeitsmarkt auch bei qualifizierten Ausbildungen erneut wirksam werden. Besonders relevant ist eine sichtbare Religiosität, die zu antizipierten Ausschlüssen führt. Diese Hindernisse, so die Annahmen der Gruppe Tankstelle, werden durch Strukturen oder durch Fremdzuschreibungen beim Übergang auf den Arbeitsmarkt aufgebaut. Je nach Berufsperspektive haben die Jugendlichen also mit unterschiedlichen Zugangsbarrieren zu kämpfen. Daraus resultiert ein differenter Blickwinkel auf die Bedeutung von Bildung und Schule sowie hinsichtlich von Gefühlen von Fremd- bzw. Selbstbestimmung.

Die Jugendlichen der Gruppe Fahrrad, die vor allem kollektivistische Schließungsmechanismen beim Übergang erfahren, messen schulischer Bildung wenig bis gar keine Bedeutung bei. Vor dem Hintergrund ihrer Erfahrung kann schulische Bildung nicht als Ressource genutzt werden, sondern wird im Zusammenhang mit informellen Zugangsvoraussetzungen wertlos. Mit unseren Befunden zu den jugendlichen Wahrnehmungen dieser Gruppe bestätigen wir damit Hormels Annahmen zum aktuellen Diskurs zur sogenannten Ausbildungsunfähigkeit.[72] In diesem werden Heranwachsenden, die in eine Ausbildung einmünden wollen, ungenügende schulisch vermittelte Kenntnisse attestiert. Über diese Argumentationslinie werden Ausbildungszugänge verhindert. Laut Hormel basiert dieser Diskurs

71 Vgl. Hormel, 252.

72 Vgl. *ebd.*, 259 ff.

jedoch nicht nur auf mangelnden schulischen Basiskenntnissen, sondern impliziert auch mangelnde soziale Passungen, die, wie bereits Imdorf zeigt, häufig anhand von kollektivistischen Zuschreibungen bestimmt werden.[73] Hormel geht von einem „*Matching*-Mechanismus“[74] aus, der die ethnische Zugehörigkeit an mangelnde Leistungsfähigkeit koppelt und somit den Ausschluss von Jugendlichen mit Migrationsgeschichte legitimiert.[75] Die Rekonstruktion unserer Daten zeigt, dass die Jugendlichen der Gruppe Fahrrad vor dem Hintergrund ihrer Erfahrungen der schulischen Leistung *keinerlei* Bedeutung mehr beimessen und damit eine oppositionelle Haltung zur individualisierten Ausbildungsunfähigkeit entwickeln. Die Rekonstruktion der Gruppe Tankstelle zeigt des Weiteren auf, dass in der Wahrnehmung der Jugendlichen allerdings nicht nur weniger privilegierte Berufe anfällig sind für kollektivistische Schließungsmechanismen, sondern dass beim Übergang auf den Arbeitsmarkt auch mit akademischen Abschlüssen, je nach Beruf, ethnische Schließungsmechanismen wirken. Ethnische Schließungsmechanismen müssen, wie in unseren Analysen deutlich wird, im weiteren Forschungsprozess ausdifferenziert werden. Es besteht die Notwendigkeit für die Analyse der spezifischen Mechanismen, um zu verstehen, infolge welcher (religiösen) Stigmatisierungen und Bilder Zugänge in den jeweiligen Berufsfeldern verwehrt bleiben.[76]

Schulische bzw. institutionelle Bildung, so lässt sich als vorläufiges Fazit unseres Beitrags festhalten, wird je nach Ausbildung und den unterschiedlichen Zugängen in den Augen der Jugendlichen als eine Ressource wahrgenommen oder muss als wertlos angesehen werden.

73 Vgl. Imdorf, 204–209.

74 Hormel, 262.

75 Vgl. *ebd.*

76 Dieses muss des Weiteren, wie in unserem intersektionalen Design veranlagt, auch in Hinblick auf die Kategorie Geschlecht erfolgen. Hier stellt sich folglich die Frage, inwiefern sich Zugangsbarrieren bei hochqualifizierten männlichen und weiblichen Jugendlichen bzw. bei männlichen und weiblichen Jugendlichen bei der Einmündung in weniger privilegierte Ausbildungsberufe unterscheiden.

Judith Dick

Arbeitspflicht für Muslime und Musliminnen im Sozialstaat

Eine Anregung zum Nachdenken über Solidarität und Menschenwürde

Im Juli 2014 erklärte ein österreichischer Abgeordneter zu Burka-Trägerinnen: „Wenn sich aber eine Frau so kleidet, wird sie keinen Arbeitsplatz finden und den gesellschaftlichen Anschluss verpassen. Sollte die Frau deswegen auf öffentliche Hilfe angewiesen sein, sehe ich nicht ein, warum der Staat Sozialhilfe auszahlt."[1] Mit den Konfliktpotenzialen, die muslimische Vorstellungen mit sich bringen, ist auch im Sozialstaat umzugehen. In Deutschland stellt sich die Frage, ob Muslime und Musliminnen über Leistungskürzungen nach § 31 – § 32 SGB II zu einer Arbeit verpflichtet werden können, die sie aus religiösen Gründen ablehnen. Dieser Frage geht der vorliegende Beitrag nach. Inwieweit ermöglicht oder beschränkt der deutsche Sozialstaat in seiner Workfare-Ausprägung religiös begründete Vorstellungen von Arbeit? Dazu lohnt es, in Bezug auf die Arbeitspflicht in der Grundsicherung für Arbeitsuchende das Potenzial des Begriffs Menschenwürde auszuloten. Die ebenfalls naheliegenden Argumentationen zur Religionsfreiheit werden hier nicht aufgegriffen.[2] Dieser Beitrag argumentiert, dass Leistungskürzungen, welche Arbeitspflichten durchsetzen, im Hinblick auf die Menschenwürde einzuschränken sind. Ferner sind bei den Anforderungen an die Plausibilität der Kollision religiöser Pflichten mit Arbeitspflichten Grenzen zu ziehen.

1. Workfare-Sozialstaat

Gegen Armut und zur Sicherung des sozialen Friedens und gleichberechtigter Teilhabe wurde in Deutschland von den politischen Akteuren ein umkämpfter Sozialstaat entwickelt.[3] 1948 wurde in West-Deutschland laut Art. 20 und Art. 28 GG die Bundesrepublik als sozialer und demokratischer Rechtsstaat gegründet.

---

1 M. Jungwirth, Interview mit Efgani Dönmez, „Ich sehe nicht ein, warum der Staat Sozialhilfe zahlt", in: *Kleine Zeitung*, online http://www.kleinezeitung.at/nachrichten/politik/oesterreich/3675598/ich-sehe-nicht-ein-warum-staat-sozialhilfe-zahlt.story; zuletzt abgerufen am 20.07.2014.

2 Zumal diese im Hinblick auf das Kopftuch im Beitrag von Kirsten Wiese ausgeführt werden.

3 Vgl. hierzu den Beitrag in diesem Band von Torsten Meireis. Ein entsprechender Diskurs findet auch in Ländern mit mehrheitlich muslimischer Bevölkerung statt, z. B. in Indonesien, wo unter anderem ein Diskussionsansatz ausgemacht wurde, der „von einem islamisch-religiösen Ethos ausgeht, welches eine staatliche Sozialpolitik zu inspirieren habe." Fritz

Aus diesem Sozialstaatsprinzip und der Verpflichtung des Staates zum Schutz der Menschenwürde gemäß Art. 1 Abs. 1 GG entwickelte das Bundesverwaltungsgericht[4] 1954 ein subjektiv öffentliches Recht auf Sozialhilfe. Damit wurde aus einem „Menschen können Sozialhilfe erhalten“ ein „müssen Sozialhilfe erhalten“ und somit ein einklagbarer Rechtsanspruch. Erst 1961 formulierte der Gesetzgeber diesen Sozialhilfeanspruch im Bundessozialhilfegesetz aus. Aufgrund der als Hartz IV bezeichneten Reform, die 2005 in Kraft trat, wurden Erwerbsfähige der neu eingeführten, ebenfalls steuerfinanzierten Grundsicherung für Arbeitsuchende im SGB II zugeordnet.[5] Diese beinhaltet den Grundsatz des Förderns und Forderns in § 1 Abs. 2, § 2 SGB II, der als Paradigmenwechsel im Sozialrecht beschrieben wird.[6] Die Funktion der Grundsicherung für Arbeitsuchende ist es, in zumutbare Erwerbsarbeit zu integrieren; Erwerbsfähige sind zudem zur Eigeninitiative zur Beschaffung des Lebensunterhalts aufgefordert. Verweigern sie diese Eigeninitiative, so sieht das Grundsicherungsrecht die Kürzung der Leistungen vor.[7] Festzuhalten ist, dass die Anspruchsqualität des Existenzminimums auf der Basis von Menschenwürde erhalten blieb und Elemente des sogenannten Workfare-Modells, des Forderns, verschärft wurden. Hier stellt sich die Frage, welche Forderungen an die Eigeninitiative auch muslimischer Arbeitsuchender gestellt werden, zumal ein beträchtlicher Teil der Leistungsempfangenden muslimisch geprägte Vorstellungen von Arbeit haben könnte, da beispielsweise 2007 rund 27 Prozent der Leistungsempfangenden entweder eine ausländische Staatsangehörigkeit oder einen Migrationshintergrund hatten. 5,4 Prozent der Leistungsempfangenden hatten die türkische Staatsangehörigkeit und weitere 6,5 Prozent einen türkischen Migrationshintergrund.[8] Daten zur Sanktionshäufung bei ALG-II-beziehenden Frauen türkischer Herkunft[9] sprechen dafür, dass hier ein Problemfeld liegt. Es stellt sich die Frage, ob Muslime und

---

Schulze (Hg.), *Insular Southeast Asia: Linguistic and Cultural Studies in Honour of Bernd Nothofer*, Wiesbaden 2006.

4 BverwG, *Entscheidungen*, 1955, 1:159.

5 Jedoch wurde der zeitliche Umfang der Leistungen der Arbeitslosenversicherung reduziert und die der Lebensstandardsicherung dienende Arbeitslosenhilfe abgeschafft. Auch ein zunächst vorgesehener Zuschlag nach Auslaufen des ALG I wurde 2011 abgeschafft.

6 Albrecht Brühl, „SGB II: Zurück in die Arbeitsfürsorge“, in: *Informationen zum Arbeitslosenrecht und Sozialhilferecht* (3, 2004), 104.

7 Vergleiche zur Kritik an diesem individualisierenden Sozialstaatsmodell z. B. Matthias Möhring-Hesse, „Beteiligung – Befähigung – Verteilung“, in: Michael Schramm, Hermann-Josef Große Kracht und Ulrike Kostka (Hg.), *Der fraglich gewordene Sozialstaat. Aktuelle Streitfelder – ethische Grundlagenprobleme*, Paderborn 2006, 91–104.

8 Dorothee Frings, *Wirkungen des SGB II auf Personen mit Migrationshintergrund*, Studie im Auftrag des BMAS, 2009, 44.

9 „Der deskriptive Befund einer im Vergleich zu allen anderen Gruppen besonders hohen Sanktionshäufigkeit bei Frauen türkischer Herkunft bestätigt sich unter Kontrolle für soziodemographische Variablen. Während bei den meisten Gruppen die Realisierung von Sanktionen deutlich seltener berichtet wird als ihre Androhung, gibt es bei Frauen mit türkischem Migrationshintergrund kaum einen Unterschied zwischen beiden Werten, und die Quote der

Musliminnen zu Arbeit verpflichtet werden können, die sie aus religiösen Gründen ablehnen.

2. Konfliktpotenziale für Muslime und Musliminnen

In der Broschüre der Deutschen Islam Konferenz von 2012 zum Thema „Bessere Integration von Musliminnen und Muslimen in den Arbeitsmarkt“ werden von Niloufar Hoevels als Aufeinandertreffen von Arbeitspflichten und religiösen Pflichten folgende Themen angesprochen: Pilgerfahrt nach Mekka, islamische Feiertage, islamische Bekleidung (Kopftuch), Verarbeitung und Verkauf von ‚unreinen‘ Lebensmitteln (Schweinefleisch, Alkohol), Fasten (Ramadan), Freitagsgebet sowie das tägliche Gebet. Hoevels betont, dass es in der Regel keine Problematik gebe, weil man Gebete nachholen oder die Pilgerfahrt im Urlaub vornehmen könne und nicht im Verkauf ‚unreiner‘ Lebensmittel arbeiten müsse.[10] Dass man in acht Bundesländern in einigen Institutionen nicht mit Kopftuch arbeiten darf,[11] wird in dieser Broschüre nicht weiter thematisiert. Tatsächlich kommt es wohl nur in Einzelfällen zum offenen Konflikt, der auch Gerichte beschäftigt. Andererseits könnten die Konflikte auch unsichtbar sein, weil es schwierig ist, sich vor Gericht durchzusetzen. Dies deuten Studien zu diskriminierenden Erfahrungen und deren Vorwegnahme für die eigene Lebensorientierung an.[12] Die Vorstellungen von Arbeit werden auch davon geprägt, dass Diskriminierungen befürchtet werden bzw. institutionelle Settings Lebensorientierungen schwierig erscheinen lassen. Angesichts der institutionelle Bedingungen antizipierenden Identitätsprozesse und der vorhandenen Konfliktfälle ist die Rechtspraxis genau zu betrachten.

Die Fälle, die hier in den Blick genommen werden können, reichen vom vermeintlich ‚typischen‘ Kopftuchfall bis zu Einträgen in Foren, welche die Kontingenz dessen, was als muslimische Vorstellung von unzulässiger Arbeit angesehen wird, aufzeigen. So lässt sich beispielsweise gegebenenfalls eine religiöse Pflicht aus der Gleichheit der Menschen und aus einem Verbot, Menschen zu erniedrigen, gegen bestimmte Arbeiten anführen. Dazu passt folgender Eintrag im Erwerbslosenforum Deutschland vom 27.10.2012: „Ich bin Muslim und nach dem Islam ist es mir verboten Menschen zu unterdrücken, terrorisieren!, erniedrigen usw. (Wie

Akzeptanz der verhängten Sanktion als ‚gerechtfertigt‘ ist bei ihnen die niedrigste.“ *Ebd.*, 191–192.

10 Niloufar Hoevels, „Wenn religiöse Pflichten und Arbeitspflichten aufeinandertreffen. Was sagt das Recht?“, in: Deutsche Islam Konferenz (Hg.), *Bessere Integration von Musliminnen und Muslimen in den Arbeitsmarkt*, Berlin 2012, 20–27, online abrufbar unter: http://www.bmi.bund.de/SharedDocs/Downloads/DE/Broschueren/2012/dik_integration.pdf?__blob=publicationFile. Zuletzt aufgerufen am 15.04.2014.

11 Vgl. ausführlicher hierzu in diesem Band der Beitrag von Kirsten Wiese.

12 Vgl. die Beiträge von Christine Hunner-Kreisel und Jana Wetzel sowie von Hansjörg Schmid in diesem Sammelband.

es die SB's [Sachbearbeiter, Anmerk. der Verfasserin] mit Milionen Deutschen zu tun Pflegen). Also währe die Arbeit beim Jobcenter schon aus Religiösen gründen nicht vertretbar!!!"[13]

Häufig werden die fünf Säulen Glaubensbekenntnis, Pflichtabgabe (*zakat*), Gebet, Fasten und Pilgerfahrt nach Mekka als Pflichten angesehen.[14] Das Zitat zeigt, dass manche Muslime über den klassischen Kanon religiöser Pflichten hinausgehen. Es stellt sich die Frage, inwieweit von einer Pflicht gesprochen wird. Im islamischen Recht werden zwei Normkategorien benannt: *farḍ* und *wāǧib*. Beide werden meist als Synonyme benutzt und weisen auf das, was man machen muss, also eine Pflicht, hin. Die Hanafiten unterscheiden zwischen *farḍ* und *wāǧib*. *farḍ* wird hier als das, was man machen muss, solange es möglich ist, angesehen.[15] Ferner wird die Meinung vertreten, dass aufgrund von Gewohnheitsrechten von Pflichten abgewichen werden kann.[16] Muslime und Musliminnen gehen in der Regel von einer individuellen Beziehung zwischen Gott und dem Gläubigen aus. Der Koran spricht Muslimen und Musliminnen bzw. Menschen als Individuen an und stellt einen direkten Dialog zwischen ihnen und Gott her. Die Ansprache Gottes lautet hierbei: „Du Mensch! Du strebst mit all deinem Bemühen deinem Herrn zu, und so wirst du ihm (dereinst) begegnen."[17] Die Mehrdeutigkeit der Ansprache Gottes zu den Menschen kann als Beleg der religiösen Pluralität und Möglichkeit angesehen werden, den gleichen Text unterschiedlich zu interpretieren.[18]

Der Verpflichtungscharakter kann für arbeits- und sozialrechtliche Fragen entscheidend sein.[19] Sozialrechtlich kann dieses Konfliktpotenzial bei einer Sperrzeit

---

13 „Erwerbslosen Forum Deutschland", http://www.elo-forum.org/eingliederungsvereinbarung/sanktion-grundlage-unterschriebener-evb-00892/index2.html, zuletzt aufgerufen am 08.11.2012.

14 Q 2:177, 183 f. 196; *Der Koran*, übersetzt von Rudi Paret, Stuttgart 2010. Niloufar Hoevels, *Islam und Arbeitsrecht*, Köln 2003, 130, 177, 185.

15 *farḍ*: Eine Bestimmung, die über einen Beleg mit hundertprozentiger Beweiskraft gefunden wurde. *wāǧib*: Pflichten, die aus hundertprozentig sicher überlieferten Offenbarungstexten, aber mit einer nicht hundertprozentig sicheren Art der Auslegung des Textes abgeleitet wurden. Diese Definition wird von der hanafitischen Rechtsschule gegeben. Oft wird das Wort *wāǧib* jedoch als Synonym für *farḍ* benutzt. Gemäß der Definition ist der wichtigste Unterschied zwischen *farḍ* und *wāǧib* der, dass die Leugnung eines *farḍ* den Unglauben zur Folge hat, während die Leugnung eines *wāǧib* kein *kufr* (Unglaube) ist. Samir Mourad u. a., Usul al-Fiqh, Maqasid asch-scharia und al-Qawa'id al-Fiqhijja, 31 ff.

16 Vgl. den Beitrag von Mouez Khalfaoui in diesem Sammelband.

17 Q 84:6.

18 Thomas Bauer, *Kultur der Ambiguität. Eine andere Geschichte des Islams*, Berlin 2011,154 ff.

19 Auch Peter Janßen, „Islam und Sozialrecht", in: Stefan Muckel, *Der Islam im öffentlichen Recht des säkularen Verfassungsstaates*, Berlin 2008, 417; mit Verweis auf die nur mittelbare Drittwirkung von Grundrechten im Privatrecht. BSG v. 06.03.2003 – B 11 AL 69/02R; BSG v. 27.04.2011 – B 11 AL 11/11B.

in der Arbeitslosenversicherung oder einer Leistungskürzung in der Grundsicherung für Arbeitsuchende zum Tragen kommen.[20]

3. Arbeitspflicht und Religion in der Arbeitslosenversicherung

Die Arbeitslosenversicherung formuliert Versicherungspflichten.[21] Wer ohne wichtigen Grund seine Arbeit aufgibt oder ein Arbeitsangebot ablehnt,[22] verstößt gegen die Versicherungspflicht. Es wird in der Regel eine 12-wöchige Sperrzeit verhängt, in der kein Arbeitslosengeld I gezahlt wird.[23] Für die Fälle der Kündigung des Arbeitsverhältnisses von Seiten des Arbeitgebers ist eine zweistufige Prüfung vorgesehen. Zunächst müsste eine verhaltensbedingte Kündigung vorliegen. Nur wenn eine solche vorliegt, kommt ein Verstoß gegen die Versicherungspflichten in Betracht, der bei einer personen- oder betriebsbedingten Kündigung fehlt. Zusätzlich ist zu prüfen, ob ein wichtiger Grund für das Verhalten zu berücksichtigen ist und daher keine Sperrzeit eintritt.

Eine verhaltensbedingte Kündigung wurde beispielsweise für Verhalten außerhalb der Arbeitszeit abgelehnt bei einer Parteimitgliedschaft, da das Verhalten nicht das Arbeitsverhältnis betraf.[24] In Tendenzbetrieben käme es darauf an, ob das Verhalten, zum Beispiel eine Abweichung von den islamischen Glaubens- oder

20 Zu den im Arbeitsrecht aufzeigbaren Bereichen mit Konfliktpotenzial vgl. den Beitrag zu diesem Sammelband von Niloufar Hoevels. Die Entscheidungen im Arbeitsrecht haben für das Sozialrecht jedoch keine präjudizielle Bedeutung.

21 Daneben sind weitere Voraussetzungen für das Arbeitslosengeld vorgesehen, z. B. ist zuvor mindestens 12 Monate einzuzahlen und eine persönliche Arbeitslosmeldung erforderlich.

22 §159 Abs. 1 (früher § 144) SGB III: Hat die Arbeitnehmerin oder der Arbeitnehmer sich versicherungswidrig verhalten, ohne dafür einen wichtigen Grund zu haben, ruht der Anspruch für die Dauer einer Sperrzeit. Versicherungswidriges Verhalten liegt vor, wenn 1. die oder der Arbeitslose das Beschäftigungsverhältnis gelöst oder durch arbeitsvertragswidriges Verhalten Anlass für die Lösung des Beschäftigungsverhältnisses gegeben oder dadurch vorsätzlich oder grob fahrlässig die Arbeitslosigkeit herbeigeführt hat (Sperrzeit bei Arbeitsaufgabe), 2. die bei der Agentur für Arbeit als arbeitssuchend gemeldete (§ 38 Abs. 1) oder die arbeitslose Person trotz Belehrung über die Rechtsfolgen eine von der Agentur für Arbeit unter Benennung des Arbeitgebers und der Art der Tätigkeit angebotene Beschäftigung nicht annimmt oder nicht antritt oder die Anbahnung eines solchen Beschäftigungsverhältnisses, insbesondere das Zustandekommen eines Vorstellungsgespräches, durch ihr Verhalten verhindert (Sperrzeit bei Arbeitsablehnung), 3. (…).

23 Nach § 159 Abs. 2 SGB III. Nach § 31 Abs. 2 Nr. 3 SGB II ist in diesem Fall auch eine Pflichtverletzung gegeben und mit einer Kürzung eines evtl. Arbeitslosengeld-II-Anspruchs zu rechnen.

24 Bundesarbeitsgericht (BAG) v. 06.06.1984–7 AZR 456/82 DKP-Mitgliedschaft, v. 12.05.11–2 AZR 479/09 NPD-Mitgliedschaft. Auch die freie Meinungsäußerung des Arbeitnehmenden ist geschützt. Er oder sie kann nach erfolglosen Versuchen der Lösung mit dem Arbeitgeber ggf. sogar eine Strafanzeige gegen diesen stellen. Europäischer Gerichtshof für Menschenrechte (EGMR) v. 21.07.2011–28274/08 Whistleblowing einer Berliner Altenpflegerin.

Bekenntnisgrundsätzen des Arbeitgebers, eine Gefahr birgt, die Glaubwürdigkeit des Arbeitgebers in Frage zu stellen.[25] Betrifft das Verhalten das Arbeitsverhältnis, ist entscheidend, ob man aus religiöser Gewissensnot keine Möglichkeit hat, sich anders zu verhalten. Das Bundessozialgericht (BSG) entschied daher im Fall einer Siebenten-Tags-Adventistin, für die eine Tätigkeit am Samstag aus religiösen Gründen ausgeschlossen war, dass sie sich auf die Religionsfreiheit berufen kann und ein Arbeitsangebot aus religiösen Gründen ablehnen darf.[26] Bestand keine Gewissensnot, handelt es sich um eine verhaltensbedingte Kündigung bzw. eine verhaltensbedingte Ablehnung eines Arbeitsangebotes und es kann eine Sperrzeit verhängt werden.[27] Für die Gewissensnot müssen Leistungsempfänger und -empfängerinnen nachweisen, dass die Verhaltensregeln für sie einen Verbindlichkeitsgrad besitzen, der ihnen die Tätigkeit unmöglich macht. Jede Religionsausübung, die individuell als verbindlich angesehen wird, fällt in den Schutzbereich von Art. 4 Abs. 1 GG. Ein Gesetzesvorbehalt besteht nicht. Es kann also entscheidend darauf ankommen, ob und mit welchem Verpflichtungsgrad ein solches Verhaltensgebot zumindest von einer der Rechtsschulen des Islams aufgestellt wird.

Der Religionsfreiheit könnten jedoch gegebenenfalls verfassungsrechtlich geschützte Rechtspositionen entgegengehalten werden. In Frage kommen hierfür der Schutz der Funktionsfähigkeit der Sozialversicherungssysteme und die Interessen der Versichertengemeinschaft an einem schonenden Umgang mit den eingezahlten Beiträgen. Das Landessozialgericht (LSG) Rheinland-Pfalz betonte zu einer Sperrzeit wegen Kündigung einer Angestellten in einer christlichen Klinik 2006 wegen Kirchenaustritt: „Dem Arbeitnehmer ist es ferner grundsätzlich zumutbar, unter Aufrechterhaltung des bisherigen Arbeitsverhältnisses zunächst die Suche nach einem anderen Arbeitsplatz zu betreiben."[28]

---

25 EGMR v. 23.09.2010–1620/03 – Kündigung eines kath. Organisten wegen Scheidung und außerehelichen Verhältnisses; v. 03.02.2011–18136/02 K – Kündigung einer evang. Kindergärtnerin wegen Dozententätigkeit bei Sekte. Die konkrete Beeinträchtigung des Arbeitgebers ist nachzuweisen als Voraussetzung für eine verhaltensbedingte Kündigung und eine Sperrzeit; BSG v. 05.12.2006 – B 11a AL 95/06 B.

26 BSG v. 10.12.1980 7 RAr 93/79. Dagegen wurde die Gewissensnot bei einem Katholiken, der sonntags arbeiten soll, abgelehnt; LSG Rheinland-Pfalz v. 30.03.1993 – L1 Ar 48/91. Kritisch dazu Udo Geiger, „Die Sperrzeit wegen Fehlverhaltens außerhalb der Arbeitszeit", in: *Informationen zum Arbeits- und Sozialrecht* (1, 2012) 10–12 mit Bezug auf BVerfG v. 01.12.09–1 BvR 2857/07.

27 „Weil die religiöse Gewissensnot den Arbeitnehmerinnen und Arbeitnehmern keine Möglichkeit lässt, sich bewusst für ein bestimmtes Verhalten zu entscheiden handelt es sich um eine personenbedingte Kündigung. Daher darf keine Sperrzeit nach § 144 Abs. 1 Satz 2 Nr. 1 SGB III a.F. § 159 n.F. verhängt werden." Horst Steinmeyer, §121, in: Alexander Gagel, *SGB II / SGB III – Grundsicherung und Arbeitsförderung Loseblatt-Kommentar*, 2010, Rn. 109 ff., 145.

28 „Die Würdigung der konkreten Umstände, die zur Beendigung des Arbeitsverhältnisses geführt haben, kann im Einzelfalle dazu führen, dass die Belange der Versichertengemeinschaft ohne weiteres zurückzutreten haben (vgl. hierzu BSG, Urteil 18.02.1987, aaO). Dies

Diese Entscheidungen sind in der Literatur auf Kritik gestoßen, weil sich aus der Rechtsprechung des Bundesverfassungsgerichts ein verfassungsrechtlicher Schutz des öffentlichen Interesses an der Funktionsfähigkeit der Sozialversicherungssysteme nicht entnehmen lasse.[29] Auch sei das durch Art. 12 GG geschützte individuelle berufliche Interesse der Versicherten zusätzlich in die Abwägung einzubeziehen.[30] In der Literatur wird überwiegend davon ausgegangen, dass bei einer echten religiösen Gewissensnot der Religionsfreiheit ein Vorrang vor der Funktionsfähigkeit der Sozialleistungssysteme zukommt. Nur wenn der ernsthafte Gewissenskonflikt nicht nachgewiesen werden kann, ist eine Erfüllung der Arbeitspflicht bis zum Auffinden einer anderen Beschäftigung zumutbar.

Ist jedoch eine verhaltensbedingte Kündigung anzunehmen, so ist im Rahmen der Sperrzeiten nach dem SGB III zusätzlich zu prüfen, ob ein etwaiger wichtiger Grund für dieses Verhalten vorliegt, der eine Sperrzeit ausschließt.[31] Argumentationen hierzu sind vergleichbar mit denen zum „wichtigen Grund" im Rahmen der Sanktionen im Recht der Grundsicherung Arbeitsuchender, die weiter unten besprochen werden.

Im Sozialversicherungsrecht wird das Recht des Leistungsempfängers in Gewissensnot teilweise an der „Funktionsfähigkeit der Sozialleistungssysteme" gemessen. Damit gilt es, den Raum zwischen den rein funktionalistischen Sozialversicherungen und der Religionsfreiheit zu füllen. Dies könnte meines Erachtens neben dem sich offensichtlich anbietenden Begriff der Freiheit insbesondere in Bezug auf Religion und Beruf mit dem hinter dem Sozialversicherungssystem stehenden Begriff der Solidarität gelingen.[32] Solidarität wird dabei auf verschiedenen

---

wäre hier beispielsweise dann der Fall, wenn die Klägerin bei Verrichtung ihrer arbeitsvertraglich geschuldeten Tätigkeit verpflichtet gewesen wäre, die Glaubenslehre der katholischen Kirche aktiv zu vertreten oder sie an kirchlichen Ritualen hätte teilnehmen müssen". Hiervon ist vorliegend nicht auszugehen. Die Klägerin hatte bei ihrer konkreten Tätigkeit als „Hausangestellte im klinischen Wirtschaftsdienst" des S-Krankenhauses keine Berührungspunkte mit der katholischen Glaubenslehre. Ihre tägliche Arbeit zwang sie auch nicht ansatzweise dazu, entgegen ihrer negativen Religions- und Bekenntnisfreiheit zu handeln. Anhaltspunkte für eine besondere Härte, die die Reduzierung der Sperrzeit erfordern würde, sind nicht gegeben." *LSG RPF,* Urteil – 30.03.2006 – L 1 AL 162/05 Kündigung wegen Kirchenaustritt führt zu Sperrzeit nach SGB III. Dagegen *BSG* v. 05.12.2006 – B 11a AL 95/06 B in: *Informationen zum Arbeitslosen- und Sozialrecht* 2007, 87.

29 Vgl. Wolfgang Bender, in: *Beckscher Online Kommentar*, 2010, § 10 SGB II, Rn. 65; Stephan Rixen, in: Eicher und Spellbrink, *SGB II Kommentar*, 2008, § 10 Rn. 120 unter Verweis auf BverfG, *Entscheidungen* 69:1, 57 ff.; abweichende Meinung Böckenförde und Mahrenholz.

30 Karl-Jürgen Bieback, §21, in: Bernd Baron von Maydell, Franz Ruhland und Ulrich Becker (Hg.), *Sozialrechtshandbuch*, 2008, Rn. 82.

31 Ferner könnte eine besondere Härte i. S. v. § 159 Abs. 3 Nr. 2 b SGB II zu einer Reduzierung der Dauer der Sperrzeit von 12 auf 6 Wochen führen.

32 Als Begriff entwickelte sich die Solidarité aus der Französischen Ideengeschichte im Sinne einer Urschuld, auf der ein konsensuales Sozialsystem aufbaut. In Deutschland wurde sie zur Idee der Solidarität im Sinne einer echt-freien Gemeinschaft, die auf einer wechselseitigen

Ebenen verhandelt: Einerseits als Versicherungsprinzip mit einer Vertragslogik als Basis. Andererseits wird die Solidarität als Wert angesprochen. Der Begriff der Solidarität lässt sich sowohl in eine Pflichten betonende als auch in eine Freiheit betonende Richtung auslegen. Aus einer Diversität anerkennenden Sicht gilt es, eine Vielfalt erlaubende Solidarität zu stärken, die auch für Muslime und Musliminnen Anknüpfungspunkte bietet und dabei die Freiheit des Einzelnen anerkennt.[33] Im Folgenden soll als zweiter Begriff mit Anknüpfungspotenzial die Menschenwürde ausführlicher beleuchtet werden, die im Sanktionsrecht der Grundsicherung für Arbeitsuchende entscheidend ist.

4. Arbeitspflicht und Religion in der Grundsicherung für Arbeitsuchende

Die Arbeitspflicht in der Grundsicherung für Arbeitsuchende bringt ähnliche Konfliktpotenziale zu muslimischen Vorstellungen von Arbeit mit sich wie die in der Sozialversicherung. Kündigt ein muslimischer Angestellter beispielsweise seine Arbeit im Getränkemarkt, weil er keinen Alkohol verkaufen will, da er dies nicht mit seiner religiösen Einstellung vereinbaren kann, so droht ihm neben den oben beschriebenen Konsequenzen in der Sozialversicherung auch eine Kürzung seines Anspruchs auf Grundsicherung für Arbeitsuchende. Im Recht der Grundsicherung für Arbeitsuchende ist bei der ersten Aufgabe einer Arbeit oder Ablehnung eines Arbeitsangebotes eine Kürzung des Regelbedarfes um 30 Prozent vorgesehen.[34] Die Kürzungen dauern jeweils 3 Monate.[35] Bei einer weiteren Pflichtverletzung innerhalb eines Jahres werden 60 Prozent des Regelbedarfs und bei einer dritten das gesamte soziokulturelle Existenzminimum (einschließlich Kosten der Unterkunft) gekürzt.[36] Allerdings besteht ab einer Kürzung um 60 Prozent die Möglichkeit und bei Minderjährigen in der Bedarfsgemeinschaft die Verpflichtung, Sachleistungen

---

Anerkennung von autonomen Subjekten beruht, weiterentwickelt. Vgl. Thomas Fiegle, *Von der Solidarité zur Solidarität. Ein französisch-deutscher Begriffstransfer*, Münster 2003, 277. Fiegle fordert, den Sozialstaat „hegelisch gesprochen – aufzuheben" durch „ethisch höher stehende Formen der wechselseitigen Anerkennung" in der Kommunikationsgemeinschaft und diesen Prozess kritisch zu begleiten. *Ebd.*, 279 f. Vgl. zum Konzept einer demokratischen Solidarität Möhring Hesse, „Beteiligung – Befähigung – Verteilung".

33 Zur Solidarität aus muslimischer Perspektive und der *ṣadaqa*, der freiwilligen Armenspende und der Zurückhaltung bei der Offenlegung der Spenderidentität vgl. Peter Heine, „Gerechtigkeit und Solidarität im Islam", in: Johannes Müller und Michael Reder (Hg.), *Interreligiöse Solidarität im Einsatz für die Armen*, Berlin 2007, 59–64 und speziell zu Stiftungen: Carolin Genz und Peter Heine (Hg.), *Solidarität und ziviles Engagement. ‚Fromme Stiftungen' im Islam und ihre neue Rolle in der Gegenwart*, Berlin 2010, 32 ff.

34 §31 Abs. 1 Nr. 2 SGB II.

35 §31b SGB II.

36 §31a Abs. 1 SGB II. Für Unter-25-Jährige besteht eine Verschärfung. Bereits bei der ersten Pflichtverletzung werden nur noch Kosten der Unterkunft gezahlt und bei einer weiteren

zu gewähren, meist in Form von Wertgutscheinen.[37] Den Sanktionierten wird somit vom Existenzminimum zeitlich begrenzt ein Teil vorenthalten beziehungsweise das Existenzminimum auf Sachleistungen umgestellt. Ist eine Eingliederungsleistung, etwa eine Weiterbildung oder ein Arbeitsangebot vom Jobcenter, erst einmal unterbreitet worden, so *muss* laut Gesetzeswortlaut bei ihrer Nichtannahme sanktioniert werden. Allerdings kann dies nur dann geschehen, wenn die Eingliederungsleistung oder das Weiterarbeiten, etwa im Getränkemarkt, „zumutbar" war.[38] Das Gesetz fragt zur Beurteilung der Zumutbarkeit, ob ein „wichtiger Grund" für die Ablehnung der Arbeit vorlag.[39] Der unbestimmte Rechtsbegriff „wichtiger Grund" ist das Einfallstor für religiöse Begründungen. Auch nach dem SGB II dürfen Sanktionen nicht verhängt werden, soweit es sich um eine wirkliche religiöse Gewissensnot handelt. Es könnte sich zeigen, dass zum Beispiel ein Verkauf von Alkohol gerade nicht zumutbar ist. Gewissensnot steht also als wichtiger Grund der Arbeitspflicht – beispielsweise mit unreinen Lebensmitteln – entgegen. Dabei obliegt es Leistungsbeziehenden, im Rahmen der Mitwirkungspflichten den Nachweis einer echten religiösen Gewissensnot zu erbringen.[40] Als Gewissensentscheidung qualifiziert das Bundesverfassungsgericht (BVerfG) „jede ernste sittliche, d.h. an den Kategorien von ‚Gut' und ‚Böse' orientierte Entscheidung, die der Einzelne in einer bestimmten Lage als für sich bindend und unbedingt verpflichtend innerlich erfährt, so dass er gegen sie nicht ohne ernste Gewissensnot handeln könnte."[41]

Kann der oder die Leistungsbeziehende belegen, dass es sich um eine Gewissensnot handelt, so beruht die Kündigung auf einem wichtigen Grund und es kann keine Kürzung des Existenzminimums erfolgen. Als nicht ausreichender Grund ist hingegen ein islam-theologisches Seminar gewertet worden, da es sich nicht um eine Gewissensnot handele.[42] In dem Verfahren wendet sich die Klägerin gegen die vom Jobcenter in der Eingliederungsvereinbarung ausgesprochene Verpflichtung, am Projekt „Qualifizierung für junge Erwachsene" teilzunehmen. Die Klägerin

---

Pflichtverletzung wird das gesamte soziokulturelle Existenzminimum für 3 Monate gestrichen, §31a Abs. 2 SGB II.

37 §31a Abs. 3 SGB II.

38 In der Jobcenterpraxis liegt hier einiger Spielraum, den vermutlich insbesondere erfahrene Sachbearbeitende zu einer Praxis der Nichtsanktionierung nutzen können. Ute Karl, Herrmann Müller und Stephan Wolff, „Gekonnte Strenge im Sozialstaat, Praktiken der (Nicht-) Sanktionierung Unter-25-Jähriger in Job-Centern", in: *Zeitschrift für Rechtssoziologie* (32, 2011), 2–30.

39 §10 Abs. 1 SGBII; „Einer erwerbsfähigen leistungsberechtigten Person ist jede Arbeit zumutbar, es sei denn, dass 1. sie zu der bestimmten Arbeit körperlich, geistig oder seelisch nicht in der Lage ist, (...) 5. der Ausübung der Arbeit ein sonstiger wichtiger Grund entgegen steht."

40 Vgl. Uwe Berlit, „Anmerkung zum VG Mainz 26.02.2003", in: *Informationen zum Arbeits- und Sozialrecht* 2003, 166, 167.

41 BVerfG v. 20.12.1960–1 BvL 21/60; BVerfG v. 24.04.1985 2 BvF 2/83.

42 LSG NRW Beschluss – 13.07.2010 – L 7 B 142/09 AS.

fordert die Berücksichtigung des von ihr in Vollzeit absolvierten Ausbildungsseminars zur muslimischen Theologin bei einem Verband Islamischer Kulturzentren als Bildungsmaßnahme in der Eingliederungsvereinbarung. Ist das Seminar zur muslimischen Theologin ein „wichtiger Grund" im Sinne von § 10 Abs. 1 Nr. 5 SGB II und kann die Eingliederungsmaßnahme daher abgelehnt werden? Eine religiöse Pflicht kann hier kaum geltend gemacht werden.[43]

Wird der Mensch gezwungen, zwischen seiner Religionsausübung und der Sicherung seines materiellen Existenzminimums zu wählen, erfolgt ein Eingriff in den Kernbereich der Religionsfreiheit. Gleichzeitig ist eine derart ausweglose Lage auch als Verletzung des Menschenwürdeprinzips (Art. 1 Abs. 1 GG) zu werten, weil der Mensch zum Objekt staatlichen Handels degradiert wird. Staatliche Institutionen dürfen Menschen nicht ohne Weiteres für ein Verhalten sanktionieren, zu welchem sie sich aus einem religiösen Gebot heraus verpflichtet fühlen, auch wenn das Verhalten als solches einer gesetzlich festgelegten Sanktion unterliegt.[44] Damit rückt der Menschenwürdebegriff als Leitbegriff für das Fürsorgerecht in den Vordergrund. Die Menschenwürde ist ein Grundbegriff der Grundsicherung für Arbeitslose und hat wie der Begriff der Solidarität in der Arbeitslosenversicherung das besondere Potenzial einen Symbolgehalt aufzuweisen.

Beide Begriffe werden bisher nicht ausreichend im Hinblick auf Religion thematisiert.[45] Zunächst wird im Folgenden die sozialrechtliche Formung der Menschenwürde durch das Bundesverfassungsgericht beleuchtet. Anschließend wird aus einem pluralistischen Grundverständnis heraus die Frage nach Anknüpfungspunkten des Menschenwürdebegriffs für religiöse bzw. muslimische Diskurse gestellt.

5. Menschenwürdiges Existenzminimum

In der sozialrechtlichen Literatur und Rechtsprechung ist der Menschenwürdebegriff als zentrale Begründung und Auslegungsmaßstab anerkannt.[46] Die Rechtspre-

43 Etwas anderes wäre es, wenn durch das Seminar eine Eingliederung in den ersten Arbeitsmarkt wahrscheinlicher wäre.

44 Alexander Gagel, SGB II / SGB III – Grundsicherung und Arbeitsförderung, Loseblatt-Kommentar, 2010, § 121 Rn. 112; Berlit, Anmerkung zum VG Mainz 26.02.2003, 167; Karl-Jürgen Bieback, SGB II / SGB III – Grundsicherung und Arbeitsförderung, Loseblatt-Kommentar, 2010, SGB III § 121 Rn. 88; Peter-Bernd Lüdtke, in: LPK-SGB III, 2008, § 121 Rn. 6; Rixen, § 10 Rn. 121, 121a.

45 Die zentrale Bedeutung von Berufs- und Religionsfreiheit wird hier dagegen nicht vertieft. Vgl. dazu den Beitrag von Kirsten Wiese.

46 Auch Matthias Möhring-Hesse, „Menschenwürde – Gemeinwohl – Solidarität: Rechtfertigungen existenzsichernder Mindesteinkommen", in: Jonathan I. Fahlbusch (Hg.), *50 Jahre Sozialhilfe. Eine Festschrift*, Sozialhilfe und Sozialpolitik Bd. 10, 2012. In letzter Zeit wird er vor allem in Bezug auf Pflegeansprüche thematisiert. Dirk Heinz, „Über die Menschenwürdegarantie und deren Bedeutung für Behördenentscheidungen im Zusammenhang mit

chung des Bundesverfassungsgerichts von 2010 und 2012 zum steuerfinanzierten soziokulturellen Existenzminimum hat seine Bedeutung im Sozialrecht nochmals gesteigert. Das Bundesverfassungsgericht entschied 2010, dass die im SGB II vorgesehenen Regelbedarfe nicht dem Existenzminimum entsprechen.[47] Dabei führte es ausdrücklich ein Recht auf ein soziokulturelles Existenzminimum aus, das dem Gesetzgeber einen Gestaltungsfreiraum eröffne, aber auch zu einer nachvollziehbaren Begründung der Regelbedarfe verpflichte. Der Gesetzgeber griff die Änderungsaufforderung des Gerichts auf und reformierte zum 01.04.2011 den Regelbedarf von SGB II und XII. Unter den Berechtigten des AsylbewLG[48] sind aktuell überdurchschnittlich oft Muslime und Musliminnen vertreten oder Menschen, die als solche angesehen werden (im Jahr 2014 suchten viele Menschen aus Syrien Schutz vor dem dortigen Bürgerkrieg). Das AsylbewLG enthält seit 1993 unveränderte DM-Beträge in § 3 als Existenzminimum, die 2012 etwa 40 Prozent unter dem Existenzminimum nach dem SGB II lagen. Der Gesetzgeber lehnte immer wieder eine Anpassung der Sätze mit der migrationspolitischen Begründung ab, die Sonderregelung diene dazu, keine Anreize zur Stellung eines Asylantrags oder zur Wirtschaftsflucht zu setzen.[49] Das BVerfG verwies in seiner Entscheidung 2012 darauf, dass das Existenzminimum für alle Menschen gelte, sich nach dem Aufenthaltsort richte und nur durch eine Begründung, dass ein niedrigerer Bedarf bestehe, für bestimmte Gruppen niedriger festgesetzt werden könne.[50] Dazu fehlen jedoch Berechnungen.[51] Der Bundestag hat am 6. November 2014 die Umsetzung

---

Pflegebedürftigkeit", in: *Pflegerecht* (8, 2013). Die Menschenwürde soll auch verletzt sein, wenn jemand zum Gegenstand eines Armenbegräbnisses wird, BSG, in: *Neue Verwaltungszeitschrift* 2001, 87.

47 BVerfG v. 09.02.2010–1 BvL 1/09, 1 BvL 3/09 und 1 BvL 4/09.

48 Leistungen für Asylbewerber und -bewerberinnen, Flüchtlinge und Geduldete wurden ab 1993 gesondert über das Asylbewerberleistungsgesetz (AsylbewLG) geregelt.

49 Vgl. hierzu Deutscher Bundestag, „Die Antwort der Bundesregierung auf die Große Anfrage der Abgeordneten Ulla Jelpke, Sevim Dağdelen, Petra Pau, weiterer Abgeordneter und der Fraktion DIE LINKE"; Drucksache 16/9018 vom 30.04.2008, 4 f., online abrufbar unter http://dip21.bundestag.de/dip21/btd/16/090/1609018.pdf; zuletzt aufgerufen am 20.03.2014.

50 BVerfG vom 18.07.2012–1 BvL 10/10, 1 BvL 2/11. „Falls der Gesetzgeber bei der Festlegung des menschenwürdigen Existenzminimums die Besonderheiten bestimmter Personengruppen berücksichtigen will, darf er bei der konkreten Ausgestaltung existenzsichernder Leistungen nicht pauschal nach dem Aufenthaltsstatus differenzieren. „BVerfG vom 18. Juli 2012–1 BvL 10/10, 1 BvL 2/11, Online abrufbar unter http://www.bundesverfassungsgericht.de/entscheidungen/ls20120718_1bvl001010.html, zuletzt aufgerufen am 11.02.2014.

51 Im Jahr 2014 erhalten Asylbewerber und -bewerberinnen einen wegen der Möglichkeit, Haushaltsgeräte zu leihen, um 10 Prozent verringerten Regelbedarf, wenn sie diesen nicht in Form von Sachleistungen (also meist als Wertgutscheine) erhalten. Ministerium für Integration, Familie, Kinder, Jugend und Frauen Rheinland-Pfalz, Anlage 1 zum Rundschreiben vom 24.10.2013– AZ: 78 0 08:724, online abrufbar unter http://www.fluechtlingsinfo-berlin.de/fr/asylblg/Tabelle_AsylbLG_BVerfG_2014.pdf, zuletzt aufgerufen am 11.02.2014.

der Vorgaben des Bundesverfassungsgerichts beschlossen.[52] Hinsichtlich der sozialstaatlichen Fragen zeigt sich, dass eine Pflicht zu mitmenschlicher Fürsorge zentral an den Begriff der Menschenwürde anknüpft.[53]

6. Anknüpfen an Menschenwürde in Religion und Humanismus

Die Einbeziehung aller Menschen in den Menschenwürdeschutz aufgrund des Urteils des BVerfG zum AsylbewLG macht deutlich, dass es eine Vielfalt erlaubende Menschenwürde zu stärken gilt, die auch für Muslime und Musliminnen Anknüpfungspunkte bietet und die Freiheit jedes Einzelnen anerkennt. Tatsächlich bieten sich Anknüpfungspunkte in den Religionen: So basieren jüdische und christliche Würdebegründungen auf der Annahme, dass Menschen als Ebenbild Gottes geschaffen werden.[54] Muslimische Vorstellungen der Menschen als Nachfolger oder Stellvertreter Gottes auf Erden bieten ebenfalls Anknüpfungspunkte für einen Würdebegriff.[55] Der besondere Wert des Menschen liege zudem darin, dass Gott den Menschen „alle Namen" gelehrt hat, also begriffliches Denken, über das die Engel nicht verfügen.[56] Andererseits gibt es religiöse Texte, zum Beispiel zur Stellung von Sklaven und Frauen oder zur Glaubensfreiheit, die mit einem modernen Verständnis von Menschenwürde kaum vereinbar sind.[57] Die an der Menschenwürde orientierte Praxis vieler Millionen Anhänger und Anhängerinnen des Islams und des Christentums zeigt jedoch, dass islamistische oder radikal-christliche Strömungen keineswegs notwendige Folge der Religionen sind. Auch außerhalb der Religionen gewinnt zum Beispiel der Humanismus dem Menschsein ohne Bezug auf Gott einen Eigenwert ab.[58] Die vielfältigen Begründungen zur Menschenwürde auch

52 http://www.bundestag.de/mediathek/?contentArea=common&isLinkCallPlenar=1&categorie=Plenarsitzung&action=search&instance=m187&mask=search&ids=4078733, zuletzt aufgerufen am 17.12.2014.

53 Dieser Diskurs ist auch mit den Begriffen Gleichheit und Gerechtigkeit verknüpft. So gebiete die Gerechtigkeit angesichts der Wertgleichheit der Menschen den Altruismus, Matthias Mahlmann, *Rechtsphilosophie und Rechtstheorie*, Baden-Baden 2010, 316.

54 1. Mose, 2,7, *Die Bibel*, übersetzt von Martin Luther. Gerhard Ebeling, *Dogmatik des christlichen Glaubens*, 1979, 410; Wolfgang Huber, *Gerechtigkeit und Recht. Grundlinien christlicher Rechtsethik*, Gütersloh 2006, 274, 296, 302 f.

55 Q 2:30; vgl. hierzu Rotraud Wielandt, „Menschenwürde und Freiheit in der Reflexion zeitgenössischer muslimischer Denker", in: Johannes Schwartländer (Hg.), *Freiheit der Religion. Christentum und Islam unter dem Anspruch der Menschenrechte*, Mainz 199, 187.

56 Vgl. Q 2:31–34.

57 Vgl. Gudrun Krämer, „Kein Zwang in der Religion? Religiöse Toleranz im Islam", in: Matthias Mahlmann und Hubert Rottleuthner (Hg.), *Ein neuer Kampf der Religionen? Staat, Recht und religiöse Toleranz*, Berlin 2006, 141 ff.; Konrad Hilpert, *Menschenrechte. Geschichte, Theologie, Aktualität*, Düsseldorf 1991, 18.

58 Mahlmann kritisiert einige gegenwärtige Würdebegründungen (z. B. Systemtheorie, Habermas und Würde aus Gegenseitigkeit). Er begründet einen humanistischen Würdebegriff als Selbstzweckhaftigkeit der Menschenwürde mit Rückgriff auf die praktische Urteilsfähigkeit

innerhalb der Religionen zeigen, dass der Begriff das Ergebnis von Reflexion ist. Ferner liegt es nahe, dass er vereinbar ist mit verschiedenen religiösen Quellen.[59]

7. Interdisziplinarität und Menschenwürde

Der Menschenwürdebegriff bietet sich auch für eine interdisziplinäre Öffnung an, da er Symbolkraft hat.[60] Symbole dienen der Sichtbarmachung von Ideen und Werten. Neben der Theologie und der Philosophie ist auch das Recht an der symbolvermittelten Kollektivbildung beteiligt.[61] Auf der Grundlage, dass pfadabhängige Argumentationen eine höhere Chance auf Wirksamkeit haben, wird hier die rechtswissenschaftliche Argumentation bearbeitet. Gerade das Fehlen einer von allen der Gemeinschaft anerkannten Letztbegründung des Rechts scheint deutungsfähige Symbole, wie die Menschenwürde, herauszufordern.[62] Für die juristische Reflexion ist zunächst die Rechtsprechung entscheidend.

Nach der allgemein anerkannten sogenannten Objektformel des BVerfG ist die Menschenwürde betroffen, wenn der konkrete Mensch zum Objekt, zu einem bloßen Mittel, zur vertretbaren Größe herabgewürdigt wird.[63] Das BVerfG betont: „Der Satz, der Mensch muss immer Zweck an sich selbst bleiben, gilt uneingeschränkt für alle Rechtsgebiete; denn die unverlierbare Würde des Menschen als Person besteht gerade darin, dass er als selbstverantwortliche Persönlichkeit anerkannt bleibt."[64]

---

und insbesondere die Gleichheitsmaxime der differenzierten Gerechtigkeit, Mahlmann, *Rechtsphilosophie und Rechtstheorie*, 309.

59 *Ebd.*, 311.

60 Klaus F. Röhl, „Die Macht der Symbole", in: Michelle Cottier, Josef Estermann und Michael Wrase (Hg.), *Wie wirkt Recht? Ausgewählte Beiträge zum ersten gemeinsamen Kongress der deutschsprachigen Rechtssoziologie-Vereinigungen*, Luzern 04.–06.09.2008, Baden-Baden 2010, 295.

61 Vgl. Jochen Dreher, „Zur Wirkungsweise von Kollektivsymbolik im Recht – Symbolische Macht und „Klassenjustiz", in: Cottier, Estermann und Wrase (Hg.) 2010, 323–343. Symbole lassen sich insbesondere kulturwissenschaftlich untersuchen, im Sinne einer Suche nach einem Verstehen. Susanne Baer, *Rechtsoziologie: eine Einführung in die interdisziplinäre Rechtsforschung*, Baden-Baden 2011, 78, 80. Der Rechtswissenschaft im engeren Sinne geht es dagegen um die Dogmatik, die richtige Argumentation, die saubere Subsumtion unter Gesetze. In der Rechtssoziologie ist die Bedeutung von Symbolen umstritten. So fordert Röhl, dass der kulturwissenschaftlich geprägten Überinterpretation von Symbolen ein enger Symbolbegriff entgegengesetzt werden müsse. Ferner könne die juristische Praxis mit Symbolen schlecht steuern und die dahinter stehenden Wertkonflikte nicht lösen. Röhl, 295.

62 Vgl. *ebd.*

63 Vgl. Dürig, Art. 1 Abs. 1, in: Theodor Maunz und Günther Dürig, *Grundgesetz Kommentar*, Rn. 28 bereits 1958. Hintergrund ist die entmenschlichende Verobjektivierung des nationalsozialistischen Terrors, Wolfram Höfling und Michael Sachs, Art. 1, in: Battis et al., *Grundgesetz Kommentar*, 2009, Rn. 13.

64 BVerfGE 45, 187, 227 f. zur lebenslangen Freiheitsstrafe.

8. Verstoß der Arbeitspflicht gegen die Menschenwürde

Gerade bei den Arbeitsverpflichtungen im Rahmen des SGB II zeigt sich, dass der Behörde in relevanten Bevölkerungsteilen keine menschenwürdige Verwaltungspraxis mehr zugetraut wird.[65] Auch die Mitarbeitenden der Behörde kritisieren den Umfang und die fehlende Flexibilität bei der Rücknahme der Sanktionen bei Nachholungen.[66] Wie lassen sich Menschenwürdekonkretisierungen zum soziokulturellen Existenzminimum auf die Fälle sozialrechtlicher Arbeitspflicht beziehen?

Die Arbeitspflicht knüpft an die Pflicht, die eigene Hilfebedürftigkeit und die Hilfebedürftigkeit der Bedarfsgemeinschaft, also in der Regel der Eltern und Kinder unter 25 Jahren in einem Haushalt, zu verringern.[67] Aus der Menschenwürde ergibt sich, dass das verlangte Verhalten möglich sein muss. Daher ist der Begriff der Zumutbarkeit bei den Eingliederungsleistungen menschenwürdekonform eng auszulegen. Der Verhältnismäßigkeitsgrundsatz verlangt zudem ein angemessenes Verhältnis von Pflichtverletzung und Sanktion.[68] Die Zwangswirkung ist insbesondere beim zweiten oder dritten Pflichtverstoß in der Literatur als Verstoß gegen Berufsfreiheit (Art. 12 Abs. 2 GG) und die Pflicht, das Existenzminimum zu sichern, nach Art. 1 Abs. 1 i. V. m. dem Sozialstaatsprinzip aus dem GG angesehen worden.[69] Abzuwiegen sei dabei mit dem Interesse der Allgemeinheit keine voraussetzungslose Sozialleistung zur Verfügung zu stellen und Arbeitslosigkeit zu vermeiden. Die Sozialgerichte formulieren dies regelmäßig wie folgt: „Das Grundgesetz gebietet nicht die Gewährung bedarfsunabhängiger, voraussetzungsloser Sozialleistungen."[70] Sie erkennen dabei jedenfalls eine Kürzung um 30 Prozent an, da ein Spielraum insbesondere bei den Teilhabeleistungen bestehe.

Bei einer zweiten oder dritten Pflichtverletzung ist im Rahmen der Verhältnismäßigkeitsprüfung die Einschränkung für die Betroffenen und die Kürzung um

65 Vgl. Bürgerinitiative für ein Sanktionsmoratorium, online: sanktionsmoratorium.de, zuletzt abgerufen am 01.02.2014. Auch vom Economic and Social Council der UN wurde Deutschland angesichts der Sanktionen 2011 kritisiert. Online abrufbar unter http://www.sanktionsmoratorium.de/pdfs/KurzINFO_Juli_2011_Nr%207%20AUSZ%C3%9CGE.pdf, zuletzt abgerufen am 11.02.2014.

66 Vgl. Anne Ames, *Arbeitssituation und Rollenverständnis der persönlichen Ansprechpartner/-innen nach § 14 SGB II*, Studie im Auftrag der Hans-Böckler-Stiftung, 2008.

67 §7 Abs. 3, Abs. 3a, § 9 SGB II.

68 BVerfG vom 07.07.2010–1 BvR 2556/09; Klaus Lauterbach, „Verfassungsrechtliche Probleme der Sanktionen im Grundsicherungsrecht", in: *Zeitschrift für die Sozialrechtliche Praxis* (10, 2011), 584–587.

69 Vgl. Jan Gehrken, *Die Arbeitsgelegenheiten gegen Mehraufwandsentschädigung gemäß § 16d Satz 2 SGB II („1-Euro-Jobs"). Rechtspolitischer Hintergrund – tatsächliche Entwicklung – Rechtsprobleme*. Berlin 2010, 315 ff. Berlit nimmt einen Verstoß gegen die Berufsfreiheit nur bei einem Zwang zu sogenannten Ein-Euro-Jobs an, da diese nicht marktvermittelte Arbeitsplätze sind, die geeignet sind, den eigenen Lebensunterhalt zu sichern. Uwe Berlit, § 31, in: Münder (Hg.), SGB II Lehr- und Praxiskommentar, 2012, Rn. 15, 706.

70 LSG BWB v. 23.04.2012 – L 2 AS 5594/11 NZB.

60 beziehungsweise 100 Prozent besonders genau abzuwägen.[71] Eine Streichung der Kosten der Unterkunft dagegen erscheint schon angesichts der damit verbundenen Folgeprobleme wenig hilfreich und ist über ersetzende Sachleistungen nicht aufzufangen.[72] Die Menschenwürde, die an anderer Stelle abverlangt, Wohnungslosigkeit im Ausland zu verhindern und ausnahmsweise angesichts dieser „außergewöhnliche[n] Notlage“ im Sinne des § 24 Abs. 1 Satz 2 SGB XII Sozialhilfe im Ausland zu leisten,[73] spricht auch gegen eine Streichung der Unterkunftskosten, jedenfalls wenn kein Vermögen vorhanden ist, aus dem dies aufgefangen werden kann.[74] Darüber hinaus sind die Sanktionen flacher zu staffeln, zum Beispiel 20 Prozent bei der ersten, 40 Prozent bei der zweiten und 80 Prozent bei der dritten Pflichtverletzung. Die Möglichkeit von Sachleistungen bei Regelbedarfskürzungen zwischen 30 und 100 Prozent kann aktuell das Existenzminimum sichern.[75] Sachleistungen führen jedoch in einer Gesellschaft, die sämtliche Prozesse der Existenzsicherung auf Geldleistungen umgestellt hat, zu einem Exklusionsproblem. Es stellt sich die Frage, ob die konkrete Praxis der Sachleistungen die Empfänger und Empfängerinnen nicht zum Objekt macht.[76] Für Sanktionierte ausgegebene Wert-

71 Dies gilt für Sanktionen gegenüber Unter-25-Jährigen bereits ab der ersten Pflichtverletzung, mit der bereits der vollständige Regelbedarf gestrichen wird. Zur Verfassungswidrigkeit der Sanktionen gegenüber Unter-25-Jährigen vgl. Lauterbach, 584, 586.

72 Jedenfalls ab einem Rückstand von zwei Monatsmieten kann die Mietwohnung gekündigt werden. Neuanmietungen führen meist zu höheren Mieten. So auch die Empfehlung des Deutschen Vereins für öffentliche und private Fürsorge e. V., *Empfehlungen des Deutschen Vereins zur Reform der Sanktionen im SGB II*, DV 26/12 AFIII vom 11.06.2013.

73 Bay LSG v. 08.9.2009 – L 18 SO 119/09 B ER.

74 So auch Lauterbach, der es für konsequenter hält, auf die Nichterbringung der Leistungen für die Kosten der Unterkunft zu verzichten. Lauterbach, 586. Bei der Ungleichbehandlung der 25-Jährigen müsste zudem die behauptete pädagogische Wirkung wissenschaftlich belegt werden. Derzeit ist eher das Gegenteil belegt, z. B. Nicolas Grießmeier, *Explorationsstudie zu Auswirkungen von Totalsanktionen bei Arbeitslosengeld 2-Empfängern*, 2010.

75 Vgl. zur Höhe der Sachleistungen Uwe Berlit, „Änderungen im Sanktionsrecht im SGB II zum 1. April 2011“, in: *Informationen zum Arbeits- und Sozialrecht* (2, 2011) 53, 57. Wobei sich die Frage stellt, ob der seit der Reform 2011 erforderliche Antrag verlangt werden kann. Vor der Reform hatte die Rechtsprechung eine ermessensfehlerfreie Entscheidung über Sachleistungen als Voraussetzung für die Rechtmäßigkeit einer Sanktion verlangt. So für die Rechtslage vor dem 01.04.2011: u. a. *LSG NI-HB* 21.04.2010 – L 13 AS 100/10 B ER; Andere Ansicht u. a. *LSG BE/BB* 08.10.2010 – L 29 AS 1420/10 B ER. Ferner ist das Ermessen bei fehlender Ausgleichsmöglichkeit reduziert. Uwe Berlit, „Sanktionen im SGB II – nur problematisch oder verfassungswidrig?“, in: *Informationen zum Arbeits- und Sozialrecht* (5, 2013), 205.

76 Soweit Pakete mit Essen, Hygieneartikeln u. a. zur Verfügung gestellt würden, wie dies bei der Versorgung der Asylbewerber und -bewerberinnen in manchen Landkreisen noch praktiziert wird, stellt sich dic Frage inwieweit hier nicht ein Zum-Objekt-Machen vorliegt, wenn man sich nicht mehr nach den eigenen Vorstellungen von einem guten Leben versorgen kann. Entscheide ich mich aus religiösen Gründen z. B. vegetarisch zu leben, so könnte ein mit Fleisch bestücktes Paket über den Eingriff in die Religionsfreiheit hinaus auch eine Menschenwürdeverletzung darstellen.

gutscheine werden als massive Stigmatisierungen wahrgenommen,[77] bei denen die Frage zu stellen ist, ob die Intensität eines „Zum-Objekt-Machens“ im Sinne des Menschenwürdebegriffs des BVerfG erreicht ist.[78] Dem oder der Sanktionierten bliebe bei einer maximalen Kürzung auf 80 Prozent ein Rest zur Teilhabe am monetären Austausch im gesellschaftlichen Leben. Damit würde ein Grad eingehalten, der ein Umgehen mit der Existenzminimumseinschränkung ermöglicht und so ein „Zum-Objekt-Machen“ durch die großstufige Streichung, wie sie aktuell vorgesehen ist, verhindert. Zudem sollte bei Nachholung der Pflicht auch für Über-25-Jährige eine Reduzierung der Sanktionsdauer von 3 Monaten auf 6 Wochen vorgesehen werden.[79] Dies betont die Eigenverantwortung der Betroffenen und reduziert daher den Zwang ohne Handlungsmöglichkeiten des Betroffenen. Damit würden Leistungsempfangende als selbstverantwortliche Personen anerkannt, wie es die Objektformel des BVerfG zur Menschenwürde verlangt und es bliebe ein Gestaltungsraum des Gesetzgebers erhalten.

9. Menschenwürde bei Kollisionen religiöser und sozialrechtlicher Pflichten

Darüber hinaus ist für Fälle der Kollision religiöser Pflichten die Festlegung, unter welchen Umständen die Menschenwürde verletzt sein kann, zu konkretisieren. Zu der Objektformel hinzukommen muss, dass der Mensch „einer Behandlung ausgesetzt wird, die seine Subjektqualität prinzipiell infrage stellt oder, dass in der Behandlung im konkreten Fall eine willkürliche Missachtung der Würde des Menschen liegt … ein Ausdruck der Verachtung des Wertes, der dem Menschen kraft seines Personseins zukommt, also in diesem Sinne eine ‚verächtliche Behandlung‘ [ist].“[80]

Daher soll im Folgenden der Schutz der Menschenwürde bei konkreten Fällen der Kollision religiöser Pflichten mit der sozialrechtlichen Arbeitspflicht ausgeleuchtet werden. In der Fallpraxis kommt es auf die Darlegung der religiösen Pflicht, der Unmöglichkeit der Vereinbarung dieser Pflicht mit dem Arbeitsplatz und den hierdurch ausgelösten Glaubenskonflikt an. Soweit zumutbare Handlungs-

77 Vgl. den entsprechenden Antrag der Grünen in Bayern vom 30.10.2013, Flüchtlinge menschenwürdig behandeln – Bargeld statt Essenspakete, *Bayrischer Landtag*, Drs. 17/48, https://www.bayern.landtag.de/www/ElanTextAblage_WP17/Drucksachen/Basisdrucksachen/0000000001/0000000062pdf, zuletzt aufgerufen am 20.03.2014.

78 So zu Wertgutscheinen für Asylbewerber und -bewerberinnen Anja Lederer, *Rechtliche Zulässigkeit der Gewährung von „Geld statt Gutscheinen“ durch die Landkreise und kreisfreien Städte im Land Brandenburg*, Gutachten vom 15.05.2003 mit Ergänzung vom 11.09.2011, online abrufbar unter: http://www.fluechtlingsinfo-berlin.de/fr/pdf/Gutachten_Bargeld_AsylbLG.pdf, zuletzt aufgerufen am 20.03.2014.

79 So auch aus sozialpolitischen Gründen, Berlit, „Sanktionen im SGB II“, 205 Rn.10.09.

80 BverfG, *Entscheidungen*, 1971, 30:1, 25 f. – Abhörurteil.

alternativen bestehen, was mit dem Arbeitgeber zu besprechen ist, sind diese zu ergreifen.[81] Nur wenn keine Alternativen bestehen und der Glaubenskonflikt nachvollziehbar dargelegt wurde, wird ein Eingriff in die Religionsfreiheit nach Art. 4 GG angenommen. Handelt es sich um einen offensichtlichen Fall, in dem von Anfang an die Einhaltung der religiösen Pflichten unmöglich ist, kann der Job abgelehnt werden. Ansonsten wird bei einer Arbeitsverweigerung ohne Rücksprache mit dem Arbeitgebenden bzw. dem potenziellen Arbeitgeber mangelndes Eigenbemühen im Sinne der sozialrechtlichen Arbeitspflicht unterstellt.

Ähnlich lässt sich ein Rechtsgutachten eines der Muslimbruderschaft zuzurechnenden europäischen Fatwaforums[82] zur Arbeit mit Schweinefleisch (hier ging es um Arbeit bei McDonalds) interpretieren. Darin wird darauf hingewiesen, dass zunächst verschiedene Auswege gesucht werden müssen. Der Muslim bzw. die Muslimin soll zunächst versuchen, eine andere Einkommensquelle zu erschließen, dann den Arbeitgebenden oder Kollegen und Kolleginnen um die Herausnahme aus den fraglichen Tätigkeiten bitten. Falls dies nicht möglich sei, könne er weiter mit Schweinefleisch arbeiten.[83] Fraglich ist aber, was unter „anderen Einkommensquellen" zu verstehen ist. Soll zunächst eine andere Arbeit gesucht werden oder wäre auch staatliche Unterstützung oder Unterhalt, etwa von Seiten der Eltern, eine „andere Einkommensquelle"? Soll der Staat einen Arbeitswechsel finanzieren? Ein erstes Nachdenken über mögliche muslimische Perspektiven auf diese Frage zeigt den Bezug zu Fragen der Existenzsicherung. Aus muslimischer Perspektive könnte das Verständnis vom Umgang mit Arbeit und Armut eine Rolle spielen. Es gibt die Ansicht, dass religiöse Pflichten und insbesondere das Beten der Arbeit vorgehen. Damit ließe sich eventuell eine Position formulieren, die eine Existenzsicherung über Sozialleistungen unter Aufgabe der Arbeit in einem Schweinefleisch verarbeitenden Gewerbe zulässt. Aber soweit Arbeit notwendig ist zur Existenzsicherung, die das Beten erst ermöglicht, wird sie in der Regel als vorrangig angesehen. Die wohl herrschende Meinung, die von der Mehrheit der muslimischen Theologen und Rechtsgelehrten vertreten wird, ist, dass zunächst die Existenz (auch der Familie) zu sichern ist.[84]

Auch aus anderen muslimischen Überlegungen lässt sich eine Arbeitspflicht begründen. So wird teils vom „großen Djihad" gesprochen, der eine Fortentwicklung

---

81 Vgl. Klaus Niesel, *§ 144*, in: Klaus Niesel und Jürgen Brand (Hg.), *SGB III Kommentar*, 2005, Rn 79; Berlit, SGB II Lehr- und Praxiskommentar, § 31 Rn 60.

82 Online abrufbar unter http://www.e-cfr.org/ar/, zuletzt aufgerufen am 04.04.2014.

83 Vgl. Al-majlis al-urubī, n.46, 42; zitiert nach Mathias Rohe, „The Formation of a European Sharia", in: Jamal Malik (Hg.), *Muslims in Europe – From the Margins to the Center*, Münster 2004, 178.

84 Siehe Mouez Khalfaoui, „The legal debate about work in Islam and the birth of the genre ‚Kasb'", in: Lisa Howard and Rob Fisher (Hg.), *Working Ideals: Theory, Meaning and Well-Being*, Oxford, im Druck; Michael Bonner, „The kitab al-Kasb. Attributed to al-Shaybānī: Poverty, Surplus, and the Circulation of Wealth", in: *Journal of the American Oriental Society* (121 (3), 2001), 410–427.

der Gesellschaft unter anderem über Arbeit als Aufgabe von Muslimen und Musliminnen formuliert. Eine Arbeit positiv aufgreifende Ansicht nimmt zudem an, dass Reiche eher erlöst werden, wenn sie von ihrem erarbeiteten Reichtum Armen abgeben,[85] wobei Almosen freiwillig (*ṣadaqa*) oder unfreiwillig (*zakat*) auch über Steuern erfolgen können.[86] Damit könnte für eine Arbeitspflicht, bis eine andere Arbeit gefunden wurde, argumentiert werden.

Auf der anderen Seite gibt es Arbeit eher negativ konnotierende Ansichten. Dass Arme erlöst werden, kann gegen Arbeit verwandt werden. Ferner sind Almosen als Pflicht der Reichen zu verstehen, einen Teil des Reichtums Armen zurückzugeben, und es kann abgeleitet werden, dass Arbeit nicht lohnt.[87] Man kann dies als Recht der Armen interpretieren. Vertreten werden könnten also verschiedene Positionen. Im Arbeits- und Sozialrecht käme es darauf an, einen Gewissenskonflikt zu belegen. Je näher dieser an einer herrschenden Meinung ist, desto leichter wird dies fallen.

Der oder die erwerbsfähige Leistungsberechtigte verletzt die Pflicht auch dann, wenn er durch sein Verhalten Umstände herbeiführt, die eine Arbeitsaufnahme behindern.[88] Dies wurde beispielsweise angenommen bei einer bis dato unverschleiert Auftretenden, die dann eine Aufnahme der Erwerbsarbeit durch Tragen eines Schleiers unmöglich machte. Bei einer Vollverschleierung sei sie faktisch für den Arbeitsmarkt nicht vermittelbar.[89] In diesem sich noch zu Bundessozialhilfegesetz-Zeiten ereignenden Fall wurde vom Sozialamt wegen der selbst verschuldeten Unvermittelbarkeit die Sozialhilfe versagt. Die Betroffene hatte die religiöse Motivation für die Verweigerung der Arbeitsangebote nicht plausibel gemacht. Sie hatte zunächst die Vollverschleierung nicht erläutert, sich nicht beworben und einen Termin zur Vorsprache für eine Putzstelle nicht wahrgenommen. Die behördliche

85 Vgl. *ebd.*, 402.

86 Vgl. Michael Bonner, „Poverty and Economics in the Qur'an", in: *Journal of Interdisciplinary History*, (35 (3), 2005), 395.

87 Vgl. *ebd.*, 403; Michael Bonner, „Poverty and Charity in the Rise of Islam", in: Michael Bonner, Mine Ener und Amy Singer (Hg.), *Poverty and Charity in Middle Eastern Contexts*, New York 2005, 13. Vgl. die ökonomische Einschätzung Batailles dazu. Georges Bataille, *La Parte Maudite*, Paris 1967, deutsch: „Der verfemte Teil", in: Georges Bataille, *Die Aufhebung der Ökonomie*, München 1985, 33–235.

88 Gerlinde Dauber, § 31, in: Mergler und Zink, *Handbuch der Grundsicherung und Sozialhilfe – Teil I: SGB II – Grundsicherung für Arbeitsuchende*, 21. Lfg. Stand Januar 2012, Rn. 20. Für Fälle eines Arbeitsangebots ist zu beachten, dass der Arbeitnehmer die Arbeitsbedingungen bereits vor Vertragsschluss klären können muss. Sonst besteht die Gefahr, dass er sich dem Arbeitgeber gegenüber schadensersatzpflichtig macht. Günter Zöbeley, „Zur Bedeutung der Glaubens- und Gewissensfreiheit für die Anordnung einer Sperrzeit nach § 119 AFG", in: *Die Sozialgerichtsbarkeit*, 1984, 97–101. In der sozialrechtlichen Praxis kommt es daher darauf an, dass diese Absprachen mit dem Arbeitgeber nicht als Verweigerung zumutbarer Arbeit gewertet werden, § 31 Abs. 1 Nr. 2 SGB II.

89 VG Mainz v. 26.03.2003–1 L 98/03 MZ, in: *Informationen zum Arbeits- und Sozialrecht*, 2003, 166.

und gerichtliche Plausibilitätskontrolle ist oft fallentscheidend, insbesondere bei einem Verhalten, dass in der Mehrheitsdoktrin des Islam nicht als verpflichtend angesehen oder unterschiedlich beurteilt wird.[90] Da das Tragen des Kopftuchs zumindest auch religiösen Charakter haben kann, aber nicht muss,[91] ist die religiöse Motivation plausibel vorzutragen. Es wird vom Leistungsberechtigten verlangt, sich so zu verhalten, wie dies üblicherweise von einem an einer Arbeitsaufnahme interessierten Arbeitslosen erwartet werden kann. Abzustellen ist hierbei auf den objektiven Empfängerhorizont des Arbeitgebers.[92] In der Praxis kommt es somit vor allem darauf an, zu zeigen, dass man versucht, die Arbeit mit der religiösen Pflicht zu verbinden.

Wird dieser Vortrag zur religiösen Pflicht und der Alternativlosigkeit bei der Arbeit geleistet, so kann die Religionsfreiheit dazu führen, dass die Arbeit als nicht zumutbar angesehen wird. Ist der Schutzbereich des Art. 4 GG eröffnet, da der Glaubenskonflikt ausreichend dargelegt wurde und keine Alternativen bestehen, ist eine Abwägung vorzunehmen: das Interesse an der Einhaltung der religiösen Verpflichtung und das Interesse der Allgemeinheit an der Vermeidung von Arbeitslosigkeit werden dann im Rahmen der Verhältnismäßigkeitsprüfung zu praktischer Konkordanz gebracht.[93] Hierbei handelt es sich um eine Einzelfallprüfung, die vom konkreten Umfang der religiösen Pflicht abhängt, zum Beispiel dass Gebete täglich zu verrichten sind und Ausnahmen nicht zur Gewohnheit werden dürfen.[94] Im Rahmen der sozialrechtlichen Arbeitspflicht kommt der Menschenwürde eine besondere Bedeutung zu. Die Verhältnismäßigkeit einer Sanktion, die das Existenzminimum kürzt, ist besonders eng auszulegen. Religionsfreiheit und Menschenwürde wirken hier zusammen für die Absicherung einer Vielfalt von Lebensformen.

Diese Verhältnismäßigkeitsprüfung muss berücksichtigen, welchen diskriminierenden Alltagserfahrungen der konkrete Mensch ausgesetzt ist. So kann die Argumentation, dass das Tragen des Kopftuchs faktisch zur Verweigerung von Arbeitsangeboten führt, auch umgekehrt gelesen werden: Kopftuch tragende Menschen sind auf dem Arbeitsmarkt Diskriminierungen ausgesetzt. Eventuell antizipieren Sachbearbeitende in den Jobcentern dies, da Frauen mit entsprechendem Migrationshintergrund seltener Eingliederungsleistungen angeboten werden.[95] In diese Richtung weist der Fall einer Deutsch-Türkin, die wegen Kopftuches durch

90 Vgl. Janßen, 422.

91 Vgl. BVerfG, in: *Neue Juristische Wochenzeitschrift* 2003, 3111 f.

92 BSG v. 05.09.2006 – B 7 a AL- 14/05R; LSG BerlinBbg v. 15.05.2007 – L 12 AL 59/04.

93 Vgl. Janßen, 399, 418.

94 Vgl. Hoevels, *Islam und Arbeitsrecht*, 187.

95 Vgl. Frings, 192: „Die latente Erwerbsbereitschaft der Frauen mit Migrationshintergrund wird nicht ausgeschöpft, weil man dem Konflikt mit den traditionelleren Vorstellungen der männlichen Migranten aus dem Wege geht bzw. auch meint, die Frau diesem Konflikt nicht aussetzen zu sollen." Was für die eine die Freiheit ist, keine Eingliederungsleistung annehmen zu müssen, ist für die andere die Diskriminierung, keine Eingliederungsleistung angeboten zu bekommen.

die Arbeitsvermittlerin nicht weitervermittelt wurde und der hierfür Schadensersatz zugesprochen wurde.[96] Insoweit kann es auch unzumutbar sein, bei Bewerbungen diskriminierende Erfahrungen angesichts eines religiösen Verhaltens machen zu müssen. Diese Diskriminierungserfahrungen sind wiederum plausibel zu machen.[97]

10. Schluss

Die Menschenwürde bietet sich als Begriff mit Symbolkraft an, rechtliche und z. B. religiöse Diskurse miteinander zu verbinden und so zur Diversität gewährleistenden Konsensbildung beizutragen. Das Anknüpfungspotential des Solidaritätsbegriffs könnte noch stärker ausgelotet werden. Hinsichtlich der sozialrechtlichen Arbeitspflicht legt die Menschenwürde für Kürzungen eine menschenwürdekonforme Umgestaltung der Sanktionen nahe, die ein Minimum an Teilhabe am monetären Austausch sichert. Gerade in Fallkonstellationen, in denen zusätzlich zu den allgemeinen Existenzminimums- und berufsfreiheitlichen Aspekten Argumente der Religionsfreiheit hinzukommen, ist bei der Verhältnismäßigkeitsprüfung besonders sorgfältig abzuwägen. Einerseits können die Anforderungen an die Eigenbemühungen nicht durch das Vortäuschen religiöser Pflichten umgangen werden. Andererseits spielt es eine Rolle, welchen Arbeitsmarktbedingungen mit mitunter z. B. diskriminierenden Erfahrungen Leistungsberechtigte ausgesetzt sind. Daher sind an die Aktivitäten zur Aushandlung einer Berücksichtigung der religiösen Pflichten und an das Alternativverhalten gerade bei typischerweise mit Diskriminierungen einhergehenden religiösen Pflichten keine zu hohen Anforderungen zu stellen. Im Falle zum Beispiel einer Burka-Trägerin wäre all dies im Einzelfall zu prüfen. Es kann jedenfalls nicht generell ein Sozialhilfeausschluss für Burka-Trägerinnen angenommen werden. Im Ergebnis ist festzuhalten, dass die Menschenwürde ein breit anschlussfähiger Begriff ist, der die Arbeitspflichten einschränkt, insbesondere wenn ihnen religiöse Pflichten auf einem Diskriminierungsrealitäten beachtenden Plausibilitätsniveau entgegengehalten werden können.

96 OLG Celle, Urteil vom 18.01.2014, Az. 13 U 37/13.

97 Konkret könnten Studien, die diskriminierende Erfahrungen nahe legen, ein Indiz sein und belegte Diskriminierungserfahrungen des Betroffenen vorgelegt werden. Vgl. Mario Peucker, *Diskriminierung aufgrund der islamischen Religionszugehörigkeit im Kontext Arbeitsleben – Erkenntnisse, Fragen und Handlungsempfehlungen*, 2010. Online abrufbar unter http://www.antidiskriminierungsstelle.de/SharedDocs/Downloads/DE/publikationen/Expertisen/Expertise_Diskr_aufgrund_islam_Religionszugehoerigkeit_sozialwissenschaftlich.html. Zuletzt aufgerufen am 31.12.2014.

Niloufar Hoevels

Muslime in der aktuellen Rechtsprechung zum Arbeitsrecht

1. Einführung

Im Jahr 2013 betrug die Gesamtbevölkerung in Deutschland etwa 80,5 Millionen. Davon besaßen knapp 16 Millionen einen Migrationshintergrund im engeren Sinne, was einem Anteil von 19,5 Prozent an der Gesamtbevölkerung entspricht.[1] Nach einer Studie des Bundesamtes für Migration und Flüchtlinge leben zwischen 3,8 und 4,3 Millionen Muslime in Deutschland.[2] Moscheen und Kopftuch tragende Frauen sind inzwischen keine Einzelerscheinungen in der Öffentlichkeit, auch wenn diese Bilder immer noch bei Alteingesessenen Fremdheitsgefühle und teilweise sogar Ängste wecken.

Mögliche Konflikte können sich aus den rechtlichen, aber insbesondere auch aus den zahlenmäßig überwiegenden religiösen Anteilen der Scharia ergeben. Hier stellt sich die Frage, ob und in welchem Umfang Berührungspunkte zwischen Islam und deutschem Zivilrecht überhaupt entstehen können. Vorab sind einige Anmerkungen zu kollisionsrechtlichen Grundlagen nötig.

2. Kollisionsrechtliche Grundlagen

2.1 Auslandsbezug

Auslandsberührung liegt etwa bei ausländischer Staatsangehörigkeit oder ausländischem gewöhnlichen Aufenthalt eines Beteiligten, Vornahme eines Rechtsgeschäfts oder einer unerlaubten Handlung im Ausland, vor. Das Internationale Privatrecht (IPR) besteht aus Kollisionsnormen, die mithilfe bestimmter Anknüpfungspunkte das in der Sache anzuwendende Recht bezeichnen (vgl. Art. 3 EGBGB). Die Kollisionsnormen sind somit auf reine Inlandsfälle nicht anzuwenden, da hier die Anwendung deutschen Rechts keiner Begründung bedarf.

---

1 Vgl. unter https://www.destatis.de/DE/ZahlenFakten/GesellschaftStaat/Bevoelkerung/Bevoelkerungsstand/Tabellen/Zensus_Geschlecht_Staatsangehoerigkeit.html;jsessionid=3F7E4089704C5387BF5E98F87E15A3CA.cae2, zuletzt abgerufen am 06.02.2014.

2 Vgl. unter http://www.bamf.de/SharedDocs/Anlagen/DE/Downloads/Infothek/Sonstige/muslimisches-leben-zentrale-ergebnisse.html?nn=1366152, zuletzt abgerufen am 06.02.2014.

2.2 Ermittlung des ausländischen Rechts

Nach Art. 4 Abs. 1 EGBGB erfasst die Verweisung der deutschen Kollisionsnormen auf ein ausländisches Recht grundsätzlich nicht nur dessen Sachnormen, sondern auch dessen IPR (Gesamtverweisung). Dabei kann es zu einer Rück- oder Weiterverweisung kommen. Eine Ausnahme gilt für Verweisungen auf Sachvorschriften, etwa Art. 4 Abs. 2 EGBGB bei Rechtswahl.

Zwar hat das deutsche Gericht grundsätzlich nur sein eigenes Verfahrensrecht anzuwenden, aber der deutsche Richter hat die für die Entscheidung maßgebliche ausländische Rechtsvorschrift von Amts wegen festzustellen,[3] insoweit besteht auch keine Beweisführungslast.[4] Der Richter muss daher den wirklichen Rechtszustand unter Heranziehung von Rechtsprechung und Rechtslehre ermitteln. Das Gericht darf hierbei übereinstimmenden Parteivortrag über Inhalt des ausländischen Rechts als richtig zugrunde legen. In der Praxis wird aber meist die Einholung von Rechtsgutachten durch wissenschaftliche Institute bevorzugt.

Nach dem Europäischen Übereinkommen betreffend Auskünfte über ausländisches Recht besteht die Möglichkeit, fremdes Recht zu ermitteln.[5] Auskunftsersuchen sind mit Sachverhaltsdarstellung und Übersetzung in die Amtssprache des ersuchten Staates der deutschen Übermittlungsstelle vorzulegen, die das Ersuchen unmittelbar der ausländischen Empfangsstelle zuleitet. Deutsche Übermittlungsstellen sind für die Gerichte des Bundes das Bundesministerium der Justiz, für die Gerichte der Länder die von den Landesregierungen bestimmten Stellen.

Lässt sich der Inhalt des anwendbaren Rechts nicht zweifelsfrei feststellen, so ist in erster Linie eine größtmögliche Annäherung an den unbekannten tatsächlichen Rechtszustand zu suchen, indem etwa auf die Regelungen verwandter Rechtsordnungen aus dem gleichen Rechtskreis abgestellt wird. Ersatzweise gilt deutsches Recht.

2.3 Ordre public

Ein Rechtsfall soll grundsätzlich nach der Rechtsordnung entschieden werden, zu welcher er die engsten Beziehungen hat. Dass diese Entscheidung mitunter vom eigenen Recht abweicht, wird bewusst in Kauf genommen. Allerdings dürfen dadurch die inländischen Gerichte nicht zu Entscheidungen genötigt werden, die im Ergebnis grundlegenden deutschen Rechtsanschauungen krass widersprechen. Für solche Ausnahmefälle schließt Art. 6 EGBGB zum Schutz der inländischen öffentlichen Ordnung die Anwendung ausländischen Rechts für den konkreten Sachver-

---

3 Vgl. BGHZ 118, 151,162.

4 Vgl. BGH, NJW-RR 2005, 1071.

5 Vgl. Palandt/Thorn, Einl., Vorb. von Art. 3 EGBGB Rn. 35, München 2014.

halt aus. Eine solche Vorbehaltsklausel findet sich im IPR aller Staaten. Dabei muss man konkret drei Ebenen bei Beteiligung von Muslimen unterscheiden:

- Sofern islamische Vorschriften als Privatrechtsordnung ausgeformt sind, kann eine Kollision im Sinne eines möglichen Konflikts um das anwendbare Recht in den Anwendungsfällen des Internationalen Privatrechts entstehen. Dies zählt inzwischen bei grenzüberschreitenden Sachverhalten, wie beispielsweise gemischten Familienbeziehungen, zum juristischen Alltagsgeschäft. Allein der Grenzübertritt bewirkt nicht, dass das bis dahin maßgebliche Recht seine Bedeutung verliert. Bei einem Aufenthaltswechsel muss demnach das Heimatrecht nach Grenzübertritt fortgelten. Auf der anderen Seite liegt es im Interesse der Rechtsgemeinschaft, dass in bestimmten Angelegenheiten dasselbe Recht für alle gelten muss.
  Da hier islamrechtlich geprägte Regeln zur Anwendung kommen, entstehen Konflikte, wenn die Anwendung dieser Regeln zu einem Ergebnis führt, das mit wesentlichen Grundsätzen des deutschen Rechts (einschließlich der Grundrechte) offensichtlich unvereinbar ist, somit also gegen den Grundsatz ordre public Art. 6 EGBGB verstößt. So verstoßen etwa das einseitige Scheidungsrecht des Ehemanns (*ṭalāq*), die pauschale Zuweisung des Sorgerechts für Kinder oder das Adoptionsverbot[6] gegen Art. 6 EGBGB. In solchen Fällen findet dann grundsätzlich das deutsche anstelle des eigentlich berufenen ausländischen Sachrechts Anwendung.[7]
  Interessant in diesem Zusammenhang ist, dass der ordre public selbst keine Konstante ist und dem Wandel unterliegt. Beispielsweise hat das VG Berlin bereits im Jahre 2000 entschieden, dass Prostitution, die von Erwachsenen freiwillig und ohne kriminelle Begleiterscheinungen ausgeübt wird, nach den heute anerkannten sozialethischen Wertvorstellungen im Sinne des Ordnungsrechts nicht (mehr) als sittenwidrig anzusehen ist.[8] Deshalb ist zu berücksichtigen, dass der ordre public nicht statisch und unveränderlich ist, sondern als Substrat der geltenden Rechtsordnung ebenso wie diese eine Ausprägung der elementaren Wertvorstellungen der inländischen und zunehmend auch der europäischen Rechtsgemeinschaft darstellt und infolgedessen dem Wandel dieser Wertvorstellungen unterworfen ist und ihm – wenn auch bisweilen mit zeitlicher Verzögerung – folgt.[9]
- Sofern keine ausgeformten Rechtsvorschriften, sondern lediglich religiöse oder rechtlich außerhalb der islamischen Welt nicht verpflichtende Vorschriften betroffen sind, stellt sich die Frage, ob und in welchem Umfang das deutsche Zi-

6 Vgl. Mathias Rohe, *Der Islam – Alltagskonflikte und Lösungen*, Freiburg 2001, 105 ff.
7 Aus der jüngsten Rechtsprechung etwa BGHZ 169, 240; BGHZ 120, 29; OLG Frankfurt, ZEV 2011,135; BGH NJW-RR 1993, 962; OLG Zweibrücken, NJW-RR 2002, 581.
8 Vgl. VG Berlin, NJW 2001, 983.
9 Vgl. BGHZ 169, 240.

vilrecht eine islamkonforme Rechtsgestaltung zulässt. Aufgrund der geltenden Privatautonomie ist dies im Rahmen des dispositiven Rechts möglich. Dass eine Rechtswahl in gewissem Umfang möglich ist, steht wohl außer Frage.

- Auf einer dritten Ebene wirkt der Islam auf das Zivilrecht im Rahmen der hier geltenden Religionsfreiheit nach Art. 4 GG. Diese kann jedoch im Rahmen dieses Beitrages aus Platzgründen nicht weiter berücksichtigt werden. Die Religionsfreiheit wirkt allerdings mittelbar als ein Element der objektiven Rechtsordnung in privatrechtliche Verhältnisse hinein und entfaltet so eine mittelbare Drittwirkung.[10] Dies ist insbesondere im Bereich des Arbeitsrechts wichtig, wenn sich ein muslimischer Arbeitnehmer aufgrund der religiösen Pflichten gehindert sieht, die arbeitsvertraglich übernommenen Pflichten zu erfüllen. Der Islam beansprucht schließlich für sich – wie jede andere Religion –, für alle Muslime verbindlich zu sein. Die religiösen Hauptpflichten als individuelle Gebote für die Muslime sind auch in Deutschland verbindlich, da diese überall und nicht auf ein bestimmtes Gebiet beschränkt verpflichtend sind.

3. Aktuelle Rechtsprechung

Bei Arbeitsverträgen mit muslimischen Arbeitnehmern kommt es in der Regel zu einer Auslandsberührung im Sinne des Art. 3 EGBGB. Diese liegt vor, wenn eine irgendwie geartete Beziehung zum Ausland die sachrechtliche Entscheidung beeinflusst, sei es durch Vorliegen eines der vielfältig vorhandenen Anknüpfungspunkte oder auch durch Rechtswahl. Die Mehrheit der in Deutschland beschäftigten muslimischen Arbeitnehmer besitzt nicht die deutsche, sondern eine andere ausländische Staatsangehörigkeit, die einen Anknüpfungspunkt darstellt. Die Frage nach dem anwendbaren Recht ist vorrangig nach Art. 8 Rom I zu beantworten, wenn eine Rechtswahl getroffen wurde. Wenn nicht, ist insoweit Art. 8 Abs. 2 Rom I heranzuziehen, wonach das Recht jenes Staates auf den Arbeitsvertrag anwendbar ist, in dem oder von dem aus der Arbeitnehmer in Erfüllung des Vertrages gewöhnlich seine Arbeit verrichtet. Nachdem die hier gemeinten Arbeitnehmer ihre Arbeitsleistung in Deutschland erbringen, ist in der Regel deutsches Sachrecht auf diese Arbeitsverträge anwendbar.

Die religiösen Pflichten eines muslimischen Arbeitnehmers können mit den vertraglich übernommenen Aufgaben kollidieren. Diese religiösen Pflichten sind unter anderem das tägliche Gebet, das Freitagsgebet für männliche Muslime, das Fasten, die Pilgerfahrt sowie religiöse Kleidungsvorschriften. Während sich diese Vorschriften für Männer nicht gravierend von westlichen Kleidungsgewohnheiten unterscheiden (so muss der Körper von der Hüfte bis zu den Knien bedeckt sein,

10 Vgl. nur BVerfGE 7, 198, 205.

zudem ist es Männern untersagt, Seide zu tragen), gibt es insbesondere für Frauen strengere Regeln.

Was die täglichen Gebete angeht, sind nur einige ältere Entscheidungen vom LAG Düsseldorf, Urteil vom 09.08.1985-Az. 4 Sa 654/85 sowie vom LAG Hamm[11] bekannt. Im ersten Fall hat das LAG Düsseldorf die Kündigung für unwirksam angesehen, im zweiten Fall wurde der Arbeitgeber verpflichtet, dem Arbeitnehmer für die Gebete Pausen zu gewähren. Eine Kündigung nach mehrmaliger Abmahnung sei dennoch unberechtigt, da keine konkreten Störungen des Betriebsablaufs ersichtlich seien.

Trotz des vielfältigen Konfliktpotenzials mit muslimischen Arbeitnehmern befasst sich die Rechtsprechung überwiegend mit muslimischen Arbeitnehmerinnen, die sich weigern, ihr Kopftuch während der Arbeit abzulegen. Die Möglichkeiten des Arbeitgebers in diesem Zusammenhang sind zuerst Abmahnung und gegebenenfalls dann Kündigung.

3.1 Abmahnung

In einem Fall vor dem BAG ging es um die Rechtmäßigkeit einer Abmahnung gegenüber einer Erzieherin muslimischen Glaubens in einer kommunalen Kinderbetreuungseinrichtung. Das Gericht kommt zum Ergebnis, dass das Tragen des Kopftuchs zu jeder Zeit die Kundgabe einer religiösen Überzeugung darstellt.[12]

Die in der Türkei geborene deutsche Klägerin ist staatlich anerkannte Erzieherin und seit 2003 bei der beklagten Stadt beschäftigt. Sie trägt aus religiöser Überzeugung in der Öffentlichkeit und auch während ihrer Tätigkeit als Erzieherin ein Kopftuch.

Seit Februar 2006 gilt in Baden-Württemberg das geänderte Gesetz über die Betreuung und Förderung von Kindern in Kindergärten, anderen Tageseinrichtungen und der Kindertagespflege. Nach § 7 Abs. 6 BWKiTaG sind religiöse Bekundungen in Kindertagesbetreuungseinrichtungen durch Fachkräfte (beispielsweise Erzieher), die geeignet sind, den religiösen oder weltanschaulichen Frieden in Einrichtungen zu gefährden oder zu stören, verboten.

Nachdem die Arbeitgeberin die Klägerin erfolglos aufforderte, ihrer Verpflichtung aus § 7 Abs. 6 BWKiTaG nachzukommen und das Kopftuch während ihres Dienstes in der Kindertagesstätte abzulegen, mahnte die Arbeitgeberin die Klägerin ab. Zutreffend haben alle Instanzen die Klage abgewiesen, da die Klägerin nicht zu Unrecht abgemahnt wurde.

Obgleich Art. 4 Abs. 1 und 2 GG nicht nur die innere Glaubensfreiheit, sondern auch die äußere Freiheit, den Glauben in der Öffentlichkeit zu manifestieren und zu bekennen, schützt, müsste man die Grundrechte der Kinder und Eltern respek-

11 Vgl. LAG Hamm, NJW 2002, 1970.
12 Vgl. BAG NZA 2010, 227.

tieren, kultischen Handlungen eines nicht geteilten Glaubens fernzubleiben. Man kann zwar nicht gänzlich von fremden Glaubensbekundungen verschont bleiben, davon ist aber eine vom Staat geschaffene Lage zu unterscheiden, in der ein Einzelner dem Einfluss und den Symbolen eines bestimmten Glaubens ausgesetzt wird.

Gemeinsam mit Art. 6 Abs. 2 S. 1 GG, der den Eltern die Pflege und Erziehung ihrer Kinder als natürliches Recht garantiert, umfasst Art. 4 Abs. 1 GG auch das Recht zur Kindererziehung in religiöser und weltanschaulicher Hinsicht. Es ist Sache der Eltern, ihren Kindern diejenigen Überzeugungen in Glaubens- und Weltanschauungsfragen zu vermitteln, die sie für richtig halten. Dem entspricht das Recht, die Kinder von Glaubensüberzeugungen fernzuhalten, die den Eltern falsch oder schädlich erscheinen.

Die Vermeidung religiöser und weltanschaulicher Konflikte in öffentlichen Kitas stellt ein wichtiges Gemeingut dar. Zu diesem Zweck sind gesetzliche Einschränkungen der Glaubensfreiheit rechtlich zulässig. Maßgebliche Unterschiede zwischen Schule und Kindertagesstätten sind nicht erkennbar. Zwar liegt dem Schulbesuch die gesetzliche Schulpflicht zu Grunde. Zum Besuch einer Kindertagesstätte besteht eine solche Pflicht nicht, es gibt also keine vom Staat geschaffene Zwangssituation. Gleichwohl ist das landesrechtliche Bekundungsverbot nicht unverhältnismäßig. Nach § 24 Abs. 1 S. 1 SGB VIII haben Kinder einen Anspruch auf Besuch einer Tageseinrichtung zur Betreuung. Verwiese man sie auf andere Kindertagesstätten des kommunalen oder gar eines anderen Trägers, so wäre dies spätestens dann problematisch, wenn der kommunale Träger keine Kindertagesstätte anbieten könnte, in der keine Kopftuch tragenden oder andere religiöse Bekundungen abgebenden Erzieherinnen beschäftigt werden. Eine Verweisung der Eltern auf andere Kindertagesstätten eines freien Trägers wäre hingegen mit dem Anspruch aus § 24 Abs. 1 S. 1 SGB VIII schwerlich vereinbar. Hinzu kommt, dass zahlreiche faktische Zwänge einem Besuch einer anderen Kindertagesstätte entgegenstehen können, wie beispielsweise die nur geringe Anzahl von Kindertagesstätten im ländlichen Raum oder die Nähe einer Einrichtung zum Wohn- oder Arbeitsort der Eltern.

Mit der Entscheidung vom 20.08.2009 hat das BAG[13] seine Auffassung diesbezüglich nochmals bekräftigt. In der Entscheidung ging es um eine Sozialpädagogin muslimischen Glaubens aus Nordrhein-Westfalen. Nach Ansicht des BAG erfasse das Verbot religiöser Bekundungen in der Schule gem. § 57 Abs. 4, § 58 SchulG Nordrhein-Westfalen auch das Tragen einer Haaransatz und Ohren vollständig bedeckenden Mütze durch eine Sozialpädagogin muslimischen Glaubens. Das landesgesetzliche Bekundungsverbot verstoße nicht gegen höherrangiges Recht.

Das LAG Hamm[14] (Urteil vom 17.2.2012, Az. 18 Sa 867/11) hat entschieden, dass ein kirchlicher Arbeitgeber, der eine Krankenanstalt führt, einer Kranken-

13 Vgl. BAG NZA 2010, 227.

14 Das Revisionsverfahren ist vor dem BAG unter dem Az. 5 AZR 611/12 anhängig.

schwester im Wege des Weisungsrechts untersagen kann, während der Arbeitszeit ein islamisches Kopftuch zu tragen. Die Arbeitnehmerin hatte Annahmeverzugslohn geltend gemacht, jedoch erfolglos. Das Gericht kommt zum Ergebnis, dass der Arbeitgeber mit der Annahme der Dienste nicht in Verzug ist, da dies voraussetzt, dass die Leistung am richtigen Ort zur richtigen Zeit und in der richtigen Weise angeboten wird. Die Klägerin hätte ihre Arbeitsleistung nicht ordnungsgemäß in der richtigen Weise angeboten. Die Anordnung des Arbeitgebers, während der Arbeitszeit kein Kopftuch zu tragen, ist von seinem Weisungsrecht gedeckt. Auch die Frage, in welcher Kleidung der Arbeitnehmer seine Arbeitsleistung verrichtet, gehört zum Inhalt der Arbeitsleistung und ist Weisungen des Arbeitgebers zugänglich. Der Arbeitgeber hätte hier die Grenzen billigen Ermessens gemäß § 106 S. 1 GewO gewahrt. Dem Ergebnis stehen die Vorschriften der §§ 7 Abs. 1, 1, 3 Abs. 1 und Abs. 2 S. 2 AGG und Art. 9 EMRK nicht entgegen. Zum einen wird auf § 9 Abs. 2 AGG verwiesen, zum anderen hervorgehoben, dass Art. 9 EMRK die Religionsfreiheit nicht schrankenlos gewährleistet. Bei der Abwägung ist das kirchliche Selbstbestimmungsrecht zu berücksichtigen.

Ein anderer Fall betraf eine Entschädigungszahlung nach § 15 AGG vor dem Arbeitsgericht Berlin,[15] weil die Bewerberin muslimischen Glaubens wegen ihrer Religionszugehörigkeit diskriminiert wurde. Die Klägerin hätte das Ausbildungsverhältnis nur um den Preis des Ablegens des Kopftuches erhalten können.

In der Tagespresse wurde Anfang Oktober 2009 die Abmahnung von drei Profi-Fußballspielern[16] in der 2. Bundesliga – teilweise sogar mit Abdruck von Passagen aus der Abmahnung – kommentiert.[17] Sie wurden vom FSV Frankfurt abgemahnt, weil sie als Muslime während des Ramadans gefastet hatten, ohne vorher den Verein hierüber zu informieren. In ihrem Vertrag war hierzu nämlich vereinbart worden, dass „Fasten ohne ausdrückliche schriftliche Zustimmung des Vereins untersagt ist."[18]

Nach einer Pressemitteilung der Deutschen Fußballliga wurde ein Vermittlungsgespräch zwischen dem FSV Frankfurt und dem Zentralrat der Deutschen Muslime durchgeführt, um unter Mitwirkung von muslimischen Geistlichen, Sportmedizinern und Juristen ein praxisgerechtes Konzept zu erstellen.

15 Vgl. ArbG Berlin, NZA-RR 2012, 627.

16 Bei den drei betroffenen Fußballspielern handelte es sich um Soumaila Coulibaly aus Mali, Pa Saikou Kujbi aus Gambia und Oualid Mokhtari aus Marokko.

17 Vgl. unter http:// www.bild.de/BILD/sport/fussball/zweite-liga/2009/10/13/fsv-frankfurt/ramadan-klausel-abmahnung-fuer-drei-profis-weil-sie-gefastet-haben.html; http://www.zeit.de/sport/fussball/2009–10/ramadan-abmahnung-fsvfrankfurt; http://sportbild.bild.de/SPORT/fussball/2-liga/2009/10/13/fsv-frankfurt/abmahnungen-fuer-fsv-profis-nach-fasten.html; zuletzt abgerufen am 16.03.2010.

18 Vgl. *ebd.*

3.2 Kündigung

Vor nicht allzu langer Zeit hatte das BAG zu entscheiden, unter welchen Voraussetzungen die Kündigung eines Arbeitnehmers, der sich aus religiösen Gründen weigert, eine bestimmte Arbeit zu verrichten, wirksam ist.

Der Kläger muslimischen Glaubens war seit 1994 als Mitarbeiter eines großen Warenhauses beschäftigt und seit 2003 als Ladenhilfe tätig. Im Februar 2008 weigerte er sich, im Getränkebereich zu arbeiten. Hierbei berief er sich auf seinen Glauben, der ihm jegliche Mitwirkung bei der Verbreitung von Alkoholika verbiete. Der Arbeitgeber kündigte daraufhin das Arbeitsverhältnis.

Das BAG[19] hat am 24.02.2011, Az. 2 AZR 636/09 diese Entscheidung aufgehoben und die Sache an das LAG zurückverwiesen. Grundsätzlich sieht auch das BAG in der Weigerung, eine Arbeitsaufgabe zu erfüllen, einen Kündigungsgrund. Voraussetzung wäre allerdings, dass keine naheliegenden anderen Beschäftigungsmöglichkeiten bestehen. Ein als Ladenhilfe in einem Einzelhandelsmarkt beschäftigter Arbeitnehmer muss mit der Zuweisung von Arbeitsaufgaben rechnen, die den Umgang mit Alkoholika erfordern. Macht er geltend, aus religiösen Gründen an der Ausübung der vertraglich geschuldeten Tätigkeiten gehindert zu sein, muss er dem Arbeitgeber mitteilen, worin genau die religiösen Gründe bestehen, und aufzeigen, an welchen Tätigkeiten er sich gehindert sieht. Besteht für den Arbeitgeber im Rahmen der von ihm zu bestimmenden betrieblichen Organisation die Möglichkeit einer vertragsgemäßen Beschäftigung, die den religionsbedingten Einschränkungen Rechnung trägt, muss er dem Arbeitnehmer diese Tätigkeit zuweisen.

Das BAG konnte den Fall noch nicht abschließend beurteilen, da aus den Darlegungen des Klägers nicht hinreichend deutlich zu entnehmen war, welche Tätigkeiten ihm seine religiösen Überzeugungen verbieten. Erst danach könne beurteilt werden, ob es der Beklagten möglich war, dem Kläger eine andere Arbeit zu übertragen. Die Vorinstanz, das LAG Schleswig-Holstein, hatte allerdings die ordentliche Kündigung als berechtigt angesehen. Die fristlose Kündigung wurde für unwirksam erklärt.

Die strikte und unumstößliche Weigerung des Klägers, in der Getränkeabteilung zu arbeiten, verstößt nach Ansicht des Gerichts in erheblichem Umfang gegen die arbeitsvertraglich übernommenen Pflichten. Im konkreten Fall war allerdings der Beklagten zuzumuten, den Kläger vorübergehend während des Laufs der Kündigungsfrist in einer anderen Abteilung weiter zu beschäftigen. Im Jahr 2012 haben sich dann die Parteien vor dem LAG durch einen Vergleich geeinigt.[20]

In einem anderen Fall vor dem BAG[21] ging es um die Kündigung einer Lehrerin türkischer Abstammung und muslimischen Glaubens. Sie verrichtete ihren Dienst

19 BAG NZA 2011, 1058.

20 Vgl. unter http://www.schleswig-holstein.de/LAG/DE/Service/MedienInformationen/PI/prm212.html, zuletzt abgerufen am 06.02.2014.

21 BAG NZA-RR 2010, 383.

stets mit Kopftuch. Seit dem 01.08.2006 ist es nach § 57 Abs. 4 SchulG Nordrhein-Westfalen verboten, religiöse Bekundungen abzugeben. Die Klägerin wurde daher vom Schulleiter davon in Kenntnis gesetzt, dass das Tragen eines Kopftuchs nach islamischem Religionsbrauch mit der Neufassung des Schulgesetzes Nordrhein-Westfalen nicht mehr vereinbar sei.

Nachdem die Klägerin aber nicht bereit war, ohne Kopftuch ihren Dienst zu verrichten, erhielt sie zunächst eine Abmahnung. Der Aufforderung, ohne Kopftuch in der Schule zu erscheinen, kam sie nicht nach. Daraufhin wurde das Arbeitsverhältnis gekündigt. Die Klage der Lehrerin hiergegen blieb jedoch in allen Instanzen erfolglos. Das BAG kommt zum Ergebnis, dass die verhaltensbedingte Kündigung sozial gerechtfertigt ist. Auch hier ist das BAG der Ansicht, dass das Bekundungsverbot nicht gegen höherrangiges Recht verstößt.

Mit ihrem Verhalten hätte die Klägerin das Neutralitätsgebot verletzt. Die bewusste Wahl einer religiös bestimmten Kleidung fällt unter das Verbot des § 57 Abs. 4 S. 1 SchulG Nordrhein-Westfalen. Eine religiöse Bekundung in diesem Sinne ist die bewusste, an die Außenwelt gerichtete Kundgabe einer religiösen Überzeugung. Die Klägerin trägt das Kopftuch, weil sie dem von ihr als maßgeblich angesehenen Religionsbrauch folgen will. In eben diesem Sinn fasst auch der unbefangene Beobachter das Tragen des Kopftuchs auf.

Die Regelung in § 57 Abs. 4 SchulG Nordrhein-Westfalen lässt die positive Glaubensfreiheit und die Berufsausübungsfreiheit eines pädagogischen Mitarbeiters hinter die staatliche Pflicht zur weltanschaulichen Neutralität, das Erziehungsrecht der Eltern und die negative Glaubensfreiheit der Schüler zurücktreten. Deswegen verletzt dieses Verbot auch nicht die Grundsätze der praktischen Konkordanz der betroffenen Grundrechtspositionen.

Zudem behandelt dieses Verbot die verschiedenen Religionen nicht unterschiedlich. Die gesetzliche Regelung erfasst jede Art religiöser Bekundung unabhängig von deren Inhalt. Christliche Glaubensbekundungen werden nicht bevorzugt.

Das Arbeitsgericht Herford hat in einem Fall sowohl die außerordentliche als auch die ordentliche Kündigung einer muslimischen Arbeitnehmerin aufgrund eigenmächtiger Urlaubsverlängerung wegen einer Pilgerfahrt nach Mekka als unwirksam erachtet (Urteil vom 18.06.2013, Az. 1 Ca 1457/12). Der Arbeitgeber wurde zudem verpflichtet, die Abmahnungen in diesem Zusammenhang aus der Personalakte zu entfernen.

Das Gericht war nämlich der Ansicht, dass hier keine schuldhafte Verletzung einer Vertragspflicht vorlag. Grundsätzlich sei eine eigenmächtige Urlaubsgewährung ein Grund zur außerordentlichen Kündigung. Denn ein solches Verhalten stellt eine beharrliche Arbeitsverweigerung dar, wenn der Arbeitnehmer trotz der Ablehnung seines weitergehenden Urlaubsantrags sich einfach selbst beurlaubt und damit beharrlich seiner Arbeitspflicht nicht nachkommt.

Das Gericht verweist darauf, dass bei der Arbeitnehmerin ein entgegenstehendes Hindernis im Sinne des § 275 Abs. 3 BGB vorlag. Nach der Ablehnung ihres Urlaubs befand sich nämlich die Arbeitnehmerin in einer Pflichtenkollision. Denn ihre Religion verpflichtete sie, die bereits gebuchte und bezahlte Pilgerfahrt anzutreten. Obgleich die Kammer nicht verkannt hatte, dass die Arbeitnehmerin die Pilgerfahrt auch in erheblich kürzerer Zeit hätte absolvieren können, sei die Pflichtenkollision jedoch deswegen eingetreten, weil die Arbeitnehmerin bereits im Februar 2012 dem Arbeitgeber ihre Pläne mitgeteilt und sich nach der Möglichkeit einiger Tage unbezahlten Urlaubs erkundigt hatte. Der Arbeitgeber hatte dies als Möglichkeit in Aussicht gestellt. Aus diesem Grund hatte sich dann die Arbeitnehmerin für eine vierwöchige Pilgerfahrt entschieden und diese gebucht. Da das Fehlen eines Rechtfertigungsgrundes zu den die Kündigung begründenden Tatsachen gehört, muss der Kündigende somit auch gegebenenfalls die Tatsachen beweisen, die einen Rechtfertigungsgrund für das Verhalten des Gekündigten ausschließen. Entsprechendes müsse für die Widerlegung des Vortrags zu einem entgegenstehenden Hindernis im Sinne von § 275 Abs. 3 BGB gelten. Der Arbeitgeber hätte ein die Interessen der Arbeitnehmerin an der vorübergehenden Nichterbringung der Arbeitsleistung überwiegendes Leistungsinteresse vortragen müssen, was hier nicht geschehen ist.

Selbst wenn man das Vorliegen eines entgegenstehenden Hindernisses verneinen wollte, wäre bei der Prüfung der sozialen Rechtfertigung bzw. des wichtigen Grundes aufgrund der gebotenen Interessenabwägung von einem ausnahmsweise gegebenen Überwiegen des Interesses der Arbeitnehmerin am Fortbestand des Arbeitsverhältnisses gegenüber dem Interesse des Arbeitgebers an der Beendigung des Arbeitsverhältnisses auszugehen. Hierbei ist zu berücksichtigen, ob der Arbeitgeber dem Urlaubsverlangen des Arbeitnehmers hätte entsprechen müssen.

Bei der Abwägung ist entscheidend, dass die Klägerin offensichtlich die Erfüllung ihrer Glaubenspflicht für wichtiger als die Einhaltung des ihr bewilligten Urlaubs hielt und aus diesem Grund für sie die Überschreitung des Urlaubs unumgänglich war. Daher hat die Klägerin ebenfalls Anspruch auf Entfernung der Abmahnungen aus ihrer Personalakte, da diese auf einer unzutreffenden rechtlichen Bewertung des Verhaltens der Arbeitnehmerin beruhten.

4. Fazit

Im Arbeitsrecht können einige religiöse Pflichten eines muslimischen Arbeitnehmers zu einem Konflikt mit den vertraglich übernommenen Pflichten aus dem Arbeitsverhältnis führen. Es empfiehlt sich, diese bereits beim Abschluss des Arbeitsvertrages zu berücksichtigen und entsprechende Regelungen zu treffen.

Die Verrichtung der täglichen Gebete etwa, die wenige Minuten dauern, dürfte weder zur Abmahnung noch zu einer Kündigung berechtigen, sofern die Verrichtung des Gebets innerhalb der Arbeitszeit keine gravierende Störung der Betriebsabläufe verursacht und die Arbeit entweder nachgeholt oder von anderen Mitarbeitern erbracht werden kann. Hierbei ist von wesentlicher Bedeutung, wie groß der Betrieb tatsächlich ist. Die Teilnahme am Freitagsgebet, das im Gegensatz zu den täglichen Gebeten ca. 60 Minuten dauert, ist eher problematisch. Wenn jedoch im Betrieb eine Mittagspause gewährt wird, dürften daraus keine Konflikte entstehen.

Das Fasten selbst berührt in der Regel nur mittelbar die Interessen des Arbeitgebers und kann grundsätzlich ohne größere Schwierigkeiten befolgt werden; das sieht mitunter aber anders aus, wenn vom Arbeitnehmer schwerste Arbeiten verlangt werden können.

Die Pilgerfahrt kann ohne Weiteres im Rahmen des Erholungsurlaubs angetreten werden. Hingegen beinhalten die islamischen Kleidungsvorschriften meist nur für Frauen Konfliktpotenzial. Eine betriebliche Kleiderordnung oder vertragliche Vereinbarungen hierüber gehen an der Lösung des Problems vorbei. Zur Beilegung der Konflikte muss man die konkreten Umstände des Einzelfalles berücksichtigen.

Die Konflikte im Zusammenhang mit der Zubereitung und dem Verkauf von Alkoholika bzw. ‚unreinen' Lebensmitteln oder Gegenständen sind grundsätzlich für einen gläubigen Muslim vorhersehbar. Insofern bedarf es diesbezüglich keiner ausdrücklichen vertraglichen Regelung, da es dem Arbeitnehmer freigestellt bleibt, ob er solche Arbeiten trotzdem annehmen will oder nicht.

Kirsten Wiese

Arbeiten mit Kopftuch und Gesichtsschleier

Rechtliche Vorgaben für die Zulässigkeit eines religiösen und geschlechtsspezifischen Symbols in öffentlichen und privaten Arbeitsverhältnissen in Deutschland

1. Einleitung

Religiöse Pflichten können zur Herausforderung für Erwerbsarbeit in Deutschland werden. Das gilt nicht nur, wenn das Erfüllen der Pflichten nicht dem vorgegebenen Arbeitsablauf entspricht, zum Beispiel beim Gebet während der Arbeitszeit, oder gläubige Arbeitnehmerinnen und Arbeitnehmer an der Erfüllung bestimmter dienstlicher Aufgaben, wie zum Beispiel dem Verkauf von Alkoholika im Supermarkt, hindert.[1] Das gilt auch, wenn Arbeitnehmende ihren Glauben durch entsprechende Kleidung und Symbole sichtbar machen; denn was die eine ‚nur' als Ausdruck ihres Glaubens empfindet, empfindet der andere möglicherweise als Belästigung, Störung in seinem eigenen Glauben oder schlimmstenfalls gar als Missionierung. Kippa, Kreuz oder Kopftuch[2] könnten so zu Problemen in Erwerbsarbeitsverhältnissen führen.

Diesen Herausforderungen müssen Theologen und Theologinnen ebenso wie Juristen und Juristinnen und andere wissenschaftlich Tätige begegnen. Von Theologen und Theologinnen ist zu erwarten, dass sie die Bedeutung religionsbezogener Symbole aus den jeweiligen Traditionen heraus sowie deren Relevanz für diese Traditionen erläutern und auf diesem Wege über die Nutzung dieser Symbole aufklären. Juristen und Juristinnen obliegt es hingegen, aufzuzeigen, wie Konflikte wegen religiös motivierter Kleidung und Symbole in Arbeitsverhältnissen unter Berücksichtigung von Grund- und Menschenrechten gelöst werden können. In diesem Beitrag wird die juristische Perspektive eingenommen.

Kein Kleidungsstück hat in den letzten zwei Jahrzehnten in Deutschland und anderen europäischen Ländern für so viel Zündstoff in der Öffentlichkeit gesorgt wie das von Musliminnen getragene Kopftuch. Spätestens seit dem französischen[3] und belgischen[4] Verbot, Burka oder Nikab im öffentlichen Raum zu tra-

1 Siehe hierzu auch den Beitrag von Niloufar Hoevels in diesem Band.

2 Ebenso Habit, Ornat, Bhagwan-Mala und Sikh-Turban.

3 Loi n° 2010–1192 du 11 octobre 2010 interdisant la dissimulation du visage dans l'espace public, JORF n°0237 du 12 octobre 2010 page 18344.

4 „Loi visant à interdire le port de tout vêtement cachant totalement ou de manière principale le visage" (Gesetz vom 1. Juni 2011 zur Einführung des Verbots zum Tragen von Kleidung, die das Gesicht vollständig oder größtenteils verdeckt), veröffentlicht am 13.07.2011

gen, werden auch diese Kleidungsstücke stark diskutiert. Die rechtliche Situation von Frauen mit Kopftuch oder Gesichtsschleier im Arbeitsleben steht deshalb im Fokus dieses Beitrages.

Ursache für die erhitzten Diskussionen über Kopftuch und Gesichtsschleier sind zunächst soziale Tatsachen wie die zunehmende Anzahl von Menschen muslimischen Glaubens in Deutschland und die Integrations- und Emanzipationsbewegung in der zweiten und dritten Generation von Zugewanderten. Dies führt dazu, dass mehr muslimische Frauen in Deutschland mit oder ohne Kopftuch erwerbstätig sind, und zwar nicht mehr ‚nur' als Putzfrau, sondern auch in ‚sichtbaren' Berufen – als Verkäuferin, Lehrerin oder Richterin beispielsweise. Mit dieser zunehmenden Sichtbarkeit muslimischer Frauen im öffentlichen Leben einher ging die Aufladung des Kopftuchs zum religiösen und geschlechtsspezifischen Symbol. Das aus religiösen Gründen getragene Kopftuch ist europaweit Anlass und Projektionsfläche von und für alle Konflikte geworden, die das Zusammenleben in einer pluralistischen Gesellschaft mit sich bringt. Debattiert wird über Feminismus, individuelle und nationale Identitäten, Werte, Einwanderungspolitik, Moderne, Rechte von Minderheiten und nicht zuletzt das Verhältnis von Staat und Religion.

Diese Debatten ‚begleiten' viele Kopftuchträgerinnen im Erwerbsleben und führen immer wieder dazu, dass Frauen wegen ihres Kopftuches gekündigt oder eine Einstellung versagt wird. Rechtlich werden diese Konflikte gesetzlich bestimmt von Arbeitsrecht (in Verbindung mit internationalem Privatrecht),[5] Beamtenrecht und Sozialrecht,[6] aber vor allem auch von Verfassungs- sowie Europäischem Menschenrecht. Diese verfassungs- und menschenrechtliche Sichtweise auf das Tragen eines Kopftuches aus religiösen Gründen bei der Erwerbsarbeit steht im Mittelpunkt dieses Beitrages.

Das Kopftuch ist in Deutschland Streitgegenstand spätestens seitdem Fereshta Ludin 1998 damit im Lehramtsdienst in Baden-Württemberg arbeiten wollte. Gegenwärtig wird die zweite ‚Kopftuch'-Entscheidung des Bundesverfassungsgerichts (BVerfG) erwartet, nachdem es bereits 2003 zu Fereshta Ludin entschieden hat. Diesmal liegen dem Gericht Verfassungsbeschwerden einer Lehrerin und einer Sozialpädagogin aus Nordrhein-Westfalen gegen deren Kündigungen wegen des Kopftuches bzw. wegen einer als Kopftuch-Ersatz getragenen Mütze vor.[7] Zudem hat der Europäische Gerichtshof für Menschenrechte (EGMR) im Juli 2014 entschieden, dass Frankreich im öffentlichen Raum das Tragen von Burka und Nikab verbieten darf.[8]

---

im *Moniteur Belge* (Belgisches Staatsblatt), in Kraft getreten am 20.07.2011, http://www.ejustice.just.fgov.be/doc/rech_f.htm.

5 Siehe hierzu den Beitrag von Niloufar Hoevels in diesem Band.

6 Siehe hierzu den Beitrag von Judith Dick in diesem Band.

7 BVerfG, Az. 1 BvR 471/10 gegen Urteil des Bundesarbeitsgericht (BAG) vom 20.08.2009–2 AZR 499/08; BVerfG, Az. 1 BvR 1181/10 gegen Urteil des BAG vom 10.12.2009.

8 EGMR, Urteil vom 01.07.2014, Nr. 43835/11 (S.A.S. ./. France).

Im vorliegenden Beitrag werde ich zunächst die gegenwärtige Praxis von öffentlichen und privaten Arbeitgebenden im Umgang mit dem Kopftuch sowie die dazugehörige Rechtsprechung aufzeigen. Hier werde ich auch den Gesichtsschleier thematisieren: Wenngleich dieser in Deutschland nur selten getragen wird, kam es zumindest im Fall einer einen Gesichtsschleier tragenden Verwaltungsangestellten in Frankfurt zum Konflikt (II). Sodann werde ich erklären, welche Vorgaben das Grundgesetz für diese Konflikte macht. Hier werde ich die verfassungsrechtliche Lösung, die das BVerfG vorgibt, und meine Kritik daran darstellen (III). Ob die Europäische Menschenrechtskonvention (EMRK) das Tragen von Kopftuch und Gesichtsschleier in öffentlichen und privaten Arbeitsverhältnissen zulässt, werde ich anschließend untersuchen. Auch hier werde ich zunächst das Urteil des EGMR und sodann meine Kritik daran aufzeigen (IV). Eine Zusammenfassung und ein rechtspolitischer Ausblick werden den Abschluss des Beitrages bilden (V).

Ich werde in diesem Beitrag argumentieren, dass Frauen das Tragen von religiös motivierten Kopftüchern in Erwerbsarbeitsverhältnissen grundsätzlich erlaubt werden muss. Nur in Einzelfällen kann es ihnen verboten werden. Solche Fälle sind im öffentlichen Dienst eher denkbar als in privaten Arbeitsverhältnissen. Dagegen kann das Tragen eines Gesichtsschleiers im öffentlichen Dienst nur in Ausnahmefällen erlaubt werden. Ebenso werden private Arbeitgebende wohl häufig juristisch haltbare Gründe haben, den Gesichtsschleier zu verbieten.

Wenn ich im Folgenden von Kopftuch spreche, meine ich damit von Hidjab über Tschador alle muslimischen Kopfbedeckungen für Frauen und ebenso meine ich, wenn ich von Gesichtsschleier spreche, von Burka (Gewand, das Körper und Gesicht bis auf ein Gitter vor den Augen vollständig verhüllt und vor allem von Frauen in Afghanistan getragen wird) über Nikab (Schleier, mit dem das Gesicht bis auf einen Sehschlitz verhüllt wird) alle muslimisch motivierten Gesichtsschleier für Frauen.

2. Wie dürfen sich Musliminnen im Berufsleben in Deutschland kleiden und was ist ihnen verboten?

„Dortmunder Krankenhaus kündigt türkischer Krankenschwester wegen Kopftuch“ (2014);[9] „Entschädigung an Deutsch-Türkin, die wegen Kopftuches durch Arbeitsvermittlerin nicht weitervermittelt wurde“ (2014);[10] „Berliner Richter weisen Anwältinnen mit Kopftuch zurück“ (2013);[11] „Übernahme einer Muslimin mit

9 *Ruhrnachrichten*, 08.07.2014; http://www.ruhrnachrichten.de/staedte/dortmund/44137-Klinikviertel~/Angestellte-klagt-Johannes-Hospital-kuendigt-Krankenschwester-wegen-Kopftuch;art93 0,2415979, zuletzt aufgerufen am 08.07.2014.

10 OLG Celle, Urteil vom 18.01.2014, Az. 13 U 37/13.

11 *Der Tagesspiegel*, 05.12.2013; http://www.tagesspiegel.de/berlin/muslimische-anwaeltinnen-alle-parteien-einig-kopftuch-vor-gericht-ist-okay/9170906.html, abgerufen am 08.07.2014.

Kopftuch in die öffentliche Verwaltung in Mettmann" (2013);[12] „Lehrermangel in Niedersachsen für Islamunterricht auch wegen des Kopftuchverbotes" (2013):[13] Diese Auswahl von ‚Kopftuch-Nachrichten' in den vergangenen zwei Jahren zeigt, dass Frauen in unterschiedlichsten öffentlichen und privaten Arbeitsbereichen wegen ihres Kopftuches auf Ablehnung stoßen können.

2.1 Gesetze, Praxis, Urteile im öffentlichen Dienst

Das Tragen von Kopftuch und Gesichtsschleier im öffentlichen Dienst ist in fast allen Bundesländern weitreichend verboten. Während ein solches Verbot für Richterinnen und Polizistinnen zum Beispiel kaum diskutiert wird, ist es für Lehrerinnen und Erzieherinnen umstritten.

Das Bundesverfassungsgericht hat 2003 mit seiner Entscheidung im Fall Ludin den Bundesländern die Möglichkeit gegeben, das Tragen des Kopftuches im Schuldienst zu verbieten, wenn sie dafür eine gesetzliche Grundlage schaffen.[14] Acht Bundesländer – Baden-Württemberg, Bayern, Berlin, Bremen, Hessen, Niedersachsen, Nordrhein-Westfalen und das Saarland – haben daraufhin ihre Schul- bzw. Beamtengesetze so geändert, dass sie das Tragen bestimmter religiöser Symbole oder Kleidungsstücke im Schuldienst, in Hessen und Berlin auch in anderen Bereichen des Staatsdienstes, untersagen.[15] Drei dieser acht Bundesländer haben Verbote erlassen, die sich auf alle religiösen und weltanschaulichen Bekundungen beziehen.[16] Dagegen haben die anderen fünf Länder eine Formulierung gewählt, durch die christliche (und eventuell auch jüdische) Bekenntnisse mehr oder we-

12 VG Düsseldorf, Urteil vom 8.11.2013, Az. 26 K 5907/12; http://www.rp-online.de/nrw/kreis-mettmann-stellt-kopftuch-traegerin-wieder-ein-aid-1.3892932.

13 *TAZ Nord*, 14.08.2013.

14 BVerfG, Urteil vom 24.09.2003–2 BvR 1436/02.

15 § 38 Abs. 2 Schulgesetz Baden-Württemberg (Gesetz zur Änderung des Schulgesetzes vom 1. April 2004, Gesetzesblatt für Baden-Württemberg = GBl. S. 178, Nr. 6); Art. 59 Abs. 2 Bayerisches Gesetz über das Erziehungs- und Unterrichtswesen (Gesetz zur Änderung des Bayerischen Gesetzes über das Erziehungs- und Unterrichtswesen vom 23. November 2004, Bayerisches Gesetzes- und Verordnungsblatt = GVBl. S. 443, Nr. 21); § 51 Abs. 3 und Abs. 4 Niedersächsisches Schulgesetz (Gesetz zur Änderung des Niedersächsischen Schulgesetzes und des Niedersächsischen Besoldungsgesetzes vom 29. April 2004, GVBl. S. 140–142, Nr. 12); § 57 Abs. 4 Schulgesetz Nordrhein-Westfalen (Erstes Gesetz zur Änderung des Schulgesetzes für das Land Nordrhein-Westfalen vom 13. Juni 2006, GVBl., 270, Nr. 15); § 1 Abs. 2a Gesetz zur Ordnung des Schulwesens im Saarland vom 23.6.2004 (Amtsblatt, 1510, Nr. 33); Art. 29 § 1 und § 2 Verfassung von Berlin (Gesetz zur Schaffung eines Gesetzes zu Artikel 29 der Verfassung von Berlin und zur Änderung des Kindertagesbetreuungsgesetzes vom 27. Januar 2005, Gesetz- und Verordnungsblatt für Berlin, 92, Nr. 4); § 68 Abs. 2 Hessisches Beamtengesetz (Gesetz zur Sicherung der staatlichen Neutralität vom 18. Oktober 2004, GVBl. I, 306, Nr. 17); § 86 Abs. 3 Hessisches Schulgesetz.

16 Bremen, Berlin und Niedersachsen.

niger deutlich privilegiert werden sollen.[17] So nimmt zum Beispiel die baden-württembergische Vorschrift „die Darstellung christlicher und abendländischer Bildungs- und Kulturwerte" von dem Verbot, als Lehrerin religiöse Bekundungen in der Schule abzugeben, aus (§ 38 Abs. 2 Schulgesetz für Baden-Württemberg).

In den übrigen acht Bundesländern ohne gesetzliche Kopftuch-Verbote wird über religiöse Bekundungen des Lehrpersonals im Einzelfall auf der Grundlage der bestehenden Beamtengesetze und arbeitsrechtlichen Vorschriften entschieden.

In Baden-Württemberg, Bremen und Nordrhein-Westfalen wurde auf der Grundlage der reformierten Schulgesetze Lehrerinnen bzw. Referendarinnen das Tragen eines Kopftuches explizit verboten. Aus den übrigen fünf Bundesländern sind der Verfasserin keine Einzelfälle bekannt. In Niedersachsen wurde 2013 eine Aufhebung des Kopftuchverbotes gefordert, unter anderem weil nicht ausreichend Lehrkräfte für den islamischen Religionsunterricht zu finden seien.[18]

In Baden-Württemberg wurde neben Fereshta Ludin 2004 einer weiteren Lehrerin untersagt, das Kopftuch zu tragen. Diese Lehrerin hatte zuvor lange mit Kopftuch unterrichtet, ohne dass dadurch Probleme entstanden waren. Erst durch das Verfahren gegen Fereshta Ludin wurden die Behörden auf ihr Kopftuch aufmerksam. Das Verwaltungsgericht Stuttgart gestattete ihr zunächst, mit Kopftuch zu unterrichten, weil zeitgleich in Baden-Württemberg Nonnen im Habit unterrichteten.[19] Das Bundesverwaltungsgericht hielt jedoch – ebenso wie zuvor der Verwaltungsgerichtshof[20] – das Kopftuch-Verbot für rechtmäßig.[21] Die drei Ordensschwestern im Habit seien nur ein historisch bedingter atypischer Sonderfall. Gegen diesen Beschluss hat die Lehrerin 2009 zwar Verfassungsbeschwerde erhoben, diese aber wohl wegen ihrer zwischenzeitlichen Pensionierung wieder zurückgezogen.

Bremen ließ 2005 eine Frau nicht zum Lehramtsreferendariat zu, weil sie ihr Kopftuch nicht ablegen wollte. Das BVerwG hob diese Entscheidung jedoch auf. Wegen des staatlichen Monopols bei der Lehrerausbildung seien an die Referendarin geringere Anforderungen zu stellen als an eine dauerhaft tätige Lehrkraft. Hier reiche eine abstrakte Gefährdung des Schulfriedens durch das Kopftuch nicht aus, vielmehr müsse die Schulbehörde nachweisen, dass von der Frau eine konkrete Gefahr ausgehe.[22]

---

17 Baden-Württemberg, Bayern, Hessen, Nordrhein-Westfalen und Saarland.

18 In Niedersachsen verweigerte das Schulamt einer Lehrerin 1999 die Einstellung wegen ihres Kopftuches, s. Verwaltungsgericht (VG) Lüneburg 2000 und Oberverwaltungsgericht (OVG) Lüneburg 2002.

19 VG Stuttgart, Urteil vom 07.07.2006 – Az. 18 K 3562/05.

20 Verwaltungsgerichtshof Mannheim, Urteil vom 18.03.2008, Az. 4 S 516/07.

21 Bundesverwaltungsgericht, Beschluss vom 16.12.2008, 2 B 46/08.

22 BVerwG, Urteil vom 26.06.2008, Az. 2 C 22/07.

Besonders kurios sind die Kopftuchfälle in Nordrhein-Westfalen.[23] Dort wurde einer Lehrerin auch verboten, eine Haare und Ohren bedeckende Mütze zu tragen. Die Sozialpädagogin hatte zunächst ein Kopftuch getragen und dieses, nachdem sie die Weisung erhalten hatte, es abzulegen, gegen eine Baskenmütze eingetauscht. Das Arbeitsgericht schlug ihr vor, statt einer Baskenmütze eine Echthaarperücke zu tragen.[24] Dieses Vergleichsangebot lehnte die Sozialpädagogin jedoch ab. Im August 2009 bestätigte das Bundesarbeitsgericht (BAG) das Verbot, die Mütze zu tragen.[25] Ebenso hielt das BAG im Dezember 2009 das an eine Lehrerin für muttersprachlichen Ergänzungsunterricht in Türkisch gerichtete Verbot, ein Kopftuch im Dienst zu tragen, aufrecht.[26] Gegen diese beiden Urteile liegen Verfassungsbeschwerden beim Bundesverfassungsgericht vor.[27] Bemerkenswert sind die Kopftuch-Verbote in Nordrhein-Westfalen auch insofern, als zeitgleich eine Nonne im Habit – wenngleich an einer Blindenschule – unterrichtet hat.[28]

Von den acht Ländern, die keine explizite Kopftuchregelung erlassen haben, ist aus Hamburg bekannt, dass Lehrerinnen dort eher kein Kopftuch tragen dürfen.[29] In Rheinland-Pfalz unterrichten 2011 dagegen drei Lehrerinnen mit Kopftuch.[30] Aus den übrigen Bundesländern ist weder bekannt, ob dort eine Lehrerin mit Kopftuch unterrichtet, noch, ob einer Lehrerin untersagt wurde, das Kopftuch zu tragen.

Erziehern und Erzieherinnen ist in Baden-Württemberg[31] ausdrücklich das Tragen religiöser Kleidung und Symbole verboten. Das Bundesarbeitsgericht hat 2009 die Rechtmäßigkeit der Abmahnung einer Erzieherin in Baden-Württemberg wegen des Kopftuches bestätigt.[32] In Berlin müssen laut gesetzlicher Regelung

23 Siehe u. a. Landesarbeitsgericht (LArbG) Hamm, Urteil vom 16.10.2008 – Az. 11Sa 572/08, Arbeitsgericht (ArbG) Herne, Urteil vom 07.03.2007 – Az. 4 Ca 3415/06; LArbG Düsseldorf, Urteil vom 10.04.2008 – Az. 5 Sa 1836/07; ArbG Düsseldorf, Urteil vom 29.06.2007 – Az. 12 Ca 175/07, Verwaltungsgericht (VG) Gelsenkirchen (2008), Urteil vom 27.02.2008 – Az. 1 K 1466/07, VG Aachen, Urteil vom 07.11.2007 – Az. 1 K 323/07, VG Düsseldorf, Urteil vom 14.08.2007 – Az. 2 K 1752/07, VG Düsseldorf, Urteil vom 05.06.2007 – Az. 2 K 6225/06.

24 ArbG Düsseldorf, Urteil vom 29.06.2007 – Az. 12 Ca 175/07.

25 BAG, Urteil vom 20.08.2009–2 AZR 499/08.

26 BAG, Urteil vom 10.12.2009–2 AZR 55/09.

27 Az. 1 BvR 471 /10 gegen Urteil des BAG vom 20.08.2009 und Az. 1 BvR 1181/10 gegen das Urteil des BAG vom 10.12.2009.

28 VG Düsseldorf, Urteil vom 05.06.2007 – Az. 2 K 6225/07.

29 Vgl. Hahn, *Taz*, 27.08.2013, http://taz.de/Ein-stueck-Stoff/!122657/, zuletzt aufgerufen am 09.07.2014.

30 Das wurde der Verfasserin von der Initiative für Selbstbestimmung in Glauben und Gesellschaft, online unter http://www.isgg.de/ mitgeteilt.

31 § 7 Abs. 6 Kindergartengesetz Baden-Württemberg (Gesetz zur Änderung des Kindergartengesetzes vom 14. Februar 2006, GBl. S. 30, Nr. 2).

32 BAG, Urteil vom 19.06.2009, AZ 7 Sa 84/08.

Erzieherinnen ihr Kopftuch dann ablegen, wenn Eltern sich auf die negative Religionsfreiheit berufen und sich im Gespräch keine Lösung herstellen lässt.[33]

Richter und Richterinnen dürfen in keinem Bundesland religiöse Symbole oder Kleidung tragen. Zwar haben dies nur Hessen und Berlin ausdrücklich verboten, in den übrigen Bundesländern werden die entsprechenden Verbote jedoch auf das Deutsche Richtergesetz in Verbindung mit dem Landesbeamtengesetz gestützt. Unterschiedlich ist die Praxis für Rechtsreferendarinnen; insbesondere geht es darum, ob sie den staatsanwaltlichen Sitzungsdienst mit Kopftuch machen und während ihrer Gerichtsstation mit Kopftuch auf der Richterbank sitzen dürfen.[34]

Polizisten und Polizistinnen ist in keinem Bundesland das Tragen religiöser Kleidung und Symbole ausdrücklich verboten. In allen Ländern ist ihnen aber – in der Regel durch Erlass des Innenministeriums – das Tragen einer Uniform als Dienstkleidung vorgeschrieben. Diese Dienstkleidungsanordnungen werden in der Literatur überwiegend so verstanden, dass sie den Dienstherrn ermächtigen, über die vorgeschriebene Uniform hinaus Art und Weise des Aussehens zu bestimmen. Einzelne Konfliktfälle wegen religiöser Kleidung oder Symbole im Polizeidienst sind der Verfasserin nicht bekannt, zu entscheiden hatten die Gerichte aber über sogenannte Lagerfeld-Zöpfe und Ohrringe von Polizisten.

Für den *allgemeinen Verwaltungsdienst* liegen in den Bundesländern weder ausdrückliche Verbote des Tragens religiöser Kleidung und Symbole vor, noch werden solche Verbote einheitlich gefordert. Die nordrhein-westfälische Gemeinde Mettmann stellte 2013 eine Muslimin mit Kopftuch in den allgemeinen Beamtendienst ein, nachdem das VG Düsseldorf zuvor geurteilt hatte, dass eine Nichtweiterbeschäftigung der Anwärterin wegen ihres Kopftuches nicht zulässig sei.[35] In Frankfurt kehrte 2011 eine Muslimin mit Burka aus der Elternzeit an ihren Arbeitsplatz im Bürgeramt zurück. Nach der Aufforderung, diese abzunehmen, kündigte sie aber ihr Arbeitsverhältnis.[36]

---

33 Art. 29 § 1 und § 2 Verfassung von Berlin (Gesetz zur Schaffung eines Gesetzes zu Artikel 29 der Verfassung von Berlin und zur Änderung des Kindertagesbetreuungsgesetzes vom 27. Januar 2005, Gesetz- und Verordnungsblatt für Berlin, 92, Nr. 4). Laut Zeitungsnachricht wird diese Widerspruchslösung zumindest für Kita-Erzieherinnen auch in der Praxis so gehandhabt, www.berliner-zeitung.de/berlin/interview--die-berliner-koennten-sich-die-haeusle bauer-mentalitaet-abgucken-,10809148,11745278.html, zuletzt aufgerufen am 11.07.2014.

34 Grunert, LTO 24.02.2014, http://www.lto.de/recht/studium-referendariat/s/referendariat-kopftuch-verbot-neutralitaetsgesetz/; s. KG Berlin, Urteil vom 09.10.2012, (3) 121 Ss 166/12 (120/12) zur Zulässigkeit einer Schöffin mit Kopftuch; BVerfG, Beschluss vom 27.06.2006, 2 BvR 677/05.

35 VG Düsseldorf, Urteil vom 08.11.2013, Az. 26 K 5907/12; http://www.rp-online.de/nrw/kreis-mettmann-stellt-kopftuch-traegerin-wieder-ein-aid-1.3892932.

36 Beck-online vom 04.02.2011, https://beck-online.beck.de/Default.aspx?vpath=bibdata/reddok/beck link/1009805.htm&pos=2&hlwords=Burka%C3%90+burka+#xhlhit, zuletzt aufgerufen am 09.07.2014.

2.2 Gesetze, Praxis, Urteile in privaten Arbeitsverhältnissen

Die gesetzlich geregelten Kopftuchverbote gelten für den öffentlichen Dienst, nicht aber für private Beschäftigungsverhältnisse. Dennoch stoßen Frauen auch in privaten Anstellungsverhältnissen wegen ihres Kopftuches auf Ablehnung. So kündigte zum Beispiel 2009 in Dortmund ein Arzt einer Arzthelferin, als sie begann, ein Kopftuch zu tragen.[37] In Neuss kündigte im Februar 2011 eine Reinigungsfirma einer Putzfrau wegen ihres Kopftuchs.[38] 2012 entschied das Arbeitsgericht Berlin, dass eine Zahnarztpraxis eine Gehilfin wegen ihres Kopftuches ablehnen dürfe.[39] Das Bundesarbeitsgericht urteilte 2014, dass ein konfessionelles Krankenhaus einer Krankenschwester untersagen könne, während der Arbeitszeit ein Kopftuch zu tragen.[40]

Die bislang maßgebliche Entscheidung für das Tragen von Kopftüchern in privaten Dienstverhältnissen stammt vom Bundesarbeitsgericht aus dem Jahr 2002. Damals entschied das BAG, dass das Tragen eines Kopftuches keinen Kündigungsgrund für eine Verkäuferin darstelle.[41]

Einfachgesetzlich wird das Tragen von Kopftüchern und Gesichtsschleiern – wie überhaupt alle Bestimmungen hinsichtlich des Äußeren von Arbeitnehmenden – in privaten Arbeitsverhältnissen maßgeblich über das zulässige Weisungsrecht des Arbeitgebers nach § 106 Gewerbeordnung (GewO) geregelt. Wird ein bestimmtes Aussehen arbeitsvertraglich vereinbart, so unterliegt eine solche Vertragsbedingung der inhaltlichen Kontrolle des § 307 Abs. 1 Bürgerliches Gesetzbuch (BGB). Sofern der Arbeitgeber eine Kleiderordnung festlegt, stellt sich zudem die Frage, inwieweit dem Betriebsrat nach § 87 Abs. 1 Nr. 1 Betriebsverfassungsgesetz (BetrVG) ein Mitbestimmungsrecht zusteht.

Am Rande sei erwähnt, dass Frauen wegen ihres Kopftuches manchmal auch Schwierigkeiten haben, Dienstleistungen in Anspruch zu nehmen. In Hessen weigerte sich 2010 ein Arzt, Frauen und Mädchen mit Kopftuch zu behandeln.[42]

---

37 Vgl. *BILD*, 15.12.2009, http://www.bild.de/BILD/news/2009/12/15/kopftuch-streit/arzthelferin-darf-so-nicht-arbeiten-amtsgericht-klage.html. Die Parteien haben sich nach Aussage des Anwalts der Arzthelferin außergerichtlich verglichen.

38 *SpiegelOnline*, 16.02.2011, http://www.spiegel.de/wirtschaft/wegen-ihres-kopftuchs-putzfrau-verliert-job-in-katholischem-pflegeheim-a-745995.html; siehe hierzu auch http://www.ngz-online.de/neuss/nachrichten/wurde-neusserin-wegen-ihres-kopftuchs-gekuendigt-1.334244?ot=de.circit.rpo.PopupPageLayout.ot.

39 ArbG Berlin, Urteil vom 28.03.2012, 55 Ca 2426/12.

40 BAG, Urteil vom 24.09.2014, Az. 5 AZR 611/12; ebenso in der Vorinstanz LArbG Hamm, Urteil vom 17.02.2012, Az 18 Sa 867/11; dagegen ArbG Bochum, Urteil vom 31.03.2011, 3 Ca 2843/10.

41 BAG, Urteil vom 10.10.2002, 2 AZR, 472/01.

42 *TAZ* vom 08.08.2010. Die Kassenärztliche Vereinigung erteilte ihm deshalb einen Verweis, taz vom 26.11.2010.

Mehrmals sind Frauen zudem wegen ihres Kopftuches als Kundinnen von Fitnessstudios abgelehnt worden.[43]

3. Verfassungsrechtliche Vorgaben

Das Grundgesetz regelt private und öffentliche Arbeitsverhältnisse unterschiedlich, das gilt sowohl für die Rechte der Arbeitnehmer und Arbeitnehmerinnen als auch für ihre Pflichten. Für Beamte und Beamtinnen gelten Grundrechte unmittelbar, weil Grundrechte primär Abwehrrechte des Einzelnen gegen den Staat sind. Für Angestellte im öffentlichen Dienst, deren Arbeitsverhältnis durch privates Arbeitsrecht geregelt wird, gelten die Grundrechte dagegen nur mittelbar durch ihre Drittwirkung. Sie sind bei der Ausübung des Direktionsrechts des Arbeitgebers „nach billigem Ermessen" (§ 106 GewO) und bei der Überprüfung einer Arbeitsvertragspflicht auf eine mögliche unangemessene Benachteiligung des Arbeitnehmers „entgegen den Geboten von Treu und Glauben" (§ 307 Abs. 1 BGB) zu berücksichtigen. Dasselbe gilt für Angestellte in privaten Arbeitsverhältnissen. Für die rechtliche Regelung des Tragens von Kopftuch oder Gesichtsschleier bei der Arbeitsausübung hat diese unterschiedliche Geltung von Grundrechten im Ergebnis jedoch keine Auswirkung.

Beamte und Beamtinnen sowie Angestellte in öffentlichen Dienstverhältnissen sind gehalten, alle den Staat treffenden Pflichten, wie zum Beispiel das Gleichbehandlungsgebot oder seine Pflicht zu weltanschaulich-religiöser Neutralität, zu beachten. Der Staat als Arbeitgeber kann sich dagegen seinerseits nicht gegenüber seinen Beschäftigten auf Grundrechte berufen.

Dem gegenüber können sich private Arbeitgebende gegenüber ihren Beschäftigten auch auf ihre unternehmerische Betätigungsfreiheit aus Art. 12 Abs. 1 Grundgesetz (GG) und ihre Privatautonomie aus Art. 2 Abs. 1 GG berufen. Zudem trifft sie keine Pflicht zu weltanschaulich-religiöser Neutralität, sondern ‚nur' die Pflicht aus § 7 in Verbindung mit § 1 Allgemeines Gleichbehandlungsgesetz (AGG), Bewerber und Bewerberinnen sowie Beschäftigte nicht aufgrund von Religion oder Weltanschauung zu diskriminieren.

Private religiöse Arbeitgeber, wie beispielsweise die von Kirchen getragenen Sozialeinrichtungen, können sich mit dem Selbstbestimmungsrecht auf ein weiteres grundrechtsähnliches Recht berufen. Nach Art. 140 GG in Verbindung mit Art. 137 Abs. 3 WRV ordnet und verwaltet „jede Religionsgemeinschaft ihre Angelegenheiten selbstständig innerhalb der Schranken des für alle geltenden Gesetzes." Diese Vorschrift wird von der Rechtsprechung bislang so ausgelegt, dass den Religionsgemeinschaften ein Sonderarbeitsrecht zusteht.

43 S. LAG Bremen, Urteil vom 21.06.2013; Az. 4 S 89/12.

3.1 Öffentlicher Dienst

3.1.1 Kopftuch im öffentlichen Dienst

Artikel 4 Absatz 1 GG garantiert: „Die Freiheit des Glaubens, des Gewissens und die Freiheit des religiösen und weltanschaulichen Bekenntnisses sind unverletzlich.“ Zusätzlich heißt es in Absatz 2 von Artikel 4: „Die ungestörte Religionsausübung wird gewährleistet.“ Das Tragen von Kopftuch und Gesichtsschleier ist von dieser Religionsfreiheit geschützt. Zwar weisen einige Autoren und Autorinnen darauf hin, dass der Koran Frauen nicht vorschreibt, ihr Haupt zu verhüllen. Aber darauf kann es nicht ankommen. Entscheidend ist vielmehr, dass die Trägerinnen selbst ihr Kopftuch bzw. ihren Gesichtsschleier als glaubensgeleitet verstehen und dies plausibel ist. Denn der religiös neutrale Staat ist nicht befugt, eine bestimmte Interpretation des Korans für verbindlich zu erklären. Die Glaubensmotivation für das Tragen des Tuches ist plausibel, weil zumindest einige Muslime und Musliminnen, Theologen und Theologinnen sowie Islamwissenschaftler und -wissenschaftlerinnen aus dem Koran eine entsprechende Pflicht lesen.[44]

Die Religionsfreiheit wird aber nicht unbegrenzt gewährt, sie kann vielmehr eingeschränkt werden, wenn durch die Religionsausübung Grundrechte anderer und sonstige Güter von Verfassungsrang verletzt werden. Das Grundgesetz schließt also nicht aus, Musliminnen das Tragen von Kopftuch und Gesichtsschleier in bestimmten Situationen zu verbieten. Es schließt aber – wie im Folgenden gezeigt werden soll – aus, das Tragen dieser Kleidungsstücke grundsätzlich im öffentlichen Dienst zu verbieten. In der weiteren Argumentation ist zwischen dem Tragen des Kopftuches einerseits und dem Tragen des Gesichtsschleiers andererseits zu unterscheiden.

Zuerst wird auf das Kopftuch-Tragen von Lehrerinnen im öffentlichen Dienst eingegangen: Muslimische Lehrerinnen genießen auch im Unterricht für das Tragen eines Kopftuches die Religionsfreiheit. Wird Musliminnen, wie gegenwärtig in acht Bundesländern, das Tragen des Tuches verboten, so können zumindest einige Kopftuch-Trägerinnen den Lehramtsberuf nicht ergreifen. Für einige kommt es schließlich nicht in Frage, das Kopftuch abzunehmen, weil dies ein wesentlicher Teil ihrer Identität ist. Für diese Kopftuch tragenden Musliminnen bleibt im Fall eines Verbotes deshalb nur die Möglichkeit, auf die Stelle als Lehrerin

44 Zum Beispiel hielten 97 Prozent der Kopftuchtuchträgerinnen, die im Rahmen einer 2006 im Auftrag der Konrad-Adenauer-Stiftung durchgeführten Studie befragt wurden, es für eine religiöse Pflicht, dass Musliminnen ein Kopftuch tragen; vgl. Frank Jessen und Ulrich von Wilamowitz-Moellendorff, „Das Kopftuch – Entschleierung eines Symbols?“, in: Konrad-Adenauer-Stiftung e. V. (Hg.), *Zukunftsforum Politik*, 2006 (Broschürenreihe 77), 23.

im öffentlichen Dienst zu verzichten.[45] Aber auch auf dem privaten Arbeitsmarkt stoßen Musliminnen mit Kopftuch auf Ablehnung. Das Verbot, ein Kopftuch im Lehramtsdienst zu tragen, schränkt deshalb die Religionsfreiheit einiger Kopftuch-Trägerinnen erheblich ein. Diese Beschränkung kann nicht durch die negative Religionsfreiheit der Schüler und Schülerinnen, die in der Schule mit dem Kopftuch konfrontiert sind, gerechtfertigt werden; denn negative Religionsfreiheit schützt nicht vor der Konfrontation mit religiösen Symbolen. Dem steht der Kruzifix-Beschluss des Bundesverfassungsgerichts nicht entgegen.[46] Zwischen religiösen Symbolen, die der Staat verwendet, und solchen, die eine private Person wie die Lehrerin verwendet, besteht ein maßgeblicher Unterschied.

3.1.2 Entscheidung des Bundesverfassungsgerichts im Fall Fereshta Ludin

Ähnlich hat das Bundesverfassungsgericht 2003 im Fall Ludin argumentiert.[47] Das Kopftuchtragen im Lehramtsdienst dürfe deshalb ohne entsprechende gesetzliche Grundlage nicht verboten werden. Auch eine den Staat treffende Neutralitätspflicht hielt das BVerfG Kopftuch tragenden Lehrerinnen nicht grundsätzlich entgegen. Nach dem Verständnis des Verhältnisses von Staat und Religion, wie es in der Rechtsprechung des BVerfG seinen Niederschlag gefunden habe, sei die dem Staat gebotene religiös-weltanschauliche Neutralität nicht als eine distanzierende Haltung im Sinne einer strikten Trennung von Staat und Kirche zu begreifen, sondern als eine offene und übergreifende, die Glaubensfreiheit für alle Bekenntnisse gleichermaßen fördernde Haltung zu verstehen. Der Staat dürfe lediglich keine gezielte Beeinflussung im Dienste einer bestimmten politischen, ideologischen oder weltanschaulichen Richtung betreiben oder sich durch von ihm ausgehende oder ihm zuzurechnende Maßnahmen ausdrücklich oder konkludent mit einem bestimmten Glauben oder einer bestimmten Weltanschauung identifizieren und dadurch den religiösen Frieden in der Gesellschaft von sich aus gefährden.[48] Allerdings gestattete das BVerfG den Ländern, das Verhältnis von Staat und Religion in der Schule eigenständig gesetzlich auszugestalten. Das Gericht argumentierte, dass „sich deshalb Gründe dafür anführen [ließen], die zunehmende religiöse Vielfalt in der Schule aufzunehmen und als Mittel für die Einübung von gegenseitiger Toleranz zu nutzen, um so einen Beitrag in dem Bemühen um Integration zu leisten.

45 Gegenwärtig sind etwa 30 bis 50 ausgebildete Lehrerinnen und Lehramtsanwärterinnen bundesweit von den Kopftuch-Verboten betroffen, so die Aussage der Initiative für Selbstbestimmung in Glauben und Gesellschaft.

46 BVerfG, Beschluss vom 16.05.1995–1 BvR 1087/91.

47 BVerfG, Urteil vom 24.09.2003–2 BvR 1436/02.

48 BVerfG, Urteil vom 24.09.2003, zitiert in der *Neuen Juristischen Wochenschrift* 2003, 3111 (3113).

Andererseits ist die beschriebene Entwicklung auch mit einem größeren Potenzial möglicher Konflikte in der Schule verbunden. Es mag deshalb auch gute Gründe dafür geben, der staatlichen Neutralitätspflicht im schulischen Bereich eine striktere und mehr als bisher distanzierende Bedeutung beizumessen und demgemäß auch durch das äußere Erscheinungsbild einer Lehrkraft vermittelte religiöse Bezüge von den Schülern grundsätzlich fern zu halten, um Konflikte mit Schülern, Eltern oder anderen Lehrkräften von vornherein zu vermeiden."[49]

Dieser Ansicht des Bundesverfassungsgerichts wird in diesem Beitrag widersprochen: Einer Lehrerin mit Kopftuch kann nicht, auch nicht durch ein Landesgesetz, entgegengehalten werden, dass der Staat zu religiös-weltanschaulicher Neutralität verpflichtet ist. Zwar trifft den Staat eine solche Pflicht;[50] das gebietet vor allem das Gleichbehandlungsgebot des Grundgesetzes, Art. 3 GG. Diese Pflicht, sich in religiös-weltanschaulichen Dingen neutral zu verhalten, verlangt vom Staat aber nicht, religiöse Sichtbarkeit aus seinem Bereich gänzlich zu verdrängen. Vielmehr steht der Staat den Religionen in offener, freundlicher Neutralität gegenüber. Eine Neutralitätspflicht in Form einer strikten Trennung von Staat und Religion lässt sich daher aus dem Grundgesetz nicht herleiten. Ein solche strikte Neutralität würde ja konsequenterweise nicht nur Religionsunterricht an staatlichen Schulen verbieten, sondern auch Schülerinnen und Schülern wie Lehrerinnen und Lehrern untersagen, in einer staatlichen Schule durch Kopftuch oder Kreuz Religion sichtbar zu machen. Dem steht aber entgegen, dass Religionsfreiheit – wie alle Grundrechte – der oder dem Einzelnen das Recht gewährt, in den verschiedenen Lebensbereichen zu tun und zu lassen, was er oder sie will. Zudem haben Grundrechte im demokratischen Prozess die Funktion, der Herrschaft der Mehrheit Schranken zu setzen und auf diese Weise den Schutz von Minderheiten zu gewährleisten. Religionsfreiheit verlangt also grundsätzlich, dass Bürger auch im staatlichen Raum wie dem öffentlichen Dienst religiös aktiv sein dürfen. Das gilt gerade auch für Musliminnen als numerische Minderheit.

Eine Neuinterpretation und Anwendung der Neutralitätspflicht hin zu einem Herausdrängen religiöser Bekenntnisse aus staatlichen Institutionen wird auch nicht durch muslimischen Fundamentalismus und sonstige vom Islam vermeintlich oder möglicherweise ausgehende Gefahren geboten. Grundsätzlich ist zwar denkbar, dass sich die gesellschaftliche Situation so verändert, dass religiöse Aktivitäten der Bürger im staatlichen Raum pauschal eingeschränkt werden können. Sollte zum Beispiel an staatlichen Schulen ein geordneter Betrieb wegen religiöser Konflikte kaum noch möglich sein, weil beispielsweise muslimische Schüler Schülerinnen ohne Kopftuch beleidigen, auf dem Schulhof christliche, jüdische und muslimi-

49 BVerfG, Urteil vom 24.09.2003–2 BvR 1436/02, Rn. 65.

50 Siehe u. a. BVerfG, Beschluss vom 26.06.2002 – Az. 1 BvR 670/91 = Entscheidungen des BVerfG (E) 105, 279; Urteil vom 19.12.2000 – Az. 2 BvR 1500/97 = E 102, 370; Beschluss vom 16.05.1995–1 BvR 1087/91 = 93,1; Urteil vom 14.12.1965–1 BvR 413, 416/60 = E 19, 206.

sche Schüler und Schülerinnen über die richtige Religion streiten und Sport- und Schwimmunterricht wegen der zahlreichen Befreiungsanträge muslimischer Mädchen ausfallen muss, dann wäre es sicherlich gerechtfertigt, religiöse Aktivitäten an staatlichen Schulen ganz zu verbieten. Das würde Kopftücher von Lehrerinnen und Schülerinnen gleichermaßen betreffen. Gegenwärtig ist eine solche Situation in Deutschland aber nicht erkennbar.

Jedenfalls müsste sich ein Verbot religiösen Verhaltens in staatlichen Institutionen gegen alle Religionen gleichermaßen richten. Eine Ausnahme zugunsten des Christentums erlaubt das Grundgesetz nicht. Dem steht das Gleichbehandlungsgebot des Grundgesetzes entgegen. Dieses gebietet dem Staat, alle Religionen gleich zu behandeln. Insoweit spielt es keine Rolle, ob und inwieweit die bundesdeutsche Gesellschaft christlich geprägt ist.

Ein einseitiges Zurückdrängen muslimischer Glaubensaktivitäten aus öffentlichen Institutionen kann auch nicht deshalb gerechtfertigt werden, weil nach Behauptung sogenannter Islamkritiker und -kritikerinnen dem Islam ein besonderes Konfliktpotenzial innewohnt; denn dieses Konfliktpotenzial müsste nachgewiesen werden. Es ist aber bereits wenig plausibel, dass *der* Islam als Glaubenssystem dem Grundgesetz entgegensteht, schließlich gibt es unterschiedliche muslimische Glaubensrichtungen und einen innerislamischen Dialog gerade zu den problematischen Glaubensvorstellungen, wie etwa der Forderung nach einer Gottesherrschaft oder der Gewalt gegen Abtrünnige. Jedenfalls müsste zudem eine Mehrzahl der Muslime Glaubensvorstellungen haben, die mit dem Grundgesetz nicht zu vereinbaren sind. Das lässt sich gegenwärtig empirisch nicht belegen. Musliminnen und Muslime sind jedenfalls nicht überwiegend fundamentalistisch eingestellt. So stellte der Verfassungsschutzbericht 2009 36.270 Personen mit Islamismuspotenzial in Deutschland fest.[51] Das heißt bei ca. 3,8 bis 4,3 Millionen in Deutschland lebenden Musliminnen und Muslimen,[52] dass 2009 weniger als 1 Prozent dieser Muslime Mitglieder oder Anhänger einer islamistischen Gruppe waren. Nach dem von der Bertelsmann Stiftung 2008 erstellten Religionsmonitor erklärten 86 Prozent der 2007 befragten Muslime und Musliminnen, man solle offen gegenüber allen Religionen sein.[53] Auch die gegenwärtig mit radikalen Forderungen und Gewaltbereitschaft auf sich aufmerksam machenden Salafisten sind nur eine kleine Gruppe.

---

51 Bundesministerium des Innern (Hg.), *Verfassungsschutzbericht*, 2009, 216.

52 Bundesministerium des Innern (Hg.), Zusammenfassung „Muslimisches Leben in Deutschland“, online unter http://www.deutscheislam-konferenz.de/cln_117/SharedDocs/Anlagen/DE/DIK/Downloads/WissenschaftPublikationen/MLD-Zentrale-Ergebnisse,-templated=raw,property=publication.File.pdf//MLD-Zentrale-Ergebnisse.pdf. Dokument mittlerweile online nicht mehr verfügbar.

53 Vgl. Jörn Thielmann, „Vielfältige muslimische Religiosität in Deutschland“, in: Bertelsmann Stiftung (Hg.), *Religionsmonitor 2008 – Muslimische Religiosität in Deutschland*, 13–21.

Negative Religionsfreiheit und Neutralitätsgebot können also kein Kopftuchverbot im öffentlichen Dienst stützen. Verlangt aber die Geschlechtergleichberechtigung, das Kopftuch zumindest im öffentlichen Dienst zu verbieten? Die Antwort auf diese Frage fällt mir am schwersten.

Geschlechtergleichberechtigung ist in Artikel 3 des Grundgesetzes sowohl als Gleichheitsrecht der Einzelnen als auch als Auftrag an den Staat verankert, die tatsächliche Durchsetzung der Gleichberechtigung von Frauen und Männern zu fördern und auf die Beseitigung bestehender Nachteile vor allem für Frauen hinzuwirken. Gleichberechtigung im Sinne des Grundgesetzes heißt faktische Gleichstellung zwischen Männern und Frauen; tradierte Geschlechterrollen, die zu Nachteilen für Frauen führen, darf der Staat nicht festschreiben.[54] Diese Gleichberechtigung von Männern und Frauen ist Erziehungsziel in der Schule. Den Lehrern und Lehrerinnen kommt die Aufgabe zu, dieses Erziehungsziel im Unterricht zu vermitteln. Sie dürfen den Schülerinnen und Schülern deshalb keine Festlegung auf tradierte Geschlechterrollen nahelegen.

Wenn das Kopftuch muslimischen Frauen in Deutschland von den Männern überwiegend aufgezwungen würde (wie etwa in Iran oder in Saudi-Arabien), dann dürfte der Staat keine Lehrerin beschäftigen, die ein Kopftuch trägt. Denn ein solcher männlicher Zwang gegenüber Frauen widerspricht gänzlich der Gleichberechtigung im Sinne des Grundgesetzes. In diesem Fall würde die Lehrerin durch das Kopftuch die Schülerinnen und Schüler sehr deutlich auf dieses Unterwerfungsverhältnis hinweisen, unabhängig davon, ob sie selbst freiwillig das Tuch trägt.

Ein solcher Unterwerfungsgehalt kann dem Kopftuch aber in Deutschland gegenwärtig nicht zugeschrieben werden. Dafür sprechen viele Tatsachen: So haben Sozial- und Religionswissenschaftler und -wissenschaftlerinnen in qualitativen Studien einen neuen Typus junger deutschsprachiger Musliminnen mit Kopftuch beobachtet, die Neo-Musliminnen, die nicht ‚kulturelle Abgrenzung' im Sinne von religiöser Traditionalität und weiblicher Unterordnung verkörpern, sondern mit Kopftuch berufstätig sein und am gesellschaftlichen Geschehen teilhaben wollen.[55] Die Ergebnisse dieser qualitativen Studien werden bestätigt von einer 2006 veröffentlichten Studie der Konrad-Adenauer-Stiftung. Im Rahmen dieser Studie wurden 315 türkischstämmige Frauen mit Kopftuch im Alter von 18 bis 40 Jahren in Deutschland zu den Motiven zum Tragen des Kopftuches und nach ihren Einstellungen zu Familie, Islam und gewünschter Staatsform befragt. Die

---

54 BVerfG, Urteil vom 25.10.2005 – Az. 2 BvR 524/01 = E 114, 357; Urteil vom 28.01.1992 – Az. 1 BvR 1025/82; 1 BvL 16/83 und 10/91 = E 85, 191.

55 Vgl. Schirin Amir-Moazami, *Politisierte Religion. Der Kopftuchstreit in Deutschland und Frankreich*, 2007; Yasemin Karakasoğlu-Aydin, *Muslimische Religiosität und Erziehungsvorstellungen: eine empirische Untersuchung zu Orientierungen bei türkischen Lehramts- und Pädagogik-Studentinnen in Deutschland*, 2000; Gritt Klinkhammer, *Moderne islamische Lebensführung*, 2000; Sigrid Nökel, *Die Töchter der Gastarbeiter und der Islam. Zur Soziologie alltagsweltlicher Anerkennungspolitiken. Eine Fallstudie*, 2002.

Forscher schlussfolgerten, dass der Einfluss männlicher Familienmitglieder auf die Entscheidung, das Kopftuch zu tragen, eine untergeordnete Rolle spielt.[56] Ebenso ergab die im Rahmen des Religionsmonitors 2008 durchgeführte Befragung von Musliminnen, dass 38 Prozent der Frauen und nur 28 Prozent der Männer das Tragen eines Kopftuches für sehr wichtig halten.[57]

Die Untersuchungen zeichnen also das Bild von muslimischen Frauen, die sich durchaus selbstbestimmt dafür entscheiden, ein Kopftuch zu tragen. Diese Selbstbestimmtheit ist aber zu hinterfragen, und damit wird die Antwort auf die Frage, ob das Erziehungsziel der Geschlechtergleichberechtigung ein Kopftuchverbot rechtfertigen kann, schwierig. Autorinnen wie Brigitte Rauschenbach[58] und Safeta Obhodjas[59] gehen davon aus, dass es muslimischen Frauen kaum möglich sei, sich frei für oder gegen ein Kopftuch zu entscheiden, weil sie von klein auf zur Unterwerfung gegenüber dem Mann erzogen würden. Ebenso nimmt Necla Kelek für Deutschland an, dass junge Mädchen und Frauen das Kopftuch tragen, weil ihnen dies in Familie, Gemeinde und Koranschule so vorgelebt werde und sie so am ehesten den Erwartungen der ʾümma genügen könnten.[60]

Gegen die Annahme, dass muslimische Frauen in Deutschland nicht frei darüber entscheiden können, ob sie ein Kopftuch tragen oder nicht, sprechen zwar zunächst die Zahlen: 70 Prozent aller Musliminnen in Deutschland tragen nie ein Kopftuch – so das Ergebnis einer 2009 vom Bundesamt für Migration und Flüchtlinge durchgeführten Studie. Selbst jede zweite stark religiöse Frau trägt kein Kopftuch.[61] Dennoch hängt nach der hier vertretenen Meinung die freie Entscheidung für das Kleidungsstück vom männlichen Willen ab. Denn Kopftuchträgerinnen beziehen sich auf den Koran, der an vielen Stellen den Mann über die Frau stellt.[62] Die zum Teil aus dem Koran herausgelesene Kopftuchpflicht selbst ist – so die These dieses Beitrages – Folge der männlichen Vorrangstellung. Zum Beispiel schreibt die Soziologin Ursula Mihciyazgan, dass der Frau im muslimisch geprägten Kon-

56 Vgl. Jessen und von Wilamowitz-Moellendorff, 41.

57 Inna Wunn, „Religiosität muslimischer Frauen in Deutschland", in: Bertelsmann Stiftung (Hg.), *Religionsmonitor 2008 – Muslimische Religiosität in Deutschland*, 60–67.

58 Vgl. Brigitte Rauschenbach, „Das verborgene Antlitz der Anderen", in: Sabine Berghahn und Ulrike Schultz (Hg.), *Rechtshandbuch für Frauen- und Gleichstellungsbeauftragte*, 2010, 36. Lieferung, Kapitel 2.1.1, 10–17.

59 Vgl. Safeta Obhodjas, „Was für ein Erbe werden wir unseren Nachkommen hinterlassen?", in: Berghahn und Schultz, 36. Lieferung, Kapitel 2.1.1, 3–10.

60 Necla Kelek, „Leben in der Tradition – Der türkischmuslimische Common Sense als Abgrenzung", in: *Zeitschrift für Ausländerrecht und Ausländerpolitik*, 2006, 65.

61 So die Erkenntnisse der Deutschen Islamkonferenz von 2009. Vgl. Bundesministerium des Innern (Hg.), „Muslimisches Leben in Deutschland".

62 Vgl. Erdmute S. Heller und Masouna Mosbahi, *Hinter den Schleiern des Islam: Erotik und Sexualität in der arabischen Kultur*, 1997, 115; Titia Loenen, „Family Law Issues in a Multicultural Setting: Abolishing or Reaffirming Sex as a Legally Relevant Category? A Human Rights Aproach", in: *Netherlands Quarterly of Human Rights*, (20 (4), 2002), 423 ff.

zept der Geschlechtertrennung eine sexuelle Anziehungs- und Verführungskraft zugesprochen werde, die den Mann in seiner Vernunft beeinträchtige und damit letztlich auch die Ordnung der Gesellschaft gefährde. Deshalb müsse die Frau ihre sexuellen Reize verhüllen.[63] Sie geht von einer patriarchalen Überformung des Segregationsgedankens aus. Die Annahme, dass Frauen einen größeren Reiz als Männer ausübten und deshalb besonders sorgfältig zu verhüllen seien, lasse letztlich dem männlichen Begehren den Vortritt.[64] Die jungen Kopftuch tragenden Frauen gehen zum Teil selbst von einer solchen Hierarchie aus. So ist nach der Untersuchung von Pape das Geschlechterbild Kopftuch tragender Frauen teilweise geprägt von großem weiblichen Selbstbewusstsein, teilweise aber auch von einer männerzentrierten Geschlechterkonstruktion.[65] Die von Amir-Moazami in Berlin interviewten jungen muslimischen Frauen drückten zwar überwiegend ihren Wunsch aus, autonom zu sein, indem sie sich einem Beruf oder einer nicht nur auf die private Sphäre begrenzten Aktivität hingeben. In ihren eigenen Familien seien sie jedoch nicht immer frei, ihre Rollen und Positionen zu wählen.[66] Oestreich kommt zu dem Schluss, dass die Neo-Musliminnen die Tatsache, dass Allah den Männern laut Koran eine Vorrangstellung eingeräumt habe, respektierten.[67]

Tragen die Musliminnen das Kopftuch aber als Folge einer solchen Pflicht zur Verhüllung, ist es plausibel zu vermuten, dass sie diese nur an Frauen gerichtete Verhaltenspflicht, die den Mann schützen soll, akzeptieren.

Das Kopftuch einer muslimischen Lehrerin zeigt damit die Trennung der Geschlechter in der islamisch geprägten Gesellschaftsordnung an. Dieses Konzept der Geschlechtertrennung, das den Hintergrund für das Kopftuchtragen bildet, basiert – so eine weitere These dieses Beitrags – auf einer Hierarchie, in der Männer das dominierende Geschlecht sind. Eine solche klassische Einteilung in Geschlechterrollen widerspricht aber dem Verfassungsauftrag zur Geschlechtergleichberechtigung. Denn das Kopftuch markiert eine Rolle zum Nachteil von muslimischen Frauen: Diese können sich in den Augen gläubiger Muslime nur dann in der Öffentlichkeit zeigen, wenn sie ein Kopftuch tragen und damit die männlichen Erwartungen an die weibliche Rolle erfüllen.

---

63 Vgl. Ursula S. Mihciyazgan, „Die muslimische Frau und ihre Rolle in der Familie: Drei Thesen zum Selbstverständnis muslimischer Frauen“, in: *Informationsdienst zur Ausländerarbeit*, 2:1989, 48; ähnlich Fatima Mernissi, *Geschlecht, Ideologie, Islam*, München 1987, 30.

64 Vgl. Mihciyazgan, wiedergegeben in Heide Oestreich, *Der Kopftuchstreit. Das Abendland und ein Quadratmeter Islam*, Frankfurt 2004, 142.

65 Vgl. Elise Pape, *Das Kopftuch von Frauen der zweiten Einwanderergeneration – Ein Vergleich zwischen Frankreich und Deutschland*, Aachen 2005, 165.

66 Vgl. Schirin Amir-Moazami und Amando Salvatore, „Gender, Generation and the Reform of Tradition: From Muslim Majority Societies to Western Europe“, in: Jørgen S. Nielsen und Stefano Allievi (Hg.): *Muslim Networks and Transnational Communities in and Across Europe*, Leiden 2003, 32 ff.

67 Vgl. Oestreich, 147.

Das Kopftuch kann deshalb die Fähigkeit einer Lehrerin, den Schulkindern zu vermitteln, dass sie losgelöst von ihrem Geschlecht ihre Rolle im Leben finden können, einschränken. Einer solch kritischen Sicht auf das Kopftuch steht übrigens nicht entgegen, dass – wie Martha Nussbaum anführt[68] – unsere Gesellschaft auch mit anderen Zeichen männlicher Überlegenheit wie Pornographie und Schönheitschirurgie durchdrungen ist. Denn erstens werden auch diese Handlungen hinsichtlich ihres Frauen diskriminierenden Gehalts durchaus kritisch betrachtet und entsprechende Gesetzesinitiativen gefordert[69] und zweitens formuliert Verfassungsrecht Idealvorstellungen. Es gilt selbst dann, wenn es in der Praxis verletzt wird. Der Verfassungsauftrag zur Durchsetzung der Gleichberechtigung leitet sich schließlich gerade daraus ab, dass diese bisher nicht vollständig erreicht werden konnte.

Aber auch die Lehrerin kann sich auf den Verfassungsauftrag zur Durchsetzung der Gleichberechtigung aus Artikel 3 Absatz 2 und 3 GG berufen. Das macht die Antwort auf die Frage nach der Bedeutung dieses Verfassungsauftrages für die Zulässigkeit des Kopftuchtragens besonders schwierig. Lehrerinnen darf es gerade aus Gründen der verfassungsrechtlich garantierten Gleichberechtigung nicht grundsätzlich verboten werden, im Dienst ein Kopftuch zu tragen. Indem der Staat Musliminnen ermöglicht, mit ihrem Kopftuch in einem akademischen Beruf zu arbeiten, fördert er sie zugleich in ihrer Emanzipation und schafft so positive Vorbilder für Mädchen aus traditionell-muslimischen Familien. Die Schulleitung muss aber im Auge behalten, dass die Lehrerin mit dem Kopftuch die Vermittlung von Gleichberechtigung in der Schule zumindest gefährden und bei Schülerinnen, Schülern und Eltern durchaus den Anschein erwecken könnte, sie stehe für eine klare Schlechterstellung von Frauen. Der oder die Schulleitende sollte die Lehrerin mit Kopftuch deshalb dazu verpflichten, im Klassenraum und auf Elternabenden deutlich zu machen, dass das Kopftuch für sie mit weiblicher Emanzipation vereinbar ist und sie die Schüler und Schülerinnen nach bestem Gewissen auf einem selbstbestimmten Weg unterstützen wird. Verweigert die Lehrerin das deutliche Bekenntnis zur Gleichberechtigung im Sinne des Grundgesetzes, kann der oder die Schulleitende sie auffordern, das Kopftuch abzunehmen und gegebenenfalls disziplinarische Maßnahmen bis zur Entlassung ergreifen. Im Ergebnis darf Lehrerinnen also nach der hier vertretenen Auffassung das Kopftuchtragen im Schuldienst nicht grundsätzlich, sondern nur in Einzelfällen verboten werden.

Ähnliches muss – entgegen der gegenwärtigen Praxis – für Erzieherinnen, Richterinnen und Polizistinnen gelten. Die Situation von *Erzieherinnen* in staatlichen Kinderbetreuungseinrichtungen unterscheidet sich hinsichtlich der möglichen

68 Vgl. Martha Nussbaum, „Veiled Threats?“, in: *The New York Times* vom 11.07.2010, online unter http://opinionator.-blogs.nytimes.com/2010/07/11/veiled-threats/?pagemode=print; auf Deutsch: „Verschleierte Bedrohung?“, in: *Frankfurter Rundschau* vom 20.07.2010.

69 Siehe z. B. Susanne Baer und Vera Slupik, „Zivilrechtlicher Gesetzentwurf gegen Pornographie“, in: *Kritische Justiz*, 1986, 171–181.

Wirkung von religiöser Kleidung und Symbolen nicht wesentlich von der von Lehrerinnen. Bestenfalls wäre sogar anzunehmen, dass das Kopftuch einer Erzieherin noch weniger in die Rechte der Religionsfreiheit von Kindern – was überhaupt frühestens mit beginnender Grundrechtsmündigkeit der Kinder, also frühestens ab Grundschulalter, denkbar ist – und das religiöse Erziehungsrecht der Eltern eingreifen kann, weil der Kindergartenbesuch anders als der Schulbesuch freiwillig ist.

Richterinnen sind nach Art. 97 Abs. 1 GG zur Unparteilichkeit auch hinsichtlich der Religion der Verfahrensbeteiligten verpflichtet. Das Tragen eines Kopftuches könnte zwar den Anschein der Parteilichkeit erwecken. Das Unparteilichkeitsgebot erfordert aber nicht, dass Richterinnen bereits diesen Anschein vermeiden. Bei tatsächlicher Parteilichkeit kann eine Richterin auf Antrag der Parteien nach §§ 42 ZPO, 24 Strafprozessordnung (StPO) abgelehnt werden.

Polizistinnen sind zur Gleichbehandlung aller Bürger und Bürgerinnen verpflichtet, für sie gilt aber kein Gebot strikter Neutralität, das das Tragen jeglicher religiöser Kleidung untersagt. Anders als bei Lehrpersonal oder Erziehern und Erzieherinnen ist auch kaum denkbar, dass sie durch ihr religiöses Auftreten Bürger und Bürgerinnen, mit denen sie in ihrer Dienstausübung zu tun haben, religiös beeinflussen. Empfehlenswert ist aber, dass Polizistinnen das Kopftuch in der Farbe ihrer Uniform tragen, um nicht unnötig Aufmerksamkeit auf ihr Äußeres zu lenken.

3.1.3 Gesichtsschleier im öffentlichen Dienst

Anders als das Tragen eines Kopftuches ist jedoch das Tragen eines Gesichtsschleiers im öffentlichen Dienst zu beurteilen. Eine Lehrerin wird kaum den Unterrichtsstoff vermitteln können, wenn sie ihr Gesicht mit einem Schleier bedeckt, denn Erziehung ist ein personaler Prozess, der direkt zwischen Lehrkraft und Schüler bzw. Schülerin, von Angesicht zu Angesicht, erfolgt. Da eine Lehrerin primär zur Unterrichtung der Schüler und Schülerinnen verpflichtet ist, muss sie dem ihre Persönlichkeitsentwicklung unterordnen. Deshalb kann ein Gesichtsschleier nicht zulässig sein. Dasselbe gilt für Erzieherinnen, Richterinnen und Polizistinnen, weil sie zwingend von Angesicht zu Angesicht kommunizieren können müssen. Im allgemeinen Verwaltungsdienst ist nach Art der Tätigkeit zu unterscheiden. Beschäftigte mit Kontakt zu Bürgern und Bürgerinnen dürfen keinen Gesichtsschleier tragen, weil das die Erfüllung ihrer Arbeitsaufgaben sehr erschwert. Denkbar ist eine Angestellte mit Gesichtsschleier zum Beispiel im Archiv oder der Druckerei einer Verwaltung. Allerdings ist auch hier abzuwägen, inwieweit zur Erfüllung der Arbeitsaufgaben ein gutes Miteinander mit den Kollegen und Kolleginnen erforderlich und ob dieses trotz des Gesichtsschleiers möglich ist.

3.2 Private Arbeitsverhältnisse

Frauen in privaten Arbeitsverhältnissen können sich im Ergebnis im gleichen Maße auf die Religionsfreiheit aus Art. 4 GG berufen, wie Beamtinnen und Angestellte im öffentlichen Dienst. Inwieweit Arbeitgebende die Religionsfreiheit – und andere Grundrechte – von Arbeitnehmenden einschränken dürfen, wird maßgeblich durch das Bundesarbeitsgericht bestimmt.

Dieses hat bereits 1955 formuliert, dass „der Arbeitgeber nicht bloß auf Grund seiner Treuepflicht, sondern vor allem auf Grund der jedermann aus Art. 1 und 2 GG obliegenden Verpflichtung (…) alles unterlassen [müsse], was die Würde des Arbeitnehmers und die freie Entfaltung der Persönlichkeit beeinträchtigen kann."[70]

Ebenso hat es 1994 vorgegeben: „Die Gestaltung des privaten Lebensbereiches steht außerhalb der Einflußsphäre des Arbeitgebers und wird durch arbeitsvertragliche Pflichten nur insoweit eingeschränkt, als sich das private Verhalten auf den betrieblichen Bereich auswirkt und dort zu Störungen führt. […] Dies gilt umso mehr, als diese Umstände dem Intimbereich des Arbeitnehmers zuzuordnen sind. Der Arbeitgeber ist durch den Arbeitsvertrag nicht zum Sittenwächter über die in seinem Betrieb tätigen Arbeitnehmer berufen."[71]

Im Fall einer Verkäuferin mit Kopftuch in Erfurt hat das BAG 2002 entschieden, dass der Arbeitgeber dieser gestatten muss, das Kopftuch zu tragen.[72] Das Gericht kam zu dem Ergebnis, dass die Verkäuferin ihre vertraglich geschuldete Arbeitsleistung auch dann noch erfüllen könne, wenn sie bei ihrer Tätigkeit ein Kopftuch trage. Weder werde hierdurch ein von der Klägerin zu führendes Verkaufsgespräch unmöglich gemacht noch werde ein von ihr betreuter Verkaufsvorgang so behindert, dass nicht mehr von einer branchenüblichen Tätigkeit einer Verkäuferin oder einer den Arbeitgeber sogar schädigenden Tätigkeit gesprochen werden könne. Im Einzelfall könne aber das Kopftuch untersagt werden, wenn der Arbeitgeber nachweise, dass es dadurch zu einem Rückgang an Kunden und Kundinnen komme und demnach bedeutende wirtschaftliche Unternehmensinteressen dem Tragen des Kopftuches entgegenstehen.

Dagegen entschied das BAG im September 2014, dass eine Krankenschwester in einem evangelischen Krankenhaus in Bochum kein Kopftuch tragen dürfe.[73] In diesem Fall stellte das BAG maßgeblich auf den Verkündungsauftrag der evangelischen Kirche und deren Recht zur Selbstbestimmung ab.[74] Dieses Urteil ist auf nicht-kirchliche Arbeitgebende jedoch nicht übertragbar, da diesen kein Verkün-

70 BAGE 2, 221 = NJW 1956, 359.

71 BAGE 77, 128 = NZA 1994, 1080 = NJW 1995, 275.

72 BAG, Urteil vom 10.10.2002, 2 AZR, 472/01.

73 BAG, Urteil vom 24.09.2014, Az. 5 AZR 611/12.

74 Zur Kritik an dem Urteil siehe die Pressemitteilung der Humanistischen Union e.V. vom 30.09.2014: „Krankenschwestern sollen über ihre Kopfbedeckung selbst entscheiden können!", http://www.humanistische-union.de/nc/aktuelles/aktuelles_detail/back/aktuelles/

dungsauftrag und kein auf Art. 140 GG in Verbindung mit Art. 137 Abs. 3 WRV gestütztes Selbstbestimmungsrecht zusteht.

Mit dem Inkrafttreten des Allgemeinen Gleichbehandlungsgesetzes 2006 hat sich die Rechtslage gegenüber dem BAG-Urteil von 2002 insoweit geändert, dass es privaten Arbeitgebenden – entgegen der bestehenden Praxis – noch schwerer fallen müsste, die Nichteinstellung oder Kündigung einer Frau wegen ihres Kopftuches zu begründen. Gemäß § 8 AGG ist eine unterschiedliche berufliche Behandlung wegen der Religion nämlich nur dann zulässig, wenn diese „wegen der Art der auszuübenden Tätigkeit oder der Bedingungen ihrer Ausübung eine wesentliche und entscheidende berufliche Anforderung" darstellt.

Danach dürften Arbeitgebende keine diskriminierenden Erwartungen von Kundinnen und Kunden aufgreifen. Diese dürften nur dann eine Rolle spielen, wenn sie Teil eines auf besonderem Vertrauen beruhenden Arbeitsverhältnisses sind, etwa die Erwartung einer pflegebedürftigen Frau, dass der Pflegedienst keinen männlichen Pfleger zu ihr schickt.

Hinsichtlich einer Zahnarzthelferin, die sich mit Kopftuch um eine Stelle beworben hatte, stellte das Arbeitsgericht Berlin 2012 klar, dass eine religiöse Neutralitätspflicht für Mitarbeitende einer privatrechtlichen Zahnarztpraxis nicht bestehe. Ebenso wies es Behauptungen zurück, die sich darauf stützen, besondere Hygienevorschriften würden das Kopftuchtragen ausschließen oder dem Arbeitgebenden ermöglichen, eine einheitliche Dienstkleidung zu fordern, mit der das islamische Kopftuch nicht vereinbar sei. Vielmehr, so das Gericht, lasse sich das Kopftuch „mit Haube und Mundschutz ebenso leicht kombinieren wie mit einer einheitlichen Kleidung bestehend aus weißen Hosen, Hemden, T-Shirts oder Blusen."[75]

Ebenso lässt sich ein Kopftuch kombinieren mit der typischen Dienstkleidung von Angestellten in Fast-Food-Ketten oder Stewardessen. Situationen, in denen Frauen das Kopftuch in privaten Arbeitsverhältnissen aus Gründen entscheidender beruflicher Anforderung tatsächlich abnehmen müssten, sind deshalb kaum denkbar. Vorstellbar ist aber beispielsweise, dass eine Sozialarbeiterin mit Kopftuch nicht in einem Beratungsgespräch für traumatisierte Flüchtlinge aus Iran und Afghanistan, die auch wegen der dort herrschenden strikten Kleiderordnung für Frauen geflohen sind, eingesetzt werden darf.

Anders ist aber auch in privaten Arbeitsverhältnissen das Tragen eines Gesichtsschleiers zu beurteilen. Die Kommunikation von Angesicht zu Angesicht – sei es mit Kunden und Kundinnen oder Kollegen und Kolleginnen – wird wohl in der Regel entscheidende berufliche Anforderung sein.

article/Krankenschwestern-sollen-ueber-ihre-kopfbedeckung-selbst-entscheiden-koennen; zuletzt aufgerufen am 04.10.2014.

75 ArbG Berlin, Urteil vom 28.03.2012, 55 Ca 2426/12.

4. Vorgaben der Europäischen Menschenrechtskonvention

Arbeitnehmende, Angestellte im öffentlichen Dienst sowie Beamte und Beamtinnen können sich auf die Religionsfreiheit nach Art. 9 Europäische Menschenrechtskonvention (EMRK) berufen.

Die Religionsfreiheit nach der EMRK bietet nach gegenwärtiger Rechtsprechung des Europäischen Gerichtshofes für Menschenrechte (EGMR) für das Tragen eines Kopftuches oder Gesichtsschleiers bei der Ausübung von Erwerbsarbeit keinen weitreichenderen Schutz als das Grundgesetz. Die Rechtsprechung des EGMR zum Tragen religiöser Kleidung und Symbole und meine Kritik daran will ich hier dennoch darstellen, um die europäische Dimension von Kopftuch und Gesichtsschleier aufzuzeigen, zumal der EGMR im Juli 2014 entschieden hat, dass Frankreich das Tragen des Gesichtsschleiers sogar im öffentlichen Raum, also nicht nur bei der Erwerbsarbeitsausübung, verbieten darf.[76]

Die EMRK hat innerstaatlich ‚nur' den Rang eines einfachen Bundesgesetzes, die nationalstaatlichen Gerichte sind aber gehalten, die Grundrechte im Einklang mit der EMRK in der Auslegung, die diese in der Rechtsprechung des EGMR gefunden hat, völkerrechtlich zu interpretieren. In Deutschland wegen ihres Kopftuches nicht eingestellte oder gekündigte Frauen könnten sich, nachdem sie das BVerfG erfolglos angerufen haben, an den EGMR wenden.

4.1 Religionsfreiheit nach Artikel 9 EMRK in der Rechtsprechung des EGMR

Artikel 9 Abs. 1 EMRK schützt die Freiheit, seine Religion durch Praktizieren von Bräuchen oder Riten zu bekennen. Der EGMR hat bislang für das Tragen des religiös motivierten Kopftuches den Schutzbereich von Art. 9 EMRK eröffnet: Zwar hat er in dem Urteil *Metropolitan Church of Bessarabia* ausgeführt, dass Art. 9 EMRK nicht jede Handlung schütze, die durch Religion motiviert sei.[77] Vielmehr müsse die Handlung eng mit dem jeweiligen Glauben verbunden sein. Dagegen sei nicht erforderlich, dass mit dem Handeln eine religiöse Pflicht erfüllt werde.[78] Ebenso wenig dürfe der Staat die Legitimität der glaubensgeleiteten Handlung überprüfen.[79] Dementsprechend lag für den Gerichtshof in dem Urteil *Sahin* das Tragen eines Kopftuches im Schutzbereich der Religionsfreiheit, weil es für die

76 EGMR, Urteil vom 01.07.2014, Nr. 43835/11 (S.A.S. ./. France).

77 EGMR: Urteil vom 13.12.2001, Nr. 45701/99 (Metropolitan Church of Bessarabia u. a. ./. Moldawien): Rn 114.

78 EGMR: Urteil vom 15.01.2013, Nr. 48420/10, 59842/10, 51671/10 and 36516/10 (Eweida, Chaplin and others ./. The United Kingdom): Nr. 82.

79 EGMR: Urteil vom 13.12.2001, Nr. 45701/99: Rn 114.

Trägerin Ausdruck ihres Willens, islamischen Glaubenspflichten nachzukommen, war.[80]

Eingriffe in die Religionsfreiheit können aber gerechtfertigt sein. Nach Art. 9 Abs. 2 EMRK sind Einschränkungen zulässig, wenn sie gesetzlich vorgesehen und in einer demokratischen Gesellschaft „für die öffentliche Sicherheit, zum Schutz der öffentlichen Ordnung, Gesundheit oder Moral oder zum Schutz der Rechte und Freiheiten anderer" notwendig sind. Durch Art. 9 EMRK sieht der EGMR die individuelle Religionsfreiheit des Einzelnen im gleichen Maße geschützt wie das Interesse der Gesellschaft an einem religiösen Pluralismus.[81] Gerade deshalb hält er die Religionsfreiheit für einen Grundpfeiler der Demokratie. Ein „wahrer religiöser Pluralismus" sei für eine demokratische Gesellschaft unverzichtbar. Dieser Pluralismus hänge von der Religionsfreiheit ab; denn die Religionsfreiheit schütze auch „Atheisten, Agnostiker, Skeptiker und religiös oder weltanschaulich Gleichgültige."[82] Letztlich schafft der EGMR mit dem religiösen Pluralismus ein weiteres nicht in der EMRK festgeschriebenes Ziel, zu dessen Gunsten die Religionsfreiheit eingeschränkt werden kann.

Ob ein Eingriff in Art. 9 EMRK gerechtfertigt ist, hängt maßgeblich von dessen „Notwendigkeit in einer demokratischen Gesellschaft" ab. Den Konventionsstaaten räumt der EGMR für die Beurteilung, ob eine Maßnahme notwendig ist, einen Spielraum ein. Grund dafür ist laut EGMR die Tatsache, dass es in Europa „keine einheitliche Auffassung über die Bedeutung der Religion in der Gesellschaft" gibt.[83] Der EGMR überwacht diesen Beurteilungsspielraum aber durch eine „europäische Kontrolle" sowohl hinsichtlich der gesetzlichen Grundlage für das staatliche Handeln als auch deren Anwendung auf den Einzelfall.[84] Er prüft, ob die staatlichen Maßnahmen, die die Religionsfreiheit einschränken, „grundsätzlich gerechtfertigt und verhältnismäßig sind."[85] Für diese Prüfung macht der EGMR im Wesentlichen drei inhaltliche Vorgaben: Neben der Pflicht, religiösen Pluralismus zu gewährleisten, muss der Staat alle Religionen gleich behandeln und sich eines Urteils über die Legitimität der Glaubensüberzeugung enthalten.[86]

Nach der Rechtsprechung des EGMR darf ein Konventionsstaat demnach die Religionsfreiheit einschränken, um den gesellschaftlichen Pluralismus, die öffentliche Sicherheit oder Ordnung, die Gesundheit oder Moral oder die Rechte und Freiheiten anderer zu schützen, wenn er im Hinblick auf diese Ziele verhältnismäßig vorgeht, alle Religionen gleich behandelt und kein Urteil über ihre Legi-

80 EGMR (Große Kammer): Urteil vom 10.11.2005, Nr. 44774/98 (Şahin ./. Türkei): Nr. 78.
81 EGMR: Urteil vom 15.01.2013, Nr. 48420/10, 59842/10, 51671/10 and 36516/10: Nr. 84.
82 EGMR: Urteil vom 10.11.2005, Nr. 44774/98: Nr. 104, 110.
83 EGMR: Urteil vom 10.11.2005, Nr. 44774/98: Nr. 109; EGMR: Urteil vom 20.09.1994, Nr. 13470/87 (Otto-Preminger Institut ./. Österreich): Nr. 50.
84 EGMR: Urteil vom 25.05.1993, Nr. 14307/88 (Kokkinakis ./. Griechenland): Nr. 47.
85 EGMR: Urteil vom 15.02.2001, Nr. 42393/98 (Dahlab ./. Schweiz): 13.
86 EGMR: Urteil vom 23.02.2010, Nr. 41135/98 (Arslan u. a. ./. Türkei): 46.

timität trifft. In Anwendung dieser Rechtssätze hat der EGMR bislang staatliche Verbote religiöser Kleidung und Symbole in Bildungseinrichtungen ausnahmslos als im Einklang mit Art. 9 EMRK gesehen: Im Urteil *Karaduman* erkannte der Gerichtshof 1993 keinen Art.-9-Verstoß darin, dass eine türkische Universität einer Studentin das Abschlusszertifikat verweigerte, weil diese kein Passfoto ohne Kopftuch hatte.[87] 2001 – *Dahlab* – hielt der Gerichtshof das vom Kanton Genf an eine Grundschullehrerin gerichtete Verbot, ein Kopftuch im Dienst zu tragen, für rechtmäßig.[88] Im Verfahren *Sahin* erlaubte der Gerichtshof türkischen Universitäten, das Tragen von Kopftüchern zu verbieten.[89] Ebenso entschied der Gerichtshof in *Dogru* und *Kervanci*, dass ein Kopftuch-Verbot während des Sportunterrichts an einer französischen Grundschule nicht gegen die Religionsfreiheit verstoße.[90] 2009 hielt der EGMR mehrere Verbote von religiöser Kleidung – neben Kopftüchern auch Sikh-Turbane – in französischen Schulen für rechtens.[91]

Lediglich in der Entscheidung *Lautsi* wich der Gerichtshof 2009 von dem weiten Beurteilungsspielraum, den er den Mitgliedsstaaten in Bezug auf Religion im Zusammenhang mit Bildungseinrichtungen und nationaler Sicherheit gewährt, ab. Der EGMR entschied, dass eine staatliche italienische Schule keine Kruzifixe aufhängen darf. Ausschlaggebend war für den Gerichtshof, dass Neutralität im Kontext von Bildung Pluralismus garantieren solle. Ein Symbol, das so offensichtlich mit dem Christentum in Verbindung stehe, unterstütze aber keinen Pluralismus. Einen Spielraum zur Deutung des Kreuzes habe Italien nicht. Dagegen hatte der italienische Staat argumentiert, dass es nur ihm zustehe, Säkularismus zu interpretieren.[92]

Einen großen Beurteilungsspielraum gewährte der EGMR den Vertragsstaaten auch, sofern religiöse Kleidung die öffentliche Sicherheit betraf. Keine Verletzung der Religionsfreiheit sah der Gerichtshof demnach 1965 in der Verpflichtung eines Häftlings in Österreich, seinen religiös begründeten Kinnbart abzunehmen, damit der Staat ihn besser erkennen könne;[93] 1978 in der Pflicht eines Sikhs in Großbritannien, beim Motorradfahren aus Gründen der Verkehrssicherheit und des Ge-

87 EGMR: Entscheidung vom 03.05.1993, Nr. 16278/90 (Karaduman ./. Türkei).

88 EGMR: Urteil vom 15.02.2001, Nr. 42393/98.

89 EGMR (2004): Urteil vom 29.06.2004, Nr. 44774/98 (Şahin ./. Türkei); EGMR: Urteil vom 10.11.2005, Nr. 44774/98; zur Kritik daran s. abweichende Meinung der Richterin Tulkens im Urteil vom 10.11.2015: 42 ff.

90 EGMR: Urteil vom 04.12.2008, Nr. 27058/05 (Dogru ./. Frankreich); EGMR: Urteil vom 04.12.2008, Nr. 31645/04 (Kervanci ./. Frankreich).

91 EMGR: Entscheidungen vom 30.06.2009, Nr. 25463/08 (J. Singh v. Frankreich); Nr. 27561/08 (R. Singh v. Frankreich); Nr. 29134/08 (Ghazal ./. Frankreich); Nr. 18527/08 (Gamaleddyn ./. Frankreich); Nr. 14308/08 (Bayrak ./. Frankreich); Nr. 43563/08 (Aktas ./. Frankreich).

92 EGMR: Urteil vom 03.11.2009, Nr. 30814/06 (Lautsi ./. Italien).

93 EGMR: Entscheidung vom 15.02.1965, Nr. 1753/63 (X ./. Österreich).

sundheitsschutzes einen Helm zu tragen;[94] 2005 in der Pflicht eines Sikhs in Frankreich, bei einer Sicherheitskontrolle den Turban abzunehmen[95] und zuletzt 2008 in der Ablehnung eines Einreisevisums nach Frankreich für eine Marokkanerin, die sich weigerte, für eine Personenkontrolle ihr Kopftuch abzulegen – *El Morsli*.[96] Die Personenkontrolle diene als Teil der legitimen Sicherheitsvorkehrungen eines Konsulats der öffentlichen Sicherheit.[97]

Zum Tragen religiöser Symbole in privaten Arbeitsverhältnissen hat der EGMR – soweit der Verfasserin bekannt – zweimal entschieden: 2013 erklärte er in *Chaplin* die von einem kommunalen Krankenhaus gegenüber einer christlichen Krankenschwester ausgesprochene Weisung, ihr an einer Kette getragenes Kreuz abzunehmen, für rechtmäßig. Diese diene dem berechtigten Interesse, Verletzungen der Krankenschwester zu verhindern.[98] Dagegen sah er aber die Weisung von British Airways an eine Mitarbeiterin des Bodenpersonals, ihr an der Halskette getragenes Kreuz abzunehmen, nicht als rechtmäßig an. Das Interesse von British Airways, eine Corporate Identity ohne religiöse Symbole aufrechtzuerhalten, reiche als Rechtfertigungsgrund nicht aus.[99]

Ebenso unterschiedlich sind die Entscheidungen des EGMR zu religiöser Kleidung im öffentlichen Raum: In *Arslan* beanstandete der EGMR 2010 die Verurteilung der Mitglieder der Religionsgemeinschaft ‚Aczimendi tarikatÿ' wegen Verstoßes gegen das Gesetz bezüglich des Tragens von Kopfbedeckungen und gegen die Vorschriften bezüglich des Tragens religiöser Kleidung in der Öffentlichkeit. Sie waren verurteilt worden, nachdem sie in der für sie typischen Bekleidung (Turban, weite Hose, Tunika und Stock) durch die Straßen gezogen und vor Gericht erschienen waren. Der Gerichtshof sah in diesem Urteil eine Verletzung von Art. 9 EMRK. Zwar diene das türkische Gesetz dem Schutz der öffentlichen Sicherheit und Ordnung sowie den Rechten anderer, die Türkei habe aber nicht ausreichend nachgewiesen, dass diese Güter durch das Tragen religiöser Kleidung in der Öffentlichkeit verletzt worden seien. Von einer Gefahr durch die Männer sei nicht auszugehen, weil es sich bei ihnen um einfache Bürger und nicht um staatliche Repräsentanten gehandelt habe. Der EGMR stellte ausdrücklich klar, dass dem tür-

94 EGMR: Nichtzulässigkeitsentscheidung der Europäischen Kommission für Menschenrechte v. 12.07.1978, Nr. 7992/77 (X ./. Vereinigtes Königreich).

95 EGMR: Nichtzulässigkeitsentscheidung (2. Abteilung) vom 11.01.2005, Nr. 35753/03 (Phull ./. Frankreich).

96 EGMR: Entscheidung vom 04.03.2008, Nr. 15585/06 (El Morsli ./. Frankreich).

97 Siehe zudem Jill Marshall, „Conditions for Freedom? European Human Rights Law and the Islamic Headscarf Debate", in: *Human Rights Quarterly* (30, 2008), 632, Fn. 4 u. 644 f. zur Darstellung von 3 EGMR-Fällen, in denen die türkischen Beschwerdeführer aus der Armee entlassen worden waren, weil ihnen Fundamentalismus vorgeworfen wurde. Vor dem Gerichtshof führten sie an, dass sie auch deshalb entlassen worden seien, weil ihre Frauen ein Kopftuch trugen. Der Gerichtshof ging auf dieses Argument aber nicht ein.

98 EGMR: Urteil vom 15.01.2013, 59842/10 (Chaplin ./. The United Kingdom).

99 EGMR: Urteil vom 15.01.2013, Nr. 48420/10 (Eweida ./. The United Kingdom).

kischen Staat beim Tragen religiöser Kleidung in der Öffentlichkeit nicht derselbe Beurteilungsspielraum zustehe wie in Bildungseinrichtungen.[100]

In dem jüngsten Urteil *S.A.S* gewährte der EGMR dagegen Frankreich einen weiten Beurteilungsspielraum auch für den öffentlichen Raum.[101] Er nahm an, dass das französische Gesichtsschleierverbot zu einem Eingriff in die Religionsfreiheit der französischen Muslimin und in ihr Recht auf Privatsphäre führe. Diesen rechtfertige jedoch das vom Gesetzgeber verfolgte Ziel, Mindestanforderungen des gesellschaftlichen Zusammenlebens als Teil der immateriellen öffentlichen Ordnung zu schützen. Dazu zähle auch die Erkennbarkeit des Gesichts für Mitmenschen, denen man im öffentlichen Raum begegne. Frankreich habe einen weiten Beurteilungsspielraum bei der Frage, ob diese Beschränkung der Religionsfreiheit in einer demokratischen Gesellschaft tatsächlich notwendig sei. Dies gelte umso mehr, als die Mitgliedstaaten des Europarates keine einheitliche Meinung darüber hätten, ob das Tragen einer Burka im öffentlichen Raum zulässig sein soll.

Kritik an den Entscheidungen des EGMR zu Kopftuch und Gesichtsschleier

Die bisherige Rechtsprechung des EGMR zu religiösen Symbolen und Kleidungsstücken lässt vermuten, dass er entsprechende Verbote für die in staatlichen Bildungseinrichtungen Beschäftigten wohl auch dann billigen würde, wenn sie in nicht-laizistischen Ländern wie Deutschland ausgesprochen werden. Für diesen Bereich hat der Gerichtshof den Mitgliedsstaaten bislang ausnahmslos zugebilligt, weitgehend selbstständig zu beurteilen, ob ein Verbot zum Schutz der Rechte und Freiheiten anderer, der öffentlichen Sicherheit und Ordnung notwendig ist.

Diese Rechtsprechung ist aber zu kritisieren: Erstens vernachlässigt der EGMR die individuelle Religionsfreiheit zugunsten eines (vermeintlich) religiösen Pluralismus. Von Pluralismus kann nur dann ernsthaft gesprochen werden, wenn religiös geprägte Verhaltensweisen in allen öffentlichen Bereichen – auch Bildungseinrichtungen – gleichberechtigt neben denen von „Atheisten, Agnostikern, Skeptikern“ wahrzunehmen sind. Erforderlich ist deshalb eine stärkere Abwägung der individuellen, sich im einzelnen Konflikt gegenüberstehenden Rechte. Zweitens hat der EGMR es bislang versäumt, zu würdigen, dass religiöse Kleidung überwiegend von Frauen getragen wird und die Verbote deshalb vor allem Frauen treffen. Nach Art. 14 EMRK sind jedoch alle in der Konvention anerkannten Rechte und Freiheiten „ohne Diskriminierung insbesondere wegen des Geschlechts […] zu gewährleisten.“ Verbote religiöser Kleidung verletzten Art. 14 EMRK jedenfalls mittelbar. Dagegen sah der EGMR in *Dahlab* in dem Kopftuchverbot keine Diskriminierung

100 EGMR: Urteil vom 23.02.2010, Nr. 41135/98 (Arslan u. a. ./. Türkei).
101 EGMR, Urteil vom 01.07.2014, Nr. 43835/11 (S.A.S. ./. France).

aufgrund des Geschlechtes, weil das Verbot nicht auf die Zugehörigkeit zum weiblichen Geschlecht ziele, sondern sich auch gegen einen Mann richten könne.[102]

Ob der EGMR ein Kopftuchverbot in einem privaten Arbeitsverhältnis billigen würde, lässt sich aus der bisherigen Rechtsprechung nicht hinreichend plausibel mutmaßen.

Nach dem Urteil des EGMR zu Gesichtsschleiern in Frankreich lässt sich aber mit an Sicherheit grenzender Wahrscheinlichkeit sagen, dass er das Verbot von Gesichtsschleiern auch für private Arbeitsverhältnisse billigen würde. Wenn es nach Meinung des EGMR bereits im Straßenraum, wo Kommunikation keine Pflicht ist, zu den Mindestanforderungen des gesellschaftlichen Zusammenseins gehört, sich mit offenem Antlitz zu begegnen, dann wohl erst recht im Arbeitsleben, wo Kommunikation häufig notwendig ist.

Während ich die grundsätzliche Einschränkung des Tragens von Gesichtsschleiern bei der Ausübung von Erwerbsarbeit für richtig halte, überzeugt mich die Entscheidung des EGMR, dass auch das Tragen von Gesichtsschleiern im öffentlichen Raum verboten werden kann, in keinster Weise:

Das französische Gesichtsschleier-Verbot soll – so die vom EGMR gebilligte Begründung des Gesetzgebers – das freie Antlitz als Mindestanforderung gesellschaftlichen Zusammenlebens schützen. Das ist aber mit Blick auf die Religionsfreiheit kein legitimes staatliches Ziel, weil es nicht zu den wesentlichen Funktionsbedingungen der europäischen Demokratie gehört, dass alle mit unbedecktem Gesicht miteinander kommunizieren. Die Kommunikation mit offenem Gesicht ist zwar wünschenswert, der Staat kann aber nicht vorschreiben, ob und wie jemand am gesellschaftlichen Miteinander teilhat. Dafür spricht der Schutz der Privatsphäre durch Art. 8 EMRK, der es den Einzelnen gerade erlaubt, nicht am öffentlichen Leben teilzunehmen.

5. Fazit

Der Beitrag hat aufgezeigt, dass in Deutschland gemäß den Gesetzen, deren Auslegung durch die Verwaltung und deren Bestätigung wiederum durch die Gerichte, Frauen im öffentlichen Dienst bislang das Tragen von Kopftuch und Gesichtsschleier weitestgehend verboten ist. Eine solche juristische Lösung von (möglichen) Konflikten wegen des Kopftuches im öffentlichen Dienst ist aber – so hat der Beitrag im Weiteren gezeigt – keinesfalls zwingend. Vielmehr sollten Grundgesetz und Europäische Menschenrechtskonvention so ausgelegt werden, dass der Staat gehalten ist, grundsätzlich das Tragen von Kopftüchern im öffentlichen Dienst zu erlauben. Dagegen entspricht das grundsätzliche Verbot von Gesichtsschleiern

102 EGMR: Urteil vom 15.02.2001, Nr. 42393/98 (Dahlab ./. Schweiz).

im öffentlichen Dienst (mit Ausnahmevorbehalt) auch nach der hier vertretenen Rechtsauffassung Grundgesetz und Europäischer Menschenrechtskonvention.

Beschäftigten in privaten Arbeitsverhältnissen ist das Tragen des Kopftuches zwar nicht gesetzlich verboten, auf dem privaten Arbeitsmarkt stoßen Frauen jedoch wegen ihres Kopftuches immer wieder auf Ablehnung oder sie bewerben sich in der Annahme einer Ablehnung gar nicht erst für eine Stelle. Die Nichteinstellung wegen eines Kopftuches ist in der Regel nicht rechtmäßig, wie dieser Beitrag aufgezeigt hat. Erfreulicherweise sind in der Rechtsprechung erste Tendenzen erkennbar, die Ablehnung wegen eines Kopftuches als unzulässige Diskriminierung nach dem Allgemeinen Gleichbehandlungsgesetz zu betrachten.

Die gegenwärtige Gesetzeslage und Rechtspraxis stützt sich wesentlich auf das Urteil des BVerfG aus 2003. Das BVerfG wird sich – hoffentlich noch in 2014 – erneut mit dem Kopftuch beschäftigen müssen, weil zwei entsprechende Verfassungsbeschwerden vorliegen. Ob das BVerfG von seinen im ersten Kopftuch-Urteil gesetzten Maßstäben abweichen wird, ist leider sehr fraglich. Zwar unterscheidet sich der zugrundeliegende Sachverhalt von dem 2003 zu beurteilenden insofern, als es um eine angestellte Lehrerin und eine angestellte Pädagogin und nicht eine verbeamtete Lehrerin geht; zudem bevorzugt das einschlägige nordrhein-westfälische Gesetz entgegen den Vorgaben des BVerfG christliche Symbole und Kleidung. Der Umgang mit sichtbarer Religion in der Öffentlichkeit und die weitere, immer wieder auch erhitzt geführte Debatte über den Umgang mit Menschen muslimischen Glaubens in Deutschland könnte das BVerfG aber zu der Annahme verleiten, dass es aufgrund des mit „zunehmender religiöser Pluralisierung verbundene[n] gesellschaftliche[n] Wandel[s]“ den Ländern weiterhin freisteht, das Tragen religiöser Symbole und Kleidung zumindest im Schuldienst für Lehrer und Lehrerinnen zu verbieten.

Recht ist nur ein – wenngleich ein wichtiges – Instrument, um Konflikte im Arbeitsleben wegen des Kopftuches oder des Gesichtsschleiers zu lösen. Denkbar ist ebenso, dass Muslime und Musliminnen sowie muslimische Theologen und Theologinnen über die Notwendigkeit, Kopftuch und Gesichtsschleier zu tragen, diskutieren und diese hinterfragen. Gemeinsam könnten sie auch klären, wie das Kopftuchtragen mit Anforderungen des Erwerbslebens in Einklang zu bringen ist, in welchen Situationen es zum Beispiel abgenommen werden könnte.

Solange aber Musliminnen Kopftücher tragen wollen, ist es zur Verwirklichung des Gleichbehandlungsgebots nach Art. 3 GG und Art. 14 EMRK erforderlich, dass die muslimische Frauen diskriminierenden Kopftuchverbote endlich aufgegeben werden. Zwingende berufliche Anforderungen für diese Verbote sind jedenfalls sowohl in öffentlichen als auch in privaten Erwerbsarbeitsverhältnissen nur in einzelnen Konfliktfällen erkennbar.

Hansjörg Schmid

Diskriminierung von Muslimen in der Erwerbsarbeit aus christlicher Sicht

Der Islam gilt als Inbegriff einer „öffentlichen Religion“[1], die in westlichen Ländern einen Gegentrend zur Privatisierung des Religiösen setzt.[2] Es verwundert daher nicht, dass viele Muslime auch in der Arbeitswelt ihre Religion auf eine Weise praktizieren, die ihre Religionszugehörigkeit in einem ansonsten weitgehend religionsfreien Raum sichtbar und erkennbar macht. Dies geschieht vor allem durch das Kopftuch, durch das regelmäßig praktizierte rituelle Gebet und durch die Einhaltung von Speisevorschriften.

Im folgenden Beitrag geht es um die Frage, inwiefern Musliminnen und Muslime in der Arbeitswelt diskriminiert werden und wie dies aus christlicher Sicht aufgegriffen und theologisch reflektiert wird.[3] Unter Diskriminierung sind entsprechend dem Allgemeinen Gleichstellungsgesetz (AGG) aus dem Jahr 1996 „Benachteiligungen aus Gründen der Rasse oder wegen der ethnischen Herkunft, des Geschlechts, der Religion oder Weltanschauung, einer Behinderung, des Alters oder der sexuellen Identität“ (§ 1) zu verstehen.[4]

Im Fall des Kopftuchs kann es sich um eine Mehrfachdiskriminierung aufgrund von Geschlecht, ethnischer Herkunft und Religion handeln, bei der unterschiedliche Diskriminierungsgründe gleichzeitig zur Geltung kommen oder auch zusammenwirken.[5] Das folgende Zitat aus einer qualitativen Befragung illustriert, welche Auswirkungen das Kopftuch auch auf nicht Kopftuch tragende muslimische Frauen haben kann: „In Jobs, die einen Austausch mit der Öffentlichkeit einschließen, findet man nicht viele Frauen, die ein Kopftuch tragen. So was findet man in Deutschland nicht, das funktioniert hier nicht […]. Heutzutage werden muslimische Frauen nicht so einfach eingestellt, weil die Leute denken, dass die vielleicht eines Tages auftauchen und anfangen, ein Kopftuch zu tragen. Also selbst wenn sie kein Kopftuch aufhaben, sind sie mit Diskriminierung konfrontiert, weil sie mög-

---

1 Zum Begriff vgl. José Casanova, *Public Religions in the Modern World*, Chicago 1994.

2 Vgl. etwa Nilüfer Göle und Ludwig Amann, *Islam in Sicht. Der Auftritt von Muslimen im öffentlichen Raum*, Bielefeld 2004.

3 Wenn im Folgenden verkürzend von Muslimen, Autoren usw. die Rede ist, sind damit jeweils sowohl Männer als auch Frauen gemeint.

4 Eine unterschiedliche Behandlung von Angehörigen verschiedener Religionen ist nach AGG § 9 nur bei Beschäftigungen in Religionsgemeinschaften statthaft.

5 Vgl. Elisabeth Holzleithner, „Mehrfachdiskriminierung im europäischen Rechtsdiskurs“, in: Ulrike Hormel und Albert Scherr (Hg.), *Diskriminierung. Grundlagen und Forschungsergebnisse*, Wiesbaden 2010, 98 f. Zu rechtlichen Fragen in Bezug auf das Kopftuch vgl. den Beitrag von Kirsten Wiese in diesem Sammelband.

licherweise eines Tages mit Kopftuch zur Arbeit kommen.“[6] Somit besteht die Gefahr, dass eine mögliche Diskriminierung aufgrund des Kopftuchs alle Frauen mit muslimischem Hintergrund trifft.

Ausgangspunkt der folgenden Überlegungen sind empirische Befunde zur Diskriminierung von Muslimen in der Arbeitswelt in Deutschland (1). Anschließend wird Anwaltschaft als ein für die christliche Begegnung mit dem Islam in Deutschland prägendes Modell vorgestellt (2). Danach geht es um christliche Sichtweisen auf das Kopftuch und Muslime in der Arbeitswelt (3). In einem kurzen Fazit werden die Ergebnisse in den Kontext aktueller Debatten eingeordnet (4).

1. Diskriminierung von Muslimen in der Arbeitswelt? Empirische Befunde

Diskriminierung kann unterschiedliche Aspekte von der Einstellung über den Arbeitsalltag bis zu Aufstiegsmöglichkeiten betreffen, wie ein Beitrag aus dem Kontext der Deutschen Islam Konferenz hervorhebt: „Innerbetrieblich geht es einerseits um eine benachteiligungsfreie Berücksichtigung von Muslimen bei Einstellungen, Vergünstigungen und vor allem bei der Aufstiegsförderung, anderseits um Rücksicht auf religiöse Belange und Maßnahmen der Vereinbarkeit zwischen Religion und Betriebsabläufen.“[7]

Hier ist von Muslimen die Rede, aber Diskriminierung aufgrund von ethnischer Herkunft und Religion kann sich vermischen, sodass es schwierig ist, das Muslimsein als eindeutige Ursache für Diskriminierung zu bestimmen. Insbesondere wenn türkischstämmige Arbeitnehmende diskriminiert werden, ist dies ein Indiz dafür, dass es hier zu einer wechselseitigen Verstärkung kommt.[8] Es gibt weitere empirische Hinweise darauf, dass die Religionszugehörigkeit und insbesondere religiöse Symbole wie das Kopftuch für die Diskriminierung von Migrierten eine

---

6 Zit. nach Mario Peucker, *Diskriminierung aufgrund der islamischen Religionszugehörigkeit im Kontext Arbeitsleben – Erkenntnisse, Fragen und Handlungsempfehlungen. Erkenntnisse der sozialwissenschaftlichen Forschung und Handlungsempfehlungen*, hg. v. der Antidiskriminierungsstelle des Bundes, Berlin 2010, 50.

7 Dorothee Frings, *Musliminnen und Muslime im Arbeitsleben – Rechtliche Grundlagen*, 2012, 7. Online abrufbar unter www.deutsche-islam-konferenz.de.

8 Vgl. Antidiskriminierungsstelle des Bundes, *Diskriminierung im Bildungsbereich und im Arbeitsleben*, Berlin 2013, 247; Werner Schmidt, *Kollegialität trotz Differenz. Betriebliche Arbeits- und Sozialbeziehungen bei Beschäftigten deutscher und ausländischer Herkunft*, Berlin 2006, 87 und 260. Eine Studie des „Instituts für die Zukunft der Arbeit“ hat nachgewiesen, dass in Deutschland aufgewachsene und ausgebildete Personen mit türkischen Namen deutlich schlechtere Chancen haben, zu einem Vorstellungsgespräch eingeladen zu werden; vgl. hierzu Leo Kaas und Christian Manger, *Ethnic Discrimination in Germany's Labour Market: A Field Experiment*, Bonn 2010 (IZA Discussion Paper 4741).

entscheidende Rolle spielen.[9] Als konkrete Maßnahmen der Gleichstellung werden inzwischen auch in Deutschland Pilotprojekte mit anonymisierten Bewerbungen durchgeführt.[10]

Insgesamt liegen bislang jedoch noch relativ wenige empirische Forschungsergebnisse zur Diskriminierung von Muslimen in der Arbeitswelt vor. Die repräsentative Studie *Muslimisches Leben in Deutschland* weist nach, dass Frauen mit Kopftuch weniger erwerbstätig sind als Frauen ohne Kopftuch, benennt dafür aber unterschiedliche Gründe, unter anderem einen hohen Bildungsbedarf.[11] Im Blick auf Diskriminierung in der Arbeitswelt lassen sich dieser Studie keine Aussagen entnehmen. Im Folgenden wird der empirische Befund zur Diskriminierung von Muslimen in der Arbeitswelt vor allem anhand von zwei Publikationen der Antidiskriminierungsstelle des Bundes vorgestellt, die auf qualitative Studien sowie auf Auswertungen von Anfragen an Antidiskriminierungs- und Beratungsstellen zurückgreifen.[12]

Vorhandene Daten deuten darauf hin, dass Kopftuch tragende Frauen in besonderem Maß von Diskriminierung betroffen sind. Bei Antidiskriminierungs-Beratungsstellen gehen vermehrt Beratungsanfragen und Beschwerden Kopftuch tragender Frauen ein, die ihren Zugang zum Arbeitsmarkt beeinträchtigt sehen:[13] „Generell gehen Beratungsstellen von einem hohen Diskriminierungsrisiko bei kopftuchtragenden Musliminnen, die einen Arbeits- bzw. Ausbildungsplatz suchen, aus. Dies ist meist unabhängig von der Qualifikation der Frauen, so dass sowohl Frauen mit hoher (Universitätsabschluss) als auch niedriger Qualifikation betroffen sein können."[14] In der Folge verzichten diese Frauen ganz auf Erwerbstätigkeit,

9 Vgl. Swetlana Franken und Oliver Christoph, *Erfolgsfaktoren und Barrieren für karriereorientierte Migrantinnen. Abschlussbericht des Forschungsprojektes „Migrantinnen in Führungspositionen: Erfolgsfaktoren auf dem Weg an die Spitze"*, Bielefeld o. J. [2013], 71. Online abrufbar unter www.migrantinnen-in-fuehrung.de/uploads/files/pdf/Abschlussbericht.pdf.

10 Vgl. etwa Annegret Döse, „Die anonyme Bewerbung und das Berliner Partizipations- und Integrationsgesetz. Zwei ‚positive Maßnahmen' auf dem Prüfstand", in: *Neue Zeitschrift für Arbeitsrecht*, NZA Online Aufsatz (2, 2012), 1–6; Sachverständigenrat deutscher Stiftungen für Integration und Migration, *Diskriminierung am Ausbildungsmarkt. Ausmaß, Ursachen und Handlungsperspektiven*, Berlin 2014.

11 Sonja Haug, Stephanie Müssig und Anja Stichs, *Muslimisches Leben in Deutschland. Im Auftrag der Deutschen Islam Konferenz*, Berlin 2009, 201–204.

12 Vgl. Antidiskriminierungsstelle des Bundes; Peucker.

13 Vgl. Antidiskriminierungsstelle des Bundes, 221. Allerdings betreffen nur 7,65 Prozent der Anfragen an die Antidiskriminierungsstelle des Bundes die Religion, wobei es sich meist um kirchliche Arbeitgeber handelt (182 ff.). Bei anderen Stellen ist die ethnische Herkunft, die mit Religionszugehörigkeit verknüpft sein kann, häufigster Beratungsfall. Gestring et al. kommen zu dem Ergebnis, dass Frauen, die ein Kopftuch tragen, die stärkste Ausgrenzung erleben; vgl. Norbert Gestring, Andrea Janßen und Ayça Polat, *Prozesse der Integration und Ausgrenzung. Türkische Migranten der zweiten Generation*, Wiesbaden 2006, 163 und 199.

14 Antidiskriminierungsstelle des Bundes, 193, vgl. 206. „In den Städtestudien des Open Society Instituts im Rahmen des At-Home-In-Europe-Projekts (2010) gaben für Berlin und

nehmen Arbeitsstellen an, für die sie überqualifiziert sind, oder ziehen sich in sogenanntes ethnisches Gewerbe zurück, „um dem Ausschluss vom Arbeitsleben zu entgehen."[15] Außerdem befürchten sie, dass sich ihre Religionszugehörigkeit negativ auf ihren Aufstieg auswirkt, wenn etwa das Kopftuch mit einer geringeren Qualifikation und fehlender Integration sowie Emanzipation in Verbindung gebracht wird.[16]

Im Einzelnen beruht die Diskriminierung von Muslimen in der Arbeitswelt auf folgenden Gründen:[17]

- Dem Kopftuch wird eine nachteilige Wirkung auf Kundenkontakte mit der Folge von Umsatzeinbußen unterstellt. In der Folge wird der Einsatz Kopftuch tragender Frauen auf Bereiche ohne Kundenkontakt beschränkt, werden Frauen dorthin versetzt oder gar nicht erst eingestellt.
- Das Gebet am Arbeitsplatz und der Wunsch nach Urlaub an islamischen Feiertagen werden als hinderlich für die Arbeitsleistung und als möglicher Konfliktstoff unter den Mitarbeitern betrachtet.[18] Dies betrifft Männer und Frauen gleichermaßen.
- Aufgrund einer angenommenen Familienorientierung wird unterstellt, dass muslimische Frauen wegen einer Heirat ihre Ausbildung bzw. ihre Berufstätigkeit abbrechen und viele Kinder bekommen könnten, was hohe Ausfallzeiten nach sich ziehen könnte.[19]
- Außerdem fließen Stereotype und ein medial verbreitetes negatives Islambild ein. Dieses ist dadurch gekennzeichnet, dass keine Differenzierung stattfindet und Individuen allein auf der Folie unterstellter Gruppenmerkmale wahrgenommen werden.

Hamburg jeweils etwas mehr als die Hälfte der befragten Muslim_innen an, dass religiösen Bräuchen am Arbeitsplatz zu wenig Respekt entgegengebracht und Beachtung geschenkt werde (Peucker 2010, S. 37)." *Ebd.*, 246. Vgl. auch Berliner Landesstelle für Gleichbehandlung – gegen Diskriminierung, *Mit Kopftuch außen vor?*, Berlin 2008, 10 f.

15 Antidiskriminierungsstelle des Bundes, 194.

16 *Ebd.*, 264; Franken und Christoph, IX.

17 Vgl. zu den folgenden Punkten Antidiskriminierungsstelle des Bundes, 221–223, 278; Peucker, 49–57.

18 Im Kontext von Antidiskriminierung werden spezielle Urlaubsregelungen unter „kompensierende(r) Vorzugsbehandlung" gefasst, was jedoch Aspekte der Religionsfreiheit ausblendet; Alexander Klose und Andreas Merx, *Positive Maßnahmen zur Verhinderung oder zum Ausgleich bestehender Nachteile im Sinne des § 5 AGG*, hg. von der Antidiskriminierungsstelle des Bundes, Berlin 2010, 27.

19 Vgl. Christine Färber et al., *Migration, Geschlecht und Arbeit. Probleme und Potenziale von Migrantinnen auf dem Arbeitsmarkt*, Opladen 2008, 105; Gestring, Janßen und Polat, 163.

- Kopftuchverbote für Lehrkräfte und Beamtinnen wirken sich auch auf die Privatwirtschaft aus und werden dort herangezogen, um die Ablehnung muslimischer Bewerberinnen zu legitimieren.[20]

Die so entstehende Diskriminierung kann sich in „Abwertungen und Beleidigungen" sowie in „ständiger Demoralisierung und einem außerordentlichen Anpassungsdruck" äußern und Krankschreibungen oder gar Kündigungen nach sich ziehen.[21]

Auch wenn noch weitere Studien zur Erhärtung der Befunde erforderlich sind, deutet sich an, dass eine Diskriminierung von Muslimen im Berufsleben weit verbreitet ist. Insbesondere das Kopftuch ist in der Arbeitswelt in Deutschland noch keine Normalität. In der juristischen Diskussion werden Vorbehalte von Unternehmen gegenüber dem Kopftuch als höchst problematisch angesehen: „Allein das Bedürfnis nach einer Corporate Identity kann nicht zu einem Kopftuchverbot führen. Es beeinträchtigt die Kommunikation nicht und kann daher auch keine Versetzung in einen Bereich ohne Kundenkontakt rechtfertigen."[22] Somit besteht hier ein Spannungsfeld zwischen rechtlichen Vorgaben und deren subtiler Unterlaufung in der Praxis.

2. Anwaltschaft als Grundlage für christliche Positionen?

Für den Blick der Kirchen auf die Muslime in Deutschland war seit den 1970er-Jahren weithin ein anwaltschaftliches Engagement im Zusammenhang karitativen Handelns maßgeblich.[23] Auf der Grundlage der Gottesebenbildlichkeit des Menschen wird dabei die Aufgabe der Kirche wie folgt bestimmt: „Die Kirche ist vom Evangelium aufgerufen, für die Menschen einzutreten, die ohne Stimme am Rande der Gesellschaft leben. Dieses anwaltschaftliche Engagement gilt besonders für die Menschen, die durch die Diskussion über die Arbeitsmigration zusehends in den Hintergrund gedrängt werden."[24]

---

20 Kritisch heißt es auch bei Marcus Osei, *Musliminnen in der Arbeitswelt – zwischen Potential und Ausgrenzung. Dokumentation der Fachtagung vom 4. Juli 2011 im DGB-Haus*, Düsseldorf 2012, 32 (online abrufbar unter www.oegg.de/index.php?de_ab-2008): „Durch die ‚Kopftuchverbotsgesetze' hat sie [die Politik, H.S.] für viele Bereiche die Diskriminierung von Musliminnen quasi legalisiert."

21 Antidiskriminierungsstelle des Bundes, 246. Vgl. Osei, 33.

22 Frings, 3.

23 Vgl. etwa Thomas Lemmen, „Erfahrungen mit muslimischen Vereinen im Dialog", in: Interkultureller Arbeitskreis (Hg.), *Interreligiöser Dialog in Gelsenkirchen*, Gelsenkirchen 2010, 82 f.; Christian Beck, *Anwaltschaft. Begriff und ethischer Auftrag am Beispiel der Caritas-Schuldnerberatung*, Freiburg 2003.

24 *Integration fördern – Zusammenleben gestalten. Wort der deutschen Bischöfe zur Integration von Migranten*, Bonn 2004 (Die deutschen Bischöfe 77), 21. Vgl. als evangelische Stimme Johannes Lähnemann, *Weltreligionen im Unterricht. Teil II: Islam*, Göttingen ^{2}1996, 165.

Ausgangspunkt für Anwaltschaft sind Situationen der Ungleichheit und der Asymmetrie, in der Betroffene nicht in der Lage sind, diese Situationen grundsätzlich zu verändern und ungerechte Strukturen zu überwinden.[25] Daraus erwächst eine ethische Verpflichtung für andere, die Interessen der Benachteiligten ersatzweise wahrzunehmen bzw. für sie Partei zu ergreifen. In Konzepten der Anwaltschaft wird davon ausgegangen, „dass nicht alle Bürger starke autonome Mitglieder der Gesellschaft sind."[26] Dies trägt der ungleichen Ausgangssituation für Diskurse Rechnung. Wenn Menschen oder Menschengruppen als schwach oder unfähig, ihre eigenen Interessen zu vertreten, bezeichnet werden, besteht allerdings die Gefahr eines defizitorientierten Blicks.[27] Konzepte von Anwaltschaft müssen sich daher kritisch mit Anfragen der Paternalismuskritik auseinandersetzen. So betont etwa Christian Beck, dass Anwaltschaft „stets auf das Mit-Tun zweier Menschen ausgerichtet"[28] sein muss. Im Sinne einer Befähigung derer, die noch nicht zur Selbstartikulation in der Lage sind (*Empowerment*), geht es dann bei Anwaltschaft um die „Stärkung und Weiterentwicklung vorhandener bzw. [...] die Wiedergewinnung verlorengegangener Autonomie."[29]

Im Blick auf den Islam handelt es sich um einen besonderen Fall von Anwaltschaft, da es vor allem um Rechte einer religiösen Gruppe geht. So haben sich die Kirchen etwa für Moscheebauten, Gräberfelder und islamischen Religionsunterricht engagiert. Im Sinne von Anwaltschaft kann man dies als ein stellvertretendes Eintreten für andere verstehen, die keine Möglichkeit haben, am Diskurs zu partizipieren. In einer solchen Radikalität würde man diese Aussage heute aber nicht mehr auf die Muslime in Deutschland anwenden. Diese sind inzwischen selbst Subjekte diakonischen Handelns, etwa im Rahmen von Moscheegemeinden oder sozialen Einrichtungen in muslimischer Trägerschaft. Islamische Organisationen vertreten Interessen von Muslimen und sind inzwischen direkte Verhandlungspartner des Staates – beispielsweise im Rahmen der Deutschen Islam Konferenz. Dennoch sind Organisationsgrad und Lobby der Muslime noch nicht so ausgeprägt, dass

25 Vgl. Konrad Hilpert, „Prinzip Anwaltschaftlichkeit. Annäherungen", in: Markus Lehner und Michael Manderscheid (Hg.), *Anwaltschaft und Dienstleistung – Organisierte Caritas im Spannungsfeld*, Freiburg 2000, 84. Brumlik spricht von „advokatorischer Ersatzvornahme", die „die kontrafaktische Antizipation der möglichen Zustimmung der unmündig Betroffenen zu den sie betreffenden Maßnahmen" impliziert. Außerdem unterscheidet er zwischen einem anwaltschaftlichen und einem vormundschaftlichen Wahrnehmen von Interessen. Micha Brumlik, *Advokatorische Ethik. Zur Legitimation pädagogischer Eingriffe*, Bielefeld 1992, 116 f. und 160.

26 Konrad Hilpert, „Solidarität mit den Schwachen und am Rand Stehenden. Kirchliches Engagement zwischen Anwaltschaft und Paternalismus", in: Bijan Fateh-Moghadam, Stephan Sellmaier und Wilhelm Vossenkuhl (Hg.), *Grenzen des Paternalismus*, Stuttgart 2010, 313.

27 So spricht etwa Brumlik von Unmündigkeit und einem „(Mangel) von Informationen oder Urteilskraft"; Brumlik, 112.

28 Beck, 89.

29 Hilpert, „Solidarität", 314.

ihre Interessen in öffentlichen Debatten als gleichgewichtig mit anderen Interessen wahrgenommen werden. In den Aktivitäten und Stellungnahmen islamischer Organisationen spielen die Rechte von Muslimen in der Arbeitswelt allenfalls eine untergeordnete Rolle. Sie finden etwa in der „Islamischen Charta" des Zentralrats der Muslime in Deutschland keine Erwähnung.[30] Obwohl der Islam dort auch als „soziale Ordnung und Lebensweise" (Nr. 8) verstanden wird, richtet sich der Fokus vor allem auf den religiösen Bereich im engeren Sinne. So ist die Beobachtung von Thomas Lemmen im Blick auf islamische Organisationen in Deutschland zutreffend, „dass der Schwerpunkt der Tätigkeiten in den meisten Fällen nach wie vor im religiösen Sektor liegt."[31]

Vor diesem Hintergrund müssen Konzepte der Anwaltschaft modifiziert und weiterentwickelt werden. Die Muslime in Deutschland sind heute nicht mehr in dem Maße auf kirchliche Unterstützung angewiesen und wollen ihre Interessen in der Regel selbst einbringen. Anwaltschaft kann somit eher als eine Verstärkung oder ein Publikmachen muslimischer Positionen (anstatt einer Stellvertretung) verstanden werden, die sich kirchliche Vertreter oder Organe zu eigen machen – nicht zuletzt auch verbunden mit der Absicht, eigene Rechte zu sichern.[32] Im Sinne einer wechselseitigen Anwaltschaft treten Muslime auch für Anliegen und Rechte der Kirchen ein, sodass aus einem einseitigen Paradigma ein gegenseitiges wird. Wechselseitige Anwaltschaft führt weiter zu Partnerschaft im Sinne einer gemeinsamen Interessenvertretung, in der alle Schritte von der Problemanalyse über die Strategieplanung bis hin zu deren Umsetzung gemeinsam abgestimmt und durchgeführt werden.[33] Wenn auch in manchen lokalen Konstellationen und Gruppen Ansätze von Partnerschaft realisiert sind, scheint das nicht die Regel zu sein. Vielfach sehen sich Vertreter der kirchlichen Hierarchie auf einer anderen Ebene als die islamischen Organisationen.

Wie sich das Paradigma der Anwaltschaft im Feld der christlich-islamischen Beziehungen weiterentwickelt, ist offen. Zunächst geht es darum zu prüfen, inwiefern es bei der Wahrnehmung der Situation von Muslimen in der Arbeitswelt zur Geltung kommt.

---

30 Vgl. Zentralrat der Muslime in Deutschland, *Islamische Charta*, 2002. Online abrufbar unter www.zentralrat.de/3035.php. In der Auflistung von Forderungen in Nr. 20 ist nur von der „Respektierung islamischer Bekleidungsvorschriften in Schulen und Behörden" die Rede.

31 Thomas Lemmen, *Das soziale Engagement muslimischer Organisationen in Deutschland*, unveröffentlichtes Manuskript (2007), 11.

32 Siehe hierzu Brumlik, 118 f.: „Die entsprechende Maßnahme soll nur dann als ethisch ausgewiesen gelten, wenn ihr auch seitens des Betroffenen hätte zugestimmt werden können." Das steht hier nicht in Frage.

33 Vergleichbare Verschiebungen werden auch im Blick auf andere Bereiche wie das Gesundheitswesen diskutiert. Vgl. etwa David Klemperer, „Vom Paternalismus zur Partnerschaft – eine Profession im Wandel", in: Johanne Pundt (Hg.), *Professionalisierung im Gesundheitswesen. Positionen – Potenziale – Perspektiven*, Bern 2006, 61–75.

3. Christliche Positionen

Im Blick auf christliche Positionen wird von zwei Textgattungen ausgegangen: Zunächst werden die gängigen evangelischen und katholischen Arbeitshilfen aus Deutschland zum Thema Islam gesichtet. Diese Erklärungen sind Kompromisstexte, werden aber im Unterschied zu Stellungnahmen, etwa von Bischöfen oder kirchlichen Organisationen, über eine längere Zeit rezipiert. Im Anschluss daran werden ausgewählte theologische Positionen aus dem deutschen Kontext herangezogen, die in der Regel in Aufsatzform publiziert wurden.

3.1 Kirchliche Dokumente

In der EKD-Handreichung *Zusammenleben mit Muslimen in Deutschland* (2000) spielt das Thema Muslime in der Arbeitswelt eine zentrale Rolle.[34] Die Handreichung ist in drei Teile gegliedert: Am Anfang stehen theologische Fragen, es folgen rechtliche Rahmenbedingungen und schließlich Bereiche des praktischen Zusammenlebens. In diesem dritten Teil ist das Thema Arbeitswelt einer von zehn Bereichen. Auf etwas mehr als fünf Seiten geht es hier um Ausbildung/Arbeitsmarkt, Problemstellungen am Arbeitsplatz (Gebet, Fasten, Speise, Kopftuch), gewerkschaftliche Organisation, Altersprobleme sowie gesellschaftliche und gesellschaftsdiakonische Konsequenzen. Die Konsequenzen sind allerdings allein auf soziale Dienste und ihre Öffnung gerichtet, nicht auf die Arbeitswelt im Allgemeinen. Die Stärke des Textes ist aber darin zu sehen, dass Benachteiligungen und Schwierigkeiten von Muslimen mit ihren religiösen Bedürfnissen in der Arbeitswelt sensibel wahrgenommen und dargestellt werden. Spannungen zwischen „religiösen Pflichten“ und „einer säkularen Arbeitswelt“[35] werden aufgegriffen; eine Einbeziehung der Gewerkschaften in den Dialog wird angestrebt.[36]

Die sechs Jahre später erschienene EKD-Handreichung *Klarheit und gute Nachbarschaft* (2006) setzt sich in vielen Punkten kritisch von der vorherigen Handreichung ab.[37] Der neue Text nimmt nicht mehr in einem breiteren Sinn auf die Arbeitswelt als Begegnungsfeld Bezug, sondern wendet sich allein dem Thema

34 *Zusammenleben mit Muslimen in Deutschland. Gestaltung der christlichen Begegnung mit Muslimen*. Eine Handreichung des Rates der Evangelischen Kirche in Deutschland, Gütersloh 2004, 91–96.

35 *Ebd.*, 92.

36 *Ebd.*, 94.

37 *Klarheit und gute Nachbarschaft. Christen und Muslime in Deutschland*. Eine Handreichung des Rates der EKD, Hannover 2006. Vgl. zum Paradigmenwechsel Ulrich Dehn, „Der christlich-islamische Dialog auf dem Hintergrund gesamtgesellschaftlicher Veränderungen“, in: Mathias Rohe et al. (Hg.), *Handbuch Christen und Muslime in Deutschland*, Freiburg 2014. Dehn spricht im Blick auf „Klarheit und gute Nachbarschaft“ davon, dass „das Programm des Projekts […] eine kritische Haltung zum Islam“ gewesen sei.

Kopftuch zu, mit Fokus auf die Frage, ob Lehrerinnen an öffentlichen Schulen ein Kopftuch tragen dürfen.[38] Der „Anspruch der Angehörigen aller Religionen auf Schutz der positiven Religionsfreiheit"[39] wird bejaht. Es wird aber Zweifel am religiösen Charakter des Kopftuchs geäußert, das „in einem deutlichen Spannungsverhältnis zum Gleichberechtigungsgebot des Grundgesetzes"[40] stehe – dies im Unterschied zu „Erkennungszeichen der jüdisch-christlichen Tradition."[41] Hier zeigt sich ein klares Abgrenzungsparadigma, das die ganze Handreichung durchzieht, obwohl immer wieder auch in einem anwaltschaftlichen Sinn Position für Anliegen der Muslime ergriffen wird.[42] Das Kopftuch wird auf eine Deutung festgelegt, die die eigene christliche Tradition idealisiert und unter Vereinnahmung des Judentums dem Islam antithetisch gegenüberstellt. Im Unterschied zu der Handreichung aus dem Jahr 2000 verengt sich der Fokus auf die Teilfrage des Kopftuchs bei Lehrerinnen, die als Sonderfall eine schärfere Abgrenzung ermöglicht. Die Handreichung ist damit in den damals aktuellen Kontroversen verortet. Es wird jedoch versäumt, die Fragestellung in ihrer Komplexität und in einem dialogischen Geist anzugehen.

In der Arbeitshilfe *Christen und Muslime in Deutschland* (2003), die fast zeitgleich mit dem Kopftuchurteil des Bundesverfassungsgerichts erschien,[43] ist Arbeitswelt ebenfalls kein eigenes Thema, obwohl die Arbeitshilfe programmatisch einen von Wahrnehmung ausgehenden und über Information, Selbstvergewisserung und Glaubenszeugnis hin zur Zusammenarbeit reichenden hermeneutischen Ansatz vertritt (Nr. 274–290). Das Kopftuch wird zunächst als eine Einzelfrage „islamischer Glaubens- und Lebensordnung" unter das Thema „Bekleidungsvorschriften" subsummiert (Nr. 242–245). Die Fokussierung auf Frauen und das Kopftuch wird problematisiert, da es ja im Blick auf beide Geschlechter um „Schicklichkeit" und „Schamhaftigkeit" gehe (Nr. 243). Sodann wird ausgehend von einem deutungsoffenen Befund des Korans auf innerislamische Kontroversen hingewiesen (Nr. 244). Schließlich wird dargestellt, dass in Deutschland im Unterschied zur Türkei oder Frankreich eine größere Offenheit gegenüber dem Kopftuch bestehe (Nr. 245). Dabei wird nicht auf die Arbeitswelt eingegangen, sondern allein auf Schülerinnen im Blick auf koedukativen Schwimm- und Sportunterricht.

Im zweiten Teil dieser Arbeitshilfe, der Informationen zu 17 in alphabetischer Reihenfolge geordneten Einzelfragen liefert, gibt es ebenfalls einen Eintrag zum

38 Betrachtet man die beiden Handreichungen als komplementär, so könnte man auch die Einschätzung vertreten, dass das 2000 breit behandelte Thema Arbeitswelt jetzt kein Gegenstand mehr zu sein braucht. Allerdings werden die meisten anderen Handlungsfelder in der neuen Handreichung aufgegriffen, sodass doch von einer gezielten Korrektur der früheren Position auszugehen ist.

39 *Klarheit und gute Nachbarschaft*, 64.

40 *Ebd.*, 65.

41 *Ebd.*, 64.

42 So etwa im Blick auf islamischen Religionsunterricht und Moscheebau, 61 und 66.

43 *Christen und Muslime in Deutschland*, hg. vom Sekretariat der Deutschen Bischofskonferenz, Bonn 2003 (Arbeitshilfen 172).

Thema Kopftuch (Nr. 459–467). Hier wird eine kritische Distanz gegenüber einer Position eingenommen, die das Kopftuch als verpflichtend bezeichnet: „Es gibt keinen Anhaltspunkt dafür, dass mit diesem Vers [Sure 24,31; H.S.] etwa die zeitlose Verbindlichkeit des Tragens sämtlicher darin genannten Elemente altarabischer Frauentracht hätte statuiert werden sollen.“ (Nr. 462 Anm. 112) Trotzdem wird dem Selbstverständnis von Musliminnen höchstes Gewicht eingeräumt: „Ungeachtet solcher Voten, denen andere widersprechen, und trotz des koranischen Textbefundes, aus dem sich eine allgemeine Kopftuchpflicht für Musliminnen *objektiv* [Hervorhebung H.S.] nicht ableiten lässt, muss jedoch im freiheitlichen Rechtsstaat die Gewissensentscheidung von Musliminnen respektiert werden, die der Überzeugung sind, dass ihnen ihre Religion eine solche Pflicht auferlege.“ (Nr. 465) Abschließend wird auf den Fall Kopftuch tragender Lehrerinnen hingewiesen, ohne dass dazu eine bestimmte Position favorisiert wird (Nr. 467). Die katholische Arbeitshilfe ist dadurch gekennzeichnet, dass sie in einer großen Breite islamkundliche Informationen umfasst und damit den Lesern eine eigene Urteilsbildung ermöglicht.[44] Aus erkenntnistheoretischer Sicht problematisch ist jedoch der erhobene Objektivitätsanspruch, der im Dialog einer Überheblichkeit gegenüber Muslimen, die die gegenteilige Position vertreten, Vorschub leisten kann.

Ein Blick auf alle drei vorgestellten Dokumente zeigt, dass es jeweils nur um den Islam und Rechte der Muslime geht und keine gemeinsamen Anliegen von Christen und Muslimen formuliert werden (etwa die Stärkung der Religionen in der Öffentlichkeit). Mit Ausnahme der EKD-Handreichung von 2000 wird die Arbeitswelt nicht als Feld der Begegnung wahrgenommen. Hier ist ein Ausfall festzustellen, der sich auch in teilkirchlichen Dokumenten durchzieht.[45]

Trotz ihrer Bedeutung muss einschränkend festgehalten werden, dass die untersuchten kirchlichen Dokumente zu Fragen des Islams nur ein Segment kirchlicher Äußerungen abdecken und von ihrer Textgattung her einen monologischen Charakter haben. So sind daneben dialogische Publikationsformen zur Kopftuchdebatte und zu Genderfragen entstanden, die auch Texte islamischer Autorinnen enthalten – etwa bei der Evangelischen Frauenarbeit,[46] in einem Heft der Zeitschrift *Junge*

---

44 Ähnlich ist dies bei einer Handreichung der ACK, die dem Thema Kopftuch breiten Raum gibt; Arbeitsgemeinschaft der Christlichen Kirchen in Baden-Württemberg [Hg.], *Christen begegnen Muslimen. Eine Handreichung*, Stuttgart 2008, 12–16, sowie beim von EKD und VELK herausgegebenen Band „*Was jeder vom Islam wissen muss*“, Gütersloh ^{8}2011, 71 f.

45 Vgl. *Gute Nachbarschaft leben. Informationen und Beispiele zur Förderung des christlich-islamischen Dialogs in der Nordkirche*, Hamburg 2013, 9. Dort wird im Anfangsteil auf die Arbeitswelt Bezug genommen, was aber später nicht weitergeführt wird: „Wo immer sich Menschen im Alltag begegnen, im Wissen um ihre unterschiedliche Religiosität, kann es zu einem interreligiösen Dialog kommen, in der Nachbarschaft, am Arbeitsplatz, in der Schule oder Freizeit.“

46 Vgl. *Kopftuch-Dialog. Interreligiöses Gespräch über eine Bekleidungsfrage*, Mitteilungen der Evangelischen Frauenarbeit in Deutschland e. V., Sondernummer 2004, Frankfurt. Vgl.

Kirche[47] und in einer Handreichung der Evangelischen Landeskirche in Baden.[48] Letztere kann auch als ein Versuch gesehen werden, der EKD-Handreichung *Klarheit und gute Nachbarschaft* kritisch etwas zur Seite zu stellen.

In sozialpolitischen Texten der Kirchen wird Erwerbsarbeit als „bei weitestem wichtigste(r) Zugang [...] zur Teilhabe am gesellschaftlichen Leben“[49] verstanden, weshalb die Ausblendung des Themas Diskriminierung von Muslimen in der Erwerbsarbeit umso gravierender ist. Ein Ansatz für eine Verknüpfung beider Themen zeigt sich im Dokument der deutschen Bischöfe *Chancengerechte Gesellschaft* aus dem Jahr 2011: „Die Erwerbsarbeit ist für die meisten Menschen nach wie vor eine zentrale Voraussetzung für gesellschaftliche Teilhabe und die wirtschaftliche Grundlage für eine eigenverantwortliche und freie Lebensführung. Erwerbsarbeit und wirtschaftliche Teilhabe sind gewissermaßen Voraussetzung für gesellschaftliche Integration. Das gilt auch für die keineswegs homogene Gruppe der Zuwanderer.“[50] Wiederum steht die Verknüpfung von Erwerbsarbeit und Teilhabe im Zentrum. Allerdings werden Zugewanderte hier ohne weitere Differenzierung („auch“) eingeordnet. Dass deren Zugang zum Arbeitsmarkt aus unterschiedlichen Gründen erschwert ist und umgekehrt für sie auch der Integrationsbedarf durch Erwerbsarbeit größer sein kann, da andere Wege der Teilhabe gegebenenfalls noch nicht so stark ausgeprägt sind, wird hier nicht weiter reflektiert.

Das neue ökumenische Dokument *Gemeinsame Verantwortung für eine gerechte Gesellschaft* aus dem Jahr 2014[51] betont ebenfalls die hohe Bedeutung der Erwerbsarbeit für gesellschaftliche Teilhabe.[52] Es nimmt nicht auf Muslime Bezug, jedoch in einem breiteren Sinn auf Migranten: „Nach wie vor gibt es – manchmal offensichtliche, manchmal sehr subtile – Ausgrenzungen von Menschengruppen aus sozialen Lebensbereichen und von Ämtern und gesellschaftlichen Positionen. Das betrifft beispielsweise Menschen mit Migrationshintergrund, die immer wie-

---

auch Beate Sträter, *Kopftuch und Kreuz. Muslimische Frauen aus evangelischer Sicht*, Berlin 2007.

47 *Junge Kirche* (65, 2004), Heft 3 mit „Focus Kopftücher“.

48 *Als Frauen und Männer geschaffen ... Zur Rolle der Geschlechter im interreligiösen Dialog. Eine Handreichung für Gemeinden und Dialoggruppen*, Karlsruhe 2013.

49 *Für eine Zukunft in Solidarität und Gerechtigkeit. Wort des Rates der Evangelischen Kirche in Deutschland und der Deutschen Bischofskonferenz zur wirtschaftlichen und sozialen Lage in Deutschland*, 1997 (Gemeinsame Texte 9), Nr. 151.

50 *Chancengerechte Gesellschaft. Leitbild für eine freiheitliche Ordnung*, hg. vom Sekretariat der Deutschen Bischofskonferenz (Die deutschen Bischöfe – Kommission für gesellschaftliche und soziale Fragen 34), Bonn 2011, 29.

51 *Gemeinsame Verantwortung für eine gerechte Gesellschaft. Initiative des Rates der Evangelischen Kirche in Deutschland und der Deutschen Bischofskonferenz für eine erneuerte Wirtschafts- und Sozialordnung* (Gemeinsame Texte 22), 2014.

52 *Ebd.*, 45.

der die Erfahrung machen, dass ihnen der Zugang zu bestimmten Bereichen und Positionen in Gesellschaft, Wirtschaft und Staat erschwert wird.“[53]

Im Anschluss daran wird besonders die Erwerbsarbeit hervorgehoben und eine intensivierte Bildungspolitik als Lösung dargestellt.[54] Damit kommen aber Formen der Diskriminierung, die sich auch gegen gut qualifizierte und gebildete Menschen richten können, nicht in den Blick. Zugrunde liegt vielmehr das Bild von unterbemittelten Zuwanderern, das allenfalls auf einen Teil dieser Personengruppe zutrifft. Die Verantwortung von Unternehmen und mögliche Antidiskriminierungsmaßnahmen werden hier ebenfalls nicht angesprochen. An einer Stelle spricht das Dokument explizit von „Diskriminierungen und frustrierende[n] Hemmnisse[n] im Arbeitsleben und im gesellschaftlichen Zusammenleben“[55] und nennt Frauen und Menschen mit Migrationshintergrund als besonders betroffene Gruppen. Daran anschließend werden im Zusammenhang von Inklusion von Migranten Eigeninitiative und als deren Voraussetzung Chancengerechtigkeit nebeneinander gestellt. Es besteht zumindest die Gefahr, dass dies im Sinne einer Individualisierung von Benachteiligungen missverstanden wird.

Somit bestätigen auch diese beiden Dokumente, dass Fragen der Diskriminierung von Muslimen in der Erwerbsarbeit noch der kirchlichen Wahrnehmung und Bearbeitung bedürfen. Die Behandlung des Themas in einer sehr allgemeinen Form unterliegt der Gefahr, dass spezifische Benachteiligungen und auch spezifische Wege zu ihrer Überwindung nicht in den Blick kommen. Möglicherweise führen gerade die idealisierten Inklusionserwartungen an Erwerbsarbeit dazu, dass Diskriminierungen und Ausschlusserfahrungen in diesem Bereich gar nicht erst wahrgenommen werden.

3.2 Theologische Positionen

Mit Hilfe der Datenbank „Index theologicus“, die mehr als 600 theologische Zeitschriften sowie Sammelbände auswertet, sowie durch weitere Recherchen wurden 28 Beiträge für eine Analyse ausgewählt.[56] Es handelt sich dabei um Beiträge von Personen, die an theologischen Fakultäten lehren, im kirchlichen Dienst stehen oder sich als theologische Publizisten betätigen. 23 der 28 Beiträge stammen von evangelischen, nur fünf von katholischen Autoren. Die Beiträge sind mehrheitlich im Jahr 2004 erschienen (21 Beiträge). Ansonsten sind die Erscheinungsjahre 2005 (5) sowie 1999, 2007 und 2009 (je ein Beitrag).

53 *Ebd.*, 21.

54 Vgl. *ebd.*, 50 f.

55 *Ebd.*, 43.

56 Diese Texte können hier keiner ausführlichen Analyse unterzogen werden. Es werden im Folgenden lediglich die Hauptargumente der Texte herangezogen.

Schon der zeitliche Schwerpunkt deutet darauf hin, dass die meisten dieser Texte in Zusammenhang mit der Kopftuch-Debatte stehen, die im Jahr 2004 ihren Höhepunkt erreichte.[57] Die Fokussierung auf das Kopftuch wird von den Autoren teilweise auch selbst problematisiert. So sieht Susanne Heine im Kopftuch „ein[en] Nebenschauplatz, allerdings ein[en] symbolisch hoch aufgeladene[n], der von den zentralen Bildungserfordernissen ablenkt.“[58] Iris Keßner bezeichnet das Kopftuch als „Projektionsfläche für Ängste.“[59] Dass das Thema Kopftuch in den letzten Jahren nicht mehr aufgegriffen wird, kann als Indiz dafür gewertet werden, dass inzwischen andere Fragen im Vordergrund gesellschaftlicher Debatten und des interreligiösen Dialogs stehen.

Wie in den Arbeitshilfen werden in den untersuchten Beiträgen kaum Bezüge zur Arbeitswelt im Allgemeinen hergestellt. Das geschieht nur in vier Texten. So verweist Johannes Triebel auf Auswirkungen des Kopftuchverbotes in Handel und Industrie und sieht die Gefahr einer Ablehnung Kopftuch tragender Bewerberinnen.[60] Ulrich Dehn prognostiziert ebenfalls negative Wirkungen von Kopftuchverboten: „Sie [Kopftuchverbote; H.S.] werden ghettoisierend und integrationserschwerend wirken und ein faktisches Berufsverbot für viele muslimische Frauen darstellen.“[61] Inken Wöhlbrand bezieht sich auf Schwierigkeiten Kopftuch tragender Frauen, in Kindertagesstätten Praktikumsstellen zu bekommen, und verweist darauf, dass es sich hier auch um Wirkungen der Kopftuchverbote für Lehrerinnen handelt: „Daran zeigt sich deutlich, dass in dem Maße, in dem das Kopftuch als negatives Symbol behaftet wird, dies aus der Frage des Beamtenrechts heraustritt und zu einer allgemeinen gesellschaftlichen Ablehnung von Kopftuchträgerinnen führt.“[62] Hartmut Kreß problematisiert eine mit den unterschiedlichen Ländergesetzen verbundene Spaltung zwischen Staat und Gesellschaft sowie zwischen staatlichen und privaten Arbeitgebern: „Gespaltene Lösungen werden auf Dauer aber nicht tragfähig sein, sondern dürften sich im Blick auf die Förderung von Toleranz sogar als kontraproduktiv und unzweckmäßig erweisen.“[63] Allerdings gibt es auch

57 Vgl. Matthias Otte, „Der Streit um das Kopftuch in der Schule“, in: *Kirchliches Jahrbuch für die Evangelische Kirche in Deutschland* (131/132, 2004/2005), 184–210.

58 Susanne Heine, „Die politische Rolle von Religion. Am Beispiel der Kopfbedeckung von Frauen“, in: Michael Herbst et al. (Hg.), *Zeitumstände – Bildung und Mission*, Frankfurt 2009, 235.

59 Iris Keßner, „Projektionsfläche Kopftuch. Der Beitrag des interreligiösen Dialogs für das Verständnis fremder Symbole“, in: Benjamin Simon et al. (Hg.), *Konviviale Theologie. Festgabe für Theo Sundermeier zum 70. Geburtstag*, Frankfurt 2005, 62.

60 Johannes Triebel, „Das Kopftuch allein tut’s freilich nicht … Gesichtspunkte in der Debatte um ein Kopftuchverbot“, in: *Theologische Beiträge* (35, 2004), 288.

61 Ulrich Dehn, „Entschleierung des Schleiers“, in: *Materialdienst der EZW* (67, 2004), 137.

62 Inken Wöhlbrand, „Stellungnahme zum Kopftuchstreit“, in: *Materialdienst der EZW* (67, 2004), 170.

63 Hartmut Kreß, „Der Streit um das Kopftuch und der Umgang mit Toleranz“, in: *ZEE* (48, 2004), 93.

in anderen Punkten besondere Anforderungen an Beamte und Lehrkräfte. Wenn man jedoch im Anschluss an Kreß gerade der Schule eine wichtige Aufgabe bei der Einübung von Toleranz zuweist, ist eine derartige Spaltung nicht plausibel.

Im Blick auf die Kopftuchfrage im engeren Sinn kann man zwischen Positionen unterscheiden, die Kopftuchverbote begrüßen, und solchen, die diese ablehnen. Die Autoren, die sich für Kopftuchverbote aussprechen, bringen vor allem die folgenden Argumente vor:

- *Verhinderung von Indoktrination:* Zunächst wird argumentiert, dass die Gefahr einer Indoktrination von Schülern gegeben sei, wenn Lehrerinnen mit Kopftuch unterrichten.[64] Ein Kopftuchverbot soll das vermeiden. Außerdem gelte es „den Fortbestand unserer christlichen Kultur“[65] zu sichern, der damit eine dominante Stellung eingeräumt wird. Beides wird allerdings nicht weiter begründet.
- *Schutz der Menschenwürde:* Dem Islam wird eine Ungleichbehandlung der Geschlechter zugeschrieben, die als Widerspruch zur Menschenwürde gesehen wird: „Dem Islam und den islamischen Gesellschaften wiederum ist das Bewußtsein, daß die Frau genauso wie der Mann dieselbe unantastbare Würde, dieselben Grundrechte und Grundpflichten hat, bis heute fremd geblieben.“[66] Daraus wird gefolgert, dass das Kopftuch als Ausdruck dessen nicht mit der Verfassung vereinbar sei.[67] Dass es eine breite islamische Diskussion über das Geschlechterverhältnis gibt und in der Regel die gleiche Würde von Mann und Frau betont wird, wird dabei übergangen.[68]
- *Fehlende Säkularisierung im Islam:* Peter Steinacker hebt die Entflechtung von Staat und Gesellschaft, innerhalb derer Religion zu verorten ist, als Kennzeichen der Moderne hervor, betont aber, dass keine Trennung von Religion, Staat und Gesellschaft im Islam gegeben sei. Dieses Argument wird nur indirekt auf das Kopftuch bezogen und grundsätzlich als Hindernis für eine Integration des

64 Nelly Friedrich, „‚Kopftuchstreit‘ und kein Ende! Unterschiedliche Wertorientierung verhindert einheitliche Lösung“, in: *Katholische Bildung* (105, 2004), 221.

65 Vgl. *ebd.*

66 Anton Rauscher, „Der Konflikt um das Kopftuch“, in: ders., *Kirche in der Welt*, Würzburg 2006, 4:252. Zurückhaltender argumentiert mit der „Gleichstellung von Mann und Frau“ Christian Troll, „Nach dem Kopftuchurteil“, in: *Stimmen der Zeit* (222, 2004), 2.

67 Vgl. Reinhard Hempelmann, „Kopftuchstreit – interkultureller Realismus oder Lobbyismus?“, in: *Materialdienst der EZW* (67, 2004), 173.

68 Vgl. etwa Irene Schneider, *Der Islam und die Frauen*, München 2011; Mualla Selçuk und Ina Wunn (Hg.), *Islam, Frauen und Europa. Islamischer Feminismus und Gender Jihad – neue Wege für Musliminnen in Europa*, Stuttgart 2012.

Islams angesehen.[69] Auch hier werden differenzierte islamische Auffassungen vor allem aus dem europäischen Kontext nicht berücksichtigt.[70]

Allen genannten Argumenten ist gemeinsam, dass sie ein letztlich fundamentalistisches Islamverständnis zugrunde legen und das Kopftuch daher ablehnen. Die Vieldeutigkeit des Kopftuchs und die Vielstimmigkeit des Islams werden jeweils auf eine Deutung verengt. Dabei wird verkannt, dass es unterschiedliche Zugänge zur Moderne gibt: „Das Kopftuch führt uns vor Augen, was wir uns immer noch kaum vorstellen können: Es gibt verschiedene Wege in die Moderne, nicht bloß den einen, den wir selbst kennen und meinen. Ebenso gibt es verschiedene Wege, als Frau selbstbewußt ein eigenes Leben zu leben – sei's mit Kopftuch oder ohne."[71]

Kritische Argumente und Positionen sind jedoch weit zahlreicher. Eine ganze Reihe von Autoren votiert gegen ein Kopftuchverbot und für eine Einzelfallprüfung.[72] Auch theologische Beiträge partizipieren an allgemeinen Debatten und bringen Argumente vor, die auch in anderen Zusammenhängen geäußert werden, ohne dass diese hier aus einer theologischen Perspektive besondere Akzente bekommen:

- *Religionsfreiheit:* Dass das Tragen des Kopftuchs unter das Recht der Religionsfreiheit fällt, wird von den meisten Autoren vertreten. Während manche die staatliche Schule als Sonderfall sehen, die Neutralität erfordert,[73] betonen andere gerade die notwendige Gleichbehandlung aller Religionen, was die Präsenz religiöser Symbole angeht.[74]
- *Pluralismus:* Das Kopftuch wird als Ausdruck eines legitimen Pluralismus gesehen. Für Rolf Schieder ist eine „leere Pluralismusforderung", die nicht eine „Vielzahl von Positionen" zulässt, widersprüchlich; daher vertritt er die Auffas-

69 Peter Steinacker, „Das islamische Kopftuch ist mehr als ‚nur ein Stückchen Stoff'! Religionsgeschichtliche Anmerkungen zum Verhältnis von Öffentlichkeit und Religion", in: Ilona Nord und Fritz Rüdiger Volz (Hg.), *An den Rändern. Theologische Lernprozesse mit Yorick Spiegel*, Münster 2005, 219.

70 Vgl. etwa Hansjörg Schmid, *Islam im europäischen Haus. Wege zu einer interreligiösen Sozialethik*, Freiburg ²2013, 312–354.

71 Elisabeth Beck-Gernsheim, *Wir und die Anderen. Kopftuch, Zwangsheirat und andere Mißverständnisse*, Frankfurt 2007, 64.

72 Vgl. etwa Hinnerk Wißmann, „Religiöse Symbole im öffentlichen Dienst. Kritik der Kopftuchrechtsprechung und Kopftuchgesetzgebung", in: *Zeitschrift für evangelisches Kirchenrecht* (52, 2007), 51–75. Manche Beiträge bleiben unentschieden, etwa Annette Mehlhorn, „Mit Konfliktstoff auf Tuchfühlung. Interreligiöse Aspekte einer Bekleidungsfrage", in: *Kopftuch-Dialog*, 29 f., für die aus einer feministischen Perspektive das Kopftuch ambivalent bleibt.

73 Vgl. Axel von Campenhausen, „Der Streit um das Kopftuch", in: *MdKI* (55, 2004), 36, und Troll.

74 Vgl. Olaf Schumann, „Wider den Rückzug auf den eigenen doktrinären Fundamentalismus", in: *Junge Kirche* (65 (3), 2004), 16–18.

sung, dass eine „Einübung von innerschulischer Toleranz angesichts von real präsentem Pluralismus“[75] erforderlich sei. Ebenso betont Erich Geldbach, dass man den sonst in der Gesellschaft verbreiteten und akzeptierten Pluralismus in der Schule nicht ausklammern solle.[76] Im Unterschied zu Positionen für ein Kopftuchverbot wird hier Pluralismus positiv gewürdigt.[77]

- *Integration:* Der Akzeptanz religiöser Symbole wird gerade eine integrative Wirkung beigemessen, da sie Toleranz fördern kann.[78] Umgekehrt wird die Gefahr gesehen, dass ein Kopftuchverbot zu einer Radikalisierung von Muslimen beitragen könnte.
- *Religion in der Öffentlichkeit:* Mehrere Autoren sehen die Gefahr eines laizistischen Staates, der durch eine Verdrängung des Kopftuchs aus der Öffentlichkeit befördert werde. „Ein Kopftuchverbot muss deshalb als ein Schritt zu einem laizistischen Staat gewertet werden, was der deutschen Rechtstradition widerspricht und kaum im Interesse der Kirchen sein kann.“[79]
- *Selbstkritik:* Verbreitet wird auch Selbstkritik in Bezug auf das Christentum oder die Gesellschaft geübt: „Die Gefühle, die Kreuze in Klassenzimmern bei buddhistischen oder muslimischen Schülern auslösen können, sind normalerweise kein Gegenstand des kopftuchkritischen Diskurses.“[80] Es wird auch an historische Analogien im Bereich des Christentums erinnert – etwa an die Auseinandersetzungen des Kulturkampfes oder an den emanzipatorischen Beitrag von Frauenklöstern.[81] Doris Strahm wendet sich gegen eine Idealisierung westlicher Geschlechterverhältnisse und stellt Selbstwidersprüche dar, etwa in Bezug auf eine Sexualisierung der Frau.[82]

Einige Autoren nehmen spezifisch auf das Christentum Bezug und bringen theologische Argumente ein:

---

75 Rolf Schieder, „Der Streit um das Kopftuch in diskursanalytischer Perspektive“, in: *ZEE* (49, 2005), 16.

76 Erich Geldbach, „Religionsfreiheit“, in: *MdKI* (55, 2004), 92.

77 Allerdings werden auch Grenzen des Pluralismus betont. So stellt für Streithofen ein „extremer Pluralismus“ eine Gefahr dar. Basilius Streithofen, „Deutsche Schleiertänze“, in: *Die Neue Ordnung* (58, 2004), 123.

78 Hartmut Kreß, 93.

79 Triebel, 288. Ähnlich Kreß, 91. Vgl. auch Stefan Orth, „Bumerang“, in: *HerKorr* (58, 2004), 166 f.; Hildburg Wegener, „Das Kopftuch – ein vieldeutiges Symbol“, in: *Junge Kirche* (65 (3), 2004), 29.

80 Dehn, „Entschleierung“, 137.

81 Vgl. Thomas R. Elßner, „Tertullian und der gegenwärtige Kopftuchstreit. Eine Relektüre“, in: *ZRGG* (56, 2004), 317–331; Schieder; Streithofen, 126.

82 Doris Strahm, *Schleiersichten – Feministische Debatten um das Kopftuch, Geschlechterkonzepte und Religion*, 2007, 7–9. Online abrufbar unter http://doris-strahm.ch/texte-interrel.htm.

- *Fremdenliebe:* Andreas Renz erinnert daran, dass Fremde unter einem besonderen Schutz Gottes stehen und eine Fremdenliebe geboten sei. Daher müsse es um eine „Anerkennung […] des Andersseins" gehen und nicht um die Dominanz einer Kultur.[83] Im Blick auf dieses Argument ist zu überlegen, ob damit nicht Fremdheit und Alterität verstärkt werden.
- *Liebe Gottes und menschliche Freiheit:* Christoph Elsas geht von Fürsorge, Hingabe und Anteilgabe aus. Hieraus leitet er einen Respekt gegenüber dem Kopftuch ab, aber auch seine Einstufung als „nichtentscheidend". Aufgrund der Liebe Gottes sei „beides wählbar in einer gesinnungsethischen Freiheit"[84]. Diese Interpretation trägt die Gefahr in sich, dass eine Frage der Muslime mit christlichen Argumenten entschieden wird, ohne sie in einem ausreichenden Umfang mit islamischen Argumenten ins Gespräch zu bringen.

Eng damit verbunden sind spezifische Aufgaben für die Kirchen im Blick auf die Kopftuchdebatte, die von manchen Autoren benannt werden:

- *Ermöglichung von Kontakt und Begegnung:* Iris Keßner vertritt eine offene interkulturelle Hermeneutik. Sie hält den Kontakt muslimischer Frauen mit der Mehrheitsgesellschaft für nötig; dem Gegenüber müsse eine Stimme im Diskurs gegeben werden.[85] Hierbei sind besonders die Kirchen gefragt.
- *Ausgleichende Diskursbegleitung:* Die Kirche wird gerade nicht in einer verschärfenden, sondern in einer ausgleichenden Rolle gesehen. „Von der Kirche wird man eine mitdenkende und ausgleichende teilnehmende Begleitung des nötigen Diskurses erwarten."[86]

Noch weiter geht Inken Wöhlbrand, nach der die Begegnung mit Muslimen dazu anregen soll, „uns selbst neu [zu] befragen, welche Zeichen und Symbole unser Glaube gewinnt, um sichtbar und fühlbar zu werden."[87] Damit wird das Kopftuch zum Anlass für eine eigene theologische Reflexion. Hier handelt es sich um ein

83 Andreas Renz, „Der Streit um das Kopftuch … und die Frage nach dem Selbstverständnis der Gesellschaft", in: *Pastoralblatt für die Diözesen Aachen, Berlin, Essen, Hildesheim, Köln, Osnabrück* (56, 2004), 208 f.

84 Christoph Elsas, „Religionsfreiheit und Kopftuch. Denkanstöße aus dem Werk des türkischen Islam-Gelehrten Said Nursi (1876–1960) für das Zusammenleben in Europa", in: *ZMR* (89, 2005), 229. Vgl. auch Jochen Kramm, „Das Kopftuch als religiöses Symbol", in: *MdKI* (55, 2004), 31.

85 Vgl. Keßner, 59, 63. Ähnlich Mehlhorn, 30 f., die für eine interreligiöse Auseinandersetzung mit dem Thema Kopftuch plädiert.

86 Trutz Rendtorff, „Kleider machen Leute? Der Kopftuchstreit oder: Sind wir auf dem Weg in eine laizistische Republik?", in: *ZEE* (43, 1999), 219. Ähnlich Andreas Renz und Stephan Leimgruber, *Christen und Muslime. Was sie verbindet – Was sie unterscheidet*, München 2004, 283.

87 Wöhlbrand, 172.

Beispiel, wie nicht nur im Blick auf den Islam argumentiert, sondern auch dialogisch in die andere Richtung reflektiert werden kann.

4. Fazit

Sowohl in den kirchlichen Dokumenten als auch in den theologischen Beiträgen, die hier untersucht wurden, sind rechtliche und religionswissenschaftliche Informationen breit vertreten. Bisweilen zeigt sich ein aufklärerischer Anspruch, der sich auch von muslimischen Selbstpositionierungen abgrenzt, um den Lesern die Breite islamischer Positionen zu verdeutlichen. Das reicht bis hin zur Bevormundung von Muslimen, was sich an folgender Formulierung zeigt: „[U]nd zwar auch in solchen Fällen, wo die einzelne Kopftuch-Trägerin die Zusammenhänge nicht recht durchschaut."[88] An vielen Stellen wird ein zur Anwaltschaft gegenläufiges Paradigma der Abgrenzung sichtbar. Daran wird deutlich, dass auch kirchliche und theologische Positionen an einer verbreiteten Islamkritik und an Trends der allgemeinen Islamdebatte partizipieren.[89] Nur ein Autor nimmt die Möglichkeit einer wechselseitigen Anwaltschaft in den Blick und bezieht sich auch auf den Kruzifixstreit.[90] Ansonsten werden vielfach Argumente reproduziert, die auch an anderer Stelle zu finden sind, sodass gerade die kirchlichen Dokumente wenig Originalität aufweisen.[91]

Weiterhin fällt auf, dass die Frage Kopftuch tragender Lehrerinnen im Vordergrund steht, die als Sonderfall einerseits nicht auf die Arbeitswelt insgesamt übertragbar ist, aber sich doch auf diese auswirkt. Der empirische Befund zeigt,

---

88 Werner Thiede, „Der Kopftuch-Streit – eine kulturpolitische Herausforderung", in: *Materialdienst der EZW* (67, 2004), 73. Ähnlich Johannes Kandel, *Auf dem Kopf und in dem Kopf. Der „Kopftuchstreit" und die Muslime*, Berlin 2004, 11: „Die Mehrdeutigkeit des Kopftuchs verbietet ein Deutungsmonopol der Trägerinnen." Ebenso Hempelmann, 173: „Das Verständnis des Kopftuchs als Zeichen individueller Selbstbestimmung dürfte ein drastisches Beispiel für den Versuch sein, das Bekleidungsvorschriften zugrundeliegende Verständnis der Frau vom *tatsächlichen* [Hervorhebung H.S.] Bedeutungszusammenhang zu entkoppeln."

89 Vgl. Jürgen Micksch (Hg.), *Evangelisch aus fundamentalem Grund. Wie sich die EKD gegen den Islam profiliert*, Frankfurt 2007. In diesem Zusammenhang ist die Kopftuch tragende Muslima ein gängiger Stereotyp. Vgl. dazu etwa Sieglinde K. Rosenberger und Birgit Sauer, „Freiheit, Gleichheit, Ausschluss. Werte und Prinzipien in Debatten um muslimische Kopftücher", in: Heike Brabandt (Hg.), *Mehrheit am Rand? Geschlechterverhältnisse, globale Ungleichheit und transnationale Handlungsansätze*, Wiesbaden 2008, 165–186.

90 Vgl. Schieder, 11.

91 Ein positives Gegenbeispiel sind die pointierten „Thesen zum Kopftuch" des Interkulturellen Rates, Darmstadt 2004, siehe hierzu www.interkultureller-rat.de/wp-content/uploads/argumente_1.pdf.

dass das Thema Muslime und Arbeitswelt größter Aufmerksamkeit bedarf.[92] Wünschenswert wäre eine gemeinsame Wahrnehmung auch im Rahmen interreligiöser Dialoge und Projekte. Es ist jedoch hier ein weitgehender Ausfall der Kirchen und der christlichen Theologie zu beobachten.[93] Dem entspricht, dass es auch auf Seiten islamischer Organisationen nur wenige entsprechende Äußerungen und Aktivitäten gibt.[94]

Möglicherweise hängt die Zurückhaltung auf christlicher Seite damit zusammen, dass die Kirchen nicht nur als Beobachter, sondern konkret als Arbeitgeber betroffen sind. Gerade die kirchlichen Wohlfahrtsverbände tragen hier als größte Arbeitgeber in Deutschland eine hohe Verantwortung – insbesondere in Bezug auf Berufe in der Pflege, der Kinderbetreuung und der sozialen Arbeit, in denen Frauen besonders häufig tätig sind und die Musliminnen (und Muslimen) so vielfach verschlossen bleiben. Ein Zitat aus einem Experteninterview bringt die Problematik deutlich zum Ausdruck: „In Bayern wurde jungen Türkinnen lange von einer Ausbildung als Erzieherin abgeraten, da die Träger meistens kirchlich sind und der Zugang zu Stellen für Muslime nicht möglich ist. Heute wundert man sich, dass nicht genügend qualifizierte Kräfte da sind."[95] So wird die Einstellungspolitik der kirchlichen Wohlfahrtsverbände kritisch als eine Form der Diskriminierung diskutiert.[96] Inzwischen gibt es jedoch im Bereich der Caritas Ansätze einer interreligiösen Öffnung auf muslimische Adressaten und Mitarbeitende hin. In einem Dokument des Caritasverbandes der Diözese Rottenburg-Stuttgart wird Caritas als Dienst am Reich Gottes verstanden, an dem auch Angehörige anderer Religionen mitwirken können.[97] Inwieweit sich solche Ansätze über Einzelfälle hinaus durchsetzen werden, muss sich noch zeigen.

---

92 Eine Ausnahme in der praktischen Arbeit ist das Minerva-Programm im Rahmen des evangelischen Dienstes „Kirche in der Arbeitswelt". Vgl. dazu http://kda-ekd.de/veroeffentlichungen/2013/08Apr13_KDA-EvKHan_Minerva.pdf.

93 Auch Beiträge aus dem Kontext komparativer Theologie bleiben in der Regel relativ situationsabstrakt. So etwa Klaus von Stosch und Muna Tatari (Hg.), *Gott und Befreiung. Befreiungstheologische Konzepte in Islam und Christentum*, Paderborn 2012.

94 Im Wahlaufruf der DITIB zur Bundestagswahl 2013 ist von „Chancengleichheit für Kopftuchträgerinnen gerade beim Zugang zur Arbeitswelt" die Rede; siehe hierzu www.ditib.de/detail1.php?id=361&lang=de. Auf der Internetseite der IGMG wird Diskriminierung aufgrund des Kopftuchs in mehreren Beiträgen behandelt, siehe www.igmg.de.

95 Zit. nach Färber, 104.

96 Vgl. etwa Osei, 34 und 38; Peucker, 57, sowie Christoph Link, „Antidiskriminierung und kirchliches Arbeitsrecht", in: *ZevKR* (50, 2005), 403–418; Michaela Windisch-Graetz, „Antidiskriminierung und Selbstbestimmungsrecht der Kirchen", in: ÖARR (55, 2008), 228–237.

97 Netzwerk Theologinnen und Theologen im DiCV Rottenburg-Stuttgart, *Dienst am Reich Gottes in einer multireligiösen Gesellschaft*, 2010, 6f. Positiv angegangen wird dieses Thema auch bei Ulrike Hofmann, „Profil zeigen – Begegnung wagen. Der Entscheidungsprozess eines Kirchenvorstandes zur Einstellung einer muslimischen Erzieherin", in: *Junge Kirche* (65 (3), 2004), 19–21.

Angesichts des weitgehenden Ausfalls der Kirchen könnten es in Zukunft auch verstärkt Gewerkschaften sein, die für Belange von Muslimen in der Arbeitswelt eintreten.[98] Dies ist insofern plausibel, als es um die Beseitigung von Diskriminierung und um die Stärkung von Individuen geht. In diesem Zusammenhang könnte die den Alltag strukturierende Kraft des islamischen Ritualgebets und der Gewinn an Selbstvertrauen durch das Kopftuch positiv gewürdigt werden. Insofern können Ausdrucksformen religiöser Praxis auch Anlass dazu geben, den Zusammenhang von Islam und Erwerbsarbeit differenzierter als bisher zu betrachten.

Dabei sollten in Zukunft auch weitere Fragen in den Blick genommen werden, etwa wie sich Diskriminierung und Muslimsein wechselseitig verstärken können, was folgendes Zitat aus einer Befragung andeutet: „Wenn es allen gut ginge, wenn es keine Arbeitslosigkeit, keinen Krieg, nichts gäbe, dann würde es Gott nicht geben, nirgends."[99] Religion, Diskriminierung und Arbeitswelt müssen in einem umfassenden Sinn als dynamisches Wechselverhältnis betrachtet werden.

98 Eine Publikation aus dem DGB illustriert, dass hier durchaus Aufgeschlossenheit besteht: DGB Bildungswerk (Hg.), *Islam und Arbeitswelt. Muslimische Arbeitnehmende in der Arbeitswelt – islamische Organisationen*, Düsseldorf 2003; siehe hierzu www.migration-online.de/data/publikationen_datei_1080805175.pdf. Vgl. 40: „In Betrieben wurden zahlreiche praktische Erfahrungen im Zusammenleben gesammelt – Arbeitnehmerinnen und Arbeitnehmer muslimischen Glaubens konnten sich in die betrieblichen Abläufe einfügen und ihren Glauben in diesem Rahmen ausüben. Diese Erfahrungen aus der Arbeitswelt können für die gesellschaftliche Integration von Muslimen genutzt werden."

99 Zit. n. Nikola Tietze, „Formen der Religiosität junger männlicher Muslime in Deutschland und Frankreich", in: Göle und Ammann, 261.

III.
Theologische Versuche über Erwerbsarbeit

Torsten Meireis

Protestantismus und Arbeitsgesellschaft[1]

Einleitung

Die Herausbildung des Konzepts der Erwerbstätigkeit, das in der entstehenden Arbeitsgesellschaft des 19. Jahrhunderts zum Paradigma der Arbeit überhaupt wird, und seiner normativen Einbindung in die gesellschaftlichen Sozialbeziehungen ist ganz ohne die Wechselwirkung mit protestantisch-christlichen Vorstellungen und Strömungen nicht zu verstehen.

Hier wird die These vertreten, dass in der theologischen Theoriebildung des Protestantismus zunächst ein religiös konnotiertes, auf individuelles moralisches Verhalten zugespitztes und unter ständischen Bedingungen gedachtes Konzept des Berufs leitend ist, das erst im Zuge der Entstehung der Arbeitsgesellschaft[2] und der Herausbildung des modernen Arbeitsbegriffs langsam durch das Konzept der Arbeit abgelöst wird, das seinerseits zunächst auf Erwerbsarbeit fokussiert bleibt, zunehmend aber entgrenzt wird. Allerdings spielt der Protestantismus auch in der Herausbildung dieses modernen Arbeitsverständnisses eine Rolle, sofern die Reformation die alltägliche Produktions- und Dienstleistungstätigkeit religiös aufwertet und die Vorstellung effizienter und produktiver Arbeit als weltverbessernder Tätigkeit gerade auch durch die protestantische Aufklärung intensiv propagiert wird. Auch wenn die in ihrer ausgearbeiteten Gestalt[3] auf Max Weber zurückgehende These vom protestantischen Ethos rationaler und effizienter Arbeit[4] insgesamt eher kritisch zu bewerten ist,[5] findet sie doch auch aktuell Nachfolger, die die Affinität bestimmter Typen des Protestantismus zu individuell-verdienstorientierten

---

1 Der vorliegende Aufsatz geht auf einen Beitrag zu einem größeren Projekt zurück, dessen Veröffentlichung zum Jahresende vorgesehen ist: Thorsten Meireis, „Beruf und Arbeit. Protestantismus und Wohlfahrtsstaat", in: Karl Gabriel und Hans-Richard Reuter (Hg.), *Religion und Wohlfahrtsstaatlichkeit in Deutschland. Konfession und Semantik*, Tübingen 2015. Er wurde für die hiesige Veröffentlichung überarbeitet.

2 Vgl. Joachim Matthes, *Krise der Arbeitsgesellschaft? Verhandlungen des 21. Dt. Soziologentages in Bamberg 1982*, Frankfurt am Main und New York 1983.

3 Ein protestantischer Stolz auf die Luther zugeschriebene „sittliche Würdigung der Arbeit" findet sich auch schon bei einem Autor wie dem Lutheraner Christoph Ernst Luthard (1823–1902), *Kompendium der theologischen Ethik*, Leipzig ^{2}1898, 348.

4 Vgl. Max Weber, „Die protestantische Ethik und der Geist des Kapitalismus", in: ders., *Gesammelte Aufsätze zur Religionssoziologie*, ^{8}1986, 17–206, [in: ders., Gesammelte Werke (CD-ROM-Ausgabe), Digitale Bibliothek Bd. 58, Berlin 2001]; 1. Auflage der Sammlung 1920, Erstveröffentlichung d. Aufsatzes 1905/06.

5 Vgl. die Kritik zusammenfassend und zuspitzend Heinz Steinert, *Max Webers unwiderlegbare Fehlkonstruktionen. Die protestantische Ethik und der Geist des Kapitalismus*, Frankfurt und New York 2010.

wohlfahrtsstaatlichen Paradigmen bestätigen und differenzierte Studien zum Einfluss und zur Bedeutung der verschiedenen konfessionellen Sozialvorstellungen auf Bildungsverhalten und die Sozialpolitik vorlegen.[6]

Die Bedeutung des Begriffs ‚Arbeit' ist dabei zunächst durchaus umstritten:[7] Arbeit kann sich einerseits als ‚Erwerbsarbeit' auf Tätigkeitskontexte beziehen, die mit Entlohnung oder Alimentierung verbunden sind und auf den Erwerb des Lebensnotwendigen beziehen, oder andererseits als unbezahlte ‚Haus-' oder ‚Fürsorgearbeit' auf den familiären Rahmen richten; zudem kann natürlich auch Haus- oder Fürsorgearbeit als Erwerbstätigkeit gestaltet sein. Als Arbeit werden aber auch Aktivitäten jenseits des Erwerbs oder der familiären Fürsorge bezeichnet, etwa die ehrenamtliche politische oder zivilgesellschaftliche Tätigkeit als politische Arbeit oder Vereinsarbeit, und schließlich die produktive Tätigkeit im eigenen Haus und Garten zum eigenen Nutzen. Doch auch innerpsychische Bewältigungsstrategien werden inzwischen üblicherweise mit dem Arbeitsbegriff bezeichnet, wie der Begriff der Trauerarbeit zeigt. Eine Eindeutigkeit der Begriffsbildung ist dabei auch durch die Klassifikation nach Tätigkeitsmerkmalen nicht zu erreichen: Mühsam ist auch der Marathonlauf, zweckrational auch das feierabendliche Gemüsefondue oder Grillfest; Bildungsaktivitäten werden in der Regel ebenfalls als Arbeit verstanden, auch wenn sie nicht durch Dritte ersetzt werden können (Drittpersonkriterium). Komplexe Definitionen wiederum – etwa Friedrich Kambartels' und Angelika Krebs' „institutioneller Arbeitsbegriff"[8], der auf die „Tätigkeit für andere im Rahmen des gesellschaftlichen Leistungsaustauschs" abhebt – sind erstens so voraussetzungsreich, dass sie nur schwer an die lebensweltliche Semantik anschließbar scheinen, implizieren aber zweitens so starke normative Setzungen, dass sie in einer Umbruchsituation wie der gegenwärtigen gesellschaftliche und kulturelle Entwicklungen gleichsam zu sistieren drohen, und sind drittens so stark auf den gegenwärtigen Kontext bezogen, dass sie historische Phänomene gar nicht identifizieren können.

Um die Arbeitskategorie für die Wahrnehmung der historischen Entwicklungen transparent zu halten, soll das Konzept hier nicht als wohldefinierter Begriff, sondern heuristisch als soziokulturelles Deutungsmuster verstanden werden, also als sozial konstruierte lebensweltliche Kategorie, deren Behandlung stets auch die

6 Vgl. zum Bildungsverhalten die humankapitalorientierte Studie von Sascha O. Becker und Ludger Wössmann, „Was Weber Wrong? A Human Capital Theory of Protestant Economic History", in *The Quarterly Journal of Economics* (124 (2), 2009), 531–596; zur Prägung des wohlfahrtsstaatlichen Typus vgl. Philipp Manow, *Religion und Sozialstaat. Die konfessionellen Grundlagen europäischer Wohlfahrtsstaatsregime*, Frankfurt am Main 2008.

7 Vgl. insgesamt Robert Castel, *Die Metamorphosen der sozialen Frage*, Konstanz 2000; Angelika Krebs, *Arbeit und Liebe*, Frankfurt am Main 2002; Torsten Meireis, *Tätigkeit und Erfüllung. Protestantische Ethik im Umbruch der Arbeitsgesellschaft*, Tübingen 2008, zum Folgenden vgl. Krebs, 11–51.

8 Vgl. Krebs, 38.

Thematisierung ihres historischen und sozialen Kontextes erzwingt. Dabei ergibt sich, dass die Arbeitsvorstellung seit der Durchsetzung der Arbeitsgesellschaft im 19. Jahrhundert auf Tätigkeiten zielt, die es im weiteren Sinn mit dem gesellschaftlichen Naturumgang zu tun haben und deren Akteure aus diesen Tätigkeiten Anerkennung, gesellschaftliche Teilhabe, Teilnahme und ein gutes, sinnvolles Leben erwarten.[9]

Zur Darlegung der benannten Wechselwirkung von protestantischen Vorstellungen und gesellschaftlichen Sozialbeziehungen in der Entstehung der Arbeitsgesellschaft soll zunächst ein kurzer begriffsgeschichtlicher Überblick dienen (1). In einem zweiten Schritt werden dann einige sozialhistorische Voraussetzungen benannt (2). Der dritte Abschnitt ist schließlich den Wechselwirkungen von Protestantismus und Arbeitsgesellschaft im Kontext des 19. und 20. Jahrhunderts gewidmet (3), wobei sich einerseits zeigt, dass die ständischen Vorstellungen des Berufsbegriffs noch lange im Kontext der modernen Arbeit wirksam bleiben.[10] Protestantische Kreise finden sich dabei in den Debatten um Arbeit und soziale Sicherung auf unterschiedlichen Seiten wieder, tragen aber durch ihre Thematisierung letztlich zu einer Plausibilisierung bestimmter Formen sozialer Sicherung im Arbeitskontext bei, wie sich im exemplarischen Rückbezug auf die formativen Jahre des deutschen Sozialstaats zeigen lässt.[11] Andererseits wird deutlich, dass die Arbeitskategorie nun den Berufsbegriff zunehmend ablöst und sich so auch der Protestantismus in Rückbesinnung auf seine Gerechtigkeitstraditionen am Ausbau des arbeitsgesellschaftlichen und wohlfahrtsstaatlichen Kompromisses intensiv beteiligt.

1. Wandlungen des Arbeitsbegriffs

Das mittelalterliche Wort ‚arebeit‘ bezeichnet vorrangig Mühe und Anstrengung[12] und noch Luther verwendet es vorrangig in der Bedeutung des lateinischen ‚labor‘.[13] Die im Deutschen rückläufige Wendung ‚werken‘ ist mit dem Begriff

9 Vgl. hierzu insgesamt Meireis, *Tätigkeit und Erfüllung*.

10 Schon die Nachzeichnung der evangelischen Begriffsbildungen ist methodologisch nicht ganz trivial, weil es – dank der protestantischen Pluralität – weder eine autoritative kirchliche Soziallehre noch ein Konsensorgan, etwa ‚die‘ protestantische Zeitschrift, gibt. Vielmehr stehen sich eine Vielfalt institutioneller, individueller und kollektiver Akteure in unterschiedlichen Foren gegenüber, deren Äußerungen und Wirkungen sich nicht ohne Weiteres quantifizieren lassen. Der hier vertretene Zugang sucht Begriffsprägungen durch den Rekurs auf epochentypische Autoren und Werke darzulegen, wobei der Nachweis des Typischen durch den Überblick der publizistischen und institutionellen Landschaft versucht wird, vgl. zur Durchführung Meireis 2008, 61–221.

11 Auf diesen beziehe ich mich hier exemplarisch, ein Einbezug der weitergehenden Entwicklungen und Einflüsse sprengte den Rahmen dieses Artikels.

12 Vgl. W. Conze, „Arbeit“, in: O. Brunner, W. Conze und R. Kosellek, *Geschichtliche Grundbegriffe*, Stuttgart 1972, 1:161.

13 Vgl. Meireis, *Tätigkeit und Erfüllung*, 76–80.

der Wirkung verbunden. Im europäischen Sprachraum verhält sich dies durchaus ähnlich. Die im romanischen Sprachraum verbreitete Semantik leitet sich entweder aus dem lateinischen ‚operari' (bewirken, vgl. ital. ‚opere', frz. ‚ouvrier') oder dem Begriff des Tripaliums, eines Folterinstruments für Sklaven, her (frz. ‚travail', port. ‚trabalho'). Im Englischen ist neben der Sprachfamilie des Wirkens (‚work') ebenfalls die Mühe (‚labour') thematisch vorrangig.

Eine Bedeutungsverschiebung ergibt sich erst langsam. In der Reformation wird die (mühevolle) Arbeit – im Anschluss an Entwicklungen der Renaissance – als produktive Tätigkeit wahrgenommen. Zudem ergibt sich eine Aufwertung alltäglicher Tätigkeit, die aus der theologischen Depotenzierung der religiösen Sonderexistenz erwächst, zu der im Mittelalter insbesondere das Ordensleben, aber auch der Bettel gezählt wird.[14] Die Logik reformatorischer Argumentation zielt dabei auf die Problematisierung der Vorstellung verdienstlicher Tätigkeit vor Gott: Diese, so die Reformatoren, sei unmöglich, der Mensch müsse sich Gott als Sünder in Demut nähern. Institutionen wie das Mönchtum begünstigen in dieser Perspektive immer wieder das Missverständnis, der Mensch könne sich durch gute Werke vor Gott selbst rechtfertigen – dies aber müsse scheitern, der Mensch verzweifeln und von Gott abfallen. Aus diesem Grund argumentiert Martin Luther, dass jeder Mensch sich in doppeltem Sinne berufen fühlen dürfe: Einerseits sei er von Jesus Christus zum Glauben gerufen – der innere Beruf –, andererseits aber habe er in der Welt die Aufgabe, dem Nächsten in seinem Beitrag zur Erhaltung der Welt zu dienen, und zwar auch in der geringsten Tätigkeit: Dies nennt Luther ‚vocatio externa', äußere Berufung. Damit wird die alltägliche Tätigkeit, die produktive Arbeit, zum zwar nicht vor Gott verdienstlichen, aber gebotenen und insofern auch wohlgefälligen ‚Beruf'. Dabei kommt es Luther vor allem auf die Gesinnung an, in der diese Tätigkeit, die er stets als irdische Bewährung versteht, verrichtet wird, denn im Glauben kann auch die mühsamste Plackerei als Beruf verstanden werden und Zufriedenheit erzeugen: „Darauff bin ich getaufft und durchs Euangelium darzu beruffen, Darumb wil ich auch getrost darauff warten. Daneben aber hat er mich geschaffen und in das Ampt gesetzt, das ich sol ein Herr, Fraw, Knecht, Magd, Schulmeister, Prediger etc. sein und in meinem Beruff jhm dienen, Darumb wil ich auch vleissig sein zu guten wercken, wil ein feiner, fromer Knecht, eine gehorsame, zuechtige Magd, ein vleissiger Schulmeister, ein trewer Prediger sein und thun, was Got wolgefellet. Wer solches weis und sich darnach richtet, dem wird sein Leben nicht schwer noch sawer, murret nicht wider Gott, obs jm schon zu weilen ubel gehet, Denn weil er des ewigen Lebens gewis ist und auff die selige hoffnung und erscheinung des Heilandes IHEsu CHRisti wartet, so thut und leidet er alles

14 Vgl. Hermann-Josef Große Kracht, „Eigentum, Almosen, Investitionen und die ‚Widmung der Erdengüter an alle'. Zur Interpretationsgeschichte von Armut, Reichtum und sozialer Ungleichheit in der ‚Soziallehre' der katholischen Kirche", in: U. Huster und F.-R Volz (Hg.), *Theorien des Reichtums*, Münster 2002, 113–150.

gern, was er thun und leiden sol. Darnach weil er seinen Beruff erkennet und weis, das er darinne Gott dienet, so ist er unverdrossen, sein befohlen werck auszurichten. Ob schon die Welt arg und boese Und das Leben in dieser Welt fehrlich und mueheselig ist Und die wercke, so er thut, ein gering ansehen haben, So weis er doch, das sein Stand und Ampt Goettlich.[15]

Damit ergibt sich eine Aufwertung der alltäglichen produktiven Tätigkeit, an die die Aufklärung anzuknüpfen vermag. Hatte John Locke (1632–1704) in seinem *Second Treatise of Government* das Eigentum nicht mehr auf eine ursprüngliche Besitzergreifung, sondern auf die Vermischung der körperlichen Mühe mit Naturerzeugnissen zurückgeführt,[16] so kann schon Adam Smith (1723–1790) im Ausdruck der „division of labour“[17] stärker auf den Produktivitäts- und Erwerbs- als auf den Müheaspekt abheben. Auch im deutschen Sprachraum finden sich ähnliche Entwicklungen, sodass Christian Wolff (1679–1754) in den 1750er-Jahren definieren kann: „Die Verrichtungen, welche der Mensch vornimmet, zeitliches Vermögen zu erwerben, werden Arbeit genennet.“[18] Weiter führt er aus: „Die Arbeit ist die Mühe, welche man auf die Hervorbringung von körperlichen und unkörperlichen Sachen und zur Beförderung der Bequemlichkeit, des Vergnügens und Wohlstandes anwendet.“[19] Im Unterschied zur Reformation, die die mühsame Tätigkeit als Bewährung versteht, wird die Arbeit nun zur Weltverbesserung stilisiert.[20] Mit dem Aufstieg des Bürgertums bekommt die Arbeit den letzten Ruch des Odiösen ausgetrieben, sodass Johann August Cramer 1782 in einem Gedicht, das seinen Weg als

15 Martin Luther, Predigten des Jahres 1531. Zweite Abteilung, 76. Predigt in Kemberg gehalten (19. August), Einne Predigt D. Martini Lutheri von unser seligen Hoffnung uber den Spruch S. Pauli Cit: 2., WA 34/2, 135.

16 „The Labour of his Body, and the Work of his Hands, we may say, are properly his. Whatsoever then he removes out of the State that Nature hath provided, and left it in, het hath mixed his Labour with, and joyned to it something that is his own, and thereby makes it his Property. It being by him removed from the common state Nature placed it in, it hath by this labour something annexed to it, that excludes the common right of other Men. For this Labour being the unquestionable Property of the Labourer, no Man but he can have a right to what that is once joyned to, at least where there is enough, and as good left in common for others.“ John Locke, *Two treatises of government, edited with an introduction and notes by P. Laslett*, Cambridge 2003 [1698], V, §27.

17 Adam Smith, *Untersuchung über Wesen und Ursachen des Reichtums der Völker*, Düsseldorf 1999 [1776], I,1.

18 Christian Wolff, *Vernünftige Gedanken von der Menschen Tun und Lassen*, Halle 1752, §523, zit. bei W. Conze 1972, 171.

19 Christian Wolff, *Grundsätze des Völckerrechts*, Halle 1754, §124, zit. bei Conze 1972, 170.

20 So etwa in Christian Friedrich Sintenis' Werk „Menschenfreuden aus meinem Garten“ (Zerbst 1778) (zitiert bei Klara Vontobel, „Das Arbeitsethos des deutschen Protestantismus von der nachreformatorischen Zeit bis zur Aufklärung“, in: René König (Hg.), *Beiträge zur Soziologie und Sozialphilosophie*, Bern 1946, 2:50), in dem die menschliche Arbeit als Schöpfungsvollendung begriffen wird.

Lied in verschiedene Kirchengesangbücher findet,[21] die Arbeit geradezu als Glück preisen kann – etwas, das beispielsweise Luther gänzlich fern lag: „Ihr Eltern, groß ist Eure Pflicht!/ Verzärtelt Eure Kinder nicht./ Gewöhnet sie in früher Zeit/ zu nützlicher Geschäftigkeit. … Gewöhnt sie an der Tugend Müh,/ An Ernst und Fleiß und lehret sie,/ Daß Arbeit keine Sclaverei,/ daß sie das Glück des Menschen sei."[22] Während Friedrich Schiller schon im „Lied von der Glocke" Arbeit als Ehre ansehen kann,[23] führt Ernst Moritz Arndt noch im 19. Jahrhundert eine erbitterte Auseinandersetzung mit Adligen, die gewerbliche Arbeit ablehnen, und sieht sich bemüßigt zu betonen, es sei „männliche Ehrenansicht des männlichen Mannes, daß jede freie Arbeit freie Ehre ist."[24]

Die moderne Vorstellung der Arbeit bildet sich im Lauf des 19. Jahrhunderts und mit der Entstehung der Arbeitsgesellschaft heraus. Normativ impliziert sie eine Vorstellung, die sich als ‚Arbeitsversprechen' kennzeichnen lässt: Wer bereit ist, sich am gesellschaftlichen produktiven Naturumgang zu beteiligen, soll materielle Teilhabe, politische Teilnahme, Wertschätzung und ein gutes Leben erwarten können.[25]

Gegen Ende des 19. Jahrhunderts gilt es sowohl im Bürgertum als auch im Proletariat als ausgemacht, dass die Arbeit alles Gute des menschlichen Lebens hervorbringen müsse: „Stimmt an das Lied der hohen Braut,/ die schon dem Menschen angetraut,/ Eh er selbst Mensch war noch./ Was sein ist auf dem Erdenrund,/ Entsprang aus diesem treuen Bund./ Die Arbeit hoch! (…) So ruft: Die Arbeit sie erhält,/ Die Arbeit, sie bewegt die Welt!/ Die Arbeit hoch!"[26] Erst in dieser Zeit bilden sich die ersten nicht-adeligen Gegenbewegungen, veröffentlicht Paul Lafargue das „Lob der Faulheit",[27] das erst in den postlaboristischen Strömungen am Ende des 20. Jahrhunderts wieder aufgenommen werden wird.

21 Hier sind mindestens das Bergische Gesangbuch von 1846 wie das Sächsische Gesangbuch von 1835 zu nennen, wo es unter der Nummer 272 bzw. 627 auftaucht.

22 Johann Andreas Cramer, *Sämmtliche Gedichte*, Leipzig 1782, 3:285.

23 „Arbeit ist des Bürgers Zierde, Segen ist der Mühe Preis, ehrt den König seine Würde, ehret uns der Hände Fleiß." Friedrich Schiller, „Das Lied von der Glocke", in: ders., *Gedichte*, hg. von Georg Kurscheidt, Frankfurt am Main 1992 [1800], 1:56–68, hier 65.

24 Ernst Moritz Arndt, *Die Rheinischen ritterbürtigen Autonomen*, 75. S. auch ders., *Gedichte. Deutsche Literatur von Luther bis Tucholsky*, 22247 (vgl. Arndt-Werke 1:311), online abrufbar unter http://www.digitale-bibliothek.de/band125.htm: „Trage frisch des Lebens Bürde,/ Arbeit heißt des Mannes Würde,/ Kurzer Bach fließt Erdenleid,/ Langer Strom die Ewigkeit."

25 Vgl. hierzu insgesamt Meireis, *Tätigkeit und Erfüllung*.

26 Das „Lied der Arbeit" das als Hymne der österreichischen Sozialdemokratie gilt, ist zugänglich unter www.spoe-rabenstein.at.

27 Paul Lafargue, „Das Recht auf Faulheit", 1867, zugänglich unter http://www.sopos.org/aufsaetze/3b0bf233eb8e3/1.html.

2. Zur sozialpolitischen Grundierung: Bauernbefreiung, Gewerbefreiheit und Vertragsrecht als institutionelle Grundlagen der Arbeitsgesellschaft

Die Bedeutungsverschiebungen im Arbeitsbegriff sind selbstverständlich weder allein noch vorrangig das Produkt denkerischer Tätigkeit, sondern im Rahmen eines tiefgreifenden Umbruchs zu verstehen, der nach der Renaissance, dem ‚Zeitalter der Entdeckungen' und der Katastrophe der konfessionellen Kriege in Europa eine Reihe von Veränderungen impliziert: politisch den Aufstieg des Nationalstaats, ökonomisch die Herausbildung einer volkswirtschaftlichen Betrachtungsweise, geographisch die gewaltsame Erschließung von Ressourcen und Märkten in Übersee, naturwissenschaftlich-technisch die Einführung neuer Pflanzen und Methoden – genannt seien etwa Raps, Kartoffel oder Fruchtwechsel[28] – sowie neuer Produktionsweisen und Maschinen. Gleichzeitig sorgen die demographische Erholung und die Peuplierungspolitik der absoluten Fürsten ab der zweiten Hälfte des 18. Jahrhunderts für einen Bevölkerungsdruck, der im Fall von Missernten Hunger und Not zur Folge hat. Dabei werden die traditionalen Ordnungen und Privilegien auch als Hindernisse einer Entwicklung in Richtung auf mehr Effizienz und Produktivität wahrgenommen.[29] Allerdings ist die Bereitschaft zur Veränderung auf Seiten der Regierenden angesichts der unterschiedlichen Besitzinteressen eher verhalten, sodass erst die Durchsetzung liberaler Konzepte in den französisch besetzten Gebieten, also erst die Entwicklung im Gefolge der französischen Revolution und der napoleonischen Kriege, den Anstoß gibt, der eine Veränderung in der Breite bewirkt, sofern auch die kommende Großmacht Preußen auf den ‚wirtschaftsliberalen' Reformkurs einschwenkt.

Obgleich die Entwicklungen unter sehr verschiedenen politischen und ökonomischen Bedingungen stattfinden und entsprechend unterschiedlich verlaufen, lassen sich doch drei politische Maßnahmen benennen, die für die Wegbereitung der Arbeitsgesellschaft zentral sind: die Freisetzung der bäuerlichen Bevölkerung, die Einführung der Gewerbefreiheit und die Ermöglichung des frei ausgehandelten Arbeitsvertrags. Ist die Reform der ländlichen Verhältnisse gewichtig, weil zu dieser Zeit 80 Prozent der Bevölkerung auf dem Land leben,[30] kommt der Institution des Arbeitsvertrags systematisch hohe Bedeutung zu, weil sie gesellschaftliche Produktion und Verteilung effektiv koppelt[31] – wenn auch unter asymmetrischen

28 Vgl. Michael North (Hg.), *Deutsche Wirtschaftsgeschichte. Ein Jahrtausend im Überblick*, München ²2005, 140.

29 Vgl. Karl H. Schneider, *Geschichte der Bauernbefreiung*, Stuttgart 2010, 34–35.

30 Vgl. Florian Tennstedt, *Sozialgeschichte der Sozialpolitik in Deutschland*, Göttingen 1981, 27.

31 Claus Offe, „Nachwort: Armut, Arbeitsmarkt und Autonomie", in: Ph. van Parijs, Y. Vanderborght (Hg.), *Ein Grundeinkommen für alle? Geschichte und Zukunft eines radikalen Vorschlags*, Frankfurt am Main 2005, 131–150.

Bedingungen. Alle drei Vorgänge sind freilich von hoher Ambivalenz. Während die Befreiung der Bauern – nach einer Einschätzung ihres ersten Chronisten, des Straßburger Nationalökonomen und Historikers Georg Friedrich Knapp – aufgrund der Entschädigungszahlungen, die die Bauern den Grundherren leisten müssen, genaugenommen auch die Befreiung von ihrem Land darstellt,[32] bedeutet die Gewerbefreiheit die Auflösung nicht nur der zünftigen Einschränkungen, sondern auch der entsprechenden Schutzrechte. Die Ermöglichung des Arbeitsvertrags schließlich impliziert angesichts ungleicher Kräfteverhältnisse am Markt und fehlender Schutzrechte gravierende Nachteile für die Arbeitsuchenden; zudem bleiben viele Arbeitsverhältnisse ausgesprochen obrigkeitlich geregelt.

Wie im politisch stark zersplitterten Deutschland nicht anders zu erwarten, gestaltet sich auch die ‚Bauernbefreiung' – wiewohl ein gesamteuropäisches Phänomen – regional sehr unterschiedlich.[33] Der Begriff der Bauernbefreiung ist dabei missverständlich, denn es handelt sich keineswegs immer um Verhältnisse vollständiger Leibeigenschaft, sondern kann auch als Grundherrschaft, Zehntherrschaft oder Gerichtsherrschaft ausgestaltet sein:[34] Im letzten Fall versieht der Herr das Gerichtswesen, kann dafür Abgaben einfordern und hat besonders gute Kontrollmöglichkeiten. Der Zehntherr hat die – ursprünglich zur Erhaltung der Kirche entwickelte – Naturalabgabe des ‚Zehnten' unter sich, der Grundherr hat das Land vergeben. Dabei können auf einem Hof durchaus unterschiedliche Autoritäten für die verschiedenen Rechte stehen. Am stärksten ist die Abhängigkeit, wenn ein Herr Leib-, Grund- und Gerichtsherrschaft auf sich vereinigt, in anderen Fällen können die verschiedenen Herren gegeneinander ausgespielt werden. Wer zwar einen Grund- oder Leibherrn hat, aber ein großes Gut bewirtschaftet, steht insgesamt oft sehr viel besser da als Freie, die nicht über Land verfügen können.[35] Dabei geht es um persönlich geschuldete Abgaben, Dienst- und Abhängigkeitsverhältnisse unterschiedlichsten Zuschnitts: Hand- und Spanndienste, Ertragsabgaben, aber auch Untertänigkeit im Sinne eingeschränkter Freizügigkeit, Erbrechte oder Heiratsmöglichkeiten und natürlich wirtschaftliche Unselbständigkeit, da Bauern oft für die geringfügigste Entscheidung die Erlaubnis des Herrn einholen müssen.[36] Von Seiten der Grundherren entsprechen diesen Abhängigkeiten Unterstützungsverpflichtungen in Notzeiten, so etwa die Übernahme der Steuerlast, Erlassung der Abgaben, Überlassung von Saat- oder Brotgetreide und sogar von Inventar, wenn diese Sicherung auch auf niedrigem Niveau angesiedelt ist.[37] Gleichwohl wird die

32 Vgl. Georg Friedrich Knapp, *Die Bauern-Befreiung und der Ursprung der Landarbeiter in den älteren Theilen Preußens*, Leipzig 1887.

33 Vgl. Schneider, 16–20.

34 Vgl. hierzu insgesamt *ebd.*, 16–38.

35 Vgl. *ebd.*, 17–26.

36 Vgl. *ebd.*, 21–24.

37 Vgl. *ebd.*, 36.

Befreiung in vielen Gebieten auch von Bauern gefordert[38] – allerdings entspricht die Durchführung keineswegs den Forderungen. Obgleich etwa im Königreich Westphalen 1807 unter liberaler französischer Herrschaft eine entschädigungslose Beendigung der Leibeigenschaft durchgesetzt wird, betrifft dies grundherrschaftliche Abhängigkeitsverpflichtungen nicht, die im dortigen Gebiet die Mehrheit darstellen und als Gegenleistung für die Nutzung des Landes interpretiert werden – die Bauern gewinnen so persönliche Freiheit, aber keineswegs mehr. Und als im Jahr 1809 dann eine gesetzliche Möglichkeit zur Kapitalablösung der Verpflichtungen gegenüber dem Grundherrn geboten wird, ist sie so hoch bemessen und so sehr zugunsten der Grundherren berechnet, dass sie kaum eine echte Option darstellt.[39] In Preußen, das schon im Landrecht von 1794 eine Abschaffung der persönlichen Leibeigenschaft gesetzt hatte,[40] wird seit 1807 durch verschiedene Edikte die Befreiung und Ablösung reguliert; vor allem in einem Edikt aus dem Jahr 1811 wird auf Landabtretung gesetzt: Erbberechtigte Bauern müssen dem Grundherrn ein Drittel ihres Landes abtreten, nicht erbberechtigte sogar die Hälfte – gleichwohl suchten die Grundherren die Geltung dieser Regelungen zuungunsten der Bauern erfolgreich einzuschränken.[41] Im Ergebnis bedeutet die Reform eine Umverteilung von Land aus bäuerlichem in adeligen Besitz und eine Befreiung der Gutsbesitzer, die nun nicht mehr für die soziale Sicherung der Abhängigen aufkommen müssen.[42] Bis 1838 geht man für Preußen von ca. 530.000 ha aus,[43] danach folgen Kapitalablösungen: „Insgesamt kann davon ausgegangen werden, dass über diese Leistungen den Gütern, die 1860 einen durchschnittlichen Jahresertrag von 6.200 RM aufwiesen, 10–12 Jahreseinnahmen sowie Land im Wert von mindestens 30.000 RM zuflossen. Für die Güter bildeten diese Transferzahlungen der Bauern eine günstige Gelegenheit, um Schulden abzubezahlen, den Betrieb und die Gebäude zu modernisieren oder Familienmitglieder zu entschädigen."[44]

Von zusätzlicher Bedeutung sind die gleichzeitig stattfindenden Aufteilungen der dörflichen Allmenden, die für die Land besitzenden Bauern mit hohen Durchführungskosten verbunden sind, den Landlosen aber ihre bisherigen Subsistenzressourcen weitgehend nehmen, zumal unter Bedingungen eines Bevölkerungsanstiegs:[45]

38 Vgl. *ebd.*, 84.

39 Vgl. *ebd.*, 95–96. Die Ablösesumme betrug das 25-fache der jährlichen Abgabenlast und die Berechnungsgrundlage schloss Jahrzehnte mit sehr hohen Getreidepreisen ein.

40 Diese bedeutete aber noch keine vollständige Befreiung, da die Gutsuntertänigkeit in den entsprechenden Paragraphen 147–148 ausdrücklich erhalten wird, sodass der Gutsherr de jure zwar nicht den Bauern, aber sehr wohl das Land, an das der Bauer gebunden ist de facto also mit ihm verkaufen kann, vgl. Schneider, 100.

41 Vgl. *ebd.*, 120.

42 Vgl. *ebd.*, 115.

43 Vgl. *ebd.*, 175 (unter Berufung auf Harnisch).

44 *Ebd.*, 176.

45 Vgl. hierzu Harald Steindl, „Entfesselung der Arbeitskraft", in: ders. (Hg.), *Wege zur Arbeitsrechtsgeschichte*, Frankfurt am Main 1984, 29–136, hier 100 – dieser referiert Har-

„Die ‚Kleinen‘, die Landlosen oder Landarmen, erhielten zwar geringe Entschädigungen, meist im Umfang einer ‚Kuhweide‘, so dass sie nicht vollständig von den bisherigen Ressourcen abgeschnitten wurden. Das aber war nur eine Notlösung. Für eine Übergangsphase von ca. 20 Jahren verschlechterte sich die Situation der ‚kleinen Leute‘ im Dorf dramatisch, Unruhen, Proteste und Auswanderung waren die Antworten. (…) Ab spätestens 1870 verschoben sich dann die Relationen. Das außerdörfliche Arbeitsangebot in den Städten stieg rapide an, Abwanderung verstärkte sich.“[46] Das lässt sich auch in Zahlen ausdrücken: „1805 haben die freien Handarbeiter und Tagelöhner in Preußen noch einen Bevölkerungsanteil von 3,4 v. H., 1858 sind es schon 12,5 v. H.“[47]

Das preußische Allgemeine Landrecht (ALR), von dem bereits die Rede war, impliziert auch die ersten Änderungen hinsichtlich der zünftigen Verfassung und folglicher Gewerbefreiheit. Dabei werden nun zunächst die unzünftigen Gewerbe auch ausdrücklich freigestellt – um 1800 sind bereits die Hälfte der Gewerbetreibenden außerhalb der Zünfte angesiedelt, auch wenn sie dafür angefeindet werden.[48] Weiterhin wird zwischen dem zum Einzelhandel berechtigten Handwerk und den Fabriken unterschieden, die im Großen fertigen: Fabrikarbeiter sind vom Zunftzwang und den Zunftrechten ausgenommen und sollen allein für den Fabrikunternehmer arbeiten.[49] Einen Schritt weiter geht das bereits erwähnte Edikt von 1807 – in seinem zweiten Paragraphen wird Adligen Gewerbefreiheit gewährt und Bürgern wie Bauern der Standeswechsel erlaubt.[50] Erst 1810 wird eine allgemeine Gewerbesteuer eingeführt. Demjenigen, der den auf ein Jahr zu lösenden Gewerbeschein besitzt, wird die Berechtigung verliehen, in ganz Preußen tätig zu werden – die Einspruchsrechte der Korporationen werden kassiert, wenn auch Schlupflöcher bleiben.[51] Ein Jahr später werden dann auch die Rechte und Pflichten der gewerblichen Arbeitnehmer geregelt, allerdings nur rudimentär.[52] Für die traditionell arbeitenden Handwerker ist diese Entwicklung nicht unproblematisch, weil sie zunehmend in Konkurrenz zu Fabriken arbeiten müssen, die produktiver tätig sind und qualifizierte Gesellen anziehen, die dort Vorrang vor den ungelernten Arbeitern haben und deren Verdienst den Vergleich zum traditionellen Handwerk, das die zünftigen Erfolgsprämien nicht mehr zu versprechen vermag, durchaus aushält.[53]

nischs These, dass – anders als in England – nicht von einem ‚Bauernlegen‘ gesprochen werden dürfe und die Arbeiterschaft der Fabrikdistrikte erst im Zusammenspiel mit der demographischen Entwicklung nach 1830 entstanden sei.

46 Schneider, 187.

47 Tennstedt, 31.

48 Vgl. Steindl, 69.

49 Vgl. *ebd.*, 70.

50 Vgl. *ebd.*, 80.

51 Vgl. *ebd.*, 82–83.

52 Vgl. *ebd.*, 83–84.

53 Vgl. Tennstedt, 33–34, zur Ambivalenz der Klagen über die Gewerbefreiheit aus dem Handwerk vgl. Steindl, 94–101.

Somit tritt nun zunehmend die Figur des freien Arbeitsvertrags an die Stelle der traditionalen personalen Abhängigkeitsbeziehungen auf dem Land bzw. der zünftigen Strukturen im Handwerk. Grundlage der Arbeitsbeziehungen in der vom ALR definierten ‚Fabrik' ist das Dienstvertragsrecht, sodass hier – jedenfalls theoretisch – ein Arbeitsvertrag im Sinne freier Vereinbarung zwischen Unternehmer und Arbeiter vorliegt. „Tatsächlich konnte aber von einem individuell ausgehandelten Arbeitsvertrag nur bei qualifizierten Kräften die Rede sein, denn die konkreten Arbeitsbedingungen in der Fabrik wurden in der Regel einseitig durch den Unternehmer festgesetzt. Der einfache gewerbliche Arbeitnehmer konnte sich nur auf die in den Hausordnungen bereits festgelegten Bedingungen des Arbeitgebers einlassen oder musste sich anderweitig Arbeit suchen."[54]

Gleichwohl wird die formalrechtliche Gleichheit immer stärker gefestigt: In der Gewerbeordnung von 1845 wird die Idee des Arbeitsverhältnisses als Kontraktverhältnis zwischen rechtlich Gleichen bekräftigt und verbreitet sich in den verschiedenen deutschen Ländern, auch wenn Rechtsgleichheit keineswegs Chancengleichheit bedeutet.[55] Zudem bleiben die Gesindeverträge – die im Kontext der bis in die zweite Hälfte des 19. Jahrhunderts zentralen Landwirtschaft wie in bürgerlichen Haushaltungen eine große Rolle spielen, weil sich hier ein großer Anteil der abhängig Beschäftigten findet – vom Grundsatz der Privatautonomie ausgenommen: Zwar kommen sie nach dem Prinzip des freien Vertragsschlusses zustande, aber sie implizieren mit der Stellung von Kost und Logis die Unterstellung unter die Polizeigewalt des Dienstherrn, die etwa die körperliche Züchtigung einschließt.[56]

Im Ergebnis lässt sich resümieren, dass die ‚Zurichtung' der Arbeitnehmer für den entstehenden Arbeitsmarkt sich zwar nicht ganz so rigoros darstellt, wie Karl Marx es – am englischen Paradigma geschult – wahrnimmt, zumal die demographische Komponente hier nicht zu unterschätzen ist, dass sich aber die von ihm beschriebene Tendenz bestätigen lässt: „Somit erscheint die geschichtliche Bewe-

---

54 Martin Becker, *Arbeitsvertrag und Arbeitsverhältnis in Deutschland. Vom Beginn der Industrialisierung bis zum Ende des Kaiserreichs*, Frankfurt am Main 1995, 46–47.

55 Vgl. Becker, 49–52. So wird die Gewerbefreiheit in Sachsen 1861, auf dem Gebiet des Norddeutschen Bundes 1869, im Großherzogtum Hessen 1871, 1872 in Württemberg und Baden und 1873 in Bayern in Kraft gesetzt und gilt danach als Reichsgewerbeordnung.

56 Vgl. *ebd.*, 54–60, Erwachsene männliche Landarbeiter entzogen sich dieser Regulierung, indem sie als Wanderarbeiter tätig waren (57), insgesamt spielten die Gesindeordnungen aber sowohl auf dem Land als auch bei häuslichen Dienstboten eine große Rolle – so galten bis 1918 in Deutschland noch 59 regionale Gesindeordnungen (55). Noch 1912 wird der §77 der Preußischen Gesindeordnung von 1810 unwidersprochen kommentiert: „Reizt das Gesinde die Herrschaft durch ungebührliches Betragen zum Zorn, und wird in selbem von ihr mit Scheltworten oder geringen Tätlichkeiten behandelt, so kann es dafür keine gerichtliche Genugtuung fordern." Zit. in: Rainer Schröder, *Das Gesinde war immer frech und unverschämt. Gesinde und Gesinderecht vornehmlich im 18. Jahrhundert*, Frankfurt am Main 1992, 93.

gung, die die Produzenten in Lohnarbeiter verwandelt, einerseits als ihre Befreiung von Dienstbarkeit und Zunftzwang (...). Andererseits werden diese Neubefreiten aber erst Verkäufer ihrer selbst, nachdem ihnen alle ihre Produktionsmittel und alle durch die alten feudalen Einrichtungen gebotenen Garantien ihrer Existenz geraubt sind."[57]

In das Arbeitsversprechen ist so seine Nichteinlösung von Anfang an eingeschrieben: Aus Bauern werden Tagelöhner und Arbeiter, die Pauperisierung wird zur Proletarisierung, diejenigen aber, die im erweiterten häuslichen oder bäuerlichen Kontext tätig sind, bleiben auch unter den Bedingungen des Arbeitsvertrags der persönlichen Maßregelung ihrer Arbeitgeber ausgesetzt, die so bis in das 20. Jahrhundert als ‚Herrschaft' auftritt. Gleichwohl entwickelt sich mit dem Arbeitsversprechen ein Konzept von hoher normativer Kraft, das die Debatten – quer zu den politischen Lagern – bis heute bestimmt.

3. Zur semantischen und sozialpolitischen Entwicklung im Protestantismus: Vom ‚Beruf' zur ‚Arbeit'

Wie schon in den kurzen begriffsgeschichtlichen Überlegungen zu sehen, spielt der Protestantismus in der Ausbildung des modernen Arbeitsbegriffs eine nicht ganz unerhebliche Rolle. In den Entwicklungen des 18. und 19. Jahrhunderts ist es allerdings weniger die dogmatische Lehrbildung, die einen modernen Arbeitsbegriff favorisiert, als die publizistische Tätigkeit der – im deutschsprachigen Raum oftmals protestantischen – Aufklärer, deren Predigtwerke noch bis in die Mitte des 19. Jahrhunderts aufgelegt werden und wirksam bleiben.[58] So kann etwa ein Aufklärer wie Johann Joachim Spalding gegen den Verdacht einer Weltfremdheit der Religion argumentieren: „Jeder Ernst also in der Ausübung nützlicher Geschäfte, jede Beweisung des Fleißes, der standhaften Ausdaurung, der uneigennützigen Berufstreue, wird (...) durch wahre Religion – aus welcher man hier gern einen durchaus müßigen Enthusiasmus machen mögte – so wenig gehindert und verdrängt, daß vielmehr eben diese recht angewandte sorgfältige Thätigkeit, wenn sie zugleich dabey dem Gedanken an die Gottheit, die das will, einen freyen willkommenen Eingang in die Seele verstattet, selbst Religion wird. (...) Man darf also gewiß nicht aufhören, ein nützlicher Bürger zu seyn, um sich als einen ernstlichen Religionsverehrer zu erweisen."[59] Die Arbeit als Ausübung ‚nützlicher Geschäfte' wird damit kurzerhand selbst zur Religion erklärt. Allerdings wirkt die Entstehung

57 Karl Marx, *Das Kapital. Kritik der politischen Ökonomie*, MEW 23, Berlin 1985, 1:743.

58 Vgl. hier insgesamt Meireis, *Tätigkeit und Erfüllung*, 92–98.

59 Johann Joachim Spalding, *Religion. Eine Angelegenheit des Menschen*, hg. v. Tobias Jersak und Georg Friedrich Wagner, Tübingen 2001 (Kritische Ausgabe, hg. v.A. Beutel, Bd. 5), 78.

der Arbeitsgesellschaft nun auch wieder auf den Protestantismus zurück, der sich zu den neuen Entwicklungen verhalten muss.

Im ‚offiziellen', weithin konsistorial geprägten Protestantismus bis in die Kaiserzeit stellt sich diese Lage durchaus anders dar – ganz gleich, wie die Gemengelage lutherischer und reformierter Strömungen sich gestaltet.[60] Denn der klassische Begriff der Reformation in der Arbeitsfrage lautet nicht ‚Arbeit', sondern ‚Beruf' – und an diese Begrifflichkeit schließen sich die verschiedenen Strömungen des Protestantismus an.

In der konsistorial verfassten, seit dem Augsburger Religionsfrieden eng mit den staatlichen Instanzen verbundenen Kirche ist die Arbeitsfrage zunächst kein Thema. Kirche ist hier weitgehend Predigtkirche, und noch um 1900 kommen etwa in den Berliner Arbeiterbezirken circa 30.000 Kirchenmitglieder auf einen Pfarrer, andere kirchliche Mitarbeiter oder gar Mitarbeiterinnen gibt es fast überhaupt nicht. Das große kirchenpolitische Thema im Preußen der Mitte des 19. Jahrhunderts ist weder die Verarmung großer Bevölkerungsschichten im Zuge der nachnapoleonischen Wirtschaftsreformen noch die beginnende Proletarisierung in den Städten, sondern die von König Friedrich Wilhelm IV. angestrebte liturgische Union zwischen Lutheranern und Reformierten.

Allerdings ist der Protestantismus angesichts der sozialen Umbrüche und Probleme keineswegs blind und diese Themen bleiben nicht unbearbeitet. In den 1830er-Jahren treten an verschiedenen Orten – zunächst unabhängig voneinander – sozial aufmerksame Protestanten auf den Plan. In Hamburg gründet Johann Hinrich Wichern 1833 das „Rauhe Haus" als Auffangstation für verwahrloste Jugendliche. 1822 beginnen Theodor Fliedner und seine spätere Frau Friederike Münster in Kaiserswerth seine sozial ausgerichtete Gemeindearbeit, die 1836 – angeregt von Elisabeth Fry – in die Gründung einer „Bildungsanstalt für evangelische Pflegerinnen" mündet, die zum ersten Diakonissenhaus wird. In Neuendettelsau gründet Wilhelm Löhe 1854 einen „Lutherischen Verein für weibliche Diakonie". Obwohl diese und viele weitere Protagonisten und Protagonistinnen einen sensiblen Blick für die sozialen Problemlagen entwickeln, ist dieser doch in aller Regel nicht mit einer strukturellen Analyse der gesellschaftlichen Organisation oder der Verfasstheit der Arbeit verbunden. Vielmehr werden die Problemsituationen in den Tugendkategorien „würdiger" und „unwürdiger" Armut analysiert und die karitative Arbeit gilt als „freie Liebestätigkeit", deren Ziel letztlich in der „inneren Mission", der Bekehrung zu Christus liegen müsse, wie Wichern in seiner berühmten Rede anlässlich der Wittenberger Kirchensynode von 1848 ausführt.[61] Am Thema Arbeit

60 Die Gemengelagen waren im deutschsprachigen Raum durchaus vielfältig. So war etwa das preußische Herrscherhaus reformiert geprägt, die Bevölkerung aber stärker lutherisch eingestellt.

61 Johann Hinrich Wichern, „Rede beim Wittenberger Kirchentag (1848)", in: ders., *Prinzipielles zur Inneren Mission, Gesammelte Schriften*, hg. v. Friedrich Mahling, Hamburg 1902, 3:233–258.

sind die Vertreter dieses freien Protestantismus, der gerade zu Beginn heiß umstritten ist und von der konsistorialen Amtskirche gelegentlich bekämpft wird, nur insofern interessiert, als es um die Zurüstung der Helfenden geht: Dabei wird aber in der Regel an die klassisch-reformatorische Vorstellung von Beruf und Dienst (im Sinne von Berufung) angeknüpft. Die Pointe dieser Vorstellung besteht aber nun gerade darin, von der Notwendigkeit besonderer, außeralltäglicher guter Werke zu entlasten. Diese sind nicht notwendig, im Gegenteil, an dem sozialen Ort, an dem man sich vorfindet, soll man dem Nächsten dienen. Damit hängt dann auch zusammen, dass man sich solchem Dienst nicht entziehen soll.

Diese Vorstellung findet sich, vorsichtig modernisiert und ausgearbeitet, in der akademischen Theologie noch des Kaiserreichs quer durch die unterschiedlichen Positionen hindurch wieder – weithin ungeachtet der Tatsache, dass sich die Gesellschaft von einer ‚kalten' ständischen Gesellschaft zu einer heißen modernen Gesellschaft verwandelt hat, in der sozialer Mobilität zentrale Bedeutung zukommt. Den zunehmend verarmenden Menschen aber muss die Mahnung, an seinem sozialen Ort zu verharren, mindestens problematisch erscheinen.

Als Beispiel mag hier der Vermittlungstheologe Isaak August Dorner dienen, der einerseits der liberalen theologischen Tradition angehört, andererseits aber als einer der wenigen akademischen Vertreter in einem praktischen Kontext, dem „Centralausschuss der Inneren Mission", tätig ist. Sein Gesellschaftsbild ist ständisch, patriarchal, antisozialistisch und antiegalitaristisch,[62] allerdings – und das weist ihn als modernen Bürger aus – auch meritorisch: „Ebenso darf es aber nicht dahin kommen, daß die Majorität die Minorität tyrannisiert; nicht dahin, daß alle Unterschiede im Volke ausgelöscht, alle organischen Bildungen im Volke durch abstrakte Gleichmacherei zerstört werden. Sondern zu einem kräftigen, frischen Leben gelangt der Staat und zu wirklicher Freiheit das Volk erst dann, *wenn es reich gegliedert und der Staat die Gliederung dieser Gliederungen ist, die auf natürlicher Basis ruhend doch ethische Produkte sind, wie die Organismen der Gemeinden, Kreise, Provinzen und der Stände.* In der Aufhebung der alten Standesunterschiede ist das echt Sittliche, daß es keine *blos physischen* Stände mehr geben soll, denen Jemand schon durch die Geburt angehört, sondern nur ethische, d. h. auf physischer Basis (§17), durch Arbeit und sittlich berechtigte Interessen gebildete, also keine Kasten, keinen Adel im alten Sinn."[63]

Arbeit freilich verwirklicht sich im Beruf – dieser ist die Betätigung der Persönlichkeit an einem bestimmten Ort innerhalb der arbeitsteiligen Gesellschaft,[64] wobei die bürgerliche Erwerbsarbeit (jedenfalls für Männer) als ‚Lebensberuf' gilt.[65]

62 Dorner erteilt Sozialismus und Kommunismus, aber auch staatlicher Umverteilung eine weitgehende Absage und votiert vorrangig für die christliche freiwillige Liebestätigkeit, vgl. Isaak August Dorner, *System der christlichen Sittenlehre*, Berlin 1885, 432–441.

63 *Ebd.*, 524–525; Hervorhebung im Original.

64 Vgl. *ebd.*, 458–460.

65 Vgl. *ebd.*, 460.

Die sich mit der marktgehandelten Erwerbsarbeit ergebenden Machtasymmetrien und Ausbeutungsprobleme oder die Schwierigkeit, mechanisch-monotone, stupide und letztlich austauschbare Tätigkeiten in irgendeiner Weise als ‚Berufung' verstehbar zu machen, bleiben weitgehend ausgeblendet.[66] Wo soziale Problemlagen überhaupt wahrgenommen werden,[67] da geschieht dies in der Regel in Tugendkategorien[68] und mit einem Blick auf strukturelle Phänomene, der Besserung allein von der Repristinierung ständischer Ordnungen erwartet: „Besonders aber wird nöthig sein, daß, nachdem durch Auflösung der Gliederung des Handwerker- und Arbeiterstandes, durch Aufhebung der Innungen mit Freizügigkeit, allgemeinem Wahlrecht die Gesellschaft theils zu nivellieren, theils zu pulverisieren begonnen ist, wieder eine Organisation eintrete und so Jedem seine geordnete Stelle zuweise, damit nicht widersinnig Jeder wolle das Ganze sein und Anspruch auf Alles machen, man auch nicht Alle wolle social gleichstellen, was ebenso desorganisierend ist, sondern daß jeder gliedlich sei, Jeder ein andersgeartetes Glied, und doch zum Ganzen zusammenwirkend, wobei er in dem Ganzen gedeihen kann; daher Ausbildung der Lehrlinge, geordnete Fortbildungsschulen, Herstellung des Unterschiedes von Meistern, Gesellen, Lehrlingen."[69]

So wird die ökonomische Ungleichheit umstandslos individualisiert und der freiwilligen Mildtätigkeit anempfohlen: „Ferner ist der Unterschied der Talente der Hauptgrund des Unterschiedes von Reichthum und Armuth. Daraus gestaltet die ausgleichende, auf Ausscheidung des Schädlichen und Störenden gerichtete christliche Nächstenliebe das Verhältniß zwischen Wohltäter und Clientel."[70]

Die bei Dorner sichtbare Grundtendenz gilt auch für spätere Vertreter am entgegengesetzten Ende des theologisch-politischen Spektrums, wie etwa den Lutheraner Christoph Ernst Luthard (1823–1902). Auch wenn Luthardt die Probleme bereits deutlicher erkennt, argumentiert er in dieser Weise antiliberal und antiegalitaristisch: „Der freie Arbeitsvertrag des modernen gesellschaftl. Lebens bildet mit s. absol. Anerkennung der freien Selbstangehörigk. der Persönlichk. scheinbar den

66 Dass dies – auch in lutherischer Perspektive – keineswegs zwingend ist, zeigt etwa das Beispiel des seeländischen dänischen Bischofs Hans Lasse Martensen, *Die christliche Ethik. Specieller Theil, Zweite Abtheilung: Die sociale Ethik*, Berlin 1894 136–206. (Original: *Den kristelige Ethik*, 3 Bände, 1871–78).

67 So kann Dorner Arbeitsteilung und Vertrag durchaus positiv würdigen (I.A. Dorner 1885, 168–169.282), die neue Ungleichheit aber thematisiert er vor allem (anders nur 173) als Anlass der Herausbildung eines problematischen Selbstverständnisses der Armen (I.A. Dorner 1885, 438–439): „Während die neuere nationalökonomische Entwickelung eine große Ungleichheit des Vermögens herbeigeführt hatte und besonders durch die enorme Verbreitung des Fabrikwesens eine Herrschaft des Kapitals über die Arbeit, wodurch sich Pauperismus und Proletariat ergaben, ging damit parallel eine bis dahin unerhörte Steigerung des Selbstbewußtseins der niederen Klassen, namentlich in Folge der französischen Revolution."

68 So etwa in der Frage des Gesindes, vgl. *ebd.*, 508.

69 *Ebd.*, 440.

70 *Ebd.*, 468.

direkten Gegensatz zur Verkennung ders., wie sie dem Sklavenverhß. zu Grunde liegt, führt aber thatsächl. zu e. analogen Resultat, indem durch die Verdingung der bloßen Arbeitskraft in dem bloß rechtl. u. sachl. Verhß. das persönl. Verhß. untergeht. Die daraus erwachsenden Gefahren für das sittl. Leben der Gesellschaft werden dadurch zu überwinden sein, daß das bloß rechtl. Verhß. der Arbeitsleistung zu e. Verhß. der persönl. Theilnahme u. dadurch aus d. bloß sachl. Sphäre in die sittl. erhoben wird."[71]

Er lehnt Streiks und selbständige Assoziation der abhängig Beschäftigten ab[72] und votiert, wenn überhaupt, für eine staatlich-patriarchale Fürsorgeeinrichtung, deren Ausrichtung aber – ähnlich wie das soziale Engagement der Kirche – stets antisozialdemokratisch ist:[73] „Die Fabrikthätigkeit ist hervorgerufen durch den Aufschwung der Technik, dadurch e. soziale Nothwendigk. u.e. Fortschritt des modernen Lebens; aber begleitet von den Gefahren dess. durch die Konkurrenz mit ihrem Egoism. auf der einen, durch die Ungebundenh. des indiv. Lebens der Arbeiter auf der anderen Seite. Diese Gefahren werden nur dadurch zu überwinden sein, daß das bloß sachl. Verhß. zw. Unternehmer u. Arbeiter zu e. persönl. u. so zum sittl. der Antheilnahme u. Anhänglichkeit erhoben (…), den schmerzl. Wechselfällen des geschäftl. Lebens aber durch ein wohlbedachtes System privater u. staatlicher Fürsorge entgegengearbeitet wird."[74]

Die Tendenz gilt selbst für damals so berüchtigte ‚Christlich-Soziale' wie den Arbeiterpfarrer Friedrich Naumann,[75] erst recht aber etwa für den „Centralausschuß der Inneren Mission": „Die Bedingung der fortschreitenden Verwirklichung dieses Zieles [scl. der Bewahrung vor wirtschaftlicher Noth und der Erhaltung und Pflege der sittlichen Lebensordnungen] erkennt die Kirche nicht in der Durchführung irgend eines wirthschaftlichen und gesellschaftlichen Systems, sondern in der immer allgemeineren Anerkennung und Befolgung des Sittengesetzes auch im wirtschaftlichen Leben."[76]

Die Unternehmer sollen sich als „Hausväter" begreifen, ihre Unternehmen als „erweiterte Familien" verstanden werden, jeder Arbeiter „soll in seinem Verhältnis-

71 Chr. E. Luthardt, *Kompendium der theologischen Ethik*, Leipzig ²1898, 324.

72 Vgl. *ebd.*, 352.

73 Vgl. *ebd.*, 354.

74 *Ebd.*, 353.

75 Friedrich Naumann, „Arbeiterkatechismus oder der wahre Sozialismus. Seinen arbeitenden Brüdern dargebracht von F.N.", Calw und Stuttgart 1889, in: Hannah Vogt (Hg.), *Friedrich Naumann, Ausgewählte Schriften, eingeleitet und mit Anmerkungen versehen von Hannah Vogt*, Frankfurt am Main 1948 (Civitas Gentium, Quellenschriften und Monographien zur Soziologie und Kulturphilosophie, 6), 56.

76 „Die Aufgabe der Kirche und ihrer inneren Mission gegenüber den wirtschaftlichen und gesellschaftlichen Kämpfen der Gegenwart. Eine Denkschrift des Central-Ausschusses für die innere Mission der deutschen evangelischen Kirche" (1884), in: Günter Brakelmann und Traugott Jähnichen (Hg.), *Die protestantischen Wurzeln der Sozialen Marktwirtschaft,* Gütersloh 1994, 127.

se zu dem Unternehmen nicht lediglich eine Erwerbsquelle, sondern einen Beruf erkennen, welcher ihn verpflichtet, an dem Gedeihen des Ganzen nach Kräften mitzuwirken."[77] Die soziale Arbeit des Protestantismus ist allgemein auf die Mission und besonders darauf bezogen, die sozialdemokratische Arbeiterbewegung zu schwächen, bereitet aber gleichwohl den Weg für soziale Reformen, an denen in protestantischen Kreisen reges Interesse besteht – zu nennen sind hier neben den verschiedenen individuellen Protagonisten Zusammenschlüsse wie der Evangelisch-soziale Kongress.[78]

Die tiefe Ambivalenz des Arbeitversprechens, das Anerkennung, materielle Teilhabe, soziale und politische Partizipation und ein gutes Leben an die Eingliederung in den über den Arbeitsmarkt vermittelten Prozess der gesellschaftlichen Arbeit bindet, dessen Einlösung aber durch das gesamte 19. Jahrhundert auf sich warten lässt, trägt nämlich dazu bei, dass sich mit der Arbeiterbewegung eine soziale Kraft herausbildet, die sich nicht zuletzt die Einlösung dieses Arbeitsversprechens auf ihre Fahnen schreibt.[79] Unter dem Druck dieser Bewegung, die weder mit kulturellen noch mit Machtmitteln zu besiegen ist – das eine versuchen die Kirchen durch die Initiierung christlicher Arbeiterverbände, das andere der Staat mittels des Sozialistengesetzes von 1878, das die sozialistische Arbeiterpartei und die sozialistischen Gewerkschaften verbietet – steigt die Notwendigkeit sozialer Reform. Gleichzeitig ist solche Reform freilich durch die protestantischen und katholischen Bemühungen auch in den Mittel- und Oberschichten gesellschaftlich plausibler geworden. Nachdem die Politik der frontalen Unterdrückung gescheitert ist, sucht der Staat unter Kanzler Bismarck dann, der politischen Arbeiterbewegung durch Sozialgesetze den Wind aus den Segeln zu nehmen und begründet so eine obrigkeitliche Sozialreform, die den Einstieg in einen Sozialversicherungsstaat markiert, der um die Erwerbsarbeit zentriert ist. Dass es Bismarck um die Befriedung der politisch mächtig gewordenen Arbeiterbewegung geht, zeigt sich unter anderem auch daran, dass die Sozialversicherung die zum Teil sehr viel schlechter gestellten, aber weniger mächtigen Gruppen der Landarbeiter, Dienstboten oder Heimarbeiter zunächst gar nicht einbezieht.[80]

Dass die religiöse Semantik im Sinne des konservativ-protestantischen Motivs einer ‚fürsorglichen Obrigkeit' auch im Kontext der Beratungen um die Sozial-

---

77 *Ebd.*, 134.

78 Vgl. Traugott Jähnichen und Norbert Friedrich, *Geschichte der sozialen Ideen im deutschen Protestantismus*, in: Helga Grebing, *Geschichte der sozialen Ideen in Deutschland. Sozialismus – Katholische Soziallehre – Protestantische Sozialethik. Ein Handbuch*, Essen 2000 (Veröffentlichungen des Instituts für soziale Bewegungen, Schriftenreihe A: Darstellungen), 13:951–976.

79 Vgl. hierzu etwa die dritte Strophe der ‚Internationale': „In Stadt und Land, ihr Arbeitsleute, wir sind die stärkste der Partei'n./ Die Müßiggänger schiebt beiseite! Diese Welt wird unser sein …"

80 Vgl. hierzu und für das Folgende Dieter Ziegler, „Das Zeitalter der Industrialisierung", in: Michael North (Hg.), *Deutsche Wirtschaftsgeschichte*, München [2]2005, 279.

gesetze der 1880er-Jahre von Bedeutung war, lässt sich mit einem Blick auf die Parlamentsdebatten im Kontext der Einführung der Sozialgesetzgebung bewähren, die Peter Erli analysiert hat.[81]

Bereits die Eröffnung der Debatte um die Sozialgesetzgebung erfolgt mit einem deutlich religiösen Unterton. Bismarck hatte veranlasst, dass Lohmann im Entwurf zur Unfallversicherung unmittelbar religiöse Semantik verwandte: „Daß der Staat sich in höherem Maße als bisher seiner hülfsbedürftigen Mitglieder annehme, ist nicht blos eine Pflicht der Humanität und des Christenthums, von welchem die staatlichen Einrichtungen durchdrungen sein sollen, sondern auch eine Aufgabe staatserhaltender Politik [...]. Das Bedenken, daß in die Gesetzgebung, wenn sie dieses Ziel verfolge, ein sozialistisches Element eingeführt werde, darf von der Betretung dieses Weges nicht abhalten. Soweit dies wirklich der Fall, handelt es sich nicht um etwas ganz Neues, sondern nur um eine Weiterentwicklung der aus der christlichen Gesittung erwachsenen modernen Staatsidee, nach welcher dem Staat neben der defensiven, auf den Schutz bestehender Rechte abzielenden, auch die Aufgabe obliegt, durch zweckmäßige Einrichtungen und durch Verwendung der zu seiner Verfügung stehenden Mittel der Gesammtheit, das Wohlergehen aller seiner Mitglieder und namentlich der schwachen und hülfsbedürftigen positiv zu fördern. In diesem Sinne schließt namentlich die gesetzliche Regelung der Armenpflege, welche der moderne Staat im Gegensatze zu dem des Alterthums und des Mittelalters als eine ihm obliegende Aufgabe anerkennt, ein sozialistisches Element in sich, und in Wahrheit handelt es sich bei den Maßnahmen, welche zur Verbesserung der Lage der besitzlosen Klassen ergriffen werden können, nur um eine Weiterentwicklung der Idee, welche der staatlichen Armenpflege zu Grunde liegt."[82]

Gegen das konservativ-protestantische Motiv des ‚Staatssocialismus', das sich der Tradition der ‚fürsorglichen Obrigkeit' verdankt, argumentieren sofort sowohl ein katholischer Abgeordneter wie ein protestantischer Liberaler.[83] Daraufhin schwächt Bismarck ab und verlegt sich auf die Wendung eines „praktischen Christentums in gesetzlicher Betätigung"[84], womit es ihm gelingt, die Grundsatzdebatten um die Frage des christlichen Staats und des Staatssozialismus als zwingende christliche Option zu vermeiden. Ähnliche Debatten lassen sich dann im Kontext

81 Peter Erli, *„Nachtwächterstaat" oder „Praktisches Christenthum"? Religiöse Kommunikation innerhalb der parlamentarischen Diskussion im deutschen Reichstag um die Einführung der Sozialversicherung 1881–1889*, Dissertation, Technischen Universität Dresden, Dresden 2006. Online abrufbar unter http://www.qucosa.de/fileadmin/data/qucosa/documents/3352/Erli_Nachtwaechterstaat.pdf, zuletzt aufgerufen am 21.08.2012.

82 Vgl. Anlagen zu den Stenographischen Berichten über die Verhandlungen des Reichstages IV/4 (1881), 228/I; 233/II, zitiert bei Erli, 206–207, 232–233.

83 Vgl. Erli, 207–208.

84 Vgl. *ebd.*, 209.

der Alters- und Invaliditätsversicherung über die Frage des Begriffs der Nächstenliebe und die Form ihrer Institutionalisierung beobachten.[85]

Damit wird zunächst deutlich, dass die religiöse Semantik ein wichtiges Medium der Argumentation über den Wohlfahrtsstaat abgibt, innerhalb dessen Argumentationsfiguren referenziert und positionelle Differenzen markiert werden können. Zudem wird deutlich, dass Bismarck sich auf die protestantische Figur der ‚fürsorglichen Obrigkeit'[86] in ihrer modern-konservativen, ‚staatssozialistischen' Deutung bezieht. Christliche Konsensformeln sind dabei für die Mehrheit der Abgeordneten durchaus plausibel, auch wenn die konkreten Motive von Zustimmung oder Ablehnung dann natürlich divergieren.[87]

1883 wird zunächst das Krankenversicherungsgesetz verabschiedet. Zu den bereits bestehenden Kassen der Berufsverbände treten Orts- und Gemeindekassen; die Mitgliedschaft in einer Kasse wird für Arbeiter obligatorisch, wobei zwei Drittel des Beitrags vom Arbeitnehmer, ein Drittel vom Arbeitgeber zu zahlen sind. Erst später tritt eine Familienversicherung hinzu, das im Krankheitsfall gezahlte Krankengeld deckt zunächst allerdings nur den Bedarf eines Einzelnen. Gleichwohl ist damit das Konzept einer Versicherung etabliert, das Ansprüche an Beiträge aus Erwerbsarbeit koppelt. Mit der Einführung der Familienversicherung wird dann die Voraussetzung eines erwerbstätigen ‚Ernährers' etabliert, von dem der Rest der Familie abhängt. Die 1884 eingeführte Unfallversicherung wird von Berufsgenossenschaften getragen, zu denen sich die Industrieunternehmen zusammenschließen – die Unternehmen tragen diese Versicherung also allein und werden im Gegenzug von der Haftpflicht freigestellt. Zuletzt wird 1889 die Alters- und Invalidenversicherung eingeführt, die in der Trägerschaft öffentlich-rechtlicher Landesversicherungsanstalten steht. Die Beiträge betragen 1 Prozent des Lohnes und werden je zur Hälfte vom Versicherten und dem Arbeitgeber aufgebracht; hinzu kommt ein fester Zuschuss des Staats. Arbeitsschutz wird erst in den 1890er-Jahren durchgesetzt, nach der Jahrhundertwende werden die Sozialversicherungen dann auf andere Berufsgruppen – wie etwa Angestellte, später auch Dienstboten und Landarbeiter – ausgedehnt, bleiben aber vergleichsweise karg.

---

85 Vgl. *ebd.*, 219–231.

86 Vgl. hierzu Meireis, „‚Sie waren ein Herz und eine Seele und hatten alles gemeinsam' oder ‚Wer nicht arbeiten will, soll auch nicht essen'? Protestantische Motive im Kontext von Wohlfahrtsstaatlichkeit", in: Karl Gabriel (Hg.), *Europäische Wohlfahrtsstaatlichkeit. Soziokulturelle Grundlagen und religiöse Wurzeln*, Münster 2005 (Jahrbuch für Christliche Sozialwissenschaften 46), 15–43.

87 Im Ergebnis zeigt sich, dass Konservative, Freikonservative und Nationalliberale tendenziell für die anvisierten Lösungen stimmen, Zentrum und katholische Minderheiten im Elsass und Polen wegen der Stärkung der Zentralregierung und des protestantischen Staats eher dagegen, wobei das Zentrum im Falle der Industriearbeiter für, im Falle der Landarbeiter gegen diese Regelungen plädiert, die Liberalen dagegen und die Sozialdemokraten zwar für Staatssozialismus, aber gegen die anvisierte finanzielle Arbeiterbeteiligung votieren und deswegen ablehnend stimmen, vgl. Erli, 170–185.

Im lutherisch geprägten deutschen Protestantismus freilich bleibt noch bis tief in das 20. Jahrhundert hinein die mit dem Berufsparadigma verbundene Sichtweise leitend und stützt so die Position der Besitzenden. Hatte Luther die alltägliche Arbeit im Dienst am Nächsten als äußere Berufung Gottes ausgezeichnet, so wird hier der Beruf umstandslos mit der Erwerbsarbeit identifiziert. So argumentiert etwa Reinhold Seeberg, in den 1920er-Jahren Leiter des Centralausschusses der Inneren Mission. Er vertritt dabei umstandslos eine Vorordnung der kreativen vor der organisierenden und der exekutiven Arbeit und betont: „Alle drei Formen der Arbeit sind produktiv; aber so, daß die jedesmal voranstehende Gruppe in umfassenderer Weise produziert und daher der folgenden Gruppe übergeordnet ist, sowohl im wirklichen Arbeitsbetriebe als auch in ihrer Bedeutung für die Gesamtheit." Die Probleme industrieller Arbeit bagatellisiert Seeberg: „Jede wirkliche Arbeit ist mühevoll und hart. Das gilt von der geistigen in noch hoherem Maße als von der körperlichen Arbeit."[88] In der überarbeiteten Auflage von 1936 zeigt sich unter dem Einfluss der nationalsozialistischen Einstellung dann auch die totalitäre Dimension dieses Denkens, sofern nun jede Berufsfreiheit der ‚Volksgemeinschaft' untergeordnet wird, was vor allem die Freiheit derjenigen einschränkt, die Seeberg für unqualifiziert hält: „Wieder anders liegen die Dinge bei den ganz Unbemittelten, die zugleich geistig wenig befähigt sind. Sie werden selten nur von ihren persönlichen Interessen sich bestimmen lassen können; da sie in dem erwählten Beruf aber wesentlich exekutive Arbeit werden zu leisten haben, kommt dies persönliche Interesse weniger in Betracht, besonders auch, weil die neuern Formen der Arbeitsgemeinschaft leichter als früher über die Lücken im Bewußtsein werden hinweghelfen können."[89]

Auch unabhängig von diesen Abwegen nimmt die Sensibilität für Probleme zwar zu, aber diese Probleme werden in der Regel nicht dem strukturellen Arrangement zugeordnet, sondern entweder moralisiert oder individualisiert – oder beides. Liberale Theologen wie Wilhelm Herrmann oder Friedrich Naumann reagieren auf diese Problematik, indem sie die Fragen der Religion insgesamt auf Motivation und Gesinnung verschieben – so kann etwa Herrmann zwar zugestehen, dass die moderne Industriearbeit kaum ein Verständnis als Beruf ermöglicht, empfiehlt dann aber die Berufsarbeit nach Feierabend, verlegt also den Lebenssinn in die erwerbsarbeitsfreie Zeit.[90] Der Lutheraner Werner Elert registriert zwar die Tatsache, dass die modernen industriellen Arbeitsformen vielen eine Deutung der Arbeit als Beruf, der den Dienst am Nächsten in Liebe zum Ziel hat, unmöglich erscheinen lassen.

88 Reinhold Seeberg, *System der Ethik*, Leipzig, Erlangen ^{2}1920, 203.

89 Reinhold Seeberg, *Christliche Ethik*, Stuttgart 1936, 305. Von dieser Missachtung der Individualität von Mitgliedern der sogenannten Volksgemeinschaft über die Politik totalitärer Arbeitssteuerung bis zur ‚Vernichtung durch Arbeit' gegenüber Menschen, die das Regime für nutzlos hält, sind es dann nur noch wenige Schritte.

90 Vgl. W. Hermann, *Ethik*, Tübingen und Leipzig 1901, 166–167.

Allerdings deutet er diesen Befund als Sünde derjenigen, die sich diese Deutung nicht trotz der widrigen Verhältnisse zu eigen machen.[91]

Allerdings beginnt mit dem 20. Jahrhundert ein langsamer Veränderungsprozess, im Zuge dessen der Berufsbegriff seine Zentralstellung an das Arbeitsparadigma abgibt. Dies ist durchaus folgenreich, weil damit andere Fragen und Probleme ins Zentrum der Aufmerksamkeit rücken. Wurden anhand des Berufsbegriffs vorrangig individual- und tugendethische Fragen des guten Lebens thematisiert, geht es im Gefolge des Arbeitsbegriffs um Fragen der sozialen Gerechtigkeit und des Richtigen.

Während das deutsche Luthertum in der ersten Hälfte des 20. Jahrhunderts noch am Berufsbegriff festhält und das Arbeitskonzept von dorther füllt, gewinnt dieser Terminus schon alltagsweltlich eine Färbung, die den religiösen Hintergrund mehr und mehr verblassen lässt. Gleichzeitig wird von so unterschiedlichen Protagonisten wie Georg Wünsch oder Karl Barth die systematische Unterscheidung von Berufs- und Arbeitsbegriff vorangetrieben und Gehalt und Probleme des Phänomens und Begriffs der Arbeit intensiverer Analyse unterzogen. Georg Wünsch, der als Lutheraner mit Sympathien für den religiösen Sozialismus antritt (später aber dem Nationalsozialismus zuneigt), sucht die Probleme des Berufsbegriffs zu lösen, indem er diesen als kritischen Terminus profiliert, dem der wirtschaftsethische Normalbegriff der Arbeit gegenübersteht. Arbeit ist zweckrationale „Tätigkeit zur Erhaltung oder Realisierung von Werten“[92], der Beruf aber gilt ihm als objektiv und subjektiv sinnhafte Arbeit.[93] Karl Barth, reformierter Schweizer Theologe, unterscheidet Arbeit, Dienst und Beruf – dabei kommt die Arbeit als „des Menschen tätige Bejahung seines Daseins als menschliches Geschöpf“[94] in den Blick, an das Paradigma der Arbeit – verstanden als allgemeine Kulturtätigkeit des Menschen – werden allgemeine Fragen des Richtigen und der sozialen Gerechtigkeit angeschlossen. ‚Dienst‘ und ‚Beruf‘ kommen dagegen als kollektive und individuelle Kategorien des guten Lebens ins Spiel.[95]

Diese Tendenz zur Unterscheidung von Beruf und Arbeit – unter Akzentuierung der Arbeit – setzt sich nach dem Zweiten Weltkrieg und dem Ende des Nationalsozialismus, der auch die Obrigkeitsfrömmigkeit weiter protestantischer Kreise desavouiert hat, in der deutschsprachigen protestantischen Theologie weitgehend durch.[96] Das hat auch institutionelle und organisatorische Folgen. Die kirchliche

---

91 Vgl. Werner Elert, *Das christliche Ethos. Grundlinien der lutherischen Ethik*, Tübingen ²1961, 181–182.

92 Georg Wünsch, *Evangelische Wirtschaftsethik*, Tübingen 1927, 539.

93 Vgl. *ebd.*, 576.

94 Karl Barth, *Die kirchliche Dogmatik Bd. III/4. Die Lehre von der Schöpfung*, Zollikon-Zürich 1951, 593.

95 Vgl. hierzu insgesamt Meireis, *Tätigkeit und Erfüllung*, 140–181.

96 Vgl. Brakelmann, „Theologische Anmerkungen zum Problem der Arbeit“, in: ders. 1988, 9–25, E. Brunner, *Das Gebot und die Ordnungen. Entwurf einer protestantisch-theologi-*

Tätigkeit im Wirtschaftskontext wird jetzt nicht mehr unter dem Etikett der ‚Inneren Mission' oder von Sozialpfarrern im Versuch der Gründung christlicher Gewerkschaften als Gegengewicht zu den Organisationen der sozialdemokratischen Bewegung geführt,[97] sondern beginnt sich – auch unter dem Eindruck der Barmer Theologischen Erklärung und dem problematischen Verhältnis vieler Protestanten zum Nationalsozialismus – selbst als ‚Kirchlicher Dienst in der Arbeitswelt' zu verstehen.[98] Nach der Synode von Espelkamp 1955 erteilt der Rat der EKD dem Vorschlag der Neugründung christlicher Gewerkschaften eine Absage und spricht sich für das Prinzip der Einheitsgewerkschaft aus, wendet sich damit also gegen eine Politik, die den Protestantismus des Kaiserreichs und der Weimarer Republik beherrscht hatte.

Insgesamt ist jetzt – ganz im Gegensatz zur Vorkriegsentwicklung – nur noch ausnahmsweise vom Beruf im Sinne der Berufung die Rede. Vielmehr beherrscht nun ein Arbeitsbegriff die Publikationen und Debatten, dessen theologischer Grund in der allgemeinen Anthropologie zu finden ist. Arbeit wird – analog zu Barths Fassung der Vorstellung, wenn auch keineswegs stets im direkten Anschluss an ihn – nun in der Regel als ambivalentes anthropologisches Grundphänomen gefasst, das zu gestalten ist und sich vorrangig in der Erwerbsarbeit konkretisiert.[99] Erst in jüngeren Publikationen werden auch die Konkretionen des allgemein anthropologischen Arbeitsbegriffs erweitert,[100] indem auf die „Arbeit in der Fa-

schen Ethik, Zürich ^{4}1939, 182–191, 369–379; vgl. weiterhin D. Bonhoeffer, *Ethik*, München ^{12}1988 [1949], 222–223, 270–278, später auch H. Thielicke, *Theologische Ethik Bd. II,1. Mensch und Welt*, Tübingen ^{4}1973 [1959], 395–520, ders., *Theologische Ethik Bd. III. Ethik der Gesellschaft, des Rechtes, der Sexualität und der Kunst*, Tübingen 1964, 144–162, H. D. Wendland, *Einführung in die Sozialethik*, Berlin und New York 1971, 109–115 oder E. Wolf, *Theologische Grundfragen der Sozialethik*, Göttingen 1975, 196–205.

97 Vgl. hierzu insgesamt Jähnichen und Friedrich, 864–1103.

98 Vgl. hierzu auch Heinrich Vokkert, *Entwicklung und Wandlung der Industrie- und Sozialpfarrämter in den Westdeutschen Landeskirchen von 1945 bis Ende der 60er Jahre. Sozialethische und religionssoziologische Aspekte*, Dissertation Uni Münster 1973.

99 Vgl. hierzu etwa Brakelmann, „Theologische Anmerkungen zum Problem der Arbeit", 9–25. Kirchenamt der Evangelischen Kirche in Deutschland, *Solidargemeinschaft von Arbeitenden und Arbeitslosen. Sozialethische Probleme der Arbeitslosigkeit. Eine Studie der Kammer der Evangelischen Kirche für soziale Ordnung*, herausgegeben von der Kirchenkanzlei im Auftrage des Rates der Evangelischen Kirche in Deutschland, Gütersloh ^{2}1983.

100 Vgl. hierzu bereits etwa Dorothee Sölle, *Lieben und Arbeiten. Eine Theologie der Schöpfung*, München 2001 (urspr. engl. Fassung 1984), vgl. weiterhin Kirchenamt der Evangelischen Kirche in Deutschland; Sekretariat der Deutschen Bischofskonferenz, *Für eine Zukunft in Solidarität und Gerechtigkeit. Wort des Rates der Evangelischen Kirche in Deutschland und der Deutschen Bischofskonferenz zur wirtschaftlichen und sozialen Lage in Deutschland,* Bonn und Hannover 1997, Ziff. 151–160, 62–66. Vgl. hierzu auch Jähnichen, *Sozialer Protestantismus und moderne Wirtschaftskultur. Sozialethische Studien zu grundlegenden anthropologischen und institutionellen Bedingungen ökonomischen Handelns, Entwürfe zur christlichen Gesellschaftswissenschaft*, Münster 1998, 7:144–145.

milie, Erziehungs- und Pflegearbeit, aber auch ehrenamtliche Arbeit, Selbst- und Nachbarschaftshilfe“[101] hingewiesen wird.[102]

Die Wechselwirkung zwischen religiöser, christlich-protestantischer Konzeptualisierung (auch) der sozialen Welt und den sozialpolitischen Institutionen zeigt sich am Phänomen der Arbeit so in verschiedenen Ausprägungen. Wertet die Reformation die alltägliche, produktive Tätigkeit gegenüber religiösen, außeralltäglichen Handlungsformen auf, führt die neue Bedeutung, die die Arbeit so erhält, einerseits zu philosophischen und politischen Neubestimmungen, aber auch zu Revisionen in theologischer Perspektive, sofern Arbeit im Zuge der Aufklärung als Tätigkeit verstanden wird, die die Welt zu verbessern vermag, wobei Protestanten diese Auffassung popularisieren. Der industrielle und arbeitsgesellschaftliche Umbau bringt das Denken des Protestantismus seinerseits unter Zugzwang, sofern die klassische Berufskonzeption, die im Rahmen einer statischen und hierarchischen Gesellschaft interpretiert wird, immer deutlicher zur politisch konservativen, gegen eine entstehende Arbeiterbewegung gerichteten Sichtweise wird. Gleichwohl trägt auch die konservative Sozialreform des Mehrheitsprotestantismus zur Herausbildung des modernen Wohlfahrtsstaats bei. Dennoch entstehen im Zuge der Konflikte um die Arbeit auch neue protestantische Perspektiven, die den Berufsbegriff in den Hintergrund drängen und mit der systematischen Neukonzeption des Arbeitskonzepts Gerechtigkeitsanliegen verbinden, die sich ihrerseits auf die Formierung der sozialpolitischen Arbeitsbeziehungen auswirken.

101 Vgl. hierzu Kirchenamt der EKD, *Gerechte Teilhabe. Befähigung zu Eigenverantwortung und Solidarität. Eine Denkschrift des Rates der Evangelischen Kirche in Deutschland zur Armut in Deutschland*, Gütersloh 2006, Ziff. 71, 48.

102 Zur begrifflichen Problematik solcher Formulierungen, die sich oft unter dem Etikett einer ‚Triade der Arbeit‘ finden lassen vgl. Meireis, *Tätigkeit und Erfüllung*, 38–39.

Ansgar Kreutzer

Induktive Gnadenlehre

Die wissenschaftstheoretische Bedeutung der Erwerbsarbeit für die katholische Theologie

> „Kirchen, Gewerkschaften und andere kulturelle gesellschaftliche Organisationen, die sich spirituelle Erbauung, solidarischen Zusammenhalt oder kollektiven Werte-Erhalt jeglicher Couleur auf die Fahnen geschrieben haben, sollten sehr wachsam sein: Was Christen glauben, wofür ‚Arbeitnehmer' einstehen, was Partei-Gänger wertschätzen, was Bürgerinitiativen bewegt – darüber könnten sie alle in der eigenen Firma während ihrer nicht dauerhaften Projektarbeit oder selbstangestellten Tätigkeit auf Zeit mehr lernen als in den traditionellen Organisationen, deren Protagonisten immer nur Menschen vor ihrem selbst bestimmten Schicksal retten wollen. (…) ‚Im Lebenskonzept einer wachsenden Zahl von Kopfarbeitern definiert Liebe (…) das Maß ihrer Hingabe an eine Aufgabe, die Identifikation mit einer Tätigkeit, einem Unternehmen oder einem Team.'"[1]

So optimistisch tönte es noch in einem Manifest einer Wirtschaftsjournalistin und eines Wirtschaftsjournalisten in der Hochphase der New Economy aus dem Jahr 2000. Das Ende der entfremdeten Arbeit wurde ausgerufen. Zumindest in den avantgardistischen Unternehmen des neuen Marktes sollten die Interessen von Arbeitnehmenden und Arbeitgebenden Hand in Hand gehen. Die Arbeit sichere längst nicht nur den Lebensunterhalt, sie verkörpere Werte, Solidarität, besser noch emotionale Gemeinschaft, sogar „spirituelle Erbauung". Angesichts solcher normativer Überladungen von Erwerbsarbeit, die sicher Extremformen sind, jedoch einen Trend in der Arbeitswelt anzeigen, überrascht es nicht, wenn auf der anderen Seite eine professionell mit Sinnsuche („spiritueller Erbauung") befasste Wissenschaft, die katholische Theologie,[2] die Erwerbsarbeit neu als ihr Thema entdeckt. Gerade in jüngster Zeit sind Publikationen zu einer expliziten *Theologie der Arbeit* erschienen.[3] Darin geht es nicht primär um eine in der theologischen Subdiszi-

---

1 Dagmar Deckstein und Peter Felixberger, *Arbeit neu denken. Wie wir die Chancen der New Economy nutzen können*, Frankfurt am Main und New York 2000, 199 f.

2 Ich konzentriere mich hier auf die Bedeutung der Erwerbsarbeit für die katholische Theologie und verweise – im Sinne einer Arbeitsteilung – für die Zusammenhänge von Arbeit und protestantischer Theologie auf den Artikel von Torsten Meireis in diesem Band.

3 Vgl. z. B.: Sonja Sailer-Pfister, *Theologie der Arbeit vor neuen Herausforderungen. Sozialethische Untersuchungen im Anschluß an Marie-Dominique Chenu und Dorothee Sölle*, Berlin 2006 (Ethik im theologischen Diskurs 12); Albert Biesinger und Joachim Schmidt (Hg.), *Ora et labora. Eine Theologie der Arbeit*, Ostfildern 2010; Ansgar Kreutzer, *Arbeit und Muße. Studien zu einer Theologie des Alltags*, Wien und Berlin 2011 (Forum Religion & Sozialkultur 19); Friedhelm Hengsbach, *Das Kreuz mit der Arbeit. Politische Predigten*,

plin der Sozialethik bestens etablierte ethische Reflexion auf menschenwürdige, gerechte und gute Arbeit.[4] Erwerbsarbeit wird zum Gegenstand der Theologie in einem engeren Sinne als Reflexion christlicher Glaubensbestände und -formen. In dem theologisch intradisziplinär angelegten Sammelband mit dem ambitionierten Titel *Ora et labora. Eine Theologie der Arbeit* heißt es etwa mit Hinweis auf die existenzielle Bedeutung heutiger Erwerbsarbeit: „Umso mehr ist […] die Frage nach einer ‚Spiritualität der Arbeit' zu stellen."[5]

Die Konjunktur einer Theologie der Arbeit ist nicht zuletzt von wissenschaftstheoretischem Interesse für die katholische (Fundamental-)Theologie. Denn mit dem Aufgreifen des heute für die Biografien der Menschen in der Tat brisanten Themas Erwerbsarbeit wird zugleich ein induktiver Theologietyp konturiert, der grundsätzlich von der Wahrnehmung zeitgenössischer Lebenswelten und gesellschaftlicher Wirklichkeiten ausgeht und diese in theologische Reflexionen, Konzepte und Sprachformen einfließen lässt. In diesem Sinne soll *erstens* die entscheidende Gründungsphase einer katholischen Theologie der Arbeit, die mit dem Namen Marie-Dominique Chenu OP verbunden ist, in Erinnerung gerufen werden. Denn hier wird die theologische Aufmerksamkeit auf Arbeit mit der Ausbildung einer induktiven ‚Theologie der Zeichen der Zeit' verknüpft. *Zweitens* wird ein Blick auf derzeitige, vor allem spiritualitätstheologische Aufnahmen des Themas Arbeit geworfen, die hellsichtig Fehlentwicklungen der gegenwärtigen Arbeitsgesellschaft aufdecken und kritisieren. Von diesen Bestandsaufnahmen aus soll *drittens* im Sinne einer konsequent induktiv ausgerichteten Theologie für eine Aufnahme von Erfahrungen heutiger Arbeitswelten in eine damit konkrete und zeitgenössische (Gnaden-)Theologie plädiert werden. Im ‚induktiven Turn' liegt die bleibende wissenschaftstheoretische Bedeutung der Arbeit für die katholische Theologie.

Stuttgart 2012; Ulrich Dickmamm und Thomas Knieps-Port le Roi (Hg.), *Arbeit*, Schwerte 2013 (Felderkundungen Laienspiritualität 13); Klassische Texte zur Theologie der Arbeit von Marie-Dominique Chenu OP wurden neu zusammengestellt und aufgelegt unter dem Titel: Marie-Dominique Chenu, *Theologie der Arbeit. Beiträge aus drei Jahrzenten*, Ostfildern 2013 (Collection Chenu 5). Eine wichtige zeitgenössische Ethik und Theologie der Arbeit aus protestantischer Sicht stellt dar: Torsten Meireis, *Tätigkeit und Erfüllung. Protestantische Ethik im Umbruch der Arbeitsgesellschaft*, Tübingen 2008.

4 Vgl. z.B. nur das in der theologischen Sozialethik wichtige Publikationsorgan *Jahrbuch für Christliche Sozialwissenschaft*, das im Jahrgang 52 (2011) dem Schwerpunkt „Ethik der Arbeit. Zur Impulskraft der Enzyklika ‚Rerum Novarum'" gewidmet war.

5 Biesinger und Schmidt, „Vorwort", in: dies. (Hg.), *Ora et labora*, 8.

1. Die Gründungsphase: Erwerbsarbeit als Kritik an der Theologie (Chenu)

1.1 Die theologische Entdeckung der Industriearbeit

Zu Recht gilt der bereits erwähnte französische Dominikaner Marie-Dominique Chenu (1895–1990) als Pionier einer Theologie der Arbeit in der katholischen Tradition.[6] Er begleitete seelsorglich die sich formierende christliche Arbeiterjugend in Frankreich und Belgien, die *Jeunesse Ouvrière Chrétienne* (J.O.C).[7] Er verteidigte gegen römischen Widerstand das pastorale Experiment der Arbeiterpriester, die Lebensform von zum Priesteramt geweihten Männern, die – oft ohne ihre priesterliche Existenz preiszugeben – aus Solidarität mit den Arbeitenden selbst industrielle Arbeitsverhältnisse eingingen.[8] In Wechselwirkung mit diesen praktischen Erfahrungen aus der Arbeitswelt konturierte Chenu in verschiedenen Publikationen seit den 1940er-Jahren das akademische Projekt einer Theologie der Arbeit:[9]

Chenu registrierte, dass mit der Industrialisierung eine neue Phase der gesellschaftlichen Entwicklung eingetreten ist. In pathetischen Bildern spricht er vom

6 Vgl. zur Theologie der Arbeit bei Chenu: Sonja Sailer-Pfister, „Einführung", in: Chenu, *Theologie der Arbeit,* 9–36; dies., *Theologie der Arbeit vor neuen Herausforderungen*, 108–224; Ansgar Kreutzer, „Arbeit und Theologie", in: ders., *Arbeit und Muße*, 19–21; zu Person, Werk, theologischem Ansatz und theologiegeschichtlicher Einordnung Chenus vgl. u. a. die beiden neueren umfangreichen Dissertationen: Michael Quisinsky, *Geschichtlicher Glaube in einer geschichtlichen Welt. Der Beitrag von M.-D. Chenu, Y. Congar und H. M. Féret zum II. Vaticanum*, Berlin 2007 (Dogma und Geschichte 6); Christian Bauer, *Ortswechsel der Theologie. M.-Dominique Chenu im Kontext seiner Programmschrift „Une école de théologie: Le Saulchoir"*, 2 Teilbände, Berlin 2010 (Tübinger Perspektiven zur Pastoraltheologie und Religionspädagogik 42).

7 Vgl. Marie-Dominique Chenu, „La J.O.C. au Saulchoir", in: ders., *La Parole de Dieu. II. L'Évangile dans le Temps*, Paris 1964 (Cogitatio Fidei 11), 271–274.

8 Vgl. Marie-Dominique Chenu, „Le sacerdoce des prêtres-ouvriers" (fevrier 1954), in: ders., *La Parole de Dieu II,* 275–281. Zur historischen und theologischen Einordnung der Bewegung der Arbeiterpriester vgl. François Leprieur, *Quand Rome condamne. Dominicains et prêtres-ouvriers*, Paris 1989; Veit Straßner, *Die Arbeiterpriester. Geschichte und Entwicklungstendenzen einer in Vergessenheit geratenen Bewegung*, Frankfurt am Main 2005 (Frankfurter Arbeitspapiere zur gesellschaftsethischen und sozialwissenschaftlichen Forschung 43); Christian Bauer, „Priester im Blaumann. Praktisch-theologische Impulse aus der französischen Bewegung der Arbeiterpriester", in: Rainer Bucher und Johann Pock (Hg.), *Klerus und Pastoral*, Wien und Berlin 2010 (Werkstatt Theologie 14), 115–148.

9 Seine einschlägigen Veröffentlichungen zu einer Theologie der Arbeit sind: Marie-Dominique Chenu, *Spiritualité du travail*, Paris 1941; ders., *Pour une théologie du travail*, Paris 1955 (dt.: *Die Arbeit und der göttliche Kosmos. Versuch einer Theologie der Arbeit*, Mainz 1956); ders., „Théologie du travail", in: ders., *La Parole de Dieu II*, 543–570. Schlüsselpassagen dieser Publikationen sind neu zusammengestellt, übersetzt und ediert in bereits zuvor erwähntem Band *Theologie der Arbeit* (vgl. die editorischen Hinweise *ebd.*, 114). Aus diesem Kompendium zitiere ich im Folgenden primär.

„Triumph[] der Industrie" oder der „Welt der Maschine"[10]. Moralisch gelangt er zu einem differenzierten Urteil: In inhaltlicher Nähe zur marxistischen Entfremdungstheorie[11] spricht er von einer „Entpersönlichung" der Menschen durch industriell-maschinelle Abläufe. Zugleich jedoch sieht er – darin nahe an der Durkheim'schen Theorie organischer Solidarität[12] – gerade in der maschinengestützten Ausdifferenzierung der Produktion und der damit verbundenen feingliederigen Arbeitsteilung ein Bewusstsein des ‚Aufeinander-Angewiesen-Seins' entstehen, eine „Solidarität von hohem humanen Wert."[13] Entsprechend lautet sein gemischtes Fazit der Industrialisierung: „Die Maschine ist ein entpersönlichendes Etwas. Der Arbeiter verliert die menschliche Würde des Handwerkers. Aber siehe da: Die Maschine, die entpersönlicht, erlegt den entpersönlichten Menschen eine Solidarität auf."[14] Theologiegeschichtlich bedeutsam ist, dass Chenu mit diesem Fokus auf Arbeit, den er aus persönlichen Erfahrungen und wacher Gesellschaftsanalyse entwickelt, in der Theologie eine theoriearchitektonische Weichenstellung von erheblicher Tragweite vornimmt.

1.2 Wissenschaftstheoretische Konsequenz: Neuformierung der Gnadentheologie

Das Einfallstor von Chenus theologischem Paradigmenwechsel ist, wie es für die theologische Aufbruchsbewegung seiner Zeit, die sogenannte *Nouvelle Théologie*[15], typisch ist, die Gnadentheologie. Theologen wie der französische Landsmann Chenus Henri de Lubac SJ (1896–1991) oder auf deutscher Seite Karl Rahner SJ (1904–1984) fanden eine Verhältnisbestimmung von Natur und Gnade vor, die ihnen aus theologischen und anthropologischen Gründen unannehmbar schien.[16] Um die göttliche Souveränität und die Ungeschuldetheit der göttlichen Gnade argu-

10 Chenu, *Theologie der Arbeit*, 51.

11 Vgl. Karl Marx, *Ökonomisch-philosophische Manuskripte v. 1844*, Hamburg 2005 (Philosophische Bibliothek 559).

12 Vgl. Emile Durkheim, *Über soziale Arbeitsteilung. Studie über die Organisation höherer Gesellschaften*, Frankfurt am Main 1992 (Orig. 1893).

13 Chenu, *Theologie der Arbeit*, 56.

14 *Ebd.*, 95 f.

15 Vgl. als Überblicke zur *Nouvelle Théologie*: Rosino Gibellini, *Handbuch der Theologie im 20. Jahrhundert*, Regensburg 1995, 156–204; Albert Raffelt, „Nouvelle Théologie", in: LThK[3] VII (2009), 935–937 (Sonderausgabe).

16 Vgl. u. a. Henri de Lubac, *Surnaturel. Etudes historiques*, Paris 1946; Karl Rahner, „Über das Verhältnis von Natur und Gnade", in: ders., *Schriften zur Theologie I*, 1954, 323–345. Vgl. als Sekundärliteratur zur Neuausrichtung der Gnadentheologie durch de Lubac und Rahner u. a.: Karl-Heinz Menke, *Das Kriterium des Christseins. Grundriss der Gnadenlehre*, Regensburg 2003, 170–179; Eva-Maria Faber, *Du neigst dich mir zu und machst mich groß. Zur Theologie von Gnade und Rechtfertigung*, Kevelaer 2005, 31–35; Ulli Roth, *Gnadenlehre*, Paderborn 2013 (Gegenwärtig Glauben Denken 8), 67–73.

mentativ zu sichern, entwickelte die an Thomas von Aquin (1225–1274) orientierte katholische Theologie der Neuscholastik im 19. und 20. Jahrhundert das Konzept einer *natura pura*.[17] Die menschliche Natur erscheint demnach als eine „in sich geschlossene und selbstgenügsame Größe, die alles in sich trägt, was sie benötigt."[18] Das ‚Gnadenwirken Gottes' – oder in Umschreibung des theologischen Jargons – die Zuwendung Gottes zu den Menschen, kommt demnach als etwas der menschlichen Natur Äußerliches, Nicht-Notwendiges, zum Lebensvollzug hinzu. Die Konsequenz solcher Gnadenlehre ist eine theologische Dichotomie, die Natur und Gnade (als ‚Übernatur' verstanden), Göttliches und Menschliches, Heilsgeschichte und Profangeschichte, in der sozialen Anwendung auch Kirche und Gesellschaft gegenüberstellt. Chenus Theologie lässt sich – wie die seiner Zeitgenossen de Lubac und Rahner – als Dementi einer solchen strikten Dissoziation von Gnade und Natur, Theologie und Anthropologie verstehen. Das Originelle an Chenus Ansatz besteht nun darin, dass er seine anthropologisch gewendete Gnadentheologie im Phänomenbereich industrieller Arbeit entwickelt. Grundsätzlich hält Chenu bereits in seinem Buch *Spiritualité du travail* (1941) fest: „Das Gesetz der Natur wirkt *als* Gesetz der Gnade."[19] Er erläutert diese Verortung des Wirkens göttlicher Gnade inmitten menschlicher Natur und Geschichte anhand der Erwerbsarbeit. „Die Arbeit, die einen so großen Teil der menschlichen Aktivität besetzt, die einen so wichtigen Platz im persönlichen Schicksal und in der kollektiven Organisation unseres Lebens einnimmt, bildet ein privilegiertes Material für diese Innervation der Gnade."[20] In diesem Sinne sind, ähnlich wie in Teilen der evangelischen Tradition,[21] profaner Beruf und religiöse Berufung für Chenu „eine doppelte und einzige Realität, die ein gewisser Supranaturalismus auseinanderreißt, indem er den Beruf der *Natur* zuweist und die Berufung als *Gnade* hochlobt."[22] Theologie der Arbeit ist in Chenus Denken also angewandte Gnadentheologie.

Da es bei der vermeintlich theologisch speziellen Frage der Gnade jedoch um nichts weniger als um das für die Religion grundsätzliche Verhältnis zwischen Gott und Mensch geht, hat Chenus Umpolung der Gnadentheologie, die er aus seiner empirischen Wahrnehmung der Arbeitswelt gewinnt und hier durchexerziert, weitreichende wissenschaftstheoretische Konsequenzen: Wenn das Gesetz der Natur *als* das Gesetz der Gnade wirkt, wie Chenu in theologischer Sprache formuliert, dann ist die Theologie ganz auf die profanen Gesetze von Natur, Gesellschaft, Geschichte, Psyche usw. und die diese anthropologischen Größen untersuchenden,

17 Vgl. die persönlich-biographisch gehaltene Einführung in die vor dem Zweiten Vatikanischen Konzil dominierende Theologie der Neuscholastik: Johannes Singer, „Neuscholastik – eine Erinnerung", in: *Theologisch-praktische Quartalschrift* (152 (1), 2004), 75–85.

18 Faber, 32.

19 Hier zit. n.: Chenu, *Theologie der Arbeit,* 49 (Hervorh. A.K.).

20 *Ebd.,* 44.

21 Vgl. den Beitrag von Torsten Meireis in diesem Band.

22 Chenu, *Theologie der Arbeit*, 90.

empirischen Wissenschaften verwiesen.[23] Folgerichtig entwirft Chenu zeitlich parallel und zugleich im Rückgriff auf das Zweite Vatikanische Konzil (1962–65) eine empirisch-induktive Theologie der Zeichen der Zeit: „Der Christ, die Christen in der Kirche sollen mit aller Kraft des Verstandes und des Herzens in der Erschütterung durch das ‚Ereignis' in seiner unberechenbaren Neuheit die Zeichen der Zeit Gottes erkennen, die der profanen Wirklichkeit eingeprägt sind."[24] Bei Chenu wird das Thema Erwerbsarbeit also theologiekritisch (gegenüber der neuscholastischen Gegenüberstellung von Natur und Gnade) und theologiegenerativ (für eine empirisch interessierte Theologie der Zeichen der Zeit beim Zweiten Vatikanischen Konzil). Empirisch bleibt seine Phänomenbeschreibung der Industriearbeit trotz dieser induktiven Wissenschaftstheorie jedoch blass. Dies ist in heutigen, spiritualitätstheologischen Einordnungen von Erwerbsarbeit durchaus anders.

2. Zeitgenössische Entwürfe: Theologie als Kritik an der Erwerbsarbeit

In der theologischen Reflexion zur Arbeit ist ein Phänomen angekommen, das auch die Arbeitssoziologie zu einem ihrer bevorzugten Themenfelder macht: die sogenannte Subjektivierung. „Die Subjektivität der Beschäftigten, ihre ganz persönlichen Eigenschaften und Fähigkeiten spielen (...) eine erheblich höhere Rolle in betrieblichen Rationalisierungsprozessen."[25] Diese Subjektivierung, das Einfließen von Persönlichkeitsmerkmalen in den Arbeitsprozess, wird von zwei Seiten getragen. Einerseits entspricht sie dem „Bedürfnis der Beschäftigten, Subjektivität in die Arbeit einbringen zu können."[26] Andererseits beinhaltet der Zugriff

23 Konsequenterweise spricht sich Chenu für eine strikt interdisziplinär angelegte Theologie aus: „Wir stehen heute vor einem sehr schwerwiegenden Problem, nämlich jenem, die Humanwissenschaften in die Theologie einzuführen. Der hl. Thomas hat, wie Albertus Magnus, die Naturwissenschaften eingeführt. Es wäre ein großartiges Unternehmen, dasselbe mit den Humanwissenschaften zu tun: Psychologie, Psychoanalyse, Geschichte, Soziologie, Ethnologie, Linguistik." Marie-Dominique Chenu, zit. n. Gibellini, 192.

24 Marie-Dominique Chenu, *Volk Gottes in der Welt*, Paderborn 1968, 62. Vgl. zu Chenus wissenschaftstheoretischer Grundlegung einer Theologie der Zeichen der Zeit: Ansgar Kreutzer, „Inkarnation als Prinzip. Eine dogmatische Inspiration zur theologischen Verortung der Sozialethik", in: Axel Bohmeyer und Johannes J. Frühbauer (Hg.), *Profile. Christliche Sozialethik zwischen Theologie und Philosophie*, Münster 2005 (Augsburger Schriften zur Theologie und Philosophie 3), 99–112.

25 Heiner Minssen, *Arbeits- und Industriesoziologie. Eine Einführung*, Frankfurt am Main und New York 2006, 152. Vgl. den einschlägigen Überblick von Manfred Modaschl und G. Günter Voß (Hg.), *Subjektivierung von Arbeit*, München ²2003. Das Eingangszitat zum hier vorliegenden Text aus dem Kontext der New Economy ist ein anschaulicher Beleg für die These einer Subjektivierung von Arbeit.

26 *Ebd.*, 151.

auf „Haltungen, Wissen, Fertigkeiten, Motive, Gefühle, Werte“[27] der Arbeitenden für die Seite der Arbeitgebenden ein erhebliches Potenzial zur Effizienzsteigerung. In der Verschmelzung von Persönlichkeitsmerkmalen mit Rationalisierungsstrategien lauert freilich ein hohes Risiko für die Identitätsbildung der Arbeitenden. Denn, wenn die Arbeit so nahe an den Kern der Persönlichkeit heranrückt und die Identität bestimmt, sind Selbstsicht und Selbstwertgefühl zugleich zu weiten Teilen den Mechanismen unterworfen, welche in der Erwerbsarbeit leitend sind: Zweckrationalität, Effizienz und (Selbst-)Vermarktung. Arbeitssoziologen und -soziologinnen warnen daher vor einem „Totalitätsanspruch betrieblicher Verfügung über Subjektivität.“[28] Die drohende Totalidentifikation der Subjekte mit Erwerbsarbeit wird in der christlichen Ethik und neuerdings auch Spiritualität kritisch gesehen. Dies lässt sich anhand zweier prominenter katholischer Sozialethiker und ihres Blicks auf zwei problematische Seiten der Erwerbsarbeitszentrierung exemplarisch illustrieren.

2.1 Hengsbachs politische Predigt gegen Arbeitslosigkeit

In einer Sammlung politischer Predigten zum Thema Erwerbsarbeit, die den Titel *Das Kreuz mit der Arbeit* trägt, setzt sich der ehemalige Frankfurter Sozialethiker Friedhelm Hengsbach SJ unter anderem kritisch mit Arbeitslosigkeit auseinander. Im Vorwort erläutert er die Methode seiner Spiritualitätstheologie. Er möchte, wie das Zweite Vatikanische Konzil formuliert hat (GS 4), eine Deutung der Zeichen der Zeit im Licht des Evangeliums unternehmen, das heißt „aus der Außensicht aktueller sozio-ökonomischer Anfragen die biblischen Texte kreativ [...] lesen.“[29] In der hier herangezogenen politischen Predigt wird eine soziologisch und ethisch fundierte Analyse der Arbeitslosigkeit in Verbindung gebracht mit der Heilungsgeschichte des blinden Bettlers Bartimäus (Mk 10,46–52). Hengsbachs Mittel, um eine Brücke zwischen diesen beiden unterschiedlichen Sinnhorizonten zu schlagen, besteht unter anderem darin, sie unter identitätstheoretischem Aspekt zu lesen. Die Stigmatisierung, die Arbeitslose in einer vom Wert der Erwerbsarbeit dominierten Gesellschaft erleiden, macht sich daran fest, dass ihnen die Möglichkeit positiver Identitätsbildung abgesprochen wird. Denn die normativ vorgegebenen Identitätskonstruktionen der Arbeitsgesellschaft sehen eine Bindung positiver Selbstsicht an Erwerbsarbeit vor. Innerhalb dieses normativen Identitätskonstrukts wird Arbeitslosen eine beschädigte Identität, eine negative Selbstsicht zugeschrieben. Im narrativen Stil der Predigt formuliert Hengsbach: „[A]uf die Frage nach der Identität antworten wir gern mit der Angabe unseres Berufs. Wenn mich einer fragt: ‚Was bist du, was machst du?‘, antworte ich Ingenieur, Kraftfahrzeugme-

27 *Ebd.*, 152.
28 Hans J. Pongratz und G. Günter Voß, zit. n. Minssen, 153.
29 Hengsbach, 9.

chaniker oder Friseur, Ärztin, Einzelhandelsverkäuferin oder Bankangestellte. Was sollen Arbeitslose antworten? Ist Arbeitslosigkeit ein Beruf? Langzeitarbeitslose, die nach ihrem Beruf befragt werden, geben nicht gern zu, dass sie arbeitslos sind. Sie antworten mit einem Beruf, der inzwischen zu einem Phantom geworden ist, mit dem sie nichts mehr anfangen können.“[30]

Dieser kritikwürdigen, da Ausschluss und Stigmatisierung hervorrufenden Verquickung von Identität und Arbeit stellt Hengsbach in einer kritischen Korrelation von christlichem Glauben und gesellschaftlicher Mentalität das idealtypische Identitätskonstrukt des Christentums gegenüber. In der Bibelperikope vom blinden Bettler wird Identität symbolisch am individuellen Namen festgemacht: „Der Blinde draußen vor der Stadt hat einen Namen: Bartimäus.“[31] Und weiter: „Der Name eines Menschen ist mehr als der Beruf, den er ausübt (…). Jeder Arbeitslose hat Eltern, die ihm den Namen gegeben haben und ihn über Jahre hinweg bei diesem Namen gerufen haben. Jede Arbeitslose, jeder Arbeitslose hat Geschwister und Freunde, die sich zeitweilig um sie kümmern. Jede Arbeitslose, jeder Arbeitslose hat Gottes Verheißung: ‚Ich habe dich bei deinem Namen gerufen, mein bist du. Ich habe deinen Namen in meine Handflächen hineingeschrieben‘.“[32]

Bringt man diese beiden Identitätsnarrationen der Arbeitsgesellschaft und der Bibel auf diskursive Konzepte, zeigen sich die Unterschiede im Identitätskonstrukt: Während die Sinnstrukturen der Arbeitsgesellschaft positiv gewertete Identität an die dem Leistungsethos unterworfene Erwerbsarbeit binden und damit Arbeitslose mit einem Identitätsmakel, einem Stigma, versehen, wird im christlichen Sinnhorizont Identität idealtypisch nicht in Abhängigkeit vom verlierbaren sozialen Status gebracht. Gleich, welche soziale Position dem blinden Bettler zugeschrieben wird, das Herzstück seiner Identität, seiner Selbstsicht und Würde, seiner Lebensgeschichte und Herkunft bleibt unangetastet. Dies symbolisiert die Statusunabhängigkeit und Unverlierbarkeit des Namens.

2.2 Mieths spiritualitätstheologische Auseinandersetzung mit Burnout

Eine ähnliche Kritik an der Überbewertung von Arbeit zur Identitätssicherung findet sich in der theologischen Deutung des Burnout-Phänomens, die der emeritierte Tübinger Sozialethiker Dietmar Mieth vornimmt.[33] Auch Mieth bringt christliches Glaubenswissen, das bei ihm insbesondere der spirituellen Tradition der spätmit-

30 *Ebd.*, 57.

31 *Ebd.*, 54.

32 *Ebd.*, 58 (nach Jes 43,1 und Jes 49,16).

33 Vgl. Dietmar Mieth, „Wandlungen in der Spiritualität der Arbeit“, in: Biesinger und Schmidt, 155–184. Mieth gibt einen grundsätzlichen und instruktiven Abriss zur Spiritualität der Arbeit. Seine Aktualisierung zielt dabei auf das Burnout-Syndrom. Vgl. zur Thematik

telalterlichen Mystik entstammt, mit aktuellen Sinndeutungen aus der Arbeitsgesellschaft zusammen. Aus der Anthropologie der Mystiker Meister Eckhart (um 1260–1327) und Johannes Tauler (um 1300–1361) gewinnt Mieth einen positiv gedeuteten und umfassenden Begriff menschlicher Tätigkeit: das „„Wirken".[34] Vom anthropologischen Ideal des vielschichtigen Wirkens aus lässt sich eine einseitige Verengung menschlicher Tätigkeit auf die in ökonomische Zwänge eingespannte Erwerbsarbeit kritisieren: „Deswegen ist es notwendig, den Sinn des tätigen Lebens nicht mehr allein von der Arbeit her zu verstehen."[35] Auch Mieths spiritualitätstheologisch konturierte Sozialkritik lässt sich identitätstheoretisch interpretieren: Ähnlich wie Hengsbach angesichts von Arbeitslosigkeit Identitätskonstrukte scharf kritisiert, die Persönlichkeitsentfaltung und Erwerbsarbeit unauflöslich aneinander binden, tut Mieth dies sozusagen von der anderen Seite der Erwerbsarbeitszentrierung her, der pathologischen Überarbeitung im Burnout. Um der krankhaften Überforderung durch Erwerbsarbeit zu entgehen oder vorzubeugen, ist, so Mieth in Anlehnung an Haltungen der Mystik, eine Grundgelassenheit, ein Loslassen-Können notwendig. In identitätstheoretischem Vokabular rät Mieth zur „Erhaltung einer [von der Erwerbsarbeit] nicht betroffenen Dimension des Selbst."[36]

Sowohl bei Mieth als auch bei Hengsbach ist ein human- und sozialwissenschaftlich gut informiertes Eingehen auf gegenwärtige Trends der Arbeitswelt festzustellen, die sich schlagwortartig unter ‚Subjektivierung' fassen lassen. Aus Sicht einer christlichen Spiritualität der Arbeit, die ihre Inspirationen für gutes Leben aus dem christlichen Sinnhorizont heraus gewinnt und innerhalb dessen zur Geltung bringt, kritisieren sie die für Arbeitslose wie für Überarbeitete gleichermaßen schädliche Überladung der Erwerbsarbeit. Im Vergleich zu Chenu hat sich die Stoßrichtung der Kritik damit umgekehrt: Wurde beim Klassiker der Theologie die Industriearbeit zum Ausgangspunkt einer Kritik und Neuformatierung der (neuscholastischen) (Gnaden-)Theologie, wird in neueren Spiritualitätstheologien die Theologie zum Inspirationsort einer Kritik an den Pathologien der Arbeitsgesellschaft.

---

auch die theologischen Auseinandersetzungen mit Burnout im entsprechenden Themenheft: *Theologisch-praktische Quartalschrift* (158 (3), 2010).

34 Vgl. Mieth, 156 ff.

35 *Ebd.*, 169.

36 *Ebd.*, 183. Eine Ethik der Gelassenheit unter anderem im Anschluss an Eckhart und Tauler (auch ohne Übernahme ihres theologischen Deutungshorizontes, sondern mit literatur- und kulturwissenschaftlichem Fokus) propagiert ebenfalls Thomas Strässle, *Gelassenheit. Über eine andere Haltung zur Welt*, München 2013, 35–55 (zu Eckhart und Tauler).

3. Perspektive: Kritische Theologie der Erwerbsarbeit als konkrete Gnadenlehre

Der hier unterbreitete Vorschlag für eine Theologie der Arbeit zielt auf eine Synthese der beiden referierten Formen, der klassischen Theologie der Arbeit bei Chenu wie der aktuellen Spiritualitätstheologie bei Hengsbach und Mieth. Von den Sozialethikern Hengsbach und Mieth ist die treffende Diagnose zu übernehmen, dass eine zeitgenössische Theologie der Arbeit kritisch auf die Pathologien des überhitzten Arbeitsethos reagieren sollte, das der Stigmatisierung Arbeitsloser ebenso wie dem Arbeiten bis zum Ausbrennen Vorschub leistet. Von Chenu bleibt die Inspiration, dass Erwerbsarbeit im Sinne einer induktiven Vorgehensweise theologiekritisch und theologiegenerativ sein kann. Wie in der Gründungsphase der Theologie der Arbeit kann eine konsequente theologische Berücksichtigung der Erwerbsarbeit als ‚Zeichen der Zeit' zur Formatierung gerade heutiger Gnadentheologie entscheidend beitragen. Inwiefern?

Es ist auffällig, dass neuere Ansätze der Gnadentheologie durchaus zeitdiagnostisch ansetzen. Hellsichtig beobachtet etwa Jürgen Werbick in seiner 2013 erschienenen Gnadentheologie, wie sich in der Alltagssprache eine Umdeutung des Gnadenkonzeptes vollzieht.[37] Im Gegensatz zum in vielen Fällen anerkennend gemeinten Prädikat ‚gnadenlos' („gnadenlos ehrlich, gnadenlos direkt, gnadenlos inspirierend, gnadenlos erfolgreich"[38]) sind Rede und Praxis von Gnade eher schlecht beleumundet: „Gnade ist nichts für einen aufrechten Mann, für eine taffe, entschlossen ihre Chance ergreifende Frau."[39] Im Sinne einer lebensrelevanten Gnadentheologie fordert Werbick demgegenüber, dass „das theologische Reden von Gnade nicht in die gesellschaftliche Belanglosigkeit verführe[n]"[40] dürfe. Er begibt sich vielmehr auf die Suche nach „Entdeckungsgeschichten, in denen eine neue Sprache für das alte Wort gefunden und so auch neue Zusammenhänge, veränderte Erfahrungswelten artikuliert werden konnten."[41] Genau solche neuen Sprach- und Erfahrungswelten von Gnade ließen sich auch in der heutigen Arbeitswelt finden – wenn auch primär als Kontrasterfahrungen.

Das Wort ‚Gnade' stammt vom althochdeutschen ‚ganada' und bedeutet Wohlwollen, Gunst.[42] Religiös interpretiert meint es die sich „aktiv, frei und absolut ungeschuldet dem Menschen zuwendende Zuneigung Gottes."[43] Über diesen

37 Vgl. Jürgen Werbick, *Gnade*, Paderborn 2013 (Grundwissen Theologie). Vgl. z. B. auch den Hinweis von Faber auf notwendige „Orte[] der Erfahrung von Gnade"; Faber, 118–143.

38 Werbick, 7.

39 *Ebd.*

40 *Ebd.*, 9.

41 *Ebd.*, 13.

42 Vgl. Herbert Vorgrimler, „Gnade", in: ders., *Neues Theologisches Wörterbuch*, Freiburg [3]2000, 239–243.

43 *Ebd.*, 239.

‚Geschenkcharakter' wird Gnade in aktuellen gnadentheologischen Entwürfen definiert. Eva-Maria Faber etwa spricht von Gnade als „Heilserfahrungen", die sich durch ihre „Unabhängigkeit von menschlichen Vorleistungen und ihren Geschenkcharakter"[44] auszeichnen. Werbick parallelisiert die religiöse Deutekategorie ‚Gnade' mit dem interpersonalen Geschehen ungeschuldeter ‚Gabe'.[45] Blendet man von hier aus zurück zur sozialethischen Kritik von Hengsbach und Mieth, zeigt sich, dass durch den aufgewiesenen Trend zur Subjektivierung der Arbeit ein Identitätskonstrukt dominiert, das einer gnadentheologisch inspirierten Ethik guten Lebens entgegensteht. Während die Identitätskonstruktionen der Erwerbsarbeitsgesellschaft stabile Identität nur im Horizont selbst anrechenbarer Leistung zulassen, basiert das der christlichen Gnadenidee implizite Identitätskonzept auf dem Geschenkcharakter, dem (Vor-)Gegebensein des eigenen Selbst. Dasjenige, was einen Menschen am tiefsten prägt, Zuwendung, Bejahung, Anerkennung, die er oder sie im Laufe der Lebensgeschichte erfährt, kann nie gänzlich selbst erarbeitet werden, sondern ist im Letzten (von anderen) gegeben und geschenkt. Gegen die Plausibilität der Arbeitsgesellschaft, die gutes Leben an ‚selbst erarbeitetes' Glück bindet, basiert Gnadentheologie auf der Erkenntnis, dass „Gelingen, in das ich als Subjekt meines Lebens zutiefst einbezogen bin, (…) im Entscheidenden nicht mein Werk ist."[46] Folgt man Chenus induktiver Methodologie, wonach die Wahrnehmung der Arbeitswelt für die Theologie theoriegenerativ ist, muss eine Theologie der Gnade, die tatsächlich für die Menschen relevant ist, die prägenden Identitätskonstrukte der Arbeitsgesellschaft kritisch aufnehmen. Zeitgenössische Gnadentheologie findet ihre notwendige Konkretion in einer kritischen Theologie der Erwerbsarbeit.[47]

Wie aber kann ein an der Gnadenidee orientiertes, der Arbeitsgesellschaft gegenüber kritisches Identitätskonzept mehr sein als eine innertheologische Diskursfigur? Wie kann es tatsächlich gesellschaftlich von Belang werden? Auch in dieser Hinsicht lohnt ein Blick zurück auf die erkenntnistheoretischen Grundlagen einer Theologie der Arbeit zu ihrer Gründungszeit. Der Verteidigung der amtstheologisch ‚anonymisierten' Arbeiterpriester, die Chenu vorbrachte, lag eine entscheidende theologische Einsicht zugrunde: Das *Zeugnis* christlichen Lebens hat Vorrang vor

44 Faber, 9.

45 Vgl. Werbick, 140–160. Umfassend zu einer Theologie der Gabe vgl. Veronika Hoffmann, *Skizzen zu einer Theologie der Gabe. Rechtfertigung – Opfer – Eucharistie – Gottes- und Nächstenliebe*, Freiburg 2013.

46 Werbick, 137.

47 Ich habe eine solche gnadentheologische Kritik am die Arbeitsgesellschaft dominierenden Leitbild des „unternehmerischen Selbst" versucht: Ansgar Kreutzer, „Gnade für das ‚unternehmerische Selbst'. Eine theologische Kritik der überzogenen Leistungsgesellschaft", in: *Stimmen der Zeit* (232 (8), 2014), 547–557.

dem Bekenntnis christlicher Lehre.[48] „Prophetisieren" geht vor „Evangelisieren".[49] Dieser Primat der Praxis gilt auch heute.[50] Wenn sich etwa KAB, Betriebsseelsorge und weitere kirchliche Gruppen im Verbund mit anderen gesellschaftlichen Kräften zu ‚Allianzen für den freien Sonntag' zusammenschließen,[51] um die erdrückende Dominanz der Erwerbsarbeit für die Lebensführung der Menschen zurückzudrängen, ist dies mehr als ein aus der kirchlichen Soziallehre deduzierter politischer Einsatz. Unter dem hier gezeichneten Horizont lässt sich die politische Relativierung der Erwerbsarbeit als eine Art ‚Gnadentheologie im Vollzug'[52] begreifen.

48 In seinem einschlägigen Aufsatz aus dem Jahre 1954 spricht Chenu von der „Primauté du temoignage de la foi"; Chenu, „Le sacerdoce des prêtres-ouvriers", 276.

49 Vgl. Marie-Dominique Chenu, „Die Rolle des Priesters in einer industriellen Zivilisation", in: *Concilium* (5 (3), 1969), 212–213.

50 Bemerkenswert ist, dass die in der Theologie schon längere Zeit populären Begriffe des Zeugnisses und der Zeugenschaft, welche die notwendig praktische Ausrichtung des christlichen Glaubens anzeigen, auch in den Kulturwissenschaften und der Philosophie in ihrer Bedeutung entdeckt werden: vgl. Sibylle Krämer, „Zum Paradoxon von Zeugenschaft im Spannungsfeld von Personalität und Depersonalisierung. Ein Kommentar über Authentizität in fünf Thesen", in: Michael Rössner und Heidemarie Uhl (Hg.), *Die Er/Findung von Authentizität. Zur Wiederkehr der Sehnsucht nach dem Ursprünglichen*, Bielefeld 2013, 15–26.

51 Vgl. die Allianzen in Deutschland und Österreich: http://www.allianz-fuer-den-freien-sonntag.de; http://www.freiersonntag.at; zuletzt aufgerufen am 23.04.2014.

52 Dies ist in Anspielung auf einen Terminus von Chenu formuliert, der in seiner bereits im Jahr 1937 erstmals veröffentlichten theologischen Programmschrift „Le Saulchoir" von grundlegenden gesellschaftlichen Entwicklungen, die für eine zeitgenössisch orientierte Theologie von Belang sind, als von „loci theologici in actu", von „theologischen Orten im Vollzug" gesprochen hat: Marie-Dominique Chenu, *Le Saulchoir. Eine Schule der Theologie*, Berlin 2003 (Collection Chenu 2), 135.

Matthias Möhring-Hesse

„... festgenagelt, entwürdigt und bloßgestellt"

Theologische Erkundigungen über Lohnarbeit

Lohnarbeit, also *nicht* Arbeit, sondern das durch einen Arbeitsvertrag konstituierte Verhältnis abhängiger Beschäftigung, gehört offenkundig nicht zu den ‚hauseigenen' Themen der Theologie, zumindest nicht der christlichen. Seitdem sich Lohnarbeit aber als ein für kapitalistisch verfasste Wirtschaften dominantes Verhältnis gesellschaftlich durchgesetzt hat und entsprechend die Lebensverhältnisse der Menschen bestimmt, hat sich die christliche Theologie in beiden Konfessionen mit ihr beschäftigt, oder vielmehr beschäftigen müssen – und hat damit Lohnarbeit zu ihrem Gegenstand *gemacht*. Das ist für die Theologie, zumindest für die christliche, epistemisch nicht weiter verwunderlich. Grundsätzlich hat sie es nämlich – in den Worten von Johann Baptist Metz – „mit Erfahrungen, Einsichten und Theorien zu tun, deren theologischer Charakter (...) nicht apriori feststeht bzw. feststellbar ist, sondern der jeweils neu, in einer Art geschichtlich-experimenteller Synthese gefunden werden muß."[1] Zumindest im Unterschied zu anderen Wissenschaften mit eindeutigem Materialobjekt steht der Gegenstand der Theologie nicht von vornherein fest, sondern wird in geschichtlichen und damit kontingenten Situationen als Fragen an die Theologie aufgeworfen. Dass Theologie folglich nicht über ihre Gegenstände souverän verfügen kann, dass ihr diese aufgedrängt werden, diese „kognitive Fremdbestimmung" ist, so wiederum Johann Baptist Metz, „ein Grundzug der theologischen Vernunft überhaupt."[2]

Für den Vollzug kognitiver Fremdbestimmung, dafür also, dass sich die Theologie den ihr aus geschichtlichen Situationen heraus zuwachsenden Fragen stellt und auf diesem Wege ihre Gegenstände entdeckt, empfiehlt Hans-Joachim Sander eine *topologische* Vorgehensweise.[3] Dann sucht man zunächst nicht das ‚Wer' oder das ‚Was' der in den Fragen referierten Sachverhalte zu bestimmen – und bringt ihnen gegenüber nicht das ‚Wer' oder ‚Was' der von der Theologie für gewöhnlich angesprochenen Sachverhalte, allen voran die mit ‚Gott' bezeichnete Wirklichkeit, in Anschlag. Stattdessen lässt man sich von der Frage auf die Situation verweisen, aus der heraus sich der Theologie eine Frage stellt. Diese Situation wird zum ‚Ort'

---

1 Johann Baptist Metz, *Glaube in Geschichte und Gesellschaft. Studien zu einer praktischen Fundamentaltheologie*, Mainz 1977, 13.

2 *Ebd.*

3 Hans-Joachim Sander, *Einführung in die Gotteslehre*, Darmstadt 2006 (Einführung Theologie), 11–16; ders., „Gerechtigkeit vor Gott. Ein Ort in Differenz zu Ungerechtigkeit und Selbstgerechtigkeit", in: Ottmar John und Mathias Möhring-Hesse (Hg.), *Heil – Gerechtigkeit – Wahrheit. Eine Trias der christlichen Gottesrede*, Berlin 2006 (Theologie 22), 79–98.

der Theologie – und für sie gilt es zunächst, dieses ‚Wo' zu klären: Was passiert an diesem Ort? Wie wird an diesem Ort darüber gesprochen, was dort passiert? Was an diesem Ort ist für die ihn bevölkernden Menschen bedeutsam? Und: Wie betrifft das, was an diesem Ort den Menschen bedeutsam ist, die christliche und damit auch die theologische Rede von Gott? Erst indem sie diesen ‚Wo'-Fragen nachgeht, stellt sich der Theologie, so Hans-Joachim Sander, „in einem zweiten Schritt dann [auch] das ‚Wer' oder ‚Was'."[4] Bedeutsamkeiten für die christliche Theologie oder gar die mit ‚Gott' gemeinte Wirklichkeit an diesen Orten zu entdecken, ist dabei eine Möglichkeit. Die topologische Vorgehensweise lässt sich aber auch negativ einschlagen. Dann wird die theologische Bedeutung eines Ortes darüber erkundet, dass an ihm und gegenüber den dort geltenden Bedeutungen die christliche Gottesrede gerade nicht bedeutsam gemacht werden oder dass die mit ‚Gott' bezeichnete Wirklichkeit an diesen Orten nicht identifiziert werden kann. Auch so wird die Theologie topologisch produktiv, indem sie Auskünfte über diesen Ort und seinen Widerspruch zur christlich behaupteten Wirklichkeit Gottes gibt, damit zugleich etwas theologisch Bedeutsames und etwas über die mit ‚Gott' bezeichnete Wirklichkeit aussagt, wenn sie denn ausführt, dass sie sich an eben diesen Orten aus theologischen Gründen heraus nicht bedeutsam machen und Gott an diesen Orten nicht identifizieren kann.[5] Diese beiden Extreme, die positive und die negative Vorgehensweise, schließen einander nicht aus, sondern können sich je nach Ort vermischen, sofern die theologische Erkundung dieser Orte – wie wohl in den meisten Fällen – uneindeutig bleibt.

Diesem Vorschlag folgend wurde in dem in diesem Beitrag vorzustellenden Forschungsprojekt[6] Lohnarbeit nicht sogleich zum Gegenstand der Theologie, sondern zunächst einmal ‚nur' als Ort genommen, an dem über die primäre Frage nach dem ‚Wo' die Gegenstände der Theologie erst entdeckt werden müssen. Theologisch sollte also *nicht* gefragt werden, was Lohnarbeit ist, was sie vor Gott bedeutet und wie sie angesichts der ihr theologisch zugewiesenen Bedeutung eigentlich sein oder anders gestaltet werden sollte. Weil so nicht gefragt werden sollte, sollten auch die auf diese Fragen angebotenen theologischen Antworten, von der klassischen Katholischen Soziallehre bis hin zu den zeitgenössischen ‚Theologien der Arbeit', nicht den Zugang zur Lohnarbeit bestimmen. Stattdessen sollte Lohnarbeit als Ort

4 Sander, „Gerechtigkeit vor Gott", 79.

5 Dabei folgt man nicht der Gegenüberstellung von ‚Gott' und ‚Welt' – etwa nach dem Vorbild der dialektischen Theologie. Denn auch in seiner negativen Variante rechnet die topografische Vorgehensweise grundsätzlich damit, dass die ‚Wo'-Fragen eine positive Antwort finden und die mit ‚Gott' bezeichnete Wirklichkeit an den Orten ‚in der Welt' entdeckt werden kann, dass gerade *deswegen* Orte theologisch begriffen werden können, an denen diese Wirklichkeit nicht entdeckt werden kann und an denen die sich daraus ergebenen Bedeutsamkeiten nicht bedeutsam gemacht werden können.

6 Das Projekt wurde an der Universität Vechta mit Unterstützung der Deutschen Forschungsgemeinschaft von August 2009 bis November 2011 durchgeführt.

einer christlichen Theologie gewählt und entsprechend untersucht werden, was den an diesem Ort lebenden Menschen – insbesondere den abhängig Beschäftigten – Bedeutsames ‚passiert', ob diese Bedeutsamkeiten zu Herausforderungen für die christliche Gottesrede und die darin mit ‚Gott' ausgesagte Wirklichkeit werden, ob an diesem Ort überhaupt Möglichkeiten für die christliche Gottesrede und damit auch für Theologie bestehen, ob man sich an diesem Ort ‚auf die Suche' nach der mit ‚Gott' gemeinten Wirklichkeit machen kann. Dass dabei Erwerbsarbeit oder – mehr noch – die unter diesen Bedingungen von Arbeitnehmerinnen und Arbeitnehmern geleistete Arbeit oder aber etwas anderes zum Gegenstand der Theologie wird, sollte bei dem Projekt nicht vorentschieden, sondern – im Gegenteil – geprüft werden.

Um als Theologie an den Ort der Lohnarbeit zu kommen, bediente sich das Projekt eines ‚Tricks': In Kontexten der Lohnarbeit sind, zumindest in der Bundesrepublik, ausgebildete Theologen und Theologinnen tätig – *erstens* BetriebsseelsorgerInnen, die im Dienst der katholischen Kirche und als Angestellte eben dieser Kirche ‚Seelsorge' für abhängig Beschäftigte, und zwar nahe an deren Lohnarbeit, leisten sollen,[7] und *zweitens* Arbeitergeschwister, die als (zumeist) ausgebildete Theologen und Theologinnen – in der Tradition der Bewegung der Arbeiterpriester[8] – außerhalb kirchlicher Anstellung und in nicht-theologischen Berufen abhängig beschäftigt und so den abhängig Beschäftigten in gemeinsamer Lohnarbeit nahe sind.[9] Der theologischen Produktivität dieser Theologen und Theologinnen bediente sich das Projekt. Unterstellt wurde, dass sich sowohl für die BetriebsseelsorgerInnen als auch für die Arbeitergeschwister infolge ihrer Nähe, das heißt durch den unmittelbaren Kontakt zu Arbeitnehmerinnen und Arbeitnehmern, wenn nicht sogar durch eigenes Erleben, das Abstraktum Erwerbsarbeit auflöst; dass das, was in diesem Kontext für die dort beschäftigten Arbeitnehmerinnen und Arbeitnehmer bedeutsam ist, zur Herausforderung für ihre Theologie wird; und dass sie in Reaktion auf diese Herausforderung die Möglichkeiten erproben, an diesem Ort Theologie zu treiben und dabei etwas Bedeutsames an diesem Ort auszusagen, oder dass

7 Vgl. „Kirche im Betrieb. Leitlinien für katholische Betriebs- und Arbeitnehmerseelsorge in Deutschland", 2010, online abrufbar unter http://www.alc.drs.de/index.php?id=16222. Zuletzt abgerufen am 20.12.2014. Michael Böhm, „Betriebsseelsorge als compassionale Pastoral in Zeiten neoliberaler Zumutungen", in: Rainer Bucher und Rainer Krockauer (Hg.), *Pastoral und Politik. Erkundungen eines unausweichlichen Auftrags*, Münster et al. 2006, 290–297. Im Bereich der Evangelischen Kirche besteht mit dem Kirchlichen Dienst in der Arbeitswelt (KDA) ein vergleichbares Angebot, z. T. in einigen Landeskirchen unter anderem Namen auch konzeptionell abweichende Angebote. Aus eher forschungspragmatischen Gründen war die KDA jedoch nicht Adressat des Projektes.

8 Vgl. Christian Bauer und Veit Straßner, „Kirchliche Präsenz in der Fabrik: Das Experiment der französischen Arbeiterpriester", in: *Archiv für Sozialgeschichte* (51, 2011), 187–208.

9 Vgl. Veit Straßner, *Die Arbeiterpriester: Geschichte und Entwicklungstendenzen einer in Vergessenheit geratenen Bewegung*, Frankfurt am Main 2005 (Frankfurter Arbeitspapiere zur gesellschaftsethischen und sozialwissenschaftlichen Forschung 43).

sie – im Gegenteil – *an diesem Ort* als Theologen und Theologinnen verstummen, ohne deshalb theologisch verstummen zu müssen. Mit dieser Erwartung suchte das Projekt deren Theologie zu erheben und als ‚Theologien am Ort der Erwerbsarbeit' zu erschließen. BetriebsseelsorgerInnen und Arbeitergeschwister wurden um Einreichung ihrer für sie selbst theologisch bedeutsamen Dokumente gebeten, die anschließend ausgewertet wurden. Auf dieser Grundlage wurden mit ausgewählten BetriebseelsorgerInnen und Arbeitergeschwistern Experteninterviews geführt und die dabei gewonnenen Informationen als Hintergrund für die über die Dokumente erkundeten ‚Theologien am Ort der Erwerbsarbeit' herangezogen. Im Folgenden sollen einige Ergebnisse dieses Forschungsprojektes vorgestellt werden. Dabei dürfte deutlich werden, dass am Ort der Lohnarbeit Theologie, wenn überhaupt, nicht als ‚Theologie der Lohnarbeit' und nicht als ‚Theologie der Arbeit' betrieben wird und dass dieser Ort für christliche Theologie und für die Identifikation der mit ‚Gott' intendierten Wirklichkeit prekär ist.

1. Theologien am Ort der Lohnarbeit

BetriebsseelsorgerInnen und Arbeitergeschwister wurden – über deren interne Verteiler – eingeladen, eigene Texte einzusenden, in denen sie ihre Erfahrungen von Lohnarbeit theologisch verarbeiten. Der Einladung folgten 38 Theologen und Theologinnen mit 90 Dokumenten, darunter Predigten, liturgische Gebrauchstexte, Informationsbroschüren, Gemeindeblätter, Mitarbeiterzeitungen, Essays und Tätigkeitsberichte. Zunächst fiel bei deren Auswertung auf, dass durchgängig negative Betroffenheiten thematisiert und theologisch gedeutet werden, dass am Ort der Lohnarbeit die abhängig Beschäftigten vielfach leiden und deren Leiden für die vorgelegten Theologien die erste Herausforderung ist. Während zur selben Zeit in der politischen Öffentlichkeit, von den politischen Eliten, aber auch in kirchlichen Verlautbarungen, die soziale Inklusion über Lohnarbeit hervorgehoben und deren Chancen für die persönliche Biografie, die individuelle Lebensführung und die soziale Teilhabe betont werden, wird in den eingesandten Dokumenten durchgängig ein abweichendes Bild von der Lohnarbeit gezeichnet: An diesem Ort werden Menschen in ihren Lebensmöglichkeiten beschränkt und in ihren Biografien beschädigt; an diesem Ort werden Beziehungen zerstört, die Menschen gegeneinander getrieben und ihre Solidaritäten zerrieben; durch ihre Lohnarbeit werden abhängig Beschäftigte in prekäre Lebenssituationen gebracht und aus den gesellschaftlichen Zusammenhängen herausgerissen, die für die Mehrheit der anderen Menschen selbstverständlich sind. So heißt es in einem Text: „Es herrscht das Unrecht der Mächtigen, statt Wahrheit und Recht (Ps 58). Zu hören sind Worte, glatt wie Butter, linder als Öl – und es sind doch gezückte Schwerter (Ps 55). Gott soll ihnen das Maul zerschlagen (Ps 58)."

Die eingesandten Dokumente wurden auf die verwendeten Bibelmotive, die eingesetzten theologischen Kategorien, also Schlüsselwörter der christlichen Theologie, sowie die angesprochenen Themen der Erwerbsarbeit hin ausgewertet. Weil durchgängig extensiv mit Bibelmotiven gearbeitet wurde, wurden diese zunächst zur Clusterung genutzt, also die verwandten biblischen Motive über ihre konvergierenden und additiven Nennungen in fünf Cluster zusammengetragen. Bei der anschließenden Auswertung über die verwandten theologischen Schlüsselbegriffe und -konzepte sowie über die für die Lohnarbeit angesprochenen Themen konnten dazu analoge Cluster gebildet werden. Im Ergebnis ergaben sich dreimal fünf Cluster, die untereinander gut korrespondieren. Indem die jeweils passenden Cluster verbunden wurden, ließen sich für die eingesandten Dokumente fünf typische Theologiemodelle unterscheiden:[10]

Unter dem Titel ‚Leiden' wurden im *ersten Modell* biblische Motive, unter anderem die Passion Jesu, zusammengetragen, die den Einbruch dramatischer Belastungen und Anfeindungen sowie Hilf- und Aussichtslosigkeit zum Ausdruck bringen. Es geht um das Ertragen, Erdulden und ‚Standhaltenmüssen'. Trotz Bitterkeit, Traurigkeit und Wut müssen konkrete, negativ bewertete Situationen bewältigt werden – und dies auch angesichts der Tatsache, dass man die negativ bewertete Situation selbst nicht verursacht hat und an ihr nichts ändern kann. Für die Lohnarbeit werden entsprechend körperliche und seelische Leiden der Arbeitnehmerinnen und Arbeitnehmer angesprochen. Diese werden in ihrer körperlichen Integrität bedroht; ihre materielle Existenz ist prekär. Infolge von Zweifel, Angst, Ohnmacht, Mutlosigkeit und Scheitern stehen sie in seelischen Nöten. Der Titel dieses Beitrags wurde einem der Texte entnommen, der diesem Modell zugeordnet wurde: „Auch der Gekreuzigte kennt die ‚Grenzen der Kraft'. Er kennt die Erfahrung, auf ein Schicksal ‚festgenagelt zu sein, nicht fortzukommen', ‚entwürdigt und bloßgestellt' zu sein."

Für das *zweite Modell* wurden unter dem Titel ‚Exil' biblische Motive zusammengetragen, mit denen – wie eben für das Exil Israels – angesprochen wird, dass Menschen einer übergroßen, brutalen oder feindlichen Macht ausgeliefert sind und ihr Leben in Gottferne und unter unmenschlichen Bedingungen leben müssen. Hinsichtlich der Lohnarbeit werden für die Arbeitnehmerinnen und Arbeitnehmer negative, aber für sie unüberwindbare Strukturen und Entwicklungen angesprochen: Rationalisierung, Deregulierung, Flexibilisierung, die Ökonomisierung aller Lebens- und Gesellschaftsbereiche, die Intensivierung und Beschleunigung der Arbeit, aber auch der Verlust an Freizeit, die Belastungen der Familien durch die Beschäftigung der Eltern und die Benachteiligungen der Frauen.

Das *dritte Modell* sammelt unter dem Stichwort ‚Schöpfung' biblische Motive einer von Gott aus guten Welt, die immerwährend in Gottes schöpferischer Hand

10 Vgl. Uwe Daher, *Theologie am Ort der Erwerbsarbeit. Erkundigungen unter Betriebsseelsorgern und Arbeitergeschwistern*, unv. Diss., Universität Vechta 2014.

liegt, zugleich aber von Menschen mitgestaltet wird. Trotz aller Beschädigungen und Verwerfungen besteht von Gott aus immer wieder die Möglichkeit, der Welt das Gute abzugewinnen. Für die Lohnarbeit wird demgegenüber beklagt, dass die Arbeitnehmerinnen und Arbeitnehmer in ihren Entfaltungsmöglichkeiten und ihrer Kreativität beeinträchtigt und in einer ökologisch destruktiven Produktion für häufig sinnlose Waren eingesetzt werden, so aber – wenn auch gegen ihren Willen – an der Zerstörung ihrer eigenen Lebensmöglichkeiten, aber auch der aller anderen mitwirken.

Unter dem Stichwort ‚Heilsgemeinschaft' wurden im *vierten Modell* die in den Dokumenten verwendeten Bibelmotive gesammelt, die sich auf die alttestamentliche Bundestheologie sowie die neutestamentlichen Berichte von den frühchristlichen Gemeinden beziehen. Gemeinsam ist die Vorstellung, dass trennende Standesunterschiede aufgehoben werden, dass Menschen zusammenfinden, in Geschwisterlichkeit und als ein Volk Gottes leben. Für die Lohnarbeit wird hingegen konstatiert, dass die Fähigkeiten und Talente der Arbeitnehmerinnen und Arbeitnehmer missachtet und deren Zusammenhalt und Solidarität aufgerieben werden. Gottes Anwesenheit ist hingegen in Gemeinschaften erfahrbar, die in bewusster Opposition zu dem stehen, was in Kontexten der Lohnarbeit vorgesehen und möglich ist, und die subversiv geschaffen werden müssen.

Schließlich wurden im *fünften Modell* unter dem Titel ‚Gottesmacht' die biblischen Motive zusammengetragen, die – wie das sehende Auge Gottes – auf Gotteserfahrungen und auf die mystische Begegnung mit Gott verweisen: Gott ist verborgen in der Geschichte der Menschen anwesend, erweist sich dort als bestimmende Kraft und als gnädig, befreit und berührt die Menschen, ermöglicht Veränderungen und richtet sich mit Zorn und Grimm gegen das Böse. Bezogen auf die Lohnarbeit wird festgestellt, dass die Arbeitnehmerinnen und Arbeitnehmer durch ihre Erwerbsarbeit zunehmend vereinnahmt werden. Ihr Leben wird auf ihre Erwerbsarbeit hin verschlossen, sodass sie weder zu sich selbst noch zu anderen, aber auch nicht zu Gott kommen, geschweige denn ihr Leben für die von Gott gewollten neuen Möglichkeiten offen halten können.

Wider Erwarten kamen in den eingesandten Dokumenten eschatologische Bibelmotive und entsprechende theologische Kategorien kaum zum Einsatz. So wird auch nur zurückhaltend auf das ‚Reich Gottes' verwiesen, immerhin Zentrum der jesuanischen Botschaft und – vor allem – vieler der gegenwärtigen Theologien, die die BetriebsseelsorgerInnen und Arbeitergeschwister während ihres akademischen Studiums kennengelernt haben. Deren ‚Reich Gottes'-Eschatologie erscheint allenfalls im Hintergrund anderer Bibelmotive und Kategorien, weswegen sich aber aus den eingesandten Dokumenten kein entsprechendes Modell von den anderen Modellen abgrenzen ließ. In Vorbereitung des Projektes wurde hingegen erwartet, dass sich kein Modell unter dem Stichwort ‚Arbeiten' zusammentragen lassen würde. Diese Erwartung wurde bestätigt, da in den eingesandten Dokumenten die in den biblischen Schriften durchaus vorhandenen und von ‚Theologien der Arbeit' herangezogenen Motive des Arbeitens nicht benutzt wurden, um Erfahrungen der Lohnarbeit theologisch zu verarbeiten. Zumindest wurden diese nicht in dem Maße eingesetzt, dass darüber ein Modell in Entgegensetzung zu anderen Modellen identifiziert werden konnte. Eine ‚Theologie der Arbeit' kommt am ‚Ort der Erwerbsarbeit' also nicht vor.

Die fünf Modelle vereinen die in den eingesandten Dokumenten verwendeten biblischen Motive und theologischen Schlüsselbegriffe auf der einen und die in den Dokumenten angesprochenen Sachverhalte der Lohnarbeit und deren Bewertung auf der anderen Seite. Sie bieten weder ausgefeilte Theologien noch müssen solche Theologien nur eines der fünf erkundeten Modelle in Abgrenzung zu allen anderen bedienen. Von den Modellen hin zu solchen Theologien wäre noch ein ‚weiter Weg' zurückzulegen, bzw. von den in den Dokumenten enthaltenen Theologien führten Abstraktionen und Entgegensetzungen zu eben diesen Modellen. Sie ‚enthalten' die ursprünglichen Theologien nicht mehr, aus denen sie gewonnen wurden; sie bieten jedoch den Vorteil, dass sie eine Übersicht über diese *am* Ort der Erwerbsarbeit betriebenen oder zumindest *von diesem Ort aus* entworfenen Theologien verschaffen.

Um den Hintergrund der so erkundeten Theologien und die Erfahrungen der sie betreibenden Theologen und Theologinnen aufzuklären, wurden aus dem Kreis der BetriebsseelsorgerInnen und Arbeitergeschwister, die Dokumente eingesandt hatten, sieben ausgewählt und mit ihnen leitfadengestützte Experteninterviews geführt. Darin wurden *erstens* die Bedeutung des spezifischen Kontextes der Lohnarbeit, *zweitens* die besonderen Aufmerksamkeiten für bestimmte Probleme und Verwerfungen der Lohnarbeit, *drittens* die Leit- und Idealvorstellungen, *viertens* die eigene Theologie-Definition, *fünftens* das jeweilige Rollenbild als Theologe oder Theologin, *sechstens* die Einschätzung der einst ‚gelernten' akademischen Theologie, *siebtens* die ‚Nutzung' der Bibel innerhalb des eigenen Theologietreibens, *achtens* die Praxis als Theologe oder Theologin ‚am Ort der Lohnarbeit', *neuntens* die eigene Biografie sowie *zehntens* der Bezug zur Kirche untersucht. In der vergleichenden Gegenüberstellung wurde deutlich, dass sich die befragten Personen auch in diesen Fragen entsprechend der Modelle unterscheiden, für die sie als Experten exemplarisch ausgewählt wurden. Es wurden aber auch Gemeinsamkeiten und teilweise auch überraschende Übereinstimmungen sichtbar. Im Folgenden werden einige dieser Gemeinsamkeiten zur Sprache kommen. Auf einer ‚Dialogveranstaltung' wurden die Ergebnisse der Dokumentanalyse und der Experteninterviews unter anderem den interviewten BetriebsseelsorgerInnen und Arbeitergeschwistern vorgestellt. Im Großen und Ganzen konnten sie dabei den Ergebnissen des Projektes zustimmen; in einigen, durchaus wichtigen Fragen widersprachen sie ihnen aber auch oder bestanden auf Korrekturen. Auch davon wird im Folgenden berichtet.

2. Lohnarbeit – kein Ort für Theologie

BetriebsseelsorgerInnen und Arbeitergeschwister wurden als Theologinnen und Theologen angesprochen – ausdrücklich mit dem Ziel, über ihre Theologien den Ort der Lohnarbeit theologisch zu erkunden und dadurch die begrenzten Möglichkeiten der akademischen Theologie, an diesen ‚*locus theologicus*' zu kommen, auszugleichen. Allerdings hat man bei den so angesprochenen Theologen und Theologinnen Theologien ‚am Ort der Lohnarbeit' nur in homöopathischen Dosen finden können. Dieser Befund trifft umso schärfer zu, je stärker man unter dem Begriff ‚Theologie' die explizite Verwendung von spezifisch theologischen Begriffen und Methoden versteht und deswegen von den BetriebsseelsorgerInnen und Arbeiterpriestern eine Theologie erwartet, die für andere – und vor allem auch für Nicht-Theologen und -Theologinnen – als solche erkennbar ist. Ein solcher Befund wurde durch die Anlage des Projekts zunächst einmal ausgeschlossen: Gefragt wurden die BetriebsseelsorgerInnen und Arbeitergeschwister nach theologischen Dokumenten. Folglich wurde das Projekt von ihnen mit ausdrücklicher Theologie ‚gespeist', die sie aber selbst in Kontexten der Lohnarbeit nur in homöopathischen Dosen ‚verabreichen' können. Dies wurde in den anschließenden Experteninterviews deutlich und dann auch ausdrücklich: Selbst wenn man den Ort der Lohnarbeit weit fasst, ihn also nicht vom Betrieb oder vom Unternehmen, sondern von dem arbeitsvertraglich konstituierten Verhältnis abhängiger Beschäftigung her fasst und dann etwa auch die Zusammenhänge der Erwerbspersonen hinzurechnet, die aus diesem Verhältnis als Arbeitslose ausgeschlossen bleiben, sozialstaatlich aber auf eine Beschäftigung hin ‚gefordert und gefördert' werden, ist dieser Ort offenbar kein guter Ort, um *an ihm* Theologie zu treiben. In Kontexten der Lohnarbeit fehlen zumeist die kognitiven, hermeneutischen und pragmatischen Voraussetzungen dafür, um von anderen mit Theologien verstanden zu werden und in diesem primären Sinn von erfolgreicher Rede pragmatisch erfolgreich sein zu können. Damit fehlen aber die Voraussetzungen dafür, Theologie an diesem Ort treiben zu können. Offenbar gilt dies auch für die Verwendung biblischer Zitate, Motive, Bilder und Geschichten, die – trotz ihres eher narrativen Charakters und ihrer Metaphern – in Kontexten der Lohnarbeit unverstanden bleiben und als Gesprächsangebote abgewehrt werden, damit aber als Deutungsangebote am Ort der Lohnarbeit erfolglos bleiben.

Wenn überhaupt, sind es eher Orte am Rande der Lohnarbeit, an denen Menschen über ihr Lohnarbeitsverhältnis oder über ihre Arbeitslosigkeit angesprochen werden können, die aber abständig von dem ‚Betrieb' oder der ‚Arbeitsagentur' bestehen, oder die ausdrücklich in Abstand oder Abhebung zu diesen ‚Zentralen' der Lohnarbeit geschaffen werden. In den Experteninterviews waren in dieser Hinsicht von besonderen Gesprächskonstellationen oder Veranstaltungen, aber auch von den Mühen, diese zu entdecken oder zu schaffen, die Rede. Als geeignete Orte des Theologietreibens berichteten einige Teilnehmende hingegen auf der Dialogveranstaltung nachträglich von ‚Kasualien', etwa von einer Beerdigung, aber auch von

Ereignissen außerhalb kirchlicher Liturgie, die dennoch Anlass und Möglichkeiten ausdrücklich theologischer Rede gaben.

Es läge nahe, diesen Befund auf der Folie eines Säkularisierungstheorems zu deuten: Im Zuge der funktionalen Ausdifferenzierung oder der zunehmenden Pluralisierung sind an Orten außerhalb von Kirche und Religion die Voraussetzungen sinnvoller theologischer Kommunikationen weggebrochen. Dies gilt dann auch für den Bereich, der durch das Arbeitsvertragsverhältnis konstituiert wird und entsprechend von abhängig Beschäftigten (und ihren Arbeitgebern, aber auch von Arbeitsagenturen, Arbeitsgerichten oder Sozialbürokratien und vielem anderen mehr) ‚bevölkert' wird. Ohne diese Sachverhalte für die Kontexte der Lohnarbeit in Abrede zu stellen, sind aber in diesen Kontexten die Kommunikationsmöglichkeiten und -anlässe keineswegs monolithisch durch den Arbeitsvertrag, das ihn ermöglichende Arbeitsrecht und das auf ihm beruhende Machtverhältnis bestimmt, sondern immer auch für alltagssprachliche Kommunikationen offen. Weil christliche Theologie den Bezug zu diesen alltagssprachlichen Kommunikationen halten und dafür ihre gegebenenfalls notwendigen ‚Fachbegriffe' alltagssprachlich bedeutsam machen können sollte, darf nicht von vornherein davon ausgegangen werden, dass infolge von Differenzierungs- und Pluralisierungsprozessen theologische Kommunikationen in Kontexten der Lohnarbeit nicht mehr möglich sind. Wenn aber der Befund, dass BetriebsseelsorgerInnen und Arbeitergeschwister am Ort der Lohnarbeit Theologie allenfalls in homöopathischem Umfang betreiben können, ihnen aber nicht als ein Versagen, nicht als ein Mangel an Engagement oder Qualifikationen zugeschrieben werden kann – und aus dem Projekt heraus gibt es dafür keinerlei Indizien –, dann muss dieser Befund theologisch gedeutet werden: Offenbar kann in Kontexten der Lohnarbeit und vor dem Hintergrund der dort bestehenden Bedeutsamkeiten die christliche Rede von der mit ‚Gott' gemeinten Wirklichkeit selbst nicht bedeutsam gemacht werden. Die Ursachen dafür müssen dann bei dem Ort der Lohnarbeit und den dort herrschenden Bedeutsamkeiten und/oder bei der christlichen Gottesrede und der in ihr ausgesagten Wirklichkeit gesucht werden.

Dass am Ort der Lohnarbeit Theologie allenfalls ‚auf Sparflamme' betrieben und zur Sprache gebracht werden kann, heißt nun aber nicht, dass den befragten BetriebsseelsorgerInnen und Arbeitergeschwistern dieser Ort und die dort herrschenden Bedeutsamkeiten nicht zur theologischen Herausforderung geworden sind. Im Gegenteil: In ihren Theologien nehmen sie diese Herausforderungen an und suchen diese zu bewältigen, wobei die erkundeten Modelle die Bandbreite dieser Versuche spiegeln. Allerdings sind diese Theologien weniger ‚Theologien am Ort der Lohnarbeit' als vielmehr Theologien von diesem Ort, also ‚von der Lohnarbeit' aus.

3. Beziehungen statt Arbeit

Als erste theologische Herausforderung erscheint den BetriebsseelsorgerInnen und Arbeitergeschwistern, die von ihnen wahrgenommenen Leiden abhängig Beschäftigter angemessen zur Sprache zu bringen. Dass Arbeitnehmerinnen und Arbeitnehmer an prekärer Beschäftigung oder an verdichteter und beschleunigter Arbeit leiden, suchen sie theologisch – nicht zuletzt mithilfe von biblischen Motiven – zu bestätigen, um die öffentliche Schönrede über Lohnarbeit und über deren ‚segensreichen' biographischen und sozialen Wirkungen zurückzuweisen und das Leiden an der Lohnarbeit gegenüber den davon Betroffenen anzuerkennen. Dazu greifen sie entweder theologische Schlüsselwörter oder biblische Motive auf, die – wie die Kreuzigung oder das Exil – unmittelbar das Leiden der Beschäftigten in die theologische Sprache bringen und dadurch ‚aufwerten'. Oder sie bringen – wie die gute Schöpfung und Jesu Tischgemeinschaft – Bibelmotive und theologische Schlüsselwörter in den Kontrast zu dem angesprochenen Leiden, schärfen dieses so noch einmal an und geben ihm über die Kontrastierung theologische Bedeutung. Auf beiden Wegen gibt ihnen die theologische Bestätigung des Leidens Anlass, ‚hinter' dieses Leiden zu schauen und mit theologischen Begriffen oder biblischen Chiffren – wie der des ‚goldenen Kalbs' – auf dessen systemische Ursachen zu verweisen. Zumeist sprechen sie dazu die einseitige Vereinnahmung der Wirtschaft durch das Kapital, die Ökonomisierung sowohl der Lebensbereiche außerhalb der Erwerbsarbeit, aber eben auch der Tätigkeiten, Beziehungen und Kommunikationen innerhalb der Erwerbsarbeit, sowie eine quasi-religiöse Überhöhung von Leistung, Profit und Wettbewerb (‚Marktreligion'), an. Mit Hinweis auf Jer 22,13 heißt es in einem Dokument: „Gebaut wird ein Palast, mit Ungerechtigkeit errichtet."

Sowohl bei dem angesprochenen Leiden als auch bei den dieses verursachenden Sachverhalten und Entwicklungen geht es den BetriebsseelsorgerInnen und Arbeitergeschwistern erstrangig um Beziehungen: um Beziehungen zwischen den Beschäftigten und zwischen ihnen und ihren Familien und um betriebliche Beziehungen, aber auch um soziale Verhältnisse und deren Institutionalisierungen; um Machtbeziehungen in den Unternehmen, auf den Arbeitsmärkten und in den politischen Auseinandersetzungen, um Diskriminierungen und Benachteiligungen im Sozialstaat oder in der Kirche. Hingegen richten sie auf die Arbeit, also auf Tätigkeiten in Veräußerung von eigenem Arbeitsvermögen an Arbeitsgegenständen, allenfalls ihre zweite Aufmerksamkeit. Was sie an der Lohnarbeit theologisch interessiert, ist nicht so sehr, dass und wie in diesen Kontexten unter Bedingungen abhängiger Beschäftigung gearbeitet wird. Theologisch arbeiten sie sich primär an den Beziehungen und den sozialen Verhältnissen ab, die an diesen Kontexten herrschen bzw. diese Kontexte ‚beherrschen' – und so auch die Arbeit bestimmen, die dort unter den Bedingungen abhängiger Beschäftigung geleistet wird. Bereits für die Modellbildung wurde angesprochen, dass sich über die in den biblischen Schriften auffindbaren Motive zur Arbeit kein eigenes Modell von anderen abgrenzen ließ. Somit unterscheiden sich ihre Theologien von vielen der in akademischen Zusammenhängen entwickelten Theologien über Lohnarbeit sowie von der jüngeren kirchlichen Sozialverkündigung, allen voran von der Enzyklika *Laborem exercens* von Papst Johannes Paul II. aus dem Jahr 1981. Während dort ‚Arbeit' zur zentralen Kategorie der Analyse und auch der Kritik von Lohnarbeit genommen wird, ist sie für die BetriebsseelsorgerInnen und Arbeitergeschwister zumindest nicht die erste Ressource, um den Herausforderungen ‚am Ort der Lohnarbeit' theologisch zu begegnen.

Dies ist der Lohnarbeit angemessen: Obgleich es semantisch nahe liegt, ist Lohnarbeit keine Arbeit, sondern ein arbeitsvertraglich konstituiertes Verhältnis zwischen zwei Vertragsparteien, einer Arbeitnehmerin oder einem Arbeitnehmer auf der einen und einer Arbeitgeberin oder einem Arbeitgeber auf der anderen Seite. Dass in diesem Verhältnis gearbeitet wird, wird zwar von beiden Vertragsparteien, zumindest aber von der zweiten, intendiert, ist aber im Arbeitsvertrag selbst nicht geregelt – und kann auch dort nicht geregelt werden. Die intendierte Arbeit ist deshalb erst Gegenstand der dem Arbeitsvertrag folgenden ‚Aushandlungen' zwischen den beiden Vertragsparteien, die allerdings durch den Arbeitsvertrag vorbestimmt werden. Dem jeweiligen Verhältnis zwischen den beiden Vertragsparteien liegt ein gesellschaftliches und dabei maßgeblich staatlich reguliertes Verhältnis zugrunde: Dass Arbeitnehmerinnen und Arbeitnehmer Arbeitsverträge schließen und auf deren Grundlage die Veräußerung der vertraglich in Aussicht gestellten Arbeitskraft ‚aushandeln', ist nämlich gesellschaftlich vorbestimmt – angefangen davon, dass Menschen ohne ausreichendes Vermögen in ein solches Lohnarbeitsverhältnis gezwungen werden, dass Arbeitsverträge und die dadurch begründeten Verhältnisse staatlicherseits anerkannt und durch eigenes Recht reguliert und abgesichert werden, und dass gesellschaftlich die Fiktion von Arbeitsmärkten ermöglicht wird, auf denen Arbeitskraft, unveräußerlicher Bestandteil von Einzelnen, *wie* eine Ware verkauft und gekauft werden kann. Zwar soll – zumindest aus der Perspektive der Arbeitgeberinnen und Arbeitgeber, die Arbeitskraft gegen Lohn ‚einkaufen' – unter diesen Bedingungen gearbeitet, also Arbeitskraft an Arbeitsgegenständen vollzogen werden; zwar wollen Arbeitnehmerinnen und Arbeitnehmer unter den Bedingungen abhängiger Beschäftigung nicht nur ein selbständiges Einkommen erzielen, sondern erworbene Qualifikationen realisieren; zwar erfreut sich Lohnarbeit hoher gesellschaftlicher Akzeptanz, weil auf diesem Wege mehr oder weniger gesellschaftlich nützliche Arbeit auf die einzelnen ‚verteilt' wird – doch ist dieses gesellschaftliche Verhältnis offenkundig zu komplex, um es über den Begriff der Arbeit auch nur einigermaßen hinreichend erschließen zu können.[11] Die Überfor-

11 So gehört zum gesellschaftlichen Lohnarbeitsverhältnis auch die sozialstaatliche Unterstützung derer, die keine Beschäftigung finden und deshalb unter diesen Bedingungen nicht arbeiten können, gleichwohl sozialstaatliche Unterstützung nur erhalten, wenn sie sich dem Arbeitsmarkt ‚zur Verfügung stellen'.

derung von Arbeit, die sich in der theoretischen *Außen*ansicht auf Lohnarbeit auch der Theologie aufdrängt, realisieren die BetriebsseelsorgerInnen und Arbeitergeschwister aus der *Binnen*sicht aus der Lohnarbeit heraus: Die sich an diesem Ort stellenden Herausforderungen an die Theologie lassen sich durch eine ‚Theologie der Arbeit' nicht bewältigen.

4. Für Gott (fast) kein Platz

Bei der eingangs eingeschlagenen topologischen Vorgehensweise ging es auch darum, besondere Orte theologisch daraufhin zu untersuchen, ob an ihnen die mit ‚Gott' gemeinte Wirklichkeit – in welchem Sinne auch immer – erfahren werden und deshalb, bei aller dabei gebotenen theologischen Vorsicht, identifiziert werden kann. Im Unterschied zu strikt dialektischen Theologien wird dabei theologisch davon ausgegangen, dass Gott der Welt nicht radikal gegenübersteht, sondern dass das in der christlichen Überlieferung von ihm erhoffte Heil bei den Menschen ankommt und damit auch die mit ‚Gott' gemeinte Wirklichkeit in ihrer Welt anwesend, Gott also in diesem Sinne *in der Welt* ist. In dieser Überlieferung stehend sehen sich Christen und Christinnen berechtigt, erfahrenes Heil auf Gott zu beziehen und in diesem Heil ein Wirken des Gottes zu sehen, von dem her sie Heil und dessen endgültige Erfüllung erwarten.

Trotz der unterschiedlichen, in den fünf Modellen eingefangenen Schwerpunkte sind sich die befragten BetriebsseelsorgerInnen und Arbeitergeschwister darin einig und stimmen ihre Theologien darin überein, dass sie *erstens* keine Entgegensetzung von Gott und Welt pflegen und folglich mit der Immanenz von Gottes Heil rechnen, dass sie aber *zweitens* für den Ort der Lohnarbeit genau diese Immanenz nicht oder, wenn überhaupt, nur äußerst zurückhaltend und dann nur für ab- oder widerständige Sachverhalte aussagen. Ausdrücklich thematisieren sie in unterschiedlichen Bildern und mit unterschiedlichen Schlüsselwörtern, dass Gott am Ort der Lohnarbeit abwesend und dass er den an diesem Ort lebenden Menschen fern ist; zudem thematisieren sie Gottes Fremdheit gegenüber diesem Ort. Gottes Abwesenheit wie Gottes Ferne geben sie als Reflex auf die Problemlagen und Verwerfungen aus, denen die abhängig Beschäftigten an diesem Ort ausgeliefert sind. „Sehr stark ist die Stille, die absolute Verstummung, eine Gottesferne, eine Verlassenheit", heißt es in einem der Texte.

In Kontexten der Lohnarbeit ‚herrschen' Beziehungen, in denen Gottes Wirklichkeit nicht wirksam werden kann, weswegen hier auch Erfahrungen des Heils und so auch die Erfahrungen der mit ‚Gott' gemeinten Wirklichkeit, wenn überhaupt, nur im Widerspruch und im Widerstand oder aber im Modus der Andersheit gemacht werden können. Das von Gott her erhoffte Heil ‚passiert' am Ort der Lohnarbeit eher nicht; das in diesem Heil anbrechende ‚Reich Gottes' findet an diesem Ort eher nicht statt. Gerade auch die in ‚Theologien der Arbeit' angesprochenen Wirkungen von Arbeit – die Mit-Konstitution von Welt, die Konstitution von sozialen Beziehungen, Solidaritäten und gemeinsamen Raum-Zeit-Verhältnissen oder die Konstitution eines eigenen Selbst, wie sie etwa Friedhelm Hengsbach mit seinem kreativen Dreieck der Arbeit Anfang der 1980er-Jahre behauptet hatte[12] – können die BetriebsseelsorgerInnen und Arbeitergeschwister aus ihren Erfahrungen heraus nicht allgemein als heilsame Wirkungen der unter den Bedingungen von Lohnarbeit vollzogenen Arbeit erkennen. Dass aber Gottes Heil am Ort der Lohnarbeit eher nicht vorkommt, das ist dann nicht nur eine theologische Aussage über die Lohnarbeit, sondern zugleich auch eine über Gott und sein Heil, so Gott von den BetriebsseelsorgerInnen und Arbeitergeschwistern als eine Wirklichkeit vorgestellt wird, für die gerade am Ort der Lohnarbeit in den dort herrschenden Beziehungen und unter den dort bestehenden Bedingungen schlichtweg ‚kein Platz ist', oder, um genau zu sein, für die dort kein Platz ‚gemacht' wird.

In einer solchen Theologie spiegelt sich der systemische Widerspruch, der für die Lohnarbeit – zumindest unter Bedingungen einzelkapitalistisch verfasster Volkswirtschaften – konstitutiv ist: Gegen Entschädigung durch Lohn werden Menschen mit ihrem Arbeitsvermögen für eine vertraglich festgelegte Zeit unter fremde Regie gebracht, um dort ihre Arbeitskraft – und, mehr noch, zunehmend all ihr Arbeitsvermögen – zu vollziehen, ohne dabei in dieser Veräußerung Frau oder Herr ihres Arbeitens zu sein, ohne dessen Bedingungen unter eigene Kontrolle bringen zu können und ohne an den Ergebnissen ihres Arbeitens beteiligt zu werden. Wie immer diese Art von Lohnarbeit gesellschaftlich organisiert und reguliert wird, es besteht der grundsätzliche Widerspruch zwischen dem eigenen Interesse der Arbeitnehmerinnen und Arbeitnehmer an der Souveränität in der Veräußerung eigenen Arbeitsvermögens und damit eigener Subjektivität einerseits, und dem Interesse der sie entlohnenden Arbeitgeberinnen und Arbeitgeber, genau diese Souveränität zu brechen und die Veräußerung eines ihnen fremden Arbeitsvermögens unter ihre Regie zu bringen und für eigene Interessen einzusetzen andererseits. Da Lohnarbeit gesellschaftlich organisiert und reguliert wird, wird dieser Widerspruch immer wieder neu aufgefangen und ‚verflüssigt', und dadurch für alle Parteien, nicht zuletzt für den daran beteiligten Staat, bewältigbar gemacht. Allerdings gelingt dies niemals auf Dauer, lässt sich dieser Widerspruch offenbar nicht auflösen: Vielmehr bricht er immer wieder neu aus und findet neue Ausdrucksformen – und muss gerade deswegen immer wieder neu organisiert und reguliert werden. Auch wenn man gesellschaftlich dieser Lohnarbeit segensreiche Wirkungen zuschreibt – die effektive Verteilung von gesellschaftlich nützlicher Arbeit auf die Einzelnen sowie die ‚leistungsgerechte' Verteilung eines Teils des dabei erwirtschafteten Reichtums auf die Einzelnen – die Lohnarbeit bleibt ein widersprüchliches Verhältnis, mit den Gefahren, dass ihre Widersprüchlichkeit immer wieder neu ausbrechen

12 Vgl. Friedhelm Hengsbach, *Die Arbeit hat Vorrang. Eine Option katholischer Soziallehre*, Mainz 1982 (Arbeiterbewegung und Kirche 5).

und die daran beteiligten Menschen in immer wieder neuen Formen beschädigen kann. Während kirchliche Leitungen, aber auch akademische Theologen und Theologinnen, inzwischen auch die aus dem Fach der Sozialethik, den ‚Segen' der Lohnarbeit würdigen, gegenwärtig vor allem die Inklusionswirkung der Lohnarbeit schätzen und auf die wunderbare Macht von Bildung und von ‚Fordern und Fördern' vertrauen, sodass möglichst alle unter deren ‚Segen' kommen, haben die BetriebsseelsorgerInnen und Arbeitergeschwister ein gutes Gespür für die Widersprüchlichkeit der Lohnarbeit entwickelt und verweigern es, diese nach einem der beiden Pole hin aufzulösen. Aus ihren Kenntnissen, was am Ort der Lohnarbeit den abhängig Beschäftigten, aber auch Erwerbslosen ‚passiert', ‚feiern' sie weder die Lohnarbeit noch sehen sie einen Weg zur ‚Befreiung' der Lohnarbeit oder zur ‚Befreiung' von der Lohnarbeit. Sie sehen den Zwang in die Lohnarbeit hinein und sie sehen zugleich die Verletzungen, Benachteiligungen und Beleidigungen derer, die in diese Lohnarbeit hineingezwungen werden. Genau dies bringen sie in ihr Gottesverhältnis und darin stellvertretend auch in das Verhältnis ihrer Kollegen und Kolleginnen zu dem von ihnen ausgesagten Gott ein, verstehen dabei diesen Gott als eine Wirklichkeit, die diesem Verhältnis fremd und widerständig bleibt, und im Gegenzug die Lohnarbeit als ein Verhältnis, das für Gottes heilsames Wirken fremd gemacht wird.

Mit ihren biblischen Motiven und theologischen Schlüsselwörtern halten die BetriebsseelsorgerInnen und Arbeitergeschwister den Bezug zu einer solchen theologischen Abstraktion; sie sprechen jedoch die Vorkommnisse am Ort der Lohnarbeit an, unter den abhängig Beschäftigte *konkret* und zugleich *typischerweise* leiden müssen. Es geht ihnen *erstens* um konkretes, durch die abhängig Beschäftigten verbürgtes, ihnen also nicht bloß zugesprochenes und ‚angedichtetes' Leiden, zugleich *zweitens* um typisches Leiden, von dem nicht nur Einzelne, sondern Einzelne gleichermaßen auf Grund ihrer Stellung innerhalb der am Ort der Lohnarbeit herrschenden Beziehungen und Machtverhältnisse betroffen sind, und daher *drittens* um ein positionsbedingtes Leiden. Diese Perspektive kann an die Vorgehensweise des französischen Soziologen Pierre Bourdieu und seiner Forschergruppe erinnern, die sich in ihrer Studie *Das Elend der Welt* auf der Suche nach „positionsbedingte[m] Elend", nämlich den „schmerzhaften Erfahrung[en]" gemacht haben, die all jene von der sozialen Welt haben können, „die (...) eine untere und unbedeutende Stellung innerhalb eines prestigereichen und privilegierten Universums einnehmen."[13]

Zu einem theologischen Unternehmen wird das konkrete, typische und zugleich positionsbedingte Leiden der Beschäftigten einzig durch deren Leiden – und nicht darüber, dass die davon Betroffenen wegen ihrer Glaubenszugehörigkeit oder

13 Pierre Bourdieu, *Das Elend der Welt. Zeugnisse und Diagnosen alltäglichen Leidens an der Gesellschaft*, Konstanz 1997, 18 f. Vgl. auch Ansgar Kreutzer, „Bourdieu und die Politische Theologie", in: *ThQ*, 2014, im Erscheinen.

Religiosität, etwa wegen religiöser Diskriminierungen in den Betrieben oder auf den Arbeitsmärkten oder wegen der ihnen durch ihre Beschäftigung zugemuteten religiösen Pflichtverletzungen, leiden müssen. Derartige Problemlagen kommen in den untersuchten Theologien zwar auch vor, wie etwa die Zunahme der Arbeit an Sonntagen und die zunehmende Aushöhlung des freien Wochenendes, werden aber eher über allgemeine Sachverhalte, beispielsweise über den zeitlich ausufernden Zugriff der Lohnarbeit auf die Lebensverhältnisse der Menschen sowie die Zerstörung gemeinsamer Lebensverhältnisse und der dafür notwendigen gemeinsam freien Zeit, angesprochen. Folglich wird etwa das Sonntagsgebot nicht als eine zunehmend verletzte Pflicht, sondern als ein widerständiges Gebot gegen die ausufernde Kraft der Lohnarbeit und damit der für den Ruhetag stehende Gott als ein Fremder gegenüber einer solch imperialen Lohnarbeit vorgestellt.

Bei alldem erhalten sich die BetriebsseelsorgerInnen und Arbeitergeschwister die theologische Sensibilität, Gottes Heil bei den abhängig Beschäftigten und damit am Ort der Lohnarbeit zu suchen und zu entdecken. Weniger in ihren Dokumenten, ein wenig in den Experteninterviews und – nachholend – auf der Dialogveranstaltung berichten sie von ihren ‚Fundstücken', dass sie Gottes heilsame Wirklichkeit am Ort der Lohnarbeit anwesend ahnen, wenn – entgegen der dort herrschenden Bedeutsamkeiten – Gemeinschaft ent- und bestehen kann, wenn Solidaritäten extreme Belastungen und ‚Versuchungen' überstehen, wenn Arbeitnehmerinnen und Arbeitnehmer untereinander echte Menschlichkeit gelingt, wo selbst ihre Menschlichkeit noch zu einem Anspruch an ihr Arbeitsvermögen geworden und so unter fremde Regie gebracht worden ist. Diese ‚Fundstücke' machen sie allerdings nicht sonderlich stark und bauen sie in ihren Theologien nicht aus. So aber lassen sie auch Ressourcen ihrer biblischen Motive oder Schlüsselkategorien brachliegen – nicht zuletzt die der biblischen Kategorie des Exils, mit dem nicht nur die Fremdheit des Exils und die Fremdheit Gottes gegenüber diesem Exil behauptet, sondern zugleich für diesen Gott reklamiert wird, dass er selbst in dem, was ihm und seinem Heil fremd ist, anwesend und heilsam wirksam ist. Angesichts dem von ihnen ‚eingesammelten' Leiden verging den BetriebsseelsorgerInnen und Arbeitergeschwistern offenbar aber der theologische Mut, sich auf ein solches oder ähnliches Abenteuer einzulassen und Gottes Anwesenheit im Exil, an dem ihm fremden Ort der Lohnarbeit, nicht nur abstrakt zu behaupten, sondern mit einer ähnlichen Konkretheit wie das von ihnen angesprochene Leiden zu identifizieren.

5. Vereinseitigungen

Ist man nur ein wenig mit den politischen Debatten oder kirchlichen Diskursen über Lohnarbeit vertraut oder hat man den Diskurs- und Forschungsstand in der Industrie- und Arbeitssoziologie sowie den Arbeitswissenschaften vor Augen, dann wird man die vorgestellten Theologien und die darin verarbeiteten Leiden der abhängig Beschäftigten für eine absurde Verdrehung der gegenwärtigen ‚Arbeitswelt‘, zumindest aber für grobe Überzeichnungen und Vereinseitigungen der Lohnarbeit und ihrer gegenwärtigen Veränderungen halten. Man wird unter anderem die Requalifizierung gerade auch der Industriearbeit, die neuen Formen von Unternehmenskulturen und Vertrauensbeziehungen, die neuen, stärker auf Autonomie und Gruppenarbeit setzenden Managementstrategien oder die Subjektivierung der Arbeit, den Abbau hierarchischer Kontrolle und den dazu passenden ‚Arbeitskraftunternehmer‘ vermissen. All dies und Ähnliches taucht bei den BetriebsseelsorgerInnen und Arbeitergeschwistern nicht auf, und wenn doch, dann in der Negation, indem sie in diesen und ähnlichen Neuerungen wiederum Ursachen für neues Leiden der Beschäftigten, etwa neue Formen der Überforderung, der Entsolidarisierung oder der Entfremdung ausmachen.

Gegenüber den dominanten Diskursen in der politischen und kirchlichen Öffentlichkeit ist die Sicht der BetriebseelsorgerInnen und Arbeitergeschwister kritisch: Während dort die soziale Inklusion über Lohnarbeit und auch deren biografische Chancen betont werden, identifizieren diese die exkludierenden Wirkungen der Lohnarbeit und ihre destruktiven Wirkungen auf Biografien und Lebenszusammenhänge der Beschäftigten. In der industrie- und arbeitssoziologischen Forschung kommen diese von den Theologen und Theologinnen angesprochenen Sachverhalte hingegen vor, sodass sie sich durch die sozialwissenschaftliche Forschung bestätigt sehen können oder zum Teil ausdrücklich auf entsprechende Literatur zurückgreifen. Allerdings bietet die sozialwissenschaftliche Forschung ein weniger eindeutiges Gesamtbild, in das die von den BetriebsseelsorgerInnen und Arbeitergeschwistern angesprochenen Sachverhalte und Entwicklungen mit gegenteiligen oder zumindest abweichenden Sachverhalten und gegenläufigen Tendenzen ‚abgestimmt‘ und zu einem insgesamt widersprüchlichen, pluralen und – mehr noch – extrem ungleichen Ganzen zusammengeführt werden. Im Abgleich mit den Sozialwissenschaften wird man den BetriebsseelsorgerInnen und Arbeitergeschwistern keinen Realitätsverlust, sondern – im Gegenteil – realistische Bilder vom Ort der Lohnarbeit zusprechen; und doch wird man in ihren Bildern Vereindeutigungen, Vereinseitigungen und Überzeichnungen sehen müssen.

Aus genau diesem Grund werden diese Bilder und die damit arbeitenden Theologien jenseits ihrer ursprünglichen Entstehungsorte nur schwer plausibel werden. Diese Gefahr spiegelt sich in den Experteninterviews, wenn BetriebsseelsorgerInnen und Arbeitergeschwister berichten, dass ihre Theologien in Kirchengemeinden nur auf wenig Verständnis stoßen. Dieses Unverständnis wiederum können sie selbst nicht so recht nachvollziehen, da sie in den Gemeinden mehrheitlich Arbeitnehmerinnen und Arbeitnehmer vermuten und ihnen einen gleichen oder zumindest ähnlichen Erfahrungshintergrund unterstellen. Dass dort ein solcher gemeinsamer Erfahrungshintergrund gerade nicht besteht, dass ihr Publikum in den Kirchengemeinden mit eigener Lohnarbeit, trotzdem aber mit abweichenden Realitäten zu tun hat, wird in den Interviews nicht einmal als Möglichkeit angesprochen.

Dass die BetriebsseelsorgerInnen und Arbeitergeschwister – zumindest im Vergleich mit der sozialwissenschaftlichen Forschung – die Situation am Ort der Lohnarbeit vereindeutigen, in Richtung Leiden hin vereinseitigen und so überzeichnen, ist weder ‚Mangel' noch ‚Unfall', sondern Folge der besonderen Ortswahl der Theologen und Theologinnen. Sie haben sich nicht einfach Lohnarbeit zu ihrem theologischen Ort genommen, sondern haben als Arbeitergeschwister, aber auch als BetriebsseelsorgerInnen – begründet über die in ihren Theologien fest verankerte ‚Option für die Armen' – gezielt dessen untere und abgesonderte Bereiche gewählt: die Bereiche mit niedrig entlohnter und niedrig qualifizierter Beschäftigung, die mit nicht-typischer oder gar prekärer Beschäftigung oder die von Erwerbslosen. Dass sie in diesen Bereichen bzw. aus den Erfahrungen in diesen Bereichen eindeutige und einseitige Bilder von der Lohnarbeit und der dort herrschenden Beziehungen und Verhältnisse zeichnen, und dass sie damit die Situation am Ort der Lohnarbeit überzeichnen, sollte nicht überraschen. Ihre Bilder sind deswegen aber nicht ‚falsch'; sie sind – ganz im Sinne von Bourdieus positionsbedingtem Elend – Ausdruck davon, dass auch am Ort der Lohnarbeit soziale Positionen, dass Einkommen und Macht ungleich, vermutlich sogar zunehmend ungleich verteilt sind, und dass die Verwerfungen und Problemlagen an diesem Ort besonders auf diejenigen ‚geladen' werden, denen die unteren Ränge abhängiger Beschäftigung zugewiesen werden. Dass das Leiden – und dazu gegenläufig Chancen und Vorteile – in der Lohnarbeit ungleich verteilt sind, schlägt sich zugleich auch darin nieder, dass die deswegen besonders Leidenden und deren Leiden bei der öffentlichen (und eben auch kirchlichen) Wahrnehmung von Lohnarbeit und möglicherweise auch in dem ein oder anderen sozialwissenschaftlichen Forschungsprojekt weniger bis gar nicht berücksichtigt werden. In ihrer Einseitigkeit korrigieren BetriebsseelsorgerInnen und Arbeitergeschwister – und dies als Folge der aus der ‚Option für die Armen' folgenden Hermeneutik – diese einseitig verteilte Aufmerksamkeit und setzen der Ignoranz gegenüber diesen Leiden deren Überzeichnung entgegen.

Am Ort der Lohnarbeit als einem *‚locus theologicus'* interessiert, hatte sich das Projekt, ein Projekt der akademischen Theologie, für jene Theologien interessiert, die an diesem Ort entstehen oder zumindest von diesem Ort her provoziert werden. Für die akademische Theologie muss es sich bei diesen erforschten Theologien keineswegs um das ‚letzte Wort' handeln. Sie ist vielmehr gefordert, diese Theologien im Rahmen akademisch-theologischer Forschung weiterzutreiben und dabei vor allem auch jenseits ihrer Entstehungsorte verständlich zu machen. Weil von derselben ‚Option für die Armen' und von ihr gleichermaßen verpflichtet, wird die akademische Theologie jedoch mit den BetriebsseelsorgerInnen und Arbeitergeschwistern die hermeneutische Parteilichkeit teilen müssen und daher in der Verarbeitung von deren Theologien die darin eingewobene Sicht auf die Lohnarbeit

‚aufheben'. Auch in dem Wissen von den Vereindeutigungen und Vereinseitigungen sind deren Bilder vom Leiden am Ort der Lohnarbeit für die akademische Theologie von hoher Autorität, weswegen sie mit diesen Bildern auch die Differenzen zur sozialwissenschaftlichen Forschung und – erst recht – die Opposition zu den politischen und kirchlichen Diskursen über Lohnarbeit riskieren muss.

Zugleich sollte eine akademische Theologie diese ihr aufgegebenen Bilder der Lohnarbeit mit abweichenden Bildern und ergänzenden Informationen vermitteln, damit sie auch ‚andernorts' – nicht zuletzt innerhalb der akademischen Diskurse – verständlich werden und die daraus erwachsenen Theologien auch dort Bedeutung gewinnen können. Dazu benötigt die akademische Theologie das Vertrauen der BetriebsseelsorgerInnen und Arbeitergeschwister, dass deren Sicht der Dinge und deren Theologien nicht verraten, sondern tatsächlich ‚aufgehoben' wird bzw. werden. Ein solches Vertrauen in die akademische Theologie werden und können diese Theologen und Theologinnen allerdings nur dann haben, wenn die akademische Theologie den originären Zugang der BetriebsseelsorgerInnen und Arbeitergeschwister zum *‚locus theologicus'* Lohnarbeit ausdrücklich auch als ihren ersten Zugang zur Lohnarbeit anerkennt. Ob dieser methodologische Zuschnitt einer christlichen Theologie über Lohnarbeit in einem *interreligösen* Diskurs über Lohnarbeit Eindruck machen kann?

Sarah Prenger

Den Himmel auf Erden verwirklichen

Wie die CAJ zur Humanisierung der (Arbeits-)Welt beizutragen versucht

Die Christliche Arbeiterjugend (CAJ) ist ein katholisch-kirchlicher Jugendverband und als solcher Ausdruck christlicher Praxis. Seit seinen Ursprüngen sieht der Verband die Sphäre der Erwerbsarbeit als eines seiner wichtigsten Handlungsfelder und als eine Herausforderung für das Christentum. Dies aber nicht, weil die Erwerbsarbeit besondere Probleme für Christinnen und Christen bereiten würde, sondern weil sie die ‚göttliche Würde' und die ‚Berufung' eines jeden Menschen betrifft.

Der vorliegende Beitrag will diesen Anspruch der CAJ und ihr Engagement vorstellen. Dabei liegt mein Fokus auf der Arbeitsweise des Verbandes, die ich theoretisch und anhand praktischer Beispiele darstelle. In diesem Zusammenhang sollen auch aktuelle Positionen der CAJ Deutschland deutlich werden.

Dazu wird im ersten Abschnitt der Entstehungshintergrund und die Arbeitsweise der CAJ erklärt. Darauf folgt ein Überblick über die CAJ Deutschland heute, wobei drei aktuelle Aktionen und die dabei vertretenen politischen Positionen vorgestellt werden. Zwei der Projekte beziehen sich auf Formen der Erwerbsarbeit, nämlich erstens auf Ausbildung und Arbeit in der Gastronomie und zweitens auf prekäre Arbeit. Bei der dritten Aktion handelt es sich um ein Projekt zur Situation Jugendlicher mit ungesichertem Aufenthaltsstatus, in der sich unter anderem viele junge Menschen muslimischen Glaubens engagieren. Ein kurzer Abschluss gilt der ‚kirchlichen' Identität der CAJ.

1. Zum Hintergrund der CAJ[1]

Die CAJ wurde vom späteren Kardinal Joseph Cardijn gegründet. Dieser kam am 13. November 1882 in Brüssel als zweites von vier Kindern eines Hausmeisterehepaars zur Welt. Seine Eltern erzogen ihn christlich und nahmen ihn schon früh zu Gewerkschaftsversammlungen mit. Konfrontiert mit dem harten Schicksal seiner in Fabriken arbeitenden Altersgenossen, entwickelte er den Wunsch, Priester zu werden.[2]

---

1 Vgl. hierzu auch Sarah Prenger, *Zur CAJ Joseph Cardijns*, online abrufbar unter www.caj.de/multimedia/Textdokumente/statisch/Zur_CAJ_Cardijns.pdf.

2 Vgl. Ursula Mock, *Cardijn. Mensch und Werk. Sonderdruck für die CAJ*, Limburg 1971, 16.

Cardijn war von der Bedeutung der Laien und Laiinnen[3] für Kirche und Gesellschaft überzeugt. Seiner Ansicht nach ist jeder Mensch ein Bote oder eine Botin Gottes: Jede und jeder sei beauftragt, Gottes Reich auf Erden zu realisieren.[4] Unter ‚Reich Gottes' verstand Cardijn „eine gegenseitige (…) Hilfe der Völker, der Klassen und der Einzelmenschen" sowie „Gerechtigkeit, Friede, Brüderlichkeit."[5]

Diese unersetzbare Rolle soll jeder Mensch laut Cardijn durch die Ausübung seines Berufes und „die allereinfachsten alltäglichen Handlungen im eigenen Lebenskreis"[6] spielen. Die Arbeit an sich stelle eine Berufung dar,[7] die ebenso wichtig wie die Aufgaben des Papstes, der Priester oder der „Staatsmänner" sei.[8] Denn „die Arbeit setzt die Schöpfung fort. (…) Ohne Arbeit gibt es nichts."[9]

Dass jeder Mensch ein Bote Gottes sei, implizierte für Cardijn zweierlei: Zum einen müsse jeder Mensch seiner Verantwortung nachkommen, Gottes Reich auf Erden zu realisieren. Denn wenn „einer diese Aufgabe, die ihm aufgetragen wurde, nicht erfüllt, so kann sie Gott – auch wenn er allmächtig ist – nicht für ihn erfüllen."[10]

Zum anderen implizierte diese Prämisse für ihn die Unantastbarkeit eines Menschen: Da jeder ein Stellvertreter bzw. eine Stellvertreterin Gottes sei, müsse der Mensch entsprechend respektiert werden. Auch müssten die Lebens- und Arbeitsbedingungen es einem Menschen ermöglichen, seine Verantwortung zu realisieren. Kurz gesagt, die Lebensbedingungen jedes Menschen müssten seiner göttlichen Würde entsprechen.

Dieses grundlegende Kriterium erfüllten die Lebens- und Arbeitsbedingungen der Arbeiterschaft zu Cardijns Zeit seiner Meinung nach nicht. Dies beklagte er mit Hinweis auf Kinderarbeit und Arbeitszeiten, die sich an den Maschinen statt an den Menschen orientierten.[11] Dabei kritisierte er den Staat, der eine Organisation der Arbeitnehmer und Arbeitnehmerinnen verhindere. Seiner – also der katholischen – Kirche warf er vor, dass sie sich in weiten Teilen auf das Halten von Gottesdiensten beschränke und von politischen und wirtschaftlichen Fragen Abstand nähme.[12]

---

3 Mit „Lai/innen" werden hier – im Sinne des katholischen Kirchenrechtes (Can. 207 § 1 CIC: „Kraft göttlicher Weisung gibt es in der Kirche unter den Gläubigen geistliche Amtsträger, die im Recht auch Kleriker genannt werden, die übrigen dagegen heißen auch Laien") Gläubige ohne kirchliche Weihe bezeichnet.

4 Vgl. Joseph Cardijn, *Laien im Apostolat*, Kevelaer 1964, 7.

5 *Ebd.*, 13.

6 Joseph Cardijn, „Mitten im Leben", in: CAJ-Nationalleitung (Hg.,), *Die Schicksalsstunde der Arbeiterschaft/Mitten im Leben*, Essen 1981, 9.

7 Joseph Cardijn, „Die Schicksalsstunde der Arbeiterschaft", in: CAJ-Nationalleitung (Hg.), *Die Schicksalsstunde der Arbeiterschaft/Mitten im Leben*, Essen 1981, 34.

8 Cardijn, *Leben*, 10.

9 Cardijn, *Schicksalsstunde*, 34.

10 Cardijn, *Leben*, 11.

11 Vgl. Cardijn, *Schicksalsstunde*, 21.

12 Vgl. *ebd.*, 20.

Besonders die Lebens- und Arbeitsbedingungen junger Arbeiter und Arbeiterinnen waren für ihn ein „gewaltiges Problem."[13] Seiner Angabe nach sahen sich ungefähr 200 Millionen junge Menschen weltweit im Alter zwischen 14 und 25 „zwischen ihrer Schulzeit und ihrer Hochzeit allen Problemen des Lebens gegenüber."[14] Dabei müssten sie genau in diesem Lebensabschnitt ihre Verantwortung entdecken.[15]

Insgesamt diagnostizierte Cardijn einen deutlichen Widerspruch zwischen der Berufung und den Lebensbedingungen der jungen Arbeiterinnen und Arbeiter. Dieser Widerspruch zeige sich besonders angesichts der Unsicherheit der jungen Menschen, die durch Arbeitslosigkeit oder Krisen verursacht werde. Dadurch werde eine sichere Lebensplanung und damit eine Familiengründung unmöglich gemacht.[16]

Auch seien sich viele junge Menschen ihrer hohen Verantwortung nicht bewusst. Viele, so Cardijn, lebten eher in den Tag hinein und wollten sich amüsieren. Dies war seiner Ansicht nach nicht verwunderlich, denn niemand könne ganz allein die eigene Würde erkennen.[17]

Er hielt es aber für notwendig, dass sich die jungen Arbeiterinnen und Arbeiter ihrer Würde und ihrer Verantwortung bewusst würden. Sie müssten selbst ihr Leben ändern[18] und ihre Lebensbedingungen umgestalten. Dies hieße auch zu lernen, sich zu organisieren und zu solidarisieren.[19] Es ging Cardijn dabei sowohl um die Arbeiterschaft als Ganzes als auch um jeden Einzelnen bzw. jede Einzelne.[20] Dabei stand für Cardijn das Schicksal der ganzen Menschheit auf dem Spiel: „An die Stelle des Kampfes der Klassen und Nationen gegeneinander muss die Zusammenarbeit der Klassen und Nationen miteinander treten."[21]

Aus dieser Überzeugung heraus begann Cardijn 1912 im belgischen Laeken, junge Frauen und Mädchen in Gruppen zu organisieren. Gegen Ende des Jahres wurde die erste Männergruppe gebildet.[22] Ab April 1924 nannte sich die gewach-

13 Vgl. *ebd.*, 25.
14 *Ebd.*, 26.
15 Vgl. *ebd.*
16 Joseph Cardijn, „Le problème de la jeunesse ouvrière et la solution par l'action catholique des jeunes ouvriers", in: *Semaine d'etude internationale de la JOC 1935 Rapport intégral Editions JOCistes*, Brüssel 1935, 71–73; zit. nach Johann Ascherl, CAJ-Bundesleitung, Jugendbildungsstätte der KAB & CAJ (Hg.), *„Führe mein Volk in die Freiheit!" – Kardinal Cardijn – Vollständige Übersetzung aus dem französischen Original – „Va Libérer [sic!] mon peuple!" Gedanken von Joseph Cardijn zu wesentlichen Themen unserer Zeit*, Waldmünchen o. J., 24.
17 Vgl. Cardijn, *Leben*, 12–13.
18 Vgl. *ebd.*, 17–20.
19 Vgl. Cardijn, *Schicksalsstunde*, 27.
20 Vgl. Cardijn, *Leben*, 9.
21 Cardijn, *Laien im Apostolat*, 52, vgl. auch Mock, 44–45.
22 Mock, 44–45.

sene Bewegung, die zuvor „Gewerkschaftsjugend" hieß, „Christliche Arbeiter-Jugend" (CAJ; auf Französisch: „Jeunesse Ouvrière Chrétienne", JOC).[23]

Diese Bewegung sollte junge Menschen befähigen, ihre personale Würde zu entdecken, Verantwortung für sich und andere zu übernehmen und das persönliche und gesellschaftliche Umfeld menschenwürdig zu gestalten.[24]

Es ging von Anfang an nicht darum, nur christliche Jugendliche in der CAJ zu organisieren.[25] Für Cardijn hatte jeder Mensch eine göttliche Würde, unabhängig von Religionszugehörigkeit, Geschlecht oder Ethnie. Dementsprechend sollten alle jungen Menschen unabhängig von diesen Eigenschaften für den Verband geworben und dazu angeregt werden, das eigene Leben zu verbessern.

2. Zur Methode der CAJ[26]

Die Gründung der CAJ resultierte aus der Diagnose eines Widerspruchs zwischen der Realität und der Würde der jungen Arbeiterinnen und Arbeiter. Somit zeigt sich bereits im Gründungsvorgang die Logik der Methode, die Cardijn für die Arbeit der CAJ entwickelte und die im weiteren Verlauf Eingang in die katholisch-kirchliche Sozialverkündigung fand:[27] „Sehen, Urteilen, Handeln." Diese Triade fasst den Vorgang zusammen, die Realität zu analysieren, sie unter dem oben formulierten Anspruch – die Realität muss der Würde jedes Menschen entsprechen – zu beurteilen und darauf basierend Handlungsoptionen zu entwickeln und durchzuführen.[28]

Zum „Sehen"

Im Prozess des Sehens, der auch Analyse genannt wird, werden Fragen wie die folgenden gestellt: „Was ist geschehen?", „Kennen viele diese Situation oder ist dies ein individuelles Vorkommnis?", „Was sind die Folgen?", „Warum ist das passiert?" und „Wer profitiert davon?"[29] Dabei soll laut Cardijn grundsätzlich ein

---

23 Vgl. *ebd.*, 44.

24 Vgl. Cardijn, *Laien im Apostolat*, 43.

25 Vgl. Secrétariat international de la JOC (Hg.), *L'eglise face au probleme [sic] de la Jeunesse Travailleuse*, Brüssel 1949, 16.

26 Vgl. auch Prenger, *Zur CAJ Cardijns*, 8–15.

27 Vgl. z.B. Johannes XXIII (1961), „Mater et Magistra", in: KAB (Hg.), *Texte zur katholischen Soziallehre*, Köln 2007, 232.

28 International secretariat of the YCW (Hg.), *IYCW militant guide*, Brüssel 2004. Deutsche Fassung: CAJ Deutschland (Hg.): *Leitfaden der CAJ (JOCI) für Aktivist(inn)en*, Essen 2013, 16. www.caj.de/multimedia/Textdokumente/statisch/Leitfaden_f%C3%Bcr_Aktivistinnen.pdf, zuletzt aufgeru-fen am 11.05.2014.

29 Vgl. Anja Kremzow, Katharina Tradt und Sarah Prenger, *Sehen – Urteilen – Handeln. Einige Grundlagen*, 3. www.caj.de/multimedia/Textdokumente/statisch/Sehen_urteilen_handeln_-_Einige_Grundlagen.pdf, zuletzt aufgerufen am 11.05.2014.

lebensnaher Zugang gewählt werden. Jeder junge Mensch sollte in CAJ-Gruppen über sich selbst, die eigene Situation oder ein eigenes Erlebnis sprechen.[30] Die Mitglieder der CAJ sollten sich mit Fragen über ihr Leben, ihre Arbeitsbedingungen und die Themen, die sie und andere beschäftigten, befassen.[31] Auch sollten sie die Lebensbedingungen anderer junger Menschen in ihrer Umgebung untersuchen. Die Beschäftigung mit Fragen wie „Warum ist das so?“ oder „Wer profitiert davon?“ verdeutliche den Teilnehmenden, dass wirtschaftliche und politische Zusammenhänge ihr Leben beeinflussen.[32] Dadurch würden, so Cardijns Konzept, die jungen Arbeiterinnen und Arbeiter Zusammenhänge von Wirtschaft und Gesellschaft und darauf basierend die Notwendigkeit, sich zu organisieren, verstehen.[33]

In der CAJ soll immer das gesamte Leben in den Blick genommen werden, da innerhalb eines Lebens alle Bereiche miteinander verknüpft sind. Würde man einen Aspekt vernachlässigen, separat betrachten oder beispielsweise das Berufsleben besonders betonen, so erklärte Cardijn, führe dies notwendigerweise zu Fehlern.[34]

Wenn sich daher die CAJ heute mit Themen der Erwerbsarbeit beschäftigt, sollte dies nicht darin begründet sein, dass sie das „A“ im Namen trägt und sich daher dazu verpflichtet fühlt. Dies wäre meiner Ansicht nach ein grobes Missverständnis des Anliegens der CAJ. Vielmehr ist das „A“ Ausdruck dessen, dass Cardijn dort Handlungsbedarf sah, wo die Widersprüche zwischen Realität und Würde am größten waren.

So spielen Bedingungen in der Erwerbsarbeit deshalb eine große Rolle für die CAJ, weil diese auch heute einen erheblichen Einfluss auf Biographie, soziale Teilhabe und die Möglichkeiten, die eigene Verantwortung wahrzunehmen, haben. Der Leitfaden für Aktivistinnen und Aktivisten der CAJ formuliert: „Arbeit steht im Mittelpunkt unseres Lebens.“[35] Aufgrund dieser hohen Relevanz der Erwerbsarbeit für das Leben eines jungen Menschen ist diese ein wichtiges Thema für die CAJ.

Zum „Urteilen“

Die Realität, die CAJ-Mitglieder durch die Reflexion des eigenen Lebens und Untersuchungen über die Situation anderer junger Menschen entdeckten, sollten sie

30 Secrétariat général de la JOC (Hg.), *Manuel de la J.O.C.*, Brüssel 1925, 121. Wörtl. Zitat: „Les jeunes membres du Cercle d'Etude [...] sont d'abord, eux-mêmes, la matière vivante, etudiée par le Cercle d'Etudes [...].“

31 Vgl. *ebd.*, 122.

32 Vgl. *ebd.*, 99.

33 Vgl. *ebd.*, 109.

34 Secrétariat International, 36.

35 CAJ Deutschland, *Aktivistenleitfaden*, 6.

laut Cardijn „im Lichte ihrer göttlichen Berufung und der göttlichen Wahrheit“[36] beurteilen. Dafür stellen sie sich heute Fragen wie: „Wie fühlst du dich angesichts dieser Situation?“, „Was würde Jesus dazu sagen?“[37] oder auch „Was hältst du davon?“ und „Was akzeptiert ihr nicht?“[38] Beim Urteilen werden die eigenen Entscheidungen und Wertmaßstäbe – auch kritisch – reflektiert. Auch werden Widersprüche zwischen der Lebensrealität bzw. dem eigenen Handeln und der Würde identifiziert sowie eine Vision entwickelt, wie die Situation oder das Handeln den Werten entsprechend sein sollte.[39]

Zum „Handeln"

Von dieser Vision ausgehend werden Ziele und Aktionsschritte entwickelt.[40] Zu lernen, individuell oder kollektiv zu handeln, nachdem gelernt worden ist, zu sehen und zu urteilen, ist laut Cardijn das angestrebte Ziel jeder Untersuchung und jedes Gespräches in der CAJ.[41] Dabei wird die Gestaltung der Handlungsoption wesentlich durch die Erkenntnisse des Sehen-Prozesses beeinflusst. Beispielsweise ist es offenkundig ein großer Unterschied, ob ein Problem im individuellen Verhalten einer Person oder in strukturellen Ursachen begründet liegt. Im ersten Fall würde man sich gegenseitig Rückmeldung geben, wie die einzelne Person ihr Verhalten ändern kann, im zweiten Fall einen kollektiven Aktionsplan entwickeln, um diesen strukturellen Ursachen zu begegnen.

Die Art und Weise des Handelns hängt folglich davon ab, welche Ursachen und welche ‚relevanten Akteure‘ identifiziert wurden. Denn auf der jeweilig identifizierten Ebene sollte gehandelt werden – ist es die politische Ebene, werden politische Aktionen entwickelt, ist es die individuelle, nimmt sich der oder die Einzelne etwas vor; handelt es sich um einen örtlichen Arbeitgeber, dann muss man vor Ort tätig werden, bei länderübergreifenden Phänomenen muss im Rahmen der Internationalen CAJ[42] gemeinsam gehandelt werden.

Jede und jeder kann dort am besten handeln, wo er oder sie selbst steht, und so am ehesten formulieren, wie eine bessere Situation aussehen würde. So müssen

36 Secrétariat International, 39. Wörtl. Zitat: „Ce réel quotidien, qu'ils aprennent á découvrir [...], ils doivent aussi apprendre á les juger, á la lumière de leur vocation divine, de la vérité divine.“

37 Vgl. Kremzow, Tradt und Prenger, 4.

38 Vgl. CAJ, *Aktivistenleitfaden*, 10.

39 Vgl. *ebd.*

40 Vgl. *ebd.*, 12–14.

41 Vgl. Joseph Cardijn, *La JOC et la detresse intellectuelle et morale des Jeunes Travailleurs*, Brüssel 1930, 27. Wörtl. Zitat: „Apprendre á agir, après avoir appris á voir et á agir, tel est le but toujours visé par toute enquête, par toute discussion et par toute conversation jociste, apprendre á agir individuellement, á agir collectivement, [...].“

42 Die CAJ Deutschland ist Teil der I-CAJ.

junge Menschen selbst für ihre Anliegen tätig werden.[43] Die Vermittlung der dafür notwendigen Fähigkeiten ist wesentlicher Bestandteil des Bildungsauftrags der CAJ.

3. Zur CAJ heute

3.1 Ein kurzer Überblick

Heute ist die CAJ in mehr als 50 Ländern verbreitet.[44] Alle vier Jahre findet der Weltrat der Internationalen CAJ (I-CAJ) statt, auf dem – auf Austausch und Analyse folgend – der internationale Aktionsplan der folgenden vier Jahre verabschiedet wird. Der auf dem Weltrat 2012 in Ghana beschlossene Aktionsplan beinhaltet die vier Kernbereiche Sozialschutz, gerechte Arbeit, Geschlechtergerechtigkeit und Bildung.[45]

Die CAJ Deutschland hat heute ca. 10.000 Mitglieder in 21 Diözesanverbänden.[46] Sie ist Mitgliedsverband im Bund deutscher katholischer Jugend (BDKJ) und eigenständige Jugendorganisation der Katholischen Arbeitnehmerbewegung (KAB).

Im Folgenden stelle ich eine Aktion eines Diözesanverbandes, eine bundesweite Kampagne der CAJ Deutschland und die Aktion einer Arbeitsgruppe auf Bundesebene dar. Neben solchen Aktionen organisiert die CAJ Deutschland pädagogische Freizeitaktivitäten wie Pfingstlager oder Sommertouren und Bildungsseminare zu Themen wie Menschenrechte, Ausbildung oder der Frage nach dem Sinn des Lebens.

3.2 Aktionen und Positionen der CAJ heute – drei Beispiele

3.2.1 Ausbildung und Arbeit in der Gastronomie – eine Aktion der CAJ Augsburg

Die Aktion zum „Ausbildungs- und Arbeitsleben von Jugendlichen im Allgäuer Hotel- und Gaststättengewerbe“[47] der CAJ Augsburg hatte ihren Ursprung in einer Gaststätte im Allgäu, in der eine Augsburger Zugehörige der CAJ arbeitete. Als

---

43 Vgl. bspw. Cardijn, *Laien im Apostolat*, 40, und Cardijn, *Leben*, 32–33.

44 Vgl. JOCI, „About us“, http://www.joci.org/en/about-us.html, zuletzt aufgerufen am 30.04.2013.

45 Vgl. CAJ Deutschland, „Aktion“, http://www.caj.de/aktion/letztes-jahr/73-weltrat-in-ghana, zuletzt aufgerufen am 12.05.2014.

46 Vgl. CAJ Deutschland, „Wir über uns“, www.caj.de/wir-ueber-uns/bundesverband, zuletzt aufgerufen am 05.05.2014.

47 CAJ Diözesanverband Augsburg (Hg.), *Berichtsheft Gastronomie. Aus dem Ausbildungs- und Arbeitsleben von Jugendlichen im Allgäuer Hotel- und Gaststättengewerbe*, Augsburg

Johannes Aubele, Diözesansekretär der CAJ Augsburg, sie dort besuchte, kam er an der Theke mit anderen Gästen ins Gespräch. Es handelte sich dabei überwiegend um junge Angestellte und Auszubildende der umliegenden Hotels und Restaurants. Sie hatten, wie Aubele feststellte, „einen großen Redebedarf.“[48] Deshalb besuchte er diese Gaststätte von da an regelmäßig etwa alle zwei bis drei Wochen. Bei diesen Gelegenheiten sprach er mit den Angestellten und Auszubildenden über die Qualität der Ausbildung, Urlaubsregelungen, Missachtungen des Jugendschutzgesetzes, aber auch über die Atmosphäre am Arbeitsplatz.

Aufgrund dieser Erfahrungen sprach die Diözesanleitung der CAJ Augsburg gezielt Mitglieder der CAJ aus ihrem Diözesanverband an, die in der Gastronomie tätig waren. Diese beschrieben auf die Nachfragen hin ihre Lebensrealitäten und bildeten mit Auszubildenden und Angestellten im Gastronomiesektor, die Aubele bei seiner ‚Kneipenseelsorge' getroffen hatte, Gruppen, in denen sie überlegten, was sie tun könnten.

Ein Ergebnis dieser Gruppentreffen war die Veröffentlichung des sogenannten Gastroberichtsheftes, in dem Auszubildende und Ausgelernte im Beruf des Kochs bzw. der Köchin, im Hotel-, Restaurant- und Konditoreifach sowie junge Erwachsene, die als ungelernte Kraft im Gastgewerbe arbeiten,[49] zu Wort kommen. Sie stellen gleich zu Beginn des Heftes klar, dass sie ihren Beruf mögen und dass er „unheimlich viele Möglichkeiten und tolle Erfahrungen bietet. Jeder, der sich auf dieses Berufsfeld einlässt, muss wissen, was ihn erwartet. Deswegen sind für uns kleinere Meckereien wegen Mehrstunden oder ungünstigen Arbeitszeiten irrelevant.“[50] Jedoch kritisieren sie Missstände bei Pausen und Überstunden, unangemessene Urlaubsregelungen, die Qualität der Ausbildung, die Bezahlung und einen Mangel an Möglichkeiten zur Kontaktpflege außerhalb des Betriebes.[51] Diese Missstände gibt es, wie sie betonen, nicht in jedem Betrieb, aber häufig genug, dass sie den Bedarf zur Veröffentlichung dieses Heftes sehen. Zu jedem der genannten Themen enthält das Heft eine Sammlung von Zitaten. So heißt es beispielsweise zum Thema „Pausen und Überstunden“:

> „Meine Arbeitszeiten sind manchmal über 12 Stunden am Tag, und manchmal auch ziemlich auseinander: Frühdienst bis 13:00 Uhr, dann wieder abends ab 19:00 Uhr. Meine Stunden weichen oft von denen ab, die der Chef aufschreibt.“ (Restaurantfach, 3. Lehrjahr)[52]

2014. http://issuu.com/cajaugsburg/docs/2014_gastroberichtsheft, zuletzt aufgerufen am 03.05.2014.

48 Johannes Aubele, Diözesansekretär der CAJ Augsburg, im Telefoninterview am 23.03.2014.

49 CAJ Diözesanverband Augsburg, 4.

50 *Ebd.*, 3.

51 Vgl. *ebd.*, 2.

52 *Ebd.*, 5.

> „Bei mir haben immer wieder mal die Überstunden auf dem Gehaltszettel gefehlt, da hab ich nachgefragt und die Chefin hat pampig behauptet, dass ich keine gemacht hätte. Kein Wunder, dass die bei uns immer nur mit Bleistift aufgeschrieben werden, was willst da machen?“ (Restaurantfach, 21 Jahre)

> „Auf Spätdienst 15:00–2:00 Uhr nachts folgt Frühdienst ab 6:00 Uhr, du wohnst ja auch im Hotel, da ist das ja kein Problem, sagt der Chef.“ (Hotelfach, 2. Lehrjahr)[53]

> „Dienstpläne gibt es bei uns nicht, und wenn, dann maximal für die nächsten drei Tage. Ich muss am Freitagabend anrufen und fragen, ob ich Sa und So arbeiten muss.“ (Konditoreifach, 2. Lehrjahr)[54]

Zur Qualität der Ausbildung wird unter anderem berichtet:

> „Einmal kam bei uns eine Kontrolle, da hat der Chef uns Lehrlingen gedroht, dass wir, wenn wir gefragt werden, ja nur die offiziellen Arbeitsstunden sagen dürfen, weil es sonst anschließend eine setzt. Keiner hat sich getraut was zu sagen.“ (Restaurantfach, 2. Lehrjahr)[55]

> „Wir haben noch nie eine Sicherheitsunterweisung in der Küche gehabt wie ich in der Berufsschule gelernt hab. Ich habe keine Ahnung wo bei uns die Löschdecke für die Fritteuse ist, unser Koch weiß es auch nicht. Der Feuerlöscher an der Treppe ist seit 2 Jahren abgelaufen.“ (Koch, 2. Lehrjahr)[56]

> „Mein Chef hat mich gezwungen, immer wieder in mein Berichtsheft rein zu schreiben, dass ich Check-in und Check-out an der Rezeption gemacht hab, obwohl ich das noch nie gemacht hab. Als ich mich geweigert hab, hat er gesagt, dass ich doch eh wüsste wie das geht und dass ich sonst Ärger mit der Schule bekomme, weil er dann nicht unterschreibt.“ (Hotelfach, 3. Lehrjahr)[57]

Konkret sehen die jungen Beschäftigten und Auszubildenden Handlungsbedarf bei der betrieblichen Ausbildung, bei der Kontrolle der Arbeitszeiten und bei den Möglichkeiten für Ansprechpartner für Auszubildende.[58] So fordern sie „eine stärkere Kontrolle der Betriebe bei der Einhaltung des Rahmenlehrplans. Es muss für jeden Bereich [...] qualifizierte und greifbare Ansprechpartner [...] geben. Ab einer gewissen Betriebsgröße müssen unserer Meinung nach sowohl in Küche, Etage, Service und Rezeption Ausbilder auch tatsächlich für diese Bereiche regelmäßig

53 Beide Zitate *ebd.*, 6.
54 *Ebd.*, 5.
55 *Ebd.*, 9.
56 *Ebd.*, 10.
57 *Ebd.*, 9.
58 Vgl. *ebd.*, 17–19.

erreichbar sein. Zudem finden wir, dass die fachliche Eignung für Ausbilder im Gastrobereich dringend überprüft werden muss."[59]

Die Analyse, dass in Bezug auf Arbeitszeiten rechtliche Regelungen nicht immer eingehalten werden und dies mitunter bei der Planung und Dokumentation der Arbeits- und Urlaubszeiten gezielt verschleiert werde,[60] bringt die jungen Erwachsenen auf folgende Idee: „Vielleicht hilft es schon, wenn die Berufsschullehrer bei Zweifeln an der Einhaltung das Gewerbeaufsichtsamt informieren und dieses kurzfristig im Betrieb nachprüft." Und weiter: „Bei den Arbeitszeiten, der Schichtplanung und den Urlaubsregelungen fordern wir, dass die Betriebe verpflichtet werden […], diese so zu dokumentieren, dass auch tatsächlich überprüft werden kann, ob Arbeits- und Urlaubszeitregelungen eingehalten werden und Schichtpläne rechtzeitig bekanntgegeben werden. Schluss mit Radiergumminotierungen und vagen Zeitangaben, die nicht überprüft werden können."[61]

Viele Auszubildende sind zu Beginn der Ausbildung erst 16 Jahre alt. Da der Ausbilder häufig der einzige Ansprechpartner im – vom Heimatort meist weit entfernten und für soziale Kontakte geografisch und von den Arbeitszeiten her ungünstige Rahmenbedingungen bietenden – Ausbildungsbetrieb ist, vermeiden die Auszubildenden Schwierigkeiten oder Meinungsverschiedenheiten mit diesem.[62] Deshalb diagnostizieren die Autorinnen und Autoren des Gastroberichtheftes: „Die Azubis brauchen einen aktiven, bestärkenden und jugendgerechten Ansprechpartner, der auch notfalls mal ein offenes Ohr für private Probleme hat. Vielleicht auch in der Ausbildungsberatung der IHK [Industrie- und Handelskammer, S. P.]? Berufsschullehrer bitten wir, auch diesen Aspekt im Unterricht mit einfließen zu lassen. Ein Vorschlag für die Betriebe wäre eine Patenschaft von Azubis im 3. Lehrjahr für die im 1. Lehrjahr zu etablieren und zu fördern. Das haben wir als sehr hilfreich erlebt."[63]

Auch kritisieren sie, dass „manche Ausbilder von ihren Azubis Inhalte im Berichtsheft fordern, die von der Realität abweichen."[64] Dabei sehen sie sich „immer in der schwächeren Position: selbst wenn sie [die Auszubildenden, S. P.] das der IHK melden, fällt das oft wieder auf den Lehrling zurück, wenn diese im Betrieb nachfragt. Auch werden dadurch Ausbildungsinhalte dokumentiert, die nicht vermittelt wurden."[65] Sie bitten die IHK, sich dieses Problems anzunehmen.[66]

Die Gruppe nannte sich die „Gastro-Azubis". Zu Beginn hieß es dort, wie Aubele berichtet, nicht selten: „‚Ihr von der CAJ müsstet mal …' Ich hab dann

59 Vgl. *ebd.*, 17.
60 Vgl. *ebd.*, 18.
61 *Ebd.*
62 Vgl. *ebd.*, 19.
63 *Ebd.*
64 *Ebd.*
65 *Ebd.*
66 Vgl. *ebd.*

immer gesagt: ‚Du machst das, ich unterstütze dich dabei.' Irgendwann hieß es dann ‚wir'."[67] Tatsächlich fragten Jugendliche irgendwann von selbst: „‚Wie ist das denn – kann man bei der CAJ Mitglied werden?' Das hat mich überrascht und auch begeistert", erzählt Aubele im Interview.

Die CAJ Augsburg begann, sich im „Forum Jugendarbeitsschutz" zu engagieren, in dem auch Vertreterinnen und Vertreter der Regierung und des Gewerbeaufsichtsamtes sitzen. Dort thematisierten die Repräsentantinnen und Repräsentanten der CAJ, dass es zu wenig Kontrolleure von Seiten des Gewerbeaufsichtsrates für Gastronomiebetriebe im Allgäu gebe. Des Weiteren brachte die CAJ ihre Erfahrungen und Ideen bezüglich der Arbeitszeiten von Auszubildenden in der Gastronomie im Forum ein. Sie war dadurch aktiv beteiligt an der Entwicklung der Idee, eine Hotline des Gewerbeaufsichtsrates für das Lehrpersonal der Berufsschulen einzurichten. Diese können dort anrufen, wenn einer oder eine der von ihnen unterrichteten Auszubildenden häufig im Unterricht fehlt und sie den Eindruck haben, dass dies an den Arbeitszeiten liegt, oder sie anderweitig den Verdacht haben, dass die Arbeitszeiten bei einem der Auszubildenden nicht in Ordnung sind. „Nach Einführung dieser Telefonnummer dauerte es nicht lange, bis alle Auszubildenden auch wieder in der Berufsschule saßen", berichtet Aubele.[68]

Derzeit plant die CAJ Augsburg die Etablierung eines weiteren „Gastro-Azubi-Stammtisches" in der Nähe einer Berufsschule. Der dafür verantwortliche Regionalsekretär der CAJ im Allgäu will sich durch ein Praktikum in einem Hotel darauf vorbereiten.

3.2.2 *„Fair statt prekär!"* – eine Kampagne des CAJ Bundesverbandes

Auf dem Leitungsrat, dem höchsten beschlussfassenden Gremium der CAJ Deutschland, wurde 2012 prekäre Arbeit als Schwerpunktthema der CAJ Deutschland für die folgenden Jahre beschlossen.[69] Diese Entscheidung ging auf Ergebnisse des Bundeskongresses 2012 zurück, in dessen Vorfeld sich Mitglieder der CAJ über ihre Lebensrealitäten ausgetauscht und entsprechend Themen herausgearbeitet hatten, die viele von ihnen betrafen. Zu den dem Bundesverband meist genannten Feldern gab es während des Bundeskongresses sogenannte Sozialräume. In diesen tauschten sich die Delegierten des Bundeskongresses über die Lebensrealitäten, die sie aus ihren Diözesanverbänden und bundesweiten Arbeitsgruppen mitgebracht hatten, und über ihre eigenen Situationen aus; zudem führten sie Umfragen zu dem Lebensbereich ihres Sozialraumes durch, beurteilten die daraus gewonnenen

67 Telefoninterview mit Johannes Aubele.

68 *Ebd.*

69 Vgl. CAJ Deutschland, „Aktion", http://www.caj.de/aktion/letztes-jahr/75-neue-caj-bundes vorsitzende-gewaehlt-prekaere-arbeit-als-schwerpunktthema-beschlossen, zuletzt aufgerufen am 26.03.2014.

Ergebnisse, entwickelten Handlungsoptionen sowohl für sich selbst als auch für den Verband und formulierten Forderungen an Politik, Kirche und Gesellschaft. Auf diesem Wege kamen sie unter anderem zu dem Ergebnis, „dass viele von uns jungen Menschen in unsicherer oder prekärer Beschäftigung sind. Diese Rahmenbedingungen lassen keine sichere Lebensplanung zu.“[70] Hier erkannte der Bundeskongress Handlungsbedarf auf Seiten der CAJ, der Kirchen und der Politik.[71]

Diesem diagnostizierten Handlungsbedarf der CAJ entsprechend beschloss der Leitungsrat wie bereits erwähnt im November 2012, prekäre Arbeit für die folgenden Jahre zum Schwerpunktthema der CAJ Deutschland zu machen. Der daraufhin begonnene Prozess des Sehens will Bewusstseinsbildung innerhalb und außerhalb des Verbandes, unter prekär beschäftigten jungen Menschen und in der Gesamtgesellschaft anregen. Gleichzeitig gilt es, mehr über die Realität herauszufinden und Fragen nach den Folgen und Ursachen prekärer Arbeit zu beantworten.

Um diese Ziele zu erreichen, tauschten sich Mitglieder der CAJ auf verschiedenen Ebenen des Verbandes über ihre Erfahrungen aus. Dabei wurde deutlich, dass sich viele in einer prekären Erwerbsarbeitssituation befanden, ohne sich dessen bewusst zu sein. Von den Erkenntnissen aus der Analyse der persönlichen Erfahrungen ausgehend, beschäftigten sich die Teilnehmenden mit Informationen zur gesellschaftlichen Lage. Dabei handelte es sich beispielsweise um Definitionen von prekärer Arbeit, quantitative Studien, Informationen zu einer bestimmten Form prekärer Arbeit oder rechtliche Hintergründe. Dafür zogen die CAJ-Mitglieder Artikel heran, recherchierten im Internet oder luden – auf größeren Veranstaltungen – einen Referenten oder eine Referentin ein. Auch führten sie – beispielsweise auf dem Zukunftsforum in Würzburg, im Rahmen einer Demonstration zum 1. Mai in Osnabrück[72] und durch eine Online-Befragung[73] – Umfragen zum Thema durch. Das diente sowohl der Sensibilisierung als auch der Datenerhebung bezüglich des Bewusstseinsgrads in der Gesellschaft und Erfahrungen mit prekärer Arbeit. Der CAJ Diözesanverband Osnabrück wählte eine besonders kreative Form der Umfrage: Seit März 2014 fahren Vertreterinnen und Vertreter des Diözesanverbands unter dem Motto „CAJ on Tour – Wir geben prekärer Arbeit ein Gesicht“ durch das Bistum und befragen junge Menschen hinter einer Schattenwand über deren Erfahrungen in der Erwerbsarbeit. Die Befragungen werden – durch die Schattenwand

70 Ergebnis des „Lebensbereiches Arbeit“, VI. Bundeskongress der CAJ 2012 unter dem Motto „Her mit dem ganzen Leben!“, unveröffentlichtes Dokument.

71 Vgl. *ebd.*

72 Vgl. CAJ Deutschland, „Aktion“, http://www.caj.de/aktion/aktuelles-jahr/89-caj-auf-mai-demonstration-in-osnabrueck, zuletzt aufgerufen am 26.04.2014.

73 Vgl. CAJ Deutschland, „Aktion“, www.caj.de/aktion/prekaere-arbeit/30-umfrage-zum-thema-prekaere-arbeit-bei-jugendlichen-und-jungen-erwachsenen, zuletzt aufgerufen am 26.04.2014.

anonymisiert – gefilmt und sollen am Ende zu einem Videoclip zusammengestellt werden.[74]

Mitglieder der CAJ verschriftlichen ihre eigenen Erfahrungen mit prekärer Arbeit in sogenannten Testimonials. Des Weiteren bitten sie Bekannte, die Erfahrungen mit unsicherer Beschäftigung haben, ihre Geschichten aufzuschreiben. Dazu erklärte ein Mitglied der CAJ im Rahmen einer Multiplikatorenschulung im März 2014: „Das Sammeln von Lebensrealitäten dient zwei Zielen: einerseits der Bewusstseinsbildung der Person, die es aufschreibt, und andererseits können wir daraus dann Informationen ziehen und damit weiter arbeiten!“[75]

Zu beachten ist, dass die auf diese Weise gewonnenen Daten qualitativ sind, also nur geringe Schlussfolgerungen in Bezug auf die Häufigkeit der erhobenen Schilderungen zulassen. Aus diesem Grund beschäftigen sich die CAJ-Mitglieder wie bereits erwähnt auch mit quantitativen Studien, um festzustellen, ob es sich bei diesen niedergeschriebenen Lebensrealitäten um individuelle Probleme oder strukturelle Phänomene handelt.

Eine erste Sammlung der Untersuchungsergebnisse wurde im Rahmen eines Studienteils auf dem Leitungsrat 2013 vorgestellt. Deutlich zeigt sich darin die durch die Unsicherheit des Arbeitsplatzes verursachte Verunsicherung der Personen, sowohl in Bezug auf die Befindlichkeit als auch auf sehr konkrete Entscheidungen, beispielsweise Umzüge. So wird nicht selten thematisiert, dass der neue Job mehrere Stunden Anfahrtsweg entfernt sei und deshalb eigentlich ein Umzug nahegelegen hätte. Aber für einen befristeten Vertrag von einigen Monaten umzuziehen, ohne zu wissen, ob der Vertrag verlängert wird, liegt offenkundig nicht so nahe. So schreibt Doro, 26, aus Niedersachsen: „Die Frage und die Unsicherheit, ob mein befristeter Vertrag verlängert wurde oder nicht, empfand ich als schlimm. Sie erschwerte es mir auch im privaten Bereich zu planen: Lohnt es sich umzuziehen oder sollte ich doch lieber pendeln? Ist es sinnvoll sich neue Hobbies in der neuen Stadt zu suchen und sich auf neue Freundschaften einzulassen oder sind diese sowieso nur von begrenzter Dauer?“[76] Ein anderer Befragter stellt hierzu fest: „Da nicht sicher ist, ob ich nächstes Jahr noch dieselbe Arbeit habe, lohnt sich der Umzug nicht.“[77]

Als weiteres Ergebnis der bisherigen Untersuchungen der CAJ ist zu nennen, dass die derzeitige Entwicklung in der Erwerbsarbeit eigentlich gültige Schutzmechanismen für Arbeitnehmende unterhöhlt. Beispielsweise, so die Feststellung der CAJ, nützen alle gesetzlichen Kündigungsschutzregelungen für Mitglieder eines

74 Vgl. CAJ Deutschland, „CAJ on Tour“, http://www.prekaerearbeit.de/index.php/caj-on-tour, zuletzt aufgerufen am 23.04.2014.

75 Sebastion Cichos, Multiplikatorenschulung in Osnabrück, 08.03.2014.

76 CAJ Deutschland (Hg.), *Fair statt prekär. Schwerpunktthema der CAJ-Deutschland 2013–2016. Erfahrungen aus Online Berichten und Testemonies*, www. caj.de/multimedia/Zusammenfassung_Erfahrungen_Testimonies.pdf, 18, zuletzt aufgerufen am 15.05.2014.

77 *Ebd.*, 6.

Betriebsrates oder Arbeitnehmende, die einen gründen wollen, nichts, wenn diese nur befristete Verträge haben. Denn ein Kündigungsschutz schützt nicht davor, dass der Vertrag des oder der Engagierten einfach nicht verlängert wird.[78] Des Weiteren wurde deutlich, dass arbeitsrechtliche Regelungen zum Schutz angehender Mütter bei befristeter Beschäftigung irrelevant werden. „Es ist doch klar, dass, wenn ich schwanger werde, einfach kein neuer Vertrag gemacht wird“[79], so Sandra, 26, im Gespräch. Verzögerte oder nicht realisierte Familienplanungen sind Folgen mit offenkundigen Auswirkungen auf die gesamte Gesellschaft. So schreibt eine 27-jährige Sozial- und Erziehungswissenschaftlerin aus Niedersachsen auf die Frage, welche Auswirkungen ihre Arbeitssituation auf ihr Leben habe: „[M]an kann keine Pläne machen für die Zukunft (vor allem hat man Angst, Kinder zu bekommen mit dem Bewusstsein, vielleicht in einem Jahr keine Arbeit mehr zu haben, weil man durch befristete Verträge ja keinen Anspruch auf eine Wiedereinstellung hat).“[80]

Außerdem zeigen die bisher gesammelten Lebensrealitäten, dass durch die Prekarisierung Ungleichheiten zwischen den Arbeitnehmenden zunehmen. Diese Spaltung bezieht sich auch auf die Interessenvertretungs- und Mitgestaltungsmöglichkeiten der Arbeitnehmenden. So berichtet eine 27-jährige Leiharbeitnehmerin: „In den Unternehmen, an die man verliehen wurde, war man immer Arbeiter 3. Klasse, hatte man Probleme mit der Leiharbeitsfirma, hat sich der Betriebsrat und das Unternehmen generell nie für die Interessen der Leiharbeitnehmer eingesetzt (es wurde sogar geduldet, dass einige Leiharbeiter falsch berechneten Lohn bekommen haben und überhaupt nicht das Tarifwerk eingehalten wurde!).“[81] Ein 28-jähriger Koch berichtet von dem Gefühl, „viel mehr gearbeitet [zu haben] als die Festangestellten. Zeitarbeiter mussten immer ran und der Lohn der ganzen Schinderei war natürlich sehr wenig, unterm Strich 900 Euro, wenn’s hoch kam.“[82]

Auch unterschiedliche Bezahlung und unterschiedliche Urlaubsregelungen für Festangestellte und Leiharbeitnehmende werden als ungerecht empfunden. Von einem 25-Jährigen, der als Leiharbeitnehmer in einem Betrieb arbeitet, in dem er zuvor fest angestellt war, wird berichtet, dass er „nun 40 % weniger verdient als in seiner Festanstellung zuvor.“[83] Eine 24-Jährige spricht über ihre Erfahrungen als Leiharbeitnehmerin: „Die direkten Mitarbeiter haben 30 Tage Urlaub im Jahr, zudem müssen sie an Heiligabend und Silvester nicht arbeiten und dafür auch nicht frei nehmen. Ich hingegen habe 24 Tage Urlaub (gesetzliche Mindestgrenze) und muss für beide genannten Tage jeweils einen ganzen Tag Urlaub nehmen. Außerdem ist Urlaub nehmen für mich viel komplizierter als für direkte Mitarbeiter, da

78 Zusammenfassung_März 2014, Multiplikatorenschulung Osnabrück, unveröffentlichtes Dokument, künftig zitiert: Zusammenfassung.

79 Sandra O. im Hintergrundgespräch in Essen, Juli 2013.

80 CAJ Deutschland, *Fair statt prekär*, 3.

81 *Ebd.*

82 *Ebd.*, 7.

83 *Ebd.*

ich erst die Erlaubnis meines Chefs brauche und dann zur Zeitarbeitsfirma muss um den Antrag zu unterschreiben."[84]

Ebenso nehmen Konsequenzen aus niedriger Bezahlung und Teilzeitstellen einen großen Raum in den bisherigen Ergebnissen der Untersuchungen ein. Eine 26-jährige Pädagogin erzählt von ihrer Teilzeitstelle, die kaum vereinbar mit einer anderen Stelle sei, weshalb sie trotz Erwerbstätigkeit und akademischen Abschlusses nicht aus ihrem WG-Zimmer ausziehen könne.

Mangelnde Planbarkeit im Berufsleben führt konsequenterweise zu erheblichen Schwierigkeiten, gesellschaftliche Verantwortung – beispielsweise durch ein Ehrenamt – zu übernehmen. Dies wurde bereits in der alltäglichen Arbeit der CAJ spürbar, wenn Leiharbeitnehmende doch an einem anderen Ort oder zu einem anderen Zeitpunkt als geplant arbeiten und deshalb kurzfristig eine Teilnahme absagen mussten; oder wenn jemand bereits zugesagt hatte, Verantwortung bei einer Veranstaltung zu übernehmen, und sich dann eine neue Arbeitsstelle suchen musste, weil der Vertrag der alten Stelle nicht verlängert wurde: Mit dem Wechsel der Arbeitsstelle waren natürlich alle Urlaubsplanungen der alten Stelle hinfällig.

Auch in den Testimonials wird dieser Aspekt thematisiert. Ein Leiharbeitnehmer beispielsweise „konnte nicht mehr an Sitzungen und Wochenenden unseres Vereins teilnehmen und auch andere Termine nicht planen."[85] Ebenso wird von Auswirkungen auf die sozialen Beziehungen berichtet.

Es zeigen sich mitunter fatale Folgen für das Selbstwertgefühl bis hin zur gesundheitlichen Situation des oder der Einzelnen. So berichtet eine 27-jährige Erziehungswissenschaftlerin von den Auswirkungen ihrer Arbeit im Rahmen eines einjährigen Werkvertrages, für die sie kein regelmäßiges Gehalt bekam. Vielmehr musste sie während des einen Jahres zu drei Terminen die Ergebnisse ihrer Arbeit präsentieren, auf deren Basis jeweils entschieden wurde, ob sie für die in den drei vorausgegangenen Monaten geleistete Arbeit Geld bekam. „Ich habe mich durch die prekäre Arbeit direkt in eine Depression/in ein Burn-Out manövriert. Ich war wirklich am Ende und nicht mal mehr in der Lage, mir Hilfe zu holen. In der Zeit hatte ich Selbstmordgedanken und habe nichts mehr auf die Reihe bekommen. Ich war wie gelähmt und meine Persönlichkeit hat sich durch diese Arbeitsverhältnisse sehr verändert. Ich habe mein Selbstvertrauen komplett verloren und habe mich extrem hilflos gefühlt."[86]

Dies also als kurzer Überblick über einige Erfahrungsberichte zu prekärer Arbeit und ihren Folgen. Die CAJ Deutschland ist überzeugt, dass es sich hierbei nicht um individuelle Einzelfälle, sondern den Ausdruck eines gesellschaftlichen

84 *Ebd.*, 12.
85 *Ebd.*, 9.
86 *Ebd.*, 2.

Problems handelt.[87] „Weniger als zwei Drittel aller Erwerbstätigen in Deutschland hatten 2008 einen Normaljob (d.h. voll sozialversicherungspflichtig und unbefristet). Während ihre Zahl von 1996 bis 2008 um 7 % auf 22,7 Millionen sank, wuchs im gleichen Zeitraum die Zahl der so genannten prekären Arbeitsverhältnisse um 53 %."[88] An anderer Stelle wird hierzu ausgeführt: „JedeR vierte ArbeitnehmerIn war 2008 in einem prekären oder atypischen Arbeitsverhältnis beschäftigt. Dies ist ein Anstieg von 46 Prozent zum Jahre 1998."[89] Die CAJ kann sich darin durch Erhebungen des Statistischen Bundesamtes bestätigt sehen. Ihnen zufolge stieg der Anteil atypischer Beschäftigungsformen an allen Beschäftigungstypen zwischen 1991 und 2011 deutlich an.[90] Dabei lag der Anteil Niedriglohnbeschäftigter in jeder der unsicheren Beschäftigungsformen 2010 ungleich höher als in einem Normalarbeitsverhältnis.[91]

Dieses Problem betrifft, so die CAJ, junge Menschen in besonderem Maße.[92] Auch die IG Metall veröffentlichte diese Feststellung basierend auf der Studie *Persönliche Lage und Zukunftserwartungen der Jungen Generation 2012*, die TNS Infratest in deren Auftrag durchführte.[93] Laut der „repräsentative[n] Sonderauswertung des DGB-Index ‚Gute Arbeit' zur Situation der jungen Beschäftigten"[94] ist „[l]ediglich die Hälfte der Befragten [junge Beschäftigte unter 35 Jahren, S. P.] [...] unbefristet beschäftigt und verdient mehr als 1.500 Euro im Monat, etwa ein Drittel (37 Prozent) mehr als 2.000 Euro."[95]

---

87 Vgl. zum Beispiel Michael Herkendell, „Prekäre Beschäftigung ein gesellschaftliches Problem", www.caj.de/aktion/prekaere-arbeit/76-prekaere-beschaeftigung-ein-gesellschaftliches-problem, zuletzt aufgerufen am 02.05.2014.

88 Stephen Makinya, „Hintergrundinfos – prekäre Arbeitsformen", http://www.prekaerearbeit.de/index.php/was-ist-prekaere-arbeit, zuletzt aufgerufen am 02.05.2014.

89 CAJ Deutschland (Hg.), „Prekäre Arbeit – Ja und? Eine Einführung", 3. Online abrufbar unter www.caj.de/aktion/prekaere-arbeit/Ja-und, zuletzt aufgerufen am 16.05.2014.

90 Vgl. hierzu bswp. Statistische Ämter des Bundes und der Länder (Hg.), „Arbeitsmärke im Wandel," Wiesbaden 2012. Online abrufbar unter https://www.destatis.de/DE/Publikationen/Thematisch/Arbeitsmarkt/Erwerbstaetige/Arbeitsmaerktewandel.html; zuletzt aufgerufen am 31.01.2015. Siehe auch: Wilfried Kurtzke, „Deregulierung der Arbeitsmärkte und ökonomische Entwicklung", Präsentation auf dem CAJ-Seminar in Osnabrück am 08.03.2014, 8. Präsentation online abrufbar unter http://update.caj.de/aktion/prekaere-arbeit, zuletzt aufgerufen am 16.05.2014.

91 Vgl. Statistische Ämter des Bundes und der Länder, 67 f.

92 Vgl. z.B. Makinya.

93 Vgl. IG Metall Vorstand (Hg.), *Persönliche Lage und Zukunftserwartungen der Jungen Generation 2012*, TNS Infratest Politikforschung im Auftrag der IG Metall, Juni 2012, 3; http://www.igmetall.de/SID-05669005–63B4A0CF/internet/docs_0188830_2012_07_02_Papier_Infratest_final_c269f.20f.74f.710c3ecafaf903a2ad896243d542a.pdf, zuletzt aufgerufen am 06.05.2014.

94 DGB Pressemitteilung 082 vom 24.05.2012: „DGB-Index Gute Arbeit: Junge Beschäftigte unter Druck", http://www.dgb.de/presse/++co++36cb158a-a58a-11e1–79a7–00188b4dc422, zuletzt aufgerufen am 25.04.2014.

95 *Ebd.*

Auf einem Seminar der CAJ Europa im Dezember 2013 zeigte sich deutlich, dass die beschriebene Entwicklung kein rein nationales Phänomen ist. So berichteten Vertreterinnen und Vertreter der belgischen CAJ-Bewegungen, dass sich junge Arbeitsuchende in Belgien mittlerweile direkt an Leiharbeitsfirmen wenden würden. Dort erhielten sie gewöhnlich Wochen- oder sogar nur Tagesverträge. Aber auch Erfahrungen von Minijobs und postgraduellen Praktika kannten zu ihrer Überraschung nicht nur die deutschen Teilnehmenden. „Das deutsche Arbeitsmarktmodell wird in andere europäische Länder exportiert, teilweise direkt, teilweise über die EU-Institutionen", erklärte dazu Stefanie Wahl vom Institut für theologische Ethik der Otto-Friedrich-Universität Bamberg.[96]

Ebenso erstaunte die Teilnehmenden des Austausches, dass die Differenz zwischen der Anzahl der als erwerbsarbeitslos gemeldeten Menschen und der Anzahl der offenen Stellen in Deutschland größer war als in der Ukraine. „I always thought it would be better in Germany!" äußerte eine Teilnehmerin aus der Ukraine. Auch die deutschen Teilnehmerinnen waren sehr überrascht. Zwar sei immer noch zu bedenken, dass die Jugendarbeitslosigkeit in Deutschland geringer sei. Doch insgesamt sei es merkwürdig, dass es immer hieße, in Deutschland sei alles besser, wenn man dann solche Zahlen entdecke.[97]

Derzeit liegt der Fokus des CAJ-Bundesverbandes auf der Identifikation von Ursachen und relevanten Akteuren. Auch hierzu gibt es einige Aspekte in den persönlichen Berichten. So wird der Eindruck geschildert, Arbeitsbedingungen akzeptieren zu müssen, unter denen die Berichtenden sonst nicht gearbeitet hätten, weil sie als Berufseinsteigerinnen und -einsteiger nur wenige Chancen hatten. Eine CAJ-Zugehörige berichtet: „Ich habe […] bei allen Absagen immer wieder einen Grund gehört: ‚Sie haben ja leider noch keine Berufserfahrung' / ‚Wir suchen vorrangig Leute mit Berufserfahrung' … Sogar bei Stellen, die für Berufsanfänger ausgeschrieben waren (‚Wir haben jemanden mit mehr Erfahrung gefunden')."[98]

Ein 25-Jähriger aus Bayern schreibt über seine Arbeit: „[W]ären es nicht die ersten, auf dem Papier sehr wichtigen Berufsjahre, würde ich das nicht mehr mitmachen."[99] Eine Altersgenossin von ihm aus Baden-Württemberg berichtet: „Viele junge Berufsanfänger bekommen nur befristete Verträge vorgelegt und werden in ihrer Entgeltstufe nicht richtig fest gelegt."[100]

Die dem zugrunde liegende Ursache ist wiederum das Ungleichgewicht zwischen der Anzahl Arbeitssuchender und offener Stellen, diagnostizierte die CAJ. Denn ungeachtet der Diskussionen zum Fachkräftemangel kamen im November

96 Vgl. Sarah Prenger, „Why is this difference between the number of jobs and the number of job-seekers?", Online abrufbar unter www.caj.de/aktion/prekaere-arbeit/84-arbeitsbericht-zum-europaseminar-talking-bout-my-generation; zuletzt aufgerufen am 06.05.2014.

97 Vgl. *ebd.*

98 CAJ Deutschland, *Fair statt prekär*, 12.

99 *Ebd.*, 4.

100 *Ebd.*, 8.

2013 in Deutschland mehr als sechs Bewerber bzw. Bewerberinnen auf eine offene Stelle.[101]

In den Testimonials herrscht teilweise der Eindruck vor, dass der Anstieg unsicherer Arbeit auch darin begründet ist, dass dadurch Arbeitgebende weniger mittel- oder langfristige Verantwortung für die Arbeitnehmenden wahrnehmen müssen. „Mein Chef möchte sich in keiner Weise abhängig machen von seinen Mitarbeitern. ‚Jeder kann jederzeit gehen' – gewissermaßen sein Credo."[102]

Einen weiteren relevanten Akteur stellt zweifelsohne der Staat dar. Berthold Vogel weist in seinem Beitrag zum vorliegenden Band darauf hin, dass der Staat sowohl als Arbeitgeber als auch als Gestalter der Situation auf dem Erwerbsarbeitsmarkt nicht unterschätzt werden darf.[103] Diese Analyse und gleichzeitige Mahnung korreliert mit Ergebnissen der CAJ.

Dies gilt einerseits für die Rolle des Staates als Arbeitgeber. Innerhalb der schriftlichen Berichte ist häufig von Befristungen oder (Schein-)Werkverträgen im sozialen Bereich die Rede, was offensichtlich durch die staatliche Praxis, Gelder für soziale Einrichtungen vermehrt nur noch im Rahmen zeitlich befristeter Projekte zur Verfügung zu stellen, bedingt ist.[104] Andererseits spielt laut der CAJ auch die Bundesagentur für Arbeit – und damit dahinter stehende politische Regelungen – eine wichtige Rolle. „Schlimmer als der Chef des Entleiher-Unternehmens ist aber mein Arbeitgeber selbst, nur übertroffen vom Arbeitsamt. [...] Man hört nur immer wieder den Hinweis sich auch bei Leiharbeitsfirmen zu bewerben."[105] Eine junge Ingenieurin (MA) wurde von ihrer Beraterin darin ermuntert, sich auf einen ausgeschriebenen 400-Euro-Job, für den sie einen einfachen Fahrtweg von zwei Stunden gehabt hätte, zu bewerben.[106]

Solche Erfahrungen mögen auf den ersten Blick überraschen. Jedoch bilden sie insofern eine logische Konsequenz der Quotenregelungen, an denen die Ämter gemessen werden, als dass diese nur aufzeigen, wie viele Leute in Jobs vermittelt wurden. Die Qualität der Arbeitsverhältnisse spielt keine Rolle. Dies würde der bereits Zitierte gerne ändern: „Den Arbeitsämtern gebührt bei einer Vermittlung in Leiharbeit keine Anerkennung, sie sollten keinen Druck auf Arbeitssuchende aufbauen können, wenn diese nicht bei einer Leiharbeitsfirma anheuern wollen."[107]

Selbstverständlich reicht die Gestaltungsmacht des Staates über die Rolle als Arbeitgeber und die der Arbeitsagenturen hinaus, da ihm die Gestaltung der Rah-

---

101 Flugblatt der CAJ zur Öffentlichkeitsaktion während des Europaseminars am 30.11.2013 in Bonn.

102 CAJ Deutschland, *Fair statt prekär*, 4.

103 Vgl. den Beitrag von Berthold Vogel in diesem Band.

104 Vgl. Koordinationsteam zur prekären Arbeit des CAJ-Bundesverbands e. V., „Ursachen prekärer Arbeit", unveröffentlichtes Dokument, 4.

105 CAJ Deutschland, *Fair statt prekär*, 4.

106 Persönliches Hintergrundgespräch, Dezember 2012.

107 CAJ Deutschland, *Fair statt prekär*, 4.

menbedingungen von Erwerbsarbeit obliegt. Die „Flexibilisierung des Erwerbsarbeitsmarktes“ in Europa hat, wie die CAJ feststellte, bereits eine längere Tradition, die in Großbritannien mit Margaret Thatcher und in Deutschland mit Helmut Kohl begann.[108] Diese Tradition mündete in Deutschland – aus der Perspektive der Gegenwart – in den sogenannten Hartz-Reformen.[109]

Konkrete rechtliche Regelungen, die nach Ansicht der CAJ-Rahmenbedingungen für prekäre Arbeit darstellen, sind unter anderem die rechtliche Gestattung sachgrundloser Befristungen auch für die Dauer von zwei Jahren (§ 14 Absatz 2 TzBfG) und die „Streichung der Höchstüberlassungsdauer aus dem Arbeitnehmerüberlassungsgesetz.“[110]

„Der Fokus der Politik in Europa lag in den vergangenen Jahren auf der Absenkung von Erwerbsarbeitslosigkeit.“[111] So erklärte Wahl das Motiv der politisch Verantwortlichen für die Deregulierung der Erwerbsarbeitsmärkte. Jedoch sind Mitglieder der CAJ nicht der Ansicht, dass dieser Ansatz erfolgreich war: „Zwar hat sich die Anzahl der erwerbsarbeitenden Menschen erhöht, nicht aber die Anzahl der Stunden, die insgesamt mit Erwerbsarbeit gefüllt waren“, resümierten sie während des Leitungsrates 2013.

Nach einiger Auseinandersetzung schlossen sich Mitglieder der CAJ der Ansicht Wilfried Kurztkes an, dass die Deregulierung des Arbeitsmarktes nicht zu einer Steigerung von Erwerbsarbeit, sondern des Vermögens „der Kapitalbesitzenden“ geführt hat.[112] Dies stellt auch eine Antwort auf die bereits früher formulierte Frage dar: „Wo ist denn das Geld hin? Wenn die Gehälter nicht steigen, die Unternehmen sparen müssen und es der Staat nicht hat …?“[113]

Eng damit verbunden ist die Durchsetzung des Shareholder Values, die die CAJ ebenfalls als eine Ursache der Prekarisierung ansieht.[114] Ein „Aktienkurs steigt nur, wenn der aktuelle Gewinn höher ist als der des Vorjahres, nur Gewinn zu erwirtschaften ist nicht ausreichend.“[115] Diesen Aspekt verorten die Mitglieder der CAJ sowohl auf der ökonomischen als auch der kulturellen Ebene.

Weitere kulturelle Gründe sind der CAJ zufolge, dass „das Problem prekärer Arbeit individualisiert“ werde,[116] zum Beispiel durch eine Aussage wie „du brauchst bessere Bildung um einen guten Job zu bekommen.“[117] Andere Ursachen werden

108 Vgl. Kurztke, 5.
109 Vgl. Koordinationsteam, 2 f.
110 Zusammenfassung Multiplikatorenschulung, 3.
111 Zitiert nach *ebd.*
112 Vgl. Kurztke, 15.
113 Vgl. Foto von Flip-chart auf der Multiplikatorenschulung, Osnabrück, März 2014: „Welche Fragen haben wir?“, unveröffentlichtes Dokument.
114 Vgl. Koordinationsteam, 5.
115 Zusammenfassung Multiplikatorenschulung, 1.
116 *Ebd.*, 1.
117 Vgl. *ebd.*

in der abnehmenden Organisation und Bündnisbildung unter Arbeitnehmenden gesehen.[118]

Da es nicht möglich ist, hier die Gesamtheit der aus der Sicht der CAJ vorhandenen Ursachen auszuführen, mag dieser Überblick an dieser Stelle genügen. Um auf die Ebene der Beschreibung der Arbeitsweise zurückzukommen: Die CAJ Deutschland befindet sich derzeit im Prozess des Sehens, hat bereits Lebensrealitäten gesammelt und weitergehende Informationen gesichtet sowie Ursachen und Akteure identifiziert und wird dies noch weiterhin tun. Die zum Zeitpunkt der Berichtsverfassung nächste Veranstaltung widmet sich unter dem Motto „Hat prekäre Arbeit ein Geschlecht?“ Geschlechtergerechtigkeit und prekärer Arbeit.[119]

Zwar ist die umfassendere Auseinandersetzung mit dem Thema in den Schritten Urteilen und Handeln für die kommenden Jahre geplant. Jedoch ist der Dreischritt Bestandteil jedes einzelnen Schrittes. Beispielsweise kann es auch Bestandteil des Handelns sein, die eigene Lebensrealität aufzuschreiben, auf der Basis einer Erkenntnis oder dem Wunsch, mehr zu wissen, weitere Lebensrealitäten zu sammeln, sich mit Informationen zu beschäftigen, aufgrund der Feststellung von Ungerechtigkeit mit dem eigenen Chef zu sprechen oder eine kleine Öffentlichkeitsaktion zu veranstalten. All dies ist in den vergangenen zwei Jahren in der CAJ Deutschland geschehen.

So versprach Caro, 21, aus Würzburg, im Rahmen der Multiplikatorenschulung, ihren Chef zu fragen, weshalb es im Unternehmen so viele befristet Beschäftigte gebe. Die CAJ Passau führte im Rahmen ihrer Diözesanversammlung eine Radio-Aktion zum Thema durch, auf dem Europaseminar veranstalteten die Teilnehmenden spontan eine Demonstration und die CAJ Osnabrück stürzte sich mit besonderer Vehemenz auf das Thema, nachdem ein Politiker geäußert hatte, in der Region gebe es keine prekäre Arbeit – dies, obwohl nicht wenige aktive CAJ-Mitglieder dieses Bistums selbst betroffen sind. Auch sprachen Mitglieder der CAJ gegenüber Kirchenvertretern die Rolle der Kirche als Arbeitgeberin an.

In kleineren Urteilsschritten wurden bereits Vorstellungen bezüglich einer gerechteren Erwerbsarbeitswelt und dahinter liegende Wertvorstellungen geäußert. So meinte Sophia, 26, auf dem Europaseminar: „Es ist doch eigentlich normal, dass die Gesundheit eines Menschen wichtiger ist als Geld. Das sollte sich auch auf dem Arbeitsmarkt zeigen!“[120]

Des Weiteren sollte Erwerbsarbeit – so die Ansicht sowohl von Teilnehmenden des Europaseminars als auch der Autorinnen und Autoren der Testimonials – es gestatten, Verantwortung für sich selbst und für andere zu übernehmen.[121] Dies schloss den Wunsch nach Planungssicherheit, konkret nach unbefristeten Stellen,

118 Vgl. *ebd.*

119 Vgl. CAJ Deutschland, „Terminkalender“, www.caj.de/aktuell/termine/icalrepeat.detail/2014/06/27/9/-/prekaere-arbeit-und-geschlechtergerechtigkeit, zuletzt aufgerufen am 15.05.2014.

120 Vgl. Prenger, „Difference“.

121 *Ebd.*

ein.[122] Ebenso ist die CAJ der Ansicht, dass Arbeitgebende und Arbeitnehmende Verantwortung füreinander tragen und diese auch von Arbeitgeberseite wahrgenommen werden müsse.[123]

Da, wie bereits dargestellt, die Handlungsoptionen im ‚größeren Schritt' noch nicht definiert sind, ist es zum derzeitigen Zeitpunkt nicht möglich, diese sowie konkrete Forderungen der CAJ Deutschland anzugeben. Jedoch kann bereits auf Diskussionen, die – unter anderem im Zuge der bisherigen Ursachenanalyse – über mögliche Handlungsoptionen geführt wurden, Bezug genommen werden.

Laut bisheriger Analyse der CAJ muss insofern auf der kulturellen Ebene gehandelt werden, als dass unsichere Erwerbsarbeitsverhältnisse unter jungen Menschen teilweise schon als ‚normal' gelten. Ein wichtiger Aspekt auf der kulturellen Ebene wird weiterhin sein, Bewusstseinsbildung gerade unter unsicher oder im Niedriglohnbereich beschäftigten jungen Menschen zu betreiben und insgesamt darauf hinzuwirken, dass junge Menschen sich organisieren. Gleichzeitig sieht die CAJ den Bedarf, in der Gesamtgesellschaft ein Bewusstsein für die Entwicklungen auf dem Erwerbsarbeitsmarkt zu schaffen.

Darüber hinaus besteht großer Handlungsbedarf auf der politischen Ebene, da hier die relevanten Rahmen für mögliche Entwicklungen der Qualität von Erwerbsarbeit gesteckt werden. Ein Beschluss, der nicht direkt mit prekärer Arbeit zu tun hat, aber auch aus der Beschäftigung damit hervorging, war die Forderung des Leitungsrates 2013 nach einer „Berücksichtigung von Beschäftigungszeiten von ArbeitnehmerInnen zur Berechnung des Kündigungsschutzes unabhängig vom Alter der ArbeitnehmerInnen. Somit sollen Beschäftigungszeiten, welche vor der Vollendung des 25. Lebensjahres des Arbeitnehmers/der Arbeitnehmerin liegen, ebenso berücksichtigt werden wie Beschäftigungszeiten nach Vollendung des 25. Lebensjahres."[124]

Dieser Beschluss richtet sich gegen die gegenwärtige Regelung von Kündigungsfristen bei unbefristeten Verträgen, sofern sie nicht tarifvertraglich anders geregelt sind. Laut § 622 Absatz 2 BGB verlängert sich eine Frist für eine Kündigung von Arbeitgeberseite mit der Dauer der Tätigkeit im Unternehmen. Jedoch werden „bei der Berechnung der Beschäftigungsdauer [...] Zeiten, die vor der Vollendung des 25. Lebensjahrs des Arbeitnehmers liegen, nicht berücksichtigt" (§ 622 Absatz 2 BGB).

Die Forderung der CAJ Deutschland, diesen Umstand zu ändern, stellt zugleich eine Forderung der Umsetzung eines Urteils des Europäischen Gerichtshofs (EuGH) vom 19.01.2010 dar.[125]

---

122 Vgl. Ergebnisse Erfahrungen, 5–8.

123 Vgl. Prenger, „Difference".

124 CAJ Deutschland e. V., Beschluss des Leitungsrates vom 03.12.2013, unveröffentlichtes Dokument.

125 Gerichtshof der Europäischen Union, Pressemitteilung 4/10 vom 19.01.2010, Luxemburg: „Der Gerichtshof bekräftigt das Verbot der Diskriminierung wegen des Alters und die Rolle

Rege wurde auf einer Veranstaltung der CAJ Osnabrück zu „Arbeitsrecht für Hochschulabsolventen“ im März 2014[126] über gesetzliche Regelungen zu Befristungen diskutiert. Im Fokus stand dabei die Legitimation der Sachgründe für Befristungen ebenso wie die Tatsache, dass sachgrundlose Befristungen für die Dauer von zwei Jahren rechtlich gestattet sind (TzBfG §14 Abs. 2).

Am deutlichsten wurde kritisiert, dass Arbeitnehmende befristete Verträge, die für einen kürzeren Zeitraum als fünf Jahre angelegt sind, ohne anderweitige vertragliche Regelung während der Laufzeit des Vertrages nicht kündigen können (TzBfG § 15 Abs. 3).

Des Weiteren wurde sowohl auf dem Europaseminar als auch im Rahmen der erwähnten Multiplikatorenschulung zu Ursachen prekärer Arbeit diskutiert, ob eine Reduzierung der Arbeitszeit bei vollem Lohnausgleich eine sinnvolle Forderung wäre – nicht zuletzt, um dadurch das Ungleichgewicht zwischen der Anzahl Arbeitsuchender und offener Stellen zu reduzieren.

3.2.3 Der Praktiker Weltna(h)/rr und seine Aktion zur Situation junger Menschen mit ungesichertem Aufenthaltsstatus in Deutschland

Sogenannte Praktiker sind Arbeitsgruppen auf Bundesebene der CAJ Deutschland. Seit 2012 beschäftigt sich der Praktiker „Weltna(h)/rr“ schwerpunktmäßig mit der Situation junger Menschen mit ungesichertem Aufenthaltsstatus in Deutschland. Dies geht zurück auf die vorhergehende Aktion des Praktikers Weltna(h)/rr, die das Motto „So keres?“ (zu deutsch: „Was machst du?“) trug. Dabei ging es um die Lebensrealität junger Angehöriger der Roma-Minderheit in Deutschland. Die Mehrheit der beteiligten Roma-Jugendlichen kam aus dem Kosovo. Basierend auf ihrer Analyse veröffentlichte die Arbeitsgruppe eine Broschüre[127] und einen Film,[128] welche auf Benachteiligungen durch unsicheren Aufenthaltsstatus und Vorurteile gegenüber der Roma-Minderheit aufmerksam machen.

Im Zuge der Aktion analysierten die Mitglieder des Praktikers, dass die größten Widersprüche im Leben der beteiligten Roma-Jugendlichen durch unsichere Aufenthaltstitel verursacht wurden. Deshalb beschlossen sie, sich von nun an primär diesem Thema zu widmen.

---

der nationalen Gerichte bei seiner Anwendung“, http://curia.europa.eu/jcms/upload/docs/application/pdf/2010–01/cp100004de.pdf, zuletzt aufgerufen am 07.05.2014.

126 CAJ Deutschland, „CAJ on Tour“, www.prekaerearbeit.de/index.php/caj-on-tour/12-prekaere-arbeit/9-arbeitsrecht-fuer-hochschulabsolventen-innen, zuletzt aufgerufen am 28.04.2013.

127 CAJ Deutschland (Hg.), *So keres? Zur Situation junger Roma in Deutschland*, http://www.caj.de/multimedia/Textdokumente/Praktiker-Weltnah/sokeres.pdf, zuletzt aufgerufen am 07.05.2014.

128 CAJ Deutschland und Matthias Sabelhaus, *So keres? Zur Situation junger Roma in Deutschland*, http://www.bodvd.de/MS1/c/caj.html, zuletzt aufgerufen am 07.05.2014.

Der Praktiker trifft sich ca. dreimal im Jahr auf Bundesebene. Außerdem finden regionale Treffen statt. Derzeit besteht die Gruppe zum einen aus Akteurinnen und Akteuren, die bereits beim Vorgängerprojekt beteiligt waren, zum anderen wurden neue Aktive auf verschiedenen Wegen hinzugewonnen: Praktikermitglieder zogen Freundinnen und Freunde sowie Bekannte mit. Auch warb der Praktiker innerhalb der CAJ und gewann neue CAJ-Mitglieder für die Aktion dazu. Des Weiteren wurden in den verschiedenen Regionen unterschiedliche Orte, wie ein Jugendzentrum oder eine Schule, aufgesucht, an denen man weitere Jugendliche für das Projekt warb. Derzeit besteht die Gruppe im Kern aus 18 Mitgliedern, darunter Jugendliche mit Duldungsstatus, mit Aufenthalts- oder Niederlassungserlaubnis und mit deutscher Staatsbürgerschaft.

Nach dieser Neuausrichtung tauschten sich die Praktikermitglieder zunächst über ihre Lebensrealitäten aus und beschäftigten sich mit rechtlichen Grundlagen, quantitativen Daten und aufenthaltsrechtlichen Fragen. Dies geschah durch Internet-Recherche, Lektüre von Artikeln und Gesetzestexten und den Vortrag einer Referentin, einer Roma-Aktivistin, die sie zu einem ihrer Bundestreffen einluden. „Wir beschäftigen uns aber auch ständig mit der politischen Entwicklung der Rahmenbedingungen“, so Katharina Tradt, gewählte Sprecherin des Praktikers. „Denn es ändert sich dabei fast ständig etwas. Es gibt dabei auch positive Änderungen. Zum Beispiel sind wir sehr froh darüber, dass man jetzt auch mit einer Duldung ab dem 1. Aufenthaltstag eine betriebliche Ausbildung machen darf!“[129]

Laut der Analyse des Praktikers Weltna(h)/rr befinden sich viele junge Menschen heute jahrelang mit einem ungesicherten Aufenthaltsstatus in Deutschland. Die daraus resultierende ständige Unsicherheit führt zu einem Leben in Angst und in weiterer Folge zu psychischen Problemen. Außerdem befinden sich die meisten jungen Menschen mit einer Fluchtbiographie „in den untersten Schubladen des Bildungssystems“, so Tradt. „Das hängt sicherlich nicht an der individuellen Intelligenz, sondern an den Erfahrungen und Lebensbedingungen.“ Des Weiteren gibt es Hindernisse beim Zugang zum Erwerbsarbeitsmarkt, wie die Vorrangprüfung oder die Bedingungen, die an eine Arbeitserlaubnis geknüpft sind.

Auch innerhalb Europas werden Familien getrennt – dann nämlich, wenn die Familienmitglieder keine Staatsbürgerschaft eines europäischen Staates haben. So steht ein Mitglied der CAJ vor der Herausforderung, dass er selbst eine befristete Aufenthaltsgenehmigung in Deutschland hat, seine Frau und Kinder aber in Frankreich gemeldet sind. „Wir hielten es zur Geburt der Kinder für eine gute Idee, dass sie in Frankreich zur Welt kommen, damit sie später eine französische Staatsbürgerschaft bekommen“, erzählt er. „Aber jetzt können sie nicht einfach nach Deutschland ziehen – ebenso wenig meine Frau, die eine Aufenthaltsgenehmigung in Frankreich hat.“[130]

129 Katharina Tradt im Interview am 20.04.2014.
130 Hintergrundgespräch mit E. G. im September 2013.

Nicht nur zwischen Ländern, sondern auch innerhalb Deutschlands ist die Mobilität von Menschen mit Duldungsstatus durch die Residenzpflicht eingeschränkt. So können sie ohne Genehmigung der Ausländerbehörde je nach Regelung ihr Bundesland oder ihren Landkreis nicht verlassen. Dass dies gesellschaftliche Teilhabe erschwert, zeigt sich bereits in den Aktivitäten der CAJ direkt, nämlich immer dann, wenn wieder ein Bundestreffen des Praktikers bevorsteht.

Ein weiteres Ergebnis der Untersuchungen der Bundesarbeitsgruppe ist, dass „Aufenthalt an Wirtschaftskraft gebunden ist."[131] Dies kann laut einem Papier, das sie für den „Arbeit für Alle e. V." (afa) des BDKJ Deutschland erstellt hat, dazu führen, dass „junge Menschen mit ungesichertem Aufenthaltsstatus schneller bereit sind, prekäre Arbeitsverhältnisse einzugehen, da ihr Aufenthaltsstatus mit dem Nachweis von Arbeit und der eigenständigen Finanzierung des Lebensunterhalts verbunden ist."[132]

Diese Ursachen der Situation befinden sich offensichtlich auf der politischen bzw. der rechtlichen Ebene. Dahinter liegen Tradts Einschätzung nach aber kulturelle Ursachen: „Da geht es schon um Abgrenzungsmechanismen und Privilegiensicherung, stelle ich mittlerweile fest. Ein weiterer Aspekt ist Angst – ganz besonders bei Roma, aber auch allgemein gegenüber Menschen mit Fluchtbiographie."[133]

Basierend auf der Vision, die der Praktiker auf einem Bundestreffen im Oktober 2013 entwickelte,[134] formulierte die Arbeitsgruppe folgende Langzeitziele:

> „Für jeden/jede in Deutschland:
> 1. Erlaubnis zu arbeiten und faire Bezahlung für diese Arbeit [...] [und die] [...] Erlaubnis eine Ausbildung zu machen. Außerdem sollte jeder/ jede der Schulpflicht unterliegen. Schulbildung soll unabhängig vom Alter möglich sein.
> 2. Schnellere, objektivere, menschliche Regelung des Bleiberechts (das betrifft z. B. den Stopp der Kettenduldungen).
> 3. Recht, sich in Deutschland frei zu bewegen.
> 4. Für jeden / jede in Deutschland: Teilhabe an Gesellschaft.
> 5. Keine Diskriminierung."[135]

Konkret fordert der Sachausschuss,

- „dass es jedem jungen Menschen, der in Deutschland lebt, erlaubt sein muss, eine Erwerbsarbeit aufzunehmen. Diese soll fair bezahlt sein und Planungssicherheit gewähren. Die Vorrangprüfung soll abgeschafft werden. Wenn ein junger Mensch

131 Interview mit Katharina Tradt.

132 Sachausschuss „Praktiker Weltna(h)/rr" der CAJ, „Zur Situation junger Menschen mit ungesichertem Aufenthaltsstatus", Tischvorlage, unveröffentlichtes Dokument, 1.

133 Interview mit Katharina Tradt.

134 Praktiker Weltna(h)/rr der CAJ, „Ergebnisse Urteilen", Oktober 2013, unveröffentlichtes Dokument.

135 Praktiker Weltna(h)/rr der CAJ, „Ziele Praktiker Weltna(h)/rr", Oktober 2013, unveröffentlichtes Dokument.

eine Ausbildungsstelle gefunden hat, sollte ihm ein sicherer Aufenthaltsstatus zuerkannt werden, so dass der ausbildende Betrieb vorab in dem Wissen des sicheren Bleiberechts des jungen Menschen keine Bedenken haben muss, ihn / sie auszubilden.

- dass eine Regelung des Bleiberechts gefunden wird, die Planungssicherheit beinhaltet und nicht die Annahme prekärer Arbeit fördert. Junge Menschen dürfen nicht mehr jahrelang geduldet werden, sondern es muss ihnen nach einer angemessenen Zeit die Sicherheit gegeben werden, dass sie in Deutschland bleiben können.
- dass die Residenzpflicht aufgehoben wird.“[136]

Um dem Erreichen dieser Langzeitziele näher zu kommen, wollen die Aktivisten und Aktivistinnen weiterhin andere junge Menschen – mit und ohne ungesicherten Aufenthaltsstatus – organisieren.[137] Außerdem vernetzt sich der Praktiker mit anderen Initiativen und Organisationen mit ähnlichen Zielen und führt symbolische Aktionen durch. Beispielsweise beteiligten sich Münsteraner Praktikermitglieder und die CAJ Münster an einem von verschiedenen Initiativen organisierten „Tag für ein Bleiberecht“. Des Weiteren bringen sie ihre Forderungen in die nächsthöheren verbandlichen Strukturen ein. So stellt die CAJ Deutschland beispielsweise Änderungsanträge, welche auf den Praktiker zurückgehen, für den „Europa-Antrag“ auf der BDKJ-Hauptversammlung 2014 „Für ein Zeichen der Einheit in der Vielfalt“.[138]

Auf der persönlichen Ebene hat sich durch die regelmäßigen regionalen Treffen dort ein Netzwerk der gegenseitigen Unterstützung etabliert. So berichtet Tradt, wie die Gruppe in Münster bei der drohenden Abschiebung eines ihrer Mitglieder aktiv wurde, indem sie gemeinsam Hilfe durch Rechtsberatung und bei ihren Kooperationspartnern suchte.

In Bezug auf die Veränderung struktureller Rahmenbedingungen ist der Praktiker zum einen gerade dabei, eine Postkarte fertig zu stellen. Die Idee hinter der Aktion, die unter dem Motto „Grüße aus der Duldung“ steht, ist, „dass CAJler und CAJlerinnen, und natürlich auch viele andere, eine Karte an das zuständige Ministerium schicken, wenn sie unterwegs sind. Auf der Karte wird sinngemäß stehen: ‚Ich bin gerade im Urlaub; das ist sehr schön. Sind Sie auch manchmal im Urlaub? – Nicht alle können sich immer frei bewegen. Für eine Abschaffung der Residenzpflicht!‘“[139]

Zum anderen plant die Arbeitsgruppe eine Wanderausstellung, in der die Beteiligten sich selbst und ihre Talente vorstellen, aufzeigen, was sie einschränkt, auf politische Hintergründe hinweisen und ihre Forderungen präsentieren.

136 Sachausschuss Praktiker Weltna(h)/rr der CAJ, 2.
137 Vgl. Praktiker Weltna(h)/rr der CAJ, „Ziele“, 1.
138 Vgl. hierzu „Jahresbericht des CAJ Deutschland e. V., 2013/14“, online abrufbar unter http://www.caj.de/aktuell/deutschland/114-jahresbericht-des-caj-deutschland-e-v-2013–2014; zuletzt aufgerufen am 31.01.2015.
139 Interview mit Katharina Tradt.

4. Warum die CAJ Kirche ist

Innerhalb dieses Beitrags sollte deutlich geworden sein, dass die CAJ in der Gesellschaft wirken will. Zugleich ist der Verband Kirche. Dies betone ich, ohne leugnen zu wollen, dass auch Spannungen zwischen Mitgliedern der CAJ und Vertretern der sogenannten Amtskirche zur Geschichte und Gegenwart der CAJ gehören.[140]

Das Handeln in der Welt ist ein unaufgebbarer Auftrag einer Glaubensgemeinschaft, die die Nachfolge Jesu von Nazareth für sich in Anspruch nimmt. „Das Betätigungsfeld der Christen ist die Welt.“[141] Dies sieht auch das katholische Lehramt so. Beispielsweise fordert die Pastoralkonstitution des Zweiten Vatikanischen Konzils über die Kirche in der Welt von heute „Gaudium et Spes“ eine „gesellschaftliche Ordnung“, die sich „am Wohl der Personen“ (GS 26) orientiert und verurteilt, was „ferner zum Leben selbst in Gegensatz steht [...], was immer die Unantastbarkeit der menschlichen Person verletzt, [...], was immer die menschliche Würde angreift, wie unmenschliche Lebensbedingungen, [...], sodann auch unwürdige Arbeitsbedingungen, bei denen der Arbeiter als bloßes Erwerbsmittel und nicht als freie und verantwortliche Person behandelt wird.“ (GS 27) Es fordert „die Christen [...] auf, nach treuer Erfüllung ihrer irdischen Pflichten zu streben, und dies im Geist des Evangeliums. Die Wahrheit verfehlen die, die im Bewusstsein, hier keine bleibende Stätte zu haben, [...] meinen, sie könnten ihre irdischen Pflichten vernachlässigen, und so verkennen, dass sie, nach Maßgabe der jedem zuteil gewordenen Berufung, gerade durch den Glauben selbst umso mehr zu deren Erfüllung verpflichtet sind.“ [GS 43]

Hier wird deutlich, wie sehr CAJ Kirche ist, denn dieser Auftrag entspricht genau ihrem Ansatz: Es geht der CAJ um ein würdiges Leben für alle, um Gerechtigkeit und Frieden, theologisch ausgedrückt „um das Reich Gottes auf Erden.“

140 Vgl. z.B. CAJ Deutschland und Sabine Gottschalk (Hg.), *Vorwärts! Wir stehen erst am Anfang! Die Geschichte der CAJ Deutschland von 1974–2011*, Waldmünchen 2014, 153–156.

141 Josef Wohlmuth, „Theologie in ihrer Einheit und Vielfalt“, in: ders, *Katholische Theologie heute. Eine Einführung in das Studium*, Würzburg 1990, 49.

Necmettin Kizilkaya

Die rechtliche und mystische Debatte über Erwerb (*kasb*) und die Entstehung der *kasb*-Literatur

Dieser Beitrag untersucht das literarische Genre *kasb* (Erwerb/Gewinn) anhand von Arbeiten muslimischer Gelehrter aus dem Mittelalter. Bei der Untersuchung dieser Arbeiten steht der mystische Aspekt des Erwerbs im Vordergrund. Es handelt sich bei den folgenden Ausführungen daher nicht um wirtschaftstheoretische Überlegungen. Stattdessen geht dieser Beitrag der Frage nach, weshalb Themenkomplexe wie Armut, Wohlfahrt, Erwerb, Anhäufung von Reichtum, Überschuss, Warenzirkulation und Betteln in der *kasb*-Literatur so ausführlich behandelt werden.

Als Konzept ist *kasb* eher dem Bereich der islamischen Theologie (*kalām)* als dem des islamischen Rechts (*fiqh)* zuzuordnen. Als theologischer Ausdruck, der sich auf die Handlungen der Menschen bezieht und der Frage nachgeht, in welchem Ausmaß der Mensch Einfluss auf seine eigenen Taten hat, war die Bedeutung des Begriffs stets von neuen religiösen, moralischen und ökonomischen Entwicklungen geprägt.

Bereits im Koran wurde der Begriff *kasb* auf unterschiedliche Weise angewandt – hieraus sollte sich die spätere vielschichtige Nutzung dieses Ausdrucks entwickeln. So bezeichnet *kasb* einerseits den Vorgang, dass Menschen das Geld, welches sie verdient haben, ausgeben, und ist in diesem Zusammenhang positiv konnotiert.[1] Andererseits wird der Begriff auch angewandt, um zum Ausdruck zu bringen, dass jegliches Unglück, das einem Menschen widerfährt, lediglich eine Folge seiner eigenen Tat ist.[2] Ebenfalls negativ konnotiert ist der Begriff *kasb* im Zusammenhang mit Diebstahl.[3]

Wie as-Saraḫsi, der transoxianische Hanafī-Jurist (5./11. Jahrhundert), jedoch andeutete, bezeichnet *kasb* zunächst ganz allgemein den Erwerb des Lebensunterhaltes.[4] Dies kann als Hinweis darauf verstanden werden, dass sich der Begriff erst im Laufe der Zeit zu einem theologischen, später dann zu einem ökonomischen Ausdruck wandelte.

Betrachtet man zudem die vielfältigen Bedeutungen von *kasb* als mystischen Ausdruck, so wird deutlich, dass dieser Begriff muslimische Gelehrte und Intellektuelle seit dem 2./9. Jahrhundert intensiv beschäftigt hat. Zeitgleich mit voranschreitenden Entwicklungen der Konzepte *tawakkul* (Vertrauen in Gott) und

---

1 Q 2:267.

2 Q 42:30.

3 Q 5:38.

4 Abū Bakr Shams al-A'imma Muhammed ibn Ahmad ibn Sahl al- Sarakhsī, *al-Mabsūt*, Beirut o. J., 30:245.

wara' (Frömmigkeit), wurde *kasb* zu einem der zentralen Motive der asketischen Strömungen, die sich im Lauf der Zeit zunehmend gegen Arbeit und Erwerb (*rizq*) stellten. In diesem Zusammenhang konnte die Vorstellung, dass *kasb* negative Folgen habe und Menschen von *tawakkul* abhalten könne, Fuß fassen. Eine nicht unerhebliche Anzahl an Sufis folgte diesem Trend und vermied es daher, einer Arbeit nachzugehen.

Solche Auffassungen, welche in Bezug auf *tawakkul* entstanden und sich gegen *kasb* wandten, wurden in den Schriften von Gelehrten, wie beispielsweise dem bedeutenden Theologen und Juristen Sufyān aṯ-Ṯauri (gest. 161/778), kritisiert. Auch andere Juristen, wie etwa Muhammad aš-Šaybāni (gest. 189/805), der berühmte Schüler Abū-Hanīfas (gest. 150/767), haben hierüber geschrieben. Das asketische Verständnis, welches sich gegen *kasb* wandte, wurde in Debatten von Sufis, wie beispielsweise Ḥāriṯ al-Muḥāsibī (gest. 243/858) und Hakīm at-Tirmiḏi (gest. 320/932) kritisiert und führte zu der Erschaffung von Werken wie *kasb* oder *iktisāb*. Eines der eng mit *kasb* verwandten Themen, welches von Beginn an vielfach diskutiert wurde und im Zusammenhang mit dem Konzept von *wara'* aufkam, ist die Frage nach der Zulässigkeit von Nahrung und Kleidung. Gemäß dem Konzept von *wara'* stellten einige Asketen (*zuhhād*) die Behauptung auf, dass Einkommen und Kleidung, welche durch Arbeit erwirtschaftet wurden, nicht rechtmäßig (*halāl*) seien, da es in jener Zeit gesetzlich keine Möglichkeiten der Gewinnerwirtschaftung gab. In diesem Zusammenhang gilt es zwischen mehreren Ansätzen zu unterscheiden, denn obwohl eine grundlegende Übereinstimmung vorherrschte, lassen sich doch verschiedene Methoden bezüglich der Beschaffung von Essen und Kleidung ausmachen. Diese Beschaffungsmethoden lassen sich folgendermaßen gruppieren:

- Ernährung auf der Basis von Überresten und Samen von Pflanzen und Früchten, die im Gebirge, in Tälern oder Sandwüsten wuchsen;
- Ernährung auf der Basis von Pflanzen und Gräsern, die in bestimmten ländlichen Gebieten aufzufinden waren;
- Ernährung auf der Basis von Nahrungsabfällen;
- Ernährung auf Basis von Ernteresten (diese Gruppe lebte in den ländlichen Gebieten und Höhlen rund um Damaskus);
- Beschaffung von Nahrung und Kleidung durch Betteln;
- Beschaffung von Nahrung und Kleidung aus dem Verdienst einer körperlichen Arbeit oder dem Sold eines Soldaten;
- Beschaffung von Nahrung und Kleidung durch das Leben in *ribāts* (ein Ort, an dem man sich dem Gebet hingab und von Zuwendungen lebte).[5]

5 Vgl. Harith ibn Asad al-Muhāsibī, *Al-Makāsib wa al-wara' wa al-shubhatu wa bayānu mubāhihā wa mahzūrihā wa ikhtilāf al-nāsa fī talabihā wa al-redd 'alā al-ghālitīna fīh*, Beirut 1987, 81–83.

Trotz dieser unterschiedlichen Haltungen einiger Asketen vertraten muslimische Gelehrte und die breite Masse der Sufis die Ansicht, dass das Streben nach wirtschaftlichem Gewinn durch andere Betätigungen, wie etwa Handel oder Handwerk, unverzichtbar sei.

Befasst man sich mit der historischen Entwicklung der *kasb*-Literatur, stellt sich zunächst die Frage, ob sie aus ökonomischen Gründen entstand oder ob ihr andere Motive zugrunde lagen. Die Inhalte einiger Werke der *kasb*-Literatur lassen meiner Meinung nach den Schluss zu, dass dieses Genre als Reaktion auf negative Haltungen in Bezug auf Arbeit und Einkommen, wie sie von einigen radikalen Asketen vertreten wurden, entstand.

Seit der Zeit der *sahābah* (die Gefährten des Propheten) und der *tābiʿūn* (Nachfolger) gab es Asketen, die sich ausschließlich dem Gebet hingaben. Ab der Mitte des 2. bzw. 9. Jahrhunderts entwickelten einige Asketen jedoch in Bezugnahme auf das Konzept von *tasawwuf* eine Haltung, die sich explizit gegen Arbeit wandte. Der bedeutendste Schüler von Ibrāhīm ibn Adham al-Balẖi's (gest. 161/778), Abū ʿAlī Šaqiq ibn Ibrāhīm al-Balẖi (gest.194/809), gilt als führender Vertreter dieser Ansicht. Šaqiq war der erste, der das Konzept von *tawakkul* als dauerhafte Gottergebenheit definierte (eine Definition, die jedoch von Sūfyān a̱t-Ṯawrī abgelehnt wurde). Er stellt hierzu fest: „So wie es nicht möglich ist, dem eigenen Wesen (*khalqika*) oder Leben etwas hinzuzufügen, ist es auch unmöglich, dem eigenen Tagelohn (*rizq*) etwas hinzuzufügen. Verschwende daher nicht deine Energie hierauf."[6] Šaqiqs Überlegung bezüglich Erwerb und Lebensunterhalt hatte zur Folge, dass seine Nachfolger *kasb* als destruktiv einschätzten und folglich ablehnten – Armut wurde höher geschätzt als Reichtum.

Aufgrund dieser Haltung entwickelten einige Gelehrte die Doktrin des *inkār al-kasb* (Ablehnung des Handels) oder erklärten die Erwirtschaftung des Lebensunterhalts sogar als gänzlich verboten (*tahrīm al-makāsib*). Diese Doktrin fand Anhänger in Balẖ, Ḫorāsān und Nišapūr und wurde von Ahmad ibn Ḥarb (gest. 234/848), Abū ʿAbd ar-Rahmān Hātim ibn ʿUnwān Asamm (gest. 237/851), Ahmad ibn Ḫadrawiyah (gest. 240/854), Muhammad ibn Faḍl al-Balḫī (gest. 243/857) und Abū Hafs Haddād (gest. 264/877) verbreitet.[7] Eine Schlüsselrolle nahm hierbei Ahmad Ibn Ḥarb ein. Dies liegt unter anderem darin begründet, dass er Autor eines Werkes mit dem Titel *Kitābu'l-Kasb* war, welches heute leider nicht mehr vorliegt.[8] Zum anderen war er der Lehrmeister des berühmten Asketen und Predigers Abū Abdillah Muhammed ibn Karrām (gest. 255/869), welcher die radikale asketische Bewegung *karrāmiyya* gründete, die sich gegen *kasb* wandte. Als Lehrmeister

6 Abū Nasr al-Sarrāj al-Tūsī, *Al-Luma*, Kairo 1960, 259.

7 Louis Massignon, *Essay on the Origins of the Technical Language of Islamic Mysticism*, Notre Dame 1997, 173.

8 Haji Khalifa, Mustafā ibn Abdillāh, *Kashf al-zunūn*, 2:1452.

hatte Ahmad Ibn Harb speziell in den Bereichen Theologie und Sufismus einen starken Einfluss auf Ibn Karrām.

Die asketische Doktrin von Muhammad Ibn Karrām und seinen Anhängern beruht hauptsächlich auf zwei Konzepten, bei denen es sich um Vertrauen in Allah (*tawakkul*) und das Verbot des Strebens nach wirtschaftlichem Gewinn (*tahrīm al-makāsib*) handelt. Der *karrāmiyya* zufolge hält dieses Streben nach ökonomischem Gewinn die Gläubigen davon ab, sich Allah gänzlich hinzugeben, weshalb es verboten werden muss. Die Anhänger Ibn Karrāms lebten in einigen Regionen in einem Konvent (*ḫāngāh*), wo sie ihr Leben Allah widmeten. Sie bezogen Spenden und Zuwendungen von größeren Gemeinden.[9] Diese Abkehr von regelmäßigem Einkommen auf Seiten der *Karrāmī*-Asketen und die stattdessen vollzogene Hinwendung zu Almosen bringt einerseits ihre Haltung gegenüber *tawakkul* zum Ausdruck, zog andererseits aber auch Probleme nach sich, da sie sich hierdurch in Opposition zu den Hadithen positionierten, denen zufolge jeder Mann in der Lage sein sollte, für sich und seine Familie zu sorgen.

Aus diesen kritischen Ansätzen ergab sich die Notwendigkeit für Schriften, in denen *kasb* präzise dargestellt und erläutert wird. So kann Muhammad aš-Šaybāni (gest. 189/805) als erster Gelehrter, der ein Werk über *kasb* verfasste, bezeichnet werden. Sein Buch *al-Iktisāb fi r-rizq al-mustatāb* schrieb er vor dem Hintergrund der sich ausweitenden Opposition der Asketen gegenüber Arbeit und dem Verdienst des Lebensunterhaltes (*rizq*). Zunächst war aš-Šaybāni jedoch aufgefordert worden, ein Buch über *wara*ʿ zu schreiben, worauf er aber erwiderte, dass er bereits das Buch des Verkaufs (*Kitāb al-Buyu*ʿ) verfasst habe. Da seine Umgebung jedoch darauf bestand, dass er ein entsprechendes Werk schreiben solle, begann er mit der Arbeit an oben genanntem Band, starb jedoch, bevor er diesen zu Ende gebracht hatte.[10] Bezugnehmend auf eine prophetische Tradition erwiderte aš-Šaybani hinsichtlich des asketischen Verständnisses von Arbeit und Gewinn: „Das Streben nach einem Verdienst (*kasb*) ist eine Pflicht, genauso wie das Streben nach Wissen eine Pflicht ist."[11] Seiner Meinung nach ist dieses Streben nach *kasb* eine Pflicht, da die Ordnung der Welt hiervon abhängt – eine Vernachlässigung wäre entsprechend der Untergang. Einige Gelehrte der Hanafi-Schule, wie etwa Shams al-A'immah as-Saraḫsī (gest. 483/1090) und Abū al-Fadl Majd ad-Dīn al-Mawsilī (gest. 683/1284) kommentierten aš-Šaybānis *al-Iktisāb*. Saraḫsī beispielsweise verfasste einen Kommentar, in dem er sich näher mit den *karrāmiyya* befasste, die zu jener Zeit politisch sehr einflussreich waren und zu einer Massenbewegung heranwuchsen, nicht zuletzt, weil sie Unterstützung von Seiten der ghaznawidischen Herrscher erhielten. Folglich kritisiert er die *karrāmiyya* mehrmals, etwa, indem

9 Wilferd Madelung, „Sufism and the Karrâmiyya", in: ders. (Hg.), *Religious Trends in Early Islamic Iran,* New York 1988, 46.

10 Muhammad ibn al-Hasan al-Shaybānī, *Al-Kasb*, Damaskus 1980, 114.

11 Original Talabu-l-kasbi fariḍatun kamā ʾan ṭalabu-l-ʿ*ilmi* fariḍatun, *ebd.*, 48.

er sie an verschiedenen Stellen als sich selbst Demütigende (*ahl al-taqaššuf*) oder die Narren unter den Sufis (*hamāqa ahl al-tasawwuf*) bezeichnete. Er attackiert die *karrāmiyya* und andere extreme *mutawakkilūn* heftigst und bezeichnet sie stets herablassend als Schmarotzer (*muta'akkilūn*).

Das einflussreiche Buch *al-Makāsib* des berühmten Sufi Al-Hārith al-Muhāsibī (gest. 243/858) war das bekannteste Werk, das im 3. bzw. 9. Jahrhundert im Irak zum Thema *kasb* erschien. Es zeigt die Beziehung zwischen dem Konzept von *kasb* und radikalem Asketentum in den frühen Jahren auf und bezeugt zudem, dass sich die entsprechende Literatur in einer Art theologischem Duell zwischen den *karrāmiyya* und anderen Gruppierungen entwickelte. In *al-Mekāsib* untersuchte al-Muhāsibī diese wirtschaftlichen Themen, wobei er sie hauptsächlich im Zusammenhang mit den Konzepten von *wara' (Frömmigkeit), zuhd (Verzicht), tawakkul (Verzicht durch Vertrauen in Gott)* und *taqwā (Hingabe)* betrachtete. Der Hauptgrund, weshalb al-Muhāsibī dieses Buch verfasste, war die Tatsache, dass einige Menschen ihre Arbeit aufgaben und ein Leben in Luxus und Wohlstand lebten, während andere sich von Arbeit fernhielten, da es ihrer Meinung nach keine gesetzlich zulässige Form des Erwerbs gebe und wieder andere sich von Arbeit lossagten, um sich ganz und gar dem Gebet zu widmen. Darüber hinaus gab es eine Gruppierung, die aus Bequemlichkeit keiner Arbeit nachgehen wollte, und eine, die das Jenseits (*'ākhirah*) vergessen zu haben schien und uneingeschränkt Reichtum anhäufte. Dieses breite Spektrum unterschiedlicher Haltungen zu Arbeit und Wohlstand machten es notwendig, einen ausgeglichenen Mittelweg zu finden. Weil al-Muhāsibīs Kontrahenten ihre Behauptungen über *kasb* mit *tawakkul* verbanden, widmete auch er sich diesem Konzept ausführlich. Da es zahlreiche Missverständnisse und Fehlinterpretationen bezüglich des Verhältnisses von wirtschaftlichem Gewinn und *tawakkul* gab, versuchte al-Muhāsibī darzulegen, dass es sich bei Letzterem keineswegs um ein Hindernis bei der Erwirtschaftung des Lebensunterhalts handelt. Hierfür zog er unterschiedlichste Quellen heran, wie beispielsweise Koranstellen, Aussprüche des Propheten und Praktiken der Sahāba und deren Nachfolger. Wie andere zeitgenössische Gelehrte kritisierte al-Muhāsibī die negative Einstellung Šaqiq al-Balḫis gegenüber Arbeit. Bezugnehmend auf Šaqiqs Ausspruch, wonach *kasb* Sünde sei, übte er offen Kritik. Hier verwies er vor allem darauf, dass Šaqiqs Ansatz – demzufolge ein Mensch, der selbst für seinen Lebensunterhalt sorgen möchte, Zweifel an Allah hege – im Widerspruch mit dem Koran, der Sunna und den Praktiken der ersten Muslime stehe. In diesem Zusammenhang betonte er vor allem, dass wahrhaftige Frömmigkeit nicht durch den Verzicht auf Arbeit zum Ausdruck komme, sondern indem man selbst für seinen Lebensunterhalt sorge.[12]

Die negative Einstellung dieser asketischen Bewegungen sowie die Bezugnahme auf *tawakkul* führten im Lauf der Zeit zur Entstehung mehrerer Werke über

---

12 Vgl. Al-Muhāsibī, 61–67.

kasb. Wenngleich es in einigen der bedeutendsten Hadithen Kapitel gibt, die sich mit Frömmigkeit beschäftigen, waren es vor allem Hanbalī-Gelehrte, welche sich dem Zusammentragen entsprechender Erzählungen widmeten.

Einer von diesen Gelehrten ist Abū Bakr al-Ḫallāl (gest. 311/923). Al-Ḫallāl kritisiert die Herangehensweise der asketischen Bewegungen, die sich dem Erwerb widersetzten in seinem Werk *al-Haththʻalā al-tijārah wa al-sināʻah wa al-ʻamal wa al-inkāru ʻalā man yaddaʼi al-tawakkula fī tark al-ʻamal wa al-hujjatu ʻalayhim fī dhālika*. Hier erläutert er die Narrative aus der prophetischen Tradition, in denen Kritik am Leben im Konvent geübt wird und die sich gegen übermäßiges Beten, Nachtwachen und Andachten richten.[13] Basierend auf Ahmad ibn Hanbals (gest. 241/855) Hadith-Sammlung *al-Musnad*[14] kritisiert al-Ḫallāl auch Sufis, die nicht arbeiteten und ihr (Über-)Leben ganz in Gottes Hand geben.[15]

Es lässt sich also festhalten, dass *zuhd* (Frömmigkeit) und *tawakkul* (Vetrauen in Gott) wichtige Konzepte sind, die bereits in den Anfangsjahren des Islams existierten. Die Auffassung von Frömmigkeit, wonach diese vor allem darin bestand, sich von allen weltlichen Dingen und Angelegenheiten fernzuhalten, und wonach *tawakkul* die Abkehr von Arbeit bedeutet, brachte eine Bemühung hervor, Missverständnisse um die beiden Begriffe (*zuhd* und *tawakkul*) aus der Welt zu schaffen. Insbesondere die Tatsache, dass diesen beiden Konzepten immer extremere Bedeutungen zugeschrieben wurden, führte bei einigen Gelehrten zu reaktionären Ansichten. Hakīm al-Tirmidhīs (d. 320/932) *Kitābu Bayān al-kasb* ist eines der bedeutendsten Bücher über *kasb*, das in den Entstehungsjahren dieser literarischen Gattung verfasst wurde und kann als das wichtigste aller reaktionären Werke betrachtet werden. Als einer der führenden Sufis seiner Zeit versuchte Hakīm al-Tirmidhī die Missverständnisse, die im Zusammenhang mit *kasb* aufgekommen waren, aufzuklären, und kritisiert die Betrachtungsweisen, die sich gegen Arbeit richteten.[16]

Ein weiterer wichtiger Punkt in diesem Zusammenhang ist die Tatsache, dass manche die Begründung für ihre negativen Aussagen über *kasb* in einer chaotischen Gesellschaft, Arbeitsbereichen und Menschen fanden. So haben einige radikale Asketen eine negative Haltung gegenüber Arbeit eingenommen, die in folgendem Ausspruch zum Ausdruck kommt: „Ertragskraft ist verdorben, menschliche Werte sind verdorben und Vertrauen verloren."[17] Al-Tirmidhī versucht die abwegige Ar-

13 Abū Bakr Ahmad ibn Muhammad ibn Hārūn al-Khallāl, *Al-Haththʻalā al-tijārah wa al-sināʻah wa al-ʻamal wa al-inkāru ʻalā man yaddaʼi al-tawakkula fī tark al-ʻamal wa al-hujjatu ʻalayhim fī dhālika*, Riyad 1407, 135.

14 Vgl. *ebd.*, 151.

15 Vgl. *ebd.*

16 Vgl. Abū Abdillah Muhammad ibn ʻAlī al-Hakīm al-Tirmidhī, *Kitābu Bayāni al-kasb,* Kairo o.J., 141–188.

17 *Ebd.*, 173.

gumentation solcher Auffassungen aufzuzeigen, indem er die schon genannten und widersprüchlichen Argumente der Asketen nutzt.

In seinem wegweisenden Werk *Iḥyā' 'ulūm al-dīn* untersuchte der berühmte Jurist, Theologe und Sufi Abū Hamīd al-Ġazālī (gest. 505/1111) das Konzept von *kasb* ausführlich und näherte sich ihm von einem juristischen Ausgangspunkt an. Diese juristische Herangehensweise zeigt, dass der Einfluss der radikalen asketischen Bewegungen, die sich gegen das Streben nach wirtschaftlichem Gewinn stellten, indem sie Verzicht und Frömmigkeit betonten, nachgelassen hatte. So zeigt al-Ġazālī zu Beginn des Werkes, dass es seinerzeit drei unterschiedliche Gruppierungen gab:

Die erste Gruppe verlor sich gänzlich in Arbeit und vergaß darüber das Jenseits; die zweite Gruppe verlor sich ganz im Gedanken an das Jenseits und vernachlässigte darüber alle weltlichen Dinge; die dritte Gruppe beschäftige sich mit dem weltlichen Leben in einem moderaten Maß, was ihnen im Jenseits zu Gute kommen würde.

Er deutet an, dass die dritte Gruppe auf dem richtigen Weg sei. Indem er auf Koranstellen und die Sunna verweist und Aussprüche der Sahāba, ihrer Nachfolger und den Pionieren des Sufismus anbringt, untermauert er den Wert von Arbeit und die Nachteile, die entstehen werden, wenn man der Arbeit entsagt. Darüber hinaus bringt er auch an, dass es für einen Gläubigen unrühmlich sei, nicht zu arbeiten und sich stattdessen dem Betteln hinzugeben.[18] Sein Buch basiert auf dieser Auffassung und er gibt sich große Mühe, einerseits die Idee zu verbreiten, dass eine Balance zwischen dem Verdienst des Lebensunterhalts und des Jenseits hergestellt werden muss, und andererseits zu erklären, wie diese Balance auf eine rechtmäßige Art und Weise geschaffen werden kann, die im Einklang mit Gesetzen des Verbotenen (*haram*) und des Rechtmäßigen (*halal*) stehen.

Die Tatsache, dass es aufgrund der korrupten und verdorbenen Gesellschaft nicht möglich war, einen rechtmäßigen Verdienst zu erlangen, hat nahezu alle Gelehrten der damaligen Zeit beschäftigt. Entsprechend verfasste Ibn Taymiyyah (gest. 728/1327) ein Buch mit dem Titel *al-Halāl wa al-harām wa ba'du qawā'idihimā fī al-mu'āmalāt al-māliyya.* Hier hält er fest: „Da es heutzutage nicht möglich ist, im Einklang mit dem Gesetz Nahrung zu erwirtschaften, ist es auch nicht möglich, in Einklang mit dem Gesetz zu essen.“ [19] Ibn Taymiyyah deutet zudem an, dass dieses Problem auch in der Vergangenheit existierte und als solches wahrgenommen wurde, da etwa einer der Asketen sich mit eben jener Frage an Ahmad ibn Hanbal wandte, worauf dieser antwortete: „Schaut Euch diesen schlechten Menschen an, der die Waren der Muslime für unrechtmäßig erklärt.“[20] Er deutet an,

18 Abū Hāmid Muhammad ibn Muhammad al-Ghazālī, *Iḥyā' 'ulūm al-dīn*, Kairo 2008, 2:90–95.

19 Ahmad Ibn Taymiyyah, *Al-Halāl wa al-harām wa ba'du qawā'idihimā fī al-mu'āmalāt al-mā,* Beirut 1997, 11 f.

20 *Ebd.*

dass Ibn Hanbal sich diesem Verständnis in seinem *Musnad*, in einem mit *wara'* betitelten Abschnitt, widersetzte. Ibn Taymiyyah hält zudem fest, dass eine irakische Gruppe von Sufis sowie einige ägyptische Gruppen diese Ansicht teilten.[21] Ibn Taymiyyah versuchte zu beweisen, dass es den Menschen jederzeit möglich war, im Einklang mit dem Gesetz Einkommen zu erwirtschaften und legte in seinem Buch *al-Halāl wa al-harām wa ba'du qawā'idihimā fī al-mu'āmalāt al-māliyya* die Notwendigkeit von Arbeit dar. Indem er ähnliche Argumente heranzieht, die zuvor schon von aš-Šaybāni und as-Saraḫsī angeführt wurden, betont Ibn Taymiyyah, dass Menschen, sofern sie ihre Pflichten Allah gegenüber erfüllen sollen, in der Lage sein müssen, rechtlich unbedenkliche Möglichkeiten zur Erwirtschaftung von Einkommen zu haben.[22] Gemäß der Hanbalī-Tradition kritisierte Ibn Taymiyyah das falsche Verständnis von Frömmigkeit, welches bei einigen Sufis zu falschen Annahmen bezüglich *kasb* geführt habe. Zudem versucht er, das Verhältnis von Frömmigkeit und Erwerb anhand von Beispielen aus dem Koran und der Sunna zu erläutern.

Laut mittelalterlichen muslimischen Gelehrten hat *kasb* mit der gegenseitigen Unterstützung zum Zwecke der Annäherung an und des Gehorsams gegenüber Gott zu tun. Die Themen, die in der *kasb*-Literatur angesprochen werden, zeugen davon, dass dieses Genre entstand, um Missverständnisse, die sich im Lauf der Zeit im Zusammenhang mit Arbeit und Gewinn eingeschlichen hatten, aufzuklären. In diesem Kontext stellten radikale asketische Bewegungen die Behauptung auf, dass Arbeit die Menschen vom Beten und von Frömmigkeit abhalten würde – eine Aussage, die nicht nur zahlreiche Anhänger fand, sondern auch kritische Reaktionen in der frühen islamischen Geschichte hervorrief. Zudem waren die radikalen Asketen aufgrund der Annahme, dass die Gesellschaft korrumpiert sei und es keine im Einklang mit dem Gesetz stehende Möglichkeit gab, an Einkommen zu gelangen, dem Arbeiten gegenüber negativ eingestellt.

Gab es bereits von Beginn an einige Sufis, die diese Ansicht teilten, entwickelte sich hieraus im Lauf der Zeit eine breite Bewegung. So gelang es der radikal asketischen Bewegung der *karrāmiyya* tatsächlich, in mehreren Teilen der islamischen Welt Anhänger zu finden und ihren Ansatz bis ins 7. bzw. 13. Jahrhundert zu praktizieren. Diese gegen Erwerb gerichtete Haltung wurde von Beginn an kritisiert und trug maßgeblich zur Entstehung der *kasb*-Literatur bei. Nachdem die Bewegung der *karrāmiyya* auseinanderbrach, wurden auch keine weiteren Werke über *kasb* mehr verfasst.

21 *Ebd.*, 32.
22 Vgl. *ebd.*, 14.

Mouez Khalfaoui

Erwerbsarbeit aus muslimischer Perspektive

In Zusammenhang mit Arbeit und Wirtschaft in muslimischen Gesellschaften stellt sich wiederholt die Frage nach einer islamischen Arbeitsethik – neben der grundlegenden Überlegung, ob diese überhaupt existiert, stehen deren genaue Ausgestaltung und die Frage, inwiefern sich Muslime hieran halten, im Mittelpunkt. Aufgrund der sich gegenwärtig vermeintlich immer schneller und radikaler wandelnden Lebens- und Arbeitsbedingungen vieler Menschen gilt es hierbei auch in den Blick zu nehmen, wie moralische Werte sich solchen Änderungen anpassen bzw. inwieweit sie sich weiterentwickeln. Aufgrund geringer bzw. fehlender Auskünfte über die Erwerbsarbeit[1] in der muslimischen Kultur herrschen nicht nur in westlichen, sondern auch in muslimischen Gesellschaften zahlreiche Klischees und Stereotype vor, welche die Vorstellung von Arbeit und Arbeitenden sehr belasten.[2] Eine Grundlagenforschung zur muslimischen Konzeption von Arbeit ist daher von großer Relevanz und Dringlichkeit.

Ziel dieses Beitrags ist es, die Hauptmerkmale der Erwerbsarbeit in der muslimischen Kultur bzw. in muslimischen Kulturen zu untersuchen, um grundlegende Definitionen und Konzepte diesbezüglich darzulegen. Insbesondere wird der Frage nachgegangen, wie Erwerbsarbeit hier thematisiert wird, welche theologischen Konzepte es diesbezüglich gibt und wie die aus der Erwerbsbeziehung entstandenen Probleme gelöst werden können. Im ersten Teil des Beitrags wird die Debatte über Erwerbsarbeit in der Entstehungsphase der muslimischen Kultur (7.–8. Jh. AD) thematisiert. Dabei wird auf die Haltung des Korans und der Tradition des Propheten Muhammad eingegangen. Im zweiten Abschnitt wird die Einstellung muslimischer Rechtsgelehrter bezüglich der Frage des Arbeitens thematisiert. Dabei werden muslimische Rechtsquellen interpretiert. Dies wird auch im Vergleich mit anderen Religionen durchgeführt. Im dritten Teil wird schließlich die muslimische Arbeitsmoral bzw. die islamische Arbeitsethik thematisiert.

---

1 Der gängigen Definition zufolge ist Erwerbsarbeit eine Tätigkeit, die gegen ein Entgelt geleistet wird. Dabei unterscheidet sich Erwerbsarbeit von Eigenarbeit, das heißt von jener Arbeit, die man für sich selbst unternimmt und ohne Entgelt erledigt. Vgl. Joseph Huber, *Die zwei Gesichter der Arbeit: Ungenutzte Möglichkeiten der Dualwirtschaft*, Frankfurt am Main 1984, 33 ff.

2 Die Behauptungen bezüglich mangelnder Arbeitsethik in der muslimischen Kultur waren bzw. sind Grund für zahlreiche Studien. Von besonderer Bedeutung ist in diesem Zusammenhang die Arbeit von Maja Schatzmiller. Die Autorin geht der seit Max Weber bekannten Frage nach, warum die islamische Kultur trotz aller Erneuerungen im Wirtschaftswesen keinen Kapitalismus hervorbringen konnte. Vgl. Maja Schatzmiller, *Labour in the Medieval Islamic World*, Leiden 1994.

1. Die Bedeutung der Erwerbsarbeit und ihre historische Entwicklung in der muslimischen Kultur

Betrachtet man die Debatte über Erwerbsarbeit in den monotheistischen Kulturen, so gewinnt man den Eindruck, dass ein Konsens besteht, was die positive Haltung gegenüber Arbeit angeht. Insbesondere in der christlichen Ethik wird Arbeit als „gottgefällige Betätigung der Willensfreiheit des Menschen gesehen."[3] Abgesehen von dieser gemeinsamen Grundhaltung, was die Bedeutung von Erwerbstätigkeit und ihre soziale Funktion betrifft,[4] lassen sich aber auch deutliche Unterschiede ausmachen, etwa was die Rolle von Arbeit im Wirtschaftsdenken angeht. Der Themenkomplex der Erwerbsarbeit in der muslimischen Kultur wurde jedoch bisher nur unzureichend wissenschaftlich untersucht. Das gilt auch für die innerislamische Debatte über die Rolle der Erwerbsarbeit im Leben der Menschen.[5]

In der muslimischen religiösen Literatur werden unterschiedliche Begriffe für Erwerbsarbeit verwendet: So findet sich neben dem Begriff *iǧāra* (Vermietung/Verleih) auch der Ausdruck *kasb* bzw. *iktisāb* (Erwerb),[6] wobei letztere sich ausschließlich auf die Erwirtschaftung von Gewinn beziehen.[7] Historisch hat die muslimische Debatte über Erwerbsarbeit ihren Ursprung in der Auseinandersetzung zwischen verschiedenen theologischen Auffassungen bezüglich der Verantwortung der Menschen auf Erden und ihren Bezug zu Gott. In der Entstehungsphase der muslimischen Arbeitsethik (7.–9. Jh. AD) konzentriert man sich fast ausschließlich auf die Interpretation der beiden wichtigsten religiösen Quellen des Islam, den Koran und die Sunna des Propheten Muhammad, sodass in den Debatten meist der Begriff *kasb* im Mittelpunkt steht. Die Begriffe *kasb* und *iktisāb* wurden allein aus diesen beiden Quellen gewonnen und werden in nachfolgenden Epochen im Mittelpunkt theologisch-rechtlicher Debatten stehen. Im Laufe der Zeit wurden die Begriffe von *kasb* und *iktisāb* dann aber unterschiedlich ausgelegt. Während *kasb* theologisch geprägt scheint und sich auf den Zusammenhang zwischen den Taten der Menschen in dieser Welt und die Auswirkungen dieser Taten im Jenseits

3 Verena Postel, *Arbeit und Willensfreiheit im Mittelalter*, Stuttgart 2009, 171 f.

4 Vgl. u. a. Günther Bräkelmann, *Zur Arbeit geboren. Beiträge zu einer christlichen Arbeitsethik*, Wien 1967, 1 ff.

5 Als Beispiel dafür kann das *kitab al-iktisāb* von Muhammad Ash-Shaybani herangezogen werden. Vgl. Muhammad Ash-Shaybani, *Kitab al-Iktisāb fi-Rizq al-Mustatab* (Das Buch des Erwerbs), Beirut [1986].

6 Das berühmte Lexikon *Lisan al-Arab* betont den finanziellen Aspekt von Erwerb und definiert diesen als Lohn; *kasb* bezeichnet dort eine Tätigkeit, deren Ziel das Geldverdienen ist. Vgl. Jamaleddine Ibn Manẓour, *Lisan al-ʿArab*, *Dar al-Fikr*, Beirut [Nachdruck 1994], 1:716–717.

7 Ibn Maẓour erklärt *ʾiǧara* als Vermietung, weil dieser Begriff vom *ʾaǧara* (erwerben) stammt. Vgl. Ibn Maẓour, 4:10–11. Um diesen Aspekt zu erläutern, zieht er die Geschichte des Propheten Moses heran, wie sie im Koran dargestellt ist.

bezieht,[8] wird *iktisāb* praxisnah ausgelegt und bezeichnet das (finanzielle) Ergebnis des Erwerbs.[9] Im Gegensatz hierzu wird die rechtliche Debatte über Erwerbsarbeit von Fragen nach den Voraussetzungen und der Gültigkeit von Erwerbsverträgen dominiert. Folglich findet hier eine Verlagerung der Debatte statt, sodass der Begriff *ʾiǧāra* im Mittelpunkt steht. *ʾIǧāra* (mit der arabisch-grammatikalischen Form *Fiʿala*) deutet auf einen Beruf hin: „Vermietung bezeichnet den Verkauf von Nutzen (*manfaʿa*), weshalb sie von den Gelehrten von Medina als ‚Verkauf' benannt wird. Sie meinen damit also den Verkauf des Nutzens. Deshalb wird der Austausch von Nutzen in *ʾiǧāra*-Verträgen als ‚Preis' bezeichnet."[10] Bei dieser neuen Definition sind zwei Aspekte zu berücksichtigen: So bezeichnet *ʾiǧāra* zum einen das Verleihen von Vermögen, Immobilien und Gegenständen (*ʾiǧārat al-ʾaʿyān*) gegen eine Gebühr. Dieser Aspekt ist jedoch nicht Thema dieses Beitrages und wird folglich nur dann herangezogen, wenn dies im Zusammenhang mit den im Folgenden diskutierten Begriffen nötig ist. Darüber hinaus – und in diesem Beitrag weitaus wichtiger – bezeichnet *ʾiǧāra* die Vermietung von Arbeitskraft gegen Entgelt (*ʾiǧārat al-aʾʿmāl*). Erwerbstätigkeit bezieht sich bei muslimischen Rechtsgelehrten daher auf die Arbeitsbeziehung zwischen zwei Parteien, einem Arbeitgeber und einem Arbeitnehmer. Diese werden durch zwei unterschiedliche Ausdrücke erklärt: Einerseits wird der Auftraggeber in der Form des Partizip Aktivs als „Vermietender" (*muʾaǧǧir*) angesprochen.[11] Der Auftragnehmer wiederum wird im Partizip Passiv als „Mietender" (ʾaǧīr/*mustaʾǧir*) bezeichnet.[12] Beide Ausdrücke werden in der islamischen Rechtsliteratur in der Diskussion über Erwerbsarbeit verwendet. Dieses Verständnis von Erwerbsarbeit gründet sich in der Behandlung des Themas Erwerb in den beiden Hauptquellen des Islam, die in den folgenden Abschnitten näher betrachtet werden.

2. Erwerbsarbeit im Koran

Im Koran wird Erwerbsarbeit mit dem Begriff Vermietung (arab. *ʾiǧāra*) bezeichnet. Im Zuge der Erzählungen über vorherige Propheten und Gesandte Gottes wird die Geschichte des Propheten Moses ausführlich behandelt. Dabei wird der Tätigkeit Moses' und seiner Mutter große Aufmerksamkeit geschenkt. In der Sure *al-Qasas* wird darüber berichtet, dass Moses, nachdem er einem Anhänger seines Stammes

8 Dies bezieht sich auf die koranische Nutzung des Begriffs. Vgl. Ingrid Mattson, „Work", in: Jane Dammen McAuliffe (Hg.), *Encyclopedia of the Qurʾan*, Leiden 2006, 5:548–551.

9 Vgl. Max M. Bravmann, *Spiritual Background of Early Islam: Studies in Ancient Arab Concepts*, Leiden 1972, 108.

10 Abu-Bakr Al- Kāsāni, *Badāʾiʿaṣ-Sanāʾiʿfi tartīb ash-sharāʾiʿ* (Die perfekte Schöpfung in der Darstellung der göttlichen Anweisungen), Kairo [2004], 5:516.

11 Ibn Manẓour, 4:10–11.

12 *Ebd.*

gegen einen fremden Angreifer geholfen und diesen getötet hatte, aus Angst vor Rache Ägypten heimlich verließ und in die Wüste floh. Als er die Wüstenstadt Madyan (Midian) erreichte, half er zwei jungen Frauen, ihre Tiere mit Wasser aus einem tiefen Brunnen zu versorgen. Daraufhin kehrten die beiden Frauen glücklich zu ihrem alten Vater (dem Propheten Shuʿayb) zurück. Die älteste Tochter empfahl ihrem Vater, Moses einzustellen: „Die eine von den beiden (Frauen) sagte: ‚Vater! Dinge ihn (als Knecht)! Du kannst keinen Besseren dingen als einen, der (so) stark und zuverlässig ist (wie er)'."[13] Daraufhin wurde ein Arbeitsvertrag zwischen Moses und dem alten Mann geschlossen. Der Koran liefert zudem ausführliche Informationen über den Abschluss dieses Erwerbsvertrages. Dabei wird die Verhandlung zwischen dem Auftraggeber und dem Auftragnehmer ausführlich thematisiert: „Er sagte (zu Moses): ‚Ich möchte dir eine dieser meiner beiden Töchter zur Frau geben unter der Bedingung, daß du mir (dafür) acht Jahre dienst. Wenn du (mir) aber (weitere zwei Jahre dienst und damit) zehn (Jahre) vollmachst, ist das deine Sache. Ich will dir (meinerseits) nicht (mit weiteren Forderungen) lästig fallen. Du wirst, so Allah will, finden, daß ich (einer) von den Rechtschaffenen (as-saalihiena) bin.' Moses sagte: ‚Das sei zwischen mir und dir (abgemacht)! Und es darf keine Übertretung gegen mich geben, welche der beiden Fristen ich auch zu Ende führen mag (die von acht oder die von zehn Jahren). Und Allah ist Bürge für das, was wir sagen.'"[14] Die Koranexegesen geben ausführlich Auskunft über die Einzelheiten dieses Vertrags und betrachten ihn als Muster für den Abschluss von Arbeitsverträgen.[15] Dabei stehen die formalen Aspekte des Erwerbsvertrags im Vordergrund.

An anderen Stellen des Korans wird Erwerbsarbeit hinsichtlich des dafür zu zahlenden Entgelts thematisiert. Hierfür wird erneut die Geschichte des Propheten Moses herangezogen, und zwar seine Reise mit einem heiligen Mann, der ihm das Lebenswissen beizubringen versprach.[16] Dabei vollbrachte der Lehrer (*fatā*) unterschiedliche Wohltaten, während Moses ihm ständig Fragen nach dem Sinn und Zweck dieser Taten stellte: „Da machten sich die beiden (wieder) auf den Weg. Als sie schließlich zu den Bewohnern einer Stadt kamen, baten sie diese um etwas zu essen. Sie weigerten sich aber, sie zu bewirten. Und nun fanden die beiden in ihr eine Mauer, die einzufallen drohte. Da setzte er sie (wieder) instand. Moses sagte: ‚Wenn du gewollt hättest, hättest du Lohn dafür nehmen können.'"[17] Hier wird Er-

13 Q 28:26, Übersetzung von Rudi Paret.

14 Q 28:27–28, Übersetzung von Rudi Paret.

15 Das Verhältnis von Moses zu der Tochter wird mitunter aber mehr beachtet als der Arbeitsvertrag zwischen den beiden, vgl. Jalal-Din as-Suyuti, *Tafsir al-ǧalālayn*, Beirut, 387 ff. Tafsir Ibn Kathir, in http://www.alro7.net/ayaq.php?aya=26&sourid=28; zuletzt abgerufen am 30.12.2013.

16 Muslimische Koranexegesen und Historiker sprechen von *al-Khidhr*, bei dem es sich um eine berühmte, angeblich aber fiktive Person handelt, die jedoch Bezüge zu den alttestamentarischen Gestalten Melchisedek, Jeremia, Elija und Elischa sowie zum heiligen Georg des Christentums aufweist.

17 Q 18:70, Übersetzung von Rudi Paret.

werbsarbeit durch den Lohn definiert, wodurch der Unterschied zwischen Erwerbsarbeit und ehrenamtlicher Tätigkeit aufgezeigt wird. In einer dritten Koranstelle wird Erwerbsarbeit aus der Gender-Perspektive behandelt. Dabei wird wiederum die Mutter Moses' als Amme für den eigenen, ihr entzogenen Sohn eingestellt: „(Damals) als deine Schwester hinging und sagte: ‚Soll ich euch zu jemand weisen, der ihn betreuen wird?' Da brachten wir dich zu deiner Mutter zurück, damit ihr Auge vor Freude erfüllt würde und nicht traurig sei."[18] Bemerkenswert ist hierbei, dass der Koran in Bezug auf Arbeitsangelegenheiten die Tätigkeit von Frauen uneingeschränkt thematisiert.

Zusammenfassend lässt sich an dieser Stelle festhalten, dass Erwerbsarbeit im Koran eine Vereinbarung zwischen zwei Parteien bezeichnet; dass für die geleistete Arbeit ein Entgelt gezahlt wird und dass Männer und Frauen dabei gleich behandelt werden. Zudem wird anhand dieser Textstellen deutlich, dass Erwerbsarbeit bereits in vorislamischen Religionen ein wichtiges Thema war.

3. Erwerbsarbeit in der Tradition des Propheten Muhammad

In der Tradition des Propheten Muhammad wird Erwerbsarbeit wiederholt thematisiert. Eine Weiterentwicklung der Begrifflichkeiten Arbeitsbeziehung und Arbeitsvertrag lässt sich dahingehend feststellen, dass der Prophet Muhammad nicht auf die Arbeitsbeziehung in ihrer Gesamtheit, sondern nur auf wichtige Einzelheiten hinsichtlich des Arbeitsvertrags eingeht. Von großer Bedeutung hierbei sind die Hadithe, in denen der Prophet Muhammad ausschließlich einige Aspekte des vertraglichen Rahmens behandelt. So wird in zahlreichen Überlieferungen berichtet, dass der Prophet Muhammad darauf besteht, dass die erste Voraussetzung für die Gültigkeit eines Erwerbsvertrags die Nennung des Lohns vor Tätigkeitsbeginn und die sofortige Zahlung des Entgelts nach Fertigstellung dieser Arbeit sei: „Wer einen Arbeiter mit einer Arbeit beauftragt, der soll ihm vorher den Lohn nennen"[19], und „[z]ahle deinem Arbeiter den ihm zustehenden Lohn noch ehe sein Schweiß getrocknet ist."[20] Ferner beinhalten die Hadithe weitreichende Ausführungen bezüglich der Arbeitsbedingungen sowie eine Rangliste der meistgeschätzten Tätigkeiten und Erläuterungen zum Verhältnis zwischen Arbeitnehmern und -gebern. Dies spiegelt die innerislamische Debatte darüber, welche Tätigkeit den religiösen Normen entspreche, wider.[21] Zu dieser Frage existieren unterschiedliche bzw. widersprüchliche Überlieferungen vom Propheten Muhammad, denen zufolge er mal den Handel, mal landwirtschaftliche Tätigkeiten bevorzugte.[22] Ferner beinhaltet die

18 Q 20:40, Übersetzung von Rudi Paret.
19 Abu Bakr Ibn Abi Shayba, *Al- Muṣannaf* (Die Auflistung von Fiqh-Themen), 1979, 11:303.
20 Vgl. hierzu http://www.fh-dortmund.de/de/ftransfer/medien/fob11/Senne_Senne.pdf.
21 Vgl. ash-Shaybani, 39 ff.
22 Vgl. *ebd.*, 40 f.

Tradition des Propheten Muhammad eine spannende theologische Diskussion über die Beziehung zwischen Arbeiten und Frömmigkeit, worauf im Rahmen dieses Beitrags jedoch nicht weiter eingegangen wird.[23]

Zusammenfassend lässt sich sagen, dass die Haltung gegenüber Erwerbsarbeit sowohl im Koran als auch in den Hadithen positiv ausfällt. Beide Quellen liefern weiterhin wichtige Argumente für Erwerbsarbeit, die für die rechtliche Debatte späterer Epochen, welche im folgenden Abschnitt nachgezeichnet wird, von Bedeutung war.

4. Die rechtliche Debatte über Erwerbsarbeit

Seit dem 2. bzw. 9. Jahrhundert haben sich muslimische Rechtsgelehrte mit dem Thema Erwerbsarbeit auseinandergesetzt. Hierbei gilt es zwischen zwei Aspekten zu unterscheiden. Zum einen gibt es eine direkte rechtliche Stellung zur Erwerbsarbeit: Hier wird Erwerbsarbeit als erlaubt oder verboten erklärt, wobei die Entscheidung mit religiösen Argumenten begründet wird. Zum anderen werden zahlreiche Einzelheiten, etwa hinsichtlich des Einstellungsvertrags, der Haftung und der Hierarchie der Tätigkeiten, behandelt. Beide Aspekte werden in den nächsten Abschnitten anhand konkreter Beispiele näher erläutert.

4.1 Die rechtliche Stellung der Erwerbsarbeit

Wie eingangs erwähnt wird Erwerbsarbeit in den Quellen des islamischen Rechts einvernehmlich als eine Tätigkeit verstanden, die im Rahmen eines Vertrags zu regeln ist.[24] Islamische Rechtsgelehrte vertreten dabei zwei widersprüchliche Meinungen. Auf der einen Seite gibt es diejenigen, die Erwerbsarbeit als eine untersagte Tätigkeit einstufen und kategorisch ablehnen. Auf der anderen Seite stehen die Befürworter der Erwerbsarbeit, also diejenigen, die hierin etwas Erlaubtes sehen. Beide Gruppen verstehen Erwerbsarbeit als Teil des übergeordneten Konzepts von Vermietung, wobei ihrer Meinung nach zwischen zwei unterschiedlichen Kategorien unterschieden werden muss, nämlich der Vermietung von Gegenständen einerseits und der Vermietung von Arbeitskraft andererseits.[25] Folglich wird die Position der Rechtsgelehrten bezüglich der Erwerbsarbeit durch eine Analogie mit anderen Vermietungskonzepten erzielt. Befürworter und Gegner der Erwerbsarbeit berufen sich hierbei auf unterschiedliche Argumente bzw. Interpretationen der re-

23 Vgl. *ebd.*, 40 ff.

24 Vgl. ʿAbd ar-Rahman Al- Jaziri, *Al-Fiqh ʿala Maḏāhib al ʾarabʿa, Dar al-Kutub al-ʿIlmiyya* (Das islamische Recht nach der Lehre der vier Rechtsschulen), Beirut 2008, 3:86 ff.

25 Vgl. *ebd.*

ligiösen Texte.[26] Eine umfassende Analyse der rechtlichen Debatte über Erwerbsarbeit und ihre theologische Implikation liefert uns der hanafitische Rechtsgelehrte Abu Bakr Al-Kāsānī (gestorben 1191 AD). Al-Kāsānī stellt in seinem enzyklopädischen Werk *Badāʾiʿ as-ṣanāʾiʿ* die unterschiedlichen Auffassungen bezüglich der Erwerbsarbeit dar und erklärt die Gründe für die Ablehnung seitens mancher muslimischer Rechtsgelehrter.[27] Al-Kāsāni zufolge beruht die Ablehnung der Erwerbsarbeit auf der (vermeintlichen) Unzulässigkeit des Erwerbsvertrags – eine Einschätzung, welche er dem Gelehrten Abu Bakr al-Aṣamm zuschreibt,[28] über dessen Leben Al-Kāsāni zwar keine Auskunft liefert, der aber als eine Autorität im hanafitischen Rechtsdenken dargestellt wird. Seiner Meinung nach sind Arbeitsverträge analog zu Handels- bzw. Kaufverträgen zu behandeln. Aus rechtlicher Perspektive können diese nur dann Gültigkeit beanspruchen, wenn die zu verkaufende Ware tatsächlich vorhanden ist. Demzufolge ist der Verkauf von Waren, die noch nicht vorhanden oder reif sind, untersagt. Wenn nur jene Produkte verkauft werden, die zum Zeitpunkt des Verkaufs tatsächlich vorliegen, lassen sich Spekulationen und Unklarheiten vermeiden.

Handel wird in diesem Zusammenhang als Tausch von Ware gegen Geld verstanden, was allerdings voraussetzt, dass sowohl Geld als auch Ware vorhanden sein müssen, um einen entsprechenden Vertrag erfolgreich abschließen zu können. Bei Erwerbsarbeit ist diese Voraussetzung nicht erfüllbar, weil die ‚Ware' – also die zu leistende Arbeit – zum Zeitpunkt des Vertragsabschlusses noch nicht vorhanden ist. Bei einem Arbeitsvertrag kann man letzten Endes nur ein Versprechen verkaufen, denn Arbeit ist schließlich eine Tätigkeit, die in der Zukunft geschieht – analog zu Kaufverträgen, die beispielsweise den Handel mit noch nicht reifen Datteln und Obst regeln, müssen Arbeitsverträge daher als unzulässig gelten.[29]

Islamischen Rechtsquellen ist jedoch zu entnehmen, dass diese ablehnende Haltung gegenüber Erwerbsarbeit nach und nach zugunsten einer positiveren Einschätzung aufgegeben wurde. Diese ‚Wandlung' – von einem strikten Verbot zur Akzeptanz von *ʾiǧāra*-Verträgen – lässt sich bei Al-Kāsānī selbst finden. Obwohl er zunächst *ʾiǧāra*-Verträge ablehnte, erklärt Kāsāni schließlich, dass *ʾiǧāra* erlaubt sei: „Ich akzeptiere sie wegen der koranischen [positiven Stellung] sowie der Tradition der *ʿulamāʾ* und der Übereinstimmung der Gelehrten."[30] Al-Kāsānī begründet seine Meinung mit dem Koran, der Sunna und insbesondere mit der Übereinstimmung mit der *ʿulamāʾ* (*ʾiǧmāʿ*).[31] Zudem schöpft Al-Kāsānī aus dem monotheistischen religiösen Erbe weitere Argumente für die Akzeptanz der Erwerbsverträge.

26 Vgl. Al- Kāsāni, 5:513.
27 *Ebd.*
28 *Ebd.*
29 *Ebd.*
30 *Ebd.*
31 *Ebd.*

4.2 Erwerbsarbeit als monotheistisches Erbe

Um die Zulässigkeit von Erwerbsarbeit zu erklären und zu begründen, stützt sich Al-Kāsānī auf die Geschichte Moses' im Koran und hält hierbei fest, dass diese in allen monotheistischen Religionen von großer Bedeutung ist. Auf der Grundlage, dass „die Normen der vorislamischen monotheistischen Religionen (…) für Muslime auch gültig (sind), solange keine Abrogation diesbezüglich vorhanden ist"[32], das heißt, solange sie weder im Koran noch in den Hadithen für ungültig erklärt wurden, hält Al-Kāsānī fest, dass Erwerbsarbeit, wie sie bei den anderen monotheistischen Religionen dargestellt ist, aus muslimischer Sicht zum monotheistischen Erbe gehört. Als weiteres Argument für die Zulässigkeit der Erwerbsarbeit wird die Tradition des Propheten Muhammad herangezogen. Kāsānī zufolge hat der Prophet Muhammad die Erwerbsverträge der vorislamischen Araber bestätigt und weiter gelten lassen. Dabei hat der Prophet nur die Einhaltung bestimmter Grundregeln eingefordert, nämlich die genaue Darlegung der zu erledigenden Aufgabe und die sofortige Auszahlung des Lohns nach geleisteter Arbeit. Das dritte Argument von Al-Kāsānī besteht in der rechtlichen Norm der Übereinstimmung der *ʿulamāʾ*. Diesbezüglich vertritt Al-Kāsānī die Meinung, dass die islamische Gemeinde (*ʾʾūmma*) sich darüber einig sein soll, dass Erwerbstätigkeit zulässig sein sollte.[33] Diese Meinung hängt mit der Norm der Notwendigkeit (*ḥāǧa*) zusammen: „Ihre [die Menschen] Notwendigkeit zum Erwerb ist akut."[34] Ferner stellt sich Al-Kāsānī gegen die Argumente derjenigen, die Erwerb für unzulässig erklären, da seiner Meinung nach das Verbot von Erwerbstätigkeit die Erreichung der Scharia verhindert.[35] Erwähnenswert hierbei ist, dass *ʾiǧāra* durch die Norm der Gewohnheit und des Brauchs, *ʿurf* und *ʿāda*, erlaubt wird.

Was Al-Kāsānī am Anfang des Kapitels als *ʾiǧmāʿ* bezeichnet, bezieht sich lediglich auf die einhellige Meinung der Gelehrten bezüglich der Wichtigkeit der *ʾiǧāra*. Dies verdeutlicht den Zusammenhang des Gewohnheitsrechts mit praktischen Aspekten der Erwerbsarbeit. Hierbei ist es gängig, dass das theoretische Verbot zwar ständig wiederholt wird, aus religiösen Gründen untersagte Tätigkeiten durch die Norm von *ʿurf* und *ʿāda* jedoch toleriert werden. Dies ist eine im islamischen Wirtschaftsdenken häufig anzutreffende Praxis, werden doch viele prinzipiell untersagte Tätigkeiten auf Grundlage der Norm des Gewohnheitsrechts erlaubt.[36]

Zusammenfassend kann an dieser Stelle also festgehalten werden, dass Erwerbsarbeit, obwohl sie von einigen islamischen Gelehrten abgelehnt wird, sich

32 *Ebd.*
33 *Ebd.*
34 *Ebd.*
35 *Ebd.*
36 Vgl. Gideon Libson, *Jewish and Islamic Law: A Comparative Study of Custom During the Geonic Period*, Cambridge, MA 2003, 69 ff.

im Lauf der Zeit zu einem wichtigen Bestandteil des muslimischen Wirtschaftsdenkens entwickelt hat und daher als erlaubte Tätigkeit eingestuft wurde. Dies hängt unter anderem mit den tiefgreifenden sozioökonomischen Veränderungen innerhalb der muslimischen Gesellschaften zusammen. Es ist davon auszugehen, dass die theoretische bzw. abstrakte Ablehnung gegenüber Erwerbsarbeit sich im 12. Jahrhundert – also zur Zeit Al-Kāsānīs – langsam auflöste.

4.3 Wie wird Erwerbsarbeit in den Rechtsquellen behandelt?

Eingangs gilt es nochmals zu betonen, dass muslimische Rechtsgelehrte Erwerbsarbeit meistens nicht in einem eigenständigen, sondern als Teil eines anderen umfangreichen Kapitels behandeln. Folglich wird der Begriff *ʾiǧāra* für den Verkauf und die Vermietung von Vermögen und auch für die Vermietung von Arbeitskräften und Tieren genutzt. In den muslimischen Rechtsquellen werden die Einzelheiten des Erwerbsvertrags und der Erwerbstätigkeit, etwa Entgelt, Haftung und Auflösung des Vertrags, ausführlich behandelt. Bemerkenswert hierbei ist, dass beide Aspekte der *ʾiǧāra*, das heißt der Verleih von Vermögen und der Verleih von Arbeitskraft, zusammen bzw. in Bezug aufeinander behandelt werden. Trotz einiger unterschiedlicher Ansichten herrscht unter muslimischen Rechtsgelehrten dahingehend Einvernehmen, dass Erwerbsarbeit ausschließlich auf Grundlage eines Vertrags ausgeübt werden sollte. In seinem Werk *Das islamische Recht nach der Lehre der vier sunnitischen Rechtsschulen* (*Al-Fiqh ʿala-l-Maḏāhib al-ʾarbaʿa*) zeichnet ʿAbd-ar-Raḥmān Al-Ǧazīri ein umfassendes Bild von den Einzelheiten des Arbeitsvertrags nach der Lehre der vier bekanntesten sunnitischen Rechtsschulen.[37] Dabei ist festzustellen, dass in diesen Rechtsschulen Erwerbsarbeit fast genauso behandelt wird wie der Verleih von Vermögen. Hierbei wird auf folgende Einzelthemen ausführlich eingegangen:

Wie bei Handelsverträgen ist die erste Voraussetzung für das Zustandekommen bzw. die Gültigkeit eines Erwerbsvertrags die Zustimmung beider Parteien, wobei die Zustimmung des Arbeitnehmers als ausschlaggebend betrachtet werden kann: „Die Grundlage des Erwerbsvertrags ist die Bejahung und die Akzeptanz. Diese Grundlage ist für die Gültigkeit des Vertrags unabdingbar.“[38] Damit ein Vertrag zustande kommen kann, müssen sich Auftraggeber und Auftragnehmer im Vorfeld über die Dauer der Tätigkeit bzw. des Vertrags, den Aufwand sowie über die Höhe des zu zahlenden Entgelts einigen. Hierfür ist es ausreichend, wenn dieses Einverständnis mündlich zum Ausdruck gebracht wird,[39] denn obwohl der Koran verlangt, dass alle Verträge niederzuschreiben sind, wurde dies von vielen Gelehrten der damaligen Zeit ignoriert und mündliche Verträge wurden gemäß Gewohn-

37 Vgl. Al-Jaziri, 3:86 ff.

38 Al-Kāsāni, 5:516.

39 *Ebd.*

heitsrecht anerkannt.[40] Dieses Beispiel wird häufig herangezogen, um darzulegen, dass muslimische Gelehrte Abweichungen von den koranischen Aufforderungen akzeptierten und dies meistens mit der gängigen Wirklichkeit bzw. dem Gewohnheitsrecht begründeten.[41]

In der Rechtsliteratur nachfolgender Epochen (das heißt vom 12. bis zum 17. Jahrhundert AD) werden Einzelheiten bezüglich Erwerbstätigkeit und entsprechender Verträge näher beleuchtet. So wird die Arbeit von Ammen, Hirten, Fischern, Jägern, Transportarbeitern und sogar von Arbeitstieren (wie etwa Eseln, Maultieren und Kamelen) und deren Lohn ausführlich diskutiert.[42] Diese Abhandlungen sind nicht auf Verträge zwischen Fremdpartnern (Personen ohne familiären Bezug zueinander) begrenzt, denn in der Tat stellt die Beschäftigung eigener Verwandter ein wichtiges Thema für die Rechtsgelehrten dar, weshalb sogar Verträge zwischen Eheleuten ausführlich diskutiert werden.

Die bisherigen Ausführungen haben die zentrale Rolle des religiösen Faktors in der Diskussion über Erwerbsarbeit verdeutlicht. Diese sollte jedoch nicht überbewertet werden. So sehen muslimische Rechtsgelehrte beispielsweise kein Problem darin, wenn Menschen aus unterschiedlichen Religionen bzw. Kulturkreisen miteinander eine Arbeitsbeziehung eingehen. Bei der Einstellung einer Amme ist es beispielsweise irrelevant, ob diese muslimischen Glaubens ist oder nicht, und Muslime dürfen ihre Häuser an Nichtmuslime verkaufen, selbst wenn diese dann für Handlungen genutzt werden, die Muslimen untersagt sind, wie etwa der Verkauf von Alkohol.[43] Es lässt sich also festhalten, dass im Bereich der Erwerbsarbeit die Möglichkeit zur Annäherung der verschiedenen Religionen besteht, was in anderen Lebensbereichen hingegen nicht der Fall ist.

4.4 Beziehung zwischen Arbeitnehmer und Arbeitgeber

In den folgenden Abschnitten werden die am Zustandekommen eines Erwerbsvertrags beteiligten Parteien, das heißt Arbeitnehmer und Arbeitgeber, behandelt. Eingangs wurde betont, dass Erwerbsarbeit als ein Vertrag zwischen zwei Parteien gedacht und behandelt wird. Es stellt sich also die Frage, in welchem Verhältnis diese zueinander stehen. In den Rechtsquellen wird Erwerbsarbeit fast ausschließlich aus der Perspektive des Arbeits- bzw. Auftraggebers behandelt,[44] was mit dem Konzept der Notwendigkeit begründet wird. Muslimischen Gelehrten zufolge zielt

40 Mouez Khalfaoui, „Das islamische Erbrecht in Tunesien“, in: *Journal of Islamic and Middle Eastern Law* (1 (3), 2013), Zürich, 71–83.

41 Vgl. Libson, 69 f.

42 Vgl. Shaikh Nizam, *Al-Fatawa Al-ʿAlamgiriyya (al-Hindiyya)* (Die indischen Rechtsgutachten), Beirut [1999], 4:409 ff.

43 Vgl. *ebd.*

44 Vgl. al-Kāsāni, 5:540.

jede Erwerbstätigkeit in erster Linie darauf ab, Hilfe zu leisten. Ibn Khaldoun (gestorben 1406 AD), einer der bedeutendsten muslimischen Experten in Sachen sozialer Philosophie seiner Zeit, erklärt diese Idee ausführlich. Er stellt dabei fest, dass jeder Mensch grundsätzlich seine Aufgaben und Angelegenheiten allein und ohne Hilfe von Dritten erledigen sollte. Dies zu bewältigen ist eine Frage der Ehre und hierüber scheint bei den muslimischen Gelehrten ein Konsens zu bestehen. Die Einstellung anderer Menschen zur Erledigung dieser Aufgaben käme dann in Frage, wenn ein Mensch allein ihnen nicht mehr gewachsen ist oder die nötigen Fähigkeiten hierfür fehlen. Dafür werden andere Personen bzw. Gegenstände „angemietet“[45]. Ibn Khaldoun etwa begründet Erwerbsarbeit wiederum mit dem Konzept von Bedarf. So argumentiert er, dass Arme das Geld der Reichen brauchen, während die Reichen die Arbeit oder Leistung der Armen benötigen.[46]

Die Beziehung zwischen den Erwerbspartnern wird noch deutlicher, wenn es um den Aspekt der Haftung geht. Dabei wird Haftung in der Regel als Zuständigkeit des Auftrag- bzw. Arbeitnehmers begriffen. Er wird im Zweifelsfall für jeden Schaden verantwortlich gemacht.[47] Nichtsdestotrotz scheint es, dass die Rechtsgelehrten sich der Tatsache bewusst waren, dass Haftung für etwaige Schäden eine große Belastung für erwerbsuchende Personen darstellt und somit der Erwerbstätigkeit schaden kann. Aus diesem Grund verweisen die Gelehrten auf den moralischen Aspekt des Erwerbsvertrages, der im folgenden Abschnitt näher betrachtet wird.

5. Die Erwerbsmoral

Im vorherigen Kapitel wurde mehrmals betont, dass der Erwerbsvertrag aus muslimischer Sicht überwiegend aus dem Blickwinkel des Auftraggebers konzipiert wurde, was unter anderem durch Satzbau und Wortschatz zum Ausdruck gebracht wurde. Diese Stärkung der Position der Auftraggeber durch die Rechtsgelehrten könnte in vielen Fällen die Beziehung zwischen Arbeitgeber und Arbeitnehmer schwer beeinträchtigen. Um einer Benachteiligung der Arbeitnehmer entgegenzuwirken, haben muslimische Rechtsgelehrte den moralischen Aspekt der Erwerbstätigkeit hervorgehoben. Dabei wird an die Gottesfurcht der Auftraggeber appelliert, was sich auf unterschiedliche Weise äußert: Zum einen wird Allah als Garant für den Erwerbsvertrag gesehen. Dies sichert die Rechte der Arbeitnehmer. Zum anderen soll die Gottesfurcht für einen reibungslosen Ablauf der Erwerbstätigkeit bzw. des Arbeitsverhältnisses sorgen, wobei insbesondere der Auftraggeber für die Achtung der Erwerbsregeln verantwortlich gemacht wird. Ihm obliegt es, darauf zu achten, dass dem Auftragnehmer (und etwaigen beteiligten Tieren) keine unnötigen

45 Ibn Khaldoun, al-Muqaddima (*Einführung in die Geschichtswissenschaft*), Beirut [1978], 381 ff.

46 Vgl. *ebd.*

47 Vgl. al-Kāsāni, 5:546 ff.

Belastungen entstehen. Des Weiteren regelt die Erwerbsmoral die Einstellung von Verwandten. Muslimische Rechtsgelehrte mahnen, dass die Beziehung zu Familienangehörigen durch Arbeitsaufträge beeinträchtigt werden könnte. Dies bezieht sich explizit auf Einstellung nächster Verwandter. So wird die Beschäftigung der Mutter, des Vaters und älterer Geschwister für unzulässig erklärt. Die Begründung dafür ist ausschließlich moralischer Natur, da auf diese Weise jegliche Erniedrigung dieser Personen umgangen werden kann. Es lässt sich demnach festhalten, dass Erwerbsverträge nicht nur wirtschaftlichen Gegebenheiten unterworfen sind, sondern dass auch moralische Aspekte herangezogen werden, um die (Erwerbs-) Beziehung zwischen Reichen und Bedürftigen, Männern und Frauen sowie innerhalb der Familie zu regeln.

6. Fazit

In diesem Beitrag wurden muslimische Auffassungen von Erwerbsarbeit dargestellt. Im Mittelpunkt standen hierbei die grundlegende Konzeption von Erwerbsarbeit, die Voraussetzungen für Erwerbstätigkeit, die unterschiedlichen Aspekte von Erwerbsangelegenheiten sowie das Verhältnis der hieran beteiligten Parteien.

Beschäftigt man sich mit der Art und Weise, in der Erwerbsarbeit in der muslimischen Kultur dargestellt wird, kann man den Eindruck gewinnen, dass das islamische Konzept hiervon sich aus der muslimischen Vertragskultur entwickelte. Dies deutet darauf hin, dass Erwerbstätigkeit ausschließlich als Vertrag zwischen zwei Parteien gesehen wird. Im Fokus steht hier also die Frage nach den Rechten und Pflichten der beteiligten Parteien. Des Weiteren wird man in der islamischen Literatur unterschiedlichste Vorstellungen über Erwerbsarbeit auffinden: Während einige Gelehrte Erwerbsarbeit bzw. Erwerbsverträge als religiös unzulässig oder gar verboten betrachten und folglich ablehnen, wird die Zulässigkeit der Erwerbsarbeit bei anderen Rechtsgelehrten mit Argumenten aus dem Koran und der Tradition des Propheten Muhammad begründet.

Bei näherer Betrachtung lassen sich zwei wichtige muslimische Positionen ausmachen: Einerseits gibt es eine theologische Debatte, die sich eher auf die theoretischen Fragen des Erwerbs und dessen Bedeutung für die Erlangung von Erlösung im Jenseits bezieht.[48] Ihr gegenüber steht eine Debatte, die sich mit praktischen Aspekten, etwa Arbeitsverträgen und -bedingungen sowie Haftung, beschäftigt.[49] Diese unterschiedlichen Blickwinkel sind jedoch eng miteinander verwoben, weshalb eine Diskussion praktischer Aspekte meist im Hinblick auf Erwerbstheorie

48 Vgl. Christoph Pitschke, *Skrupulöse Frömmigkeit im frühen Islam: Das Buch der Gewissensfrömmigkeit*, Wiesbaden 2010, 13 ff.

49 Vgl. Hiroyuki Yanagihashi, *A History of the Early Islamic Law of Property: Reconstructing the Legal Development, 7th-9th Centuries*, Leiden 2004, 58 ff. Yanagihashi geht nur auf den Aspekt der Haftung ein und lässt den Aspekt der Erwerbsarbeit außer Acht.

und islamische Arbeitsethik erfolgt. Beide Themenbereiche werden in unterschiedlichen Literaturgattungen behandelt, die sich jedoch oft aufeinander beziehen. Die theologische Debatte über Erwerbsarbeit wird meistens in der Gattung Erwerb (*kasb* und *iktisāb*) behandelt, während die praktischen Fragen der Erwerbsarbeit meistens in der Gattung Vermietung oder Verleih (*ʾiǧāra*) behandelt werden. Diese praxisorientierte Debatte entspricht dem hier thematisierten Konzept von Erwerbsarbeit. Im Gegensatz zu den theoretischen Aspekten des Erwerbens, die meistens eine Gattung für sich bilden, werden die praktischen Fragen des Erwerbs in der Regel als Kapitel in der muslimischen Rechtsliteratur (*kutub al-fiqh*) thematisiert. Diese beiden Gattungen werden von zwei unterschiedlichen Autorenkreisen behandelt. Während die Arbeitstheorie und -ethik in der Regel von Theologen untersucht werden, werden die praktischen Fragen des Erwerbs ausschließlich von Rechtsgelehrten (*fuqahāʾ*) bearbeitet. Dies liegt daran, dass die Beantwortung der Erwerbsfragen praktischer Natur ein spezifisches Wissen voraussetzt, das nur bei den Rechtsgelehrten vorhanden ist.

Zunächst wurde die Entstehung der Erwerbskonzeption im islamischen Denken thematisiert. Dabei wurde auf zwei Punkte näher eingegangen: Zum einen wurde der theologische Aspekt aufgegriffen, der sich meist auf ethische Fragen des Erwerbs bezieht und in entsprechenden Werken behandelt wird. Daneben gilt es auch praktische Aspekte zu berücksichtigen. Hier wurden die Einzelheiten der Erwerbstätigkeit, die in der rechtlichen Literatur dargelegt werden, behandelt. Bei der Betrachtung und Untersuchung der muslimischen Rechtsquellen ließ sich feststellen, dass die Rechtsgelehrten Erwerb ausschließlich als Vertrag verstehen. Hierbei kamen sie zu unterschiedlichen Standpunkten, und einige von ihnen lehnten Erwerbsverträge zunächst ab. Im Lauf der Zeit wird diese Meinung relativiert, bis sie irgendwann außer Kraft gesetzt wurde. Dies wurde meist damit begründet, dass andere Religionen Erwerb akzeptierten und dass der gesellschaftliche Bedarf auch in muslimischen Kulturkreisen groß sei. In den weiteren Kapiteln wurde auf die Einzelheiten des Erwerbsvertrags aus Sicht muslimischer Gelehrter eingegangen. Dabei wurden folgende Elemente als grundlegende Voraussetzung erwähnt:

a) Beziehung vom Arbeitgeber zum Arbeitnehmer: Die Vertragspartner werden als erste Voraussetzung für das Zustandekommen eines Arbeitsverhältnisses betrachtet. Beide Partner müssen bei den Verhandlungen anwesend sein und ihre Auffassung frei zum Ausdruck bringen. Dies gilt insbesondere im Hinblick auf Arbeitsaufwand und Höhe des Entgelts.
b) Arbeitsverträge: Der Vertrag gilt erst, wenn beide Parteien ihm zugestimmt haben. Unklar ist jedoch, ob der Vertrag mündlich oder schriftlich abgeschlossen werden muss. Anhand der Rechtsquellen kann man den Eindruck gewinnen, dass Erwerbsarbeit meist durch einen mündlichen Vertrag zustande kommt.
c) Das Entgelt bzw. der Preis: In Anlehnung an Kaufverträge wird der Lohn auch als Preis genannt. Er wird als Voraussetzung für die Entstehung des Arbeits-

vertrags betrachtet und ist das alleinige Unterscheidungsmerkmal zwischen ehrenamtlicher und Erwerbstätigkeit. Das Arbeitsverhältnis besteht aus Nutzen (*manfaʿa*) gegen ein Entgelt, wodurch beiden beteiligten Parteien ein Nutzen entsteht. An den Ausführungen der Rechtsgelehrten ist zu erkennen, dass das Problem des Entgelts eine zentrale Rolle im Verhältnis zwischen Arbeitgeber und -nehmer spielt, weshalb diesem Aspekt im Koran und in der Tradition des Propheten große Aufmerksamkeit geschenkt wird. In späteren Rechtsquellen erstreckt sich die Behandlung dieses Themas auf umfangreiche Kapitel in den muslimischen Rechtswerken.

d) Die Zustimmung beider Parteien: Damit der Vertrag in Kraft treten kann, ist die Zustimmung beider Parteien nötig. Die Rechtsgelehrten bestehen darauf, dass die Zustimmung ausschließlich durch die betroffene Person gegeben werden kann. Damit schließen sie jede Missbrauchsmöglichkeit aus.

Abschließend wurde festgestellt, dass der Erwerbsvertrag in der Regel aus der Perspektive des Auftraggebers behandelt wird. Demzufolge stellt man nur dann andere ein, wenn eine Arbeit allein nicht bewältigt werden kann. Um die Bevorteilung des Arbeitgebers beim Abschluss eines Erwerbsvertrags auszugleichen, betonen die Gelehrten den moralischen Aspekt des Erwerbs. Indem an die Gottesfurcht der Arbeitgeber appelliert wird, soll sichergestellt werden, dass der Arbeitsvertrag zu beidseitiger Zufriedenheit erfüllt wird und sich der Arbeitnehmer nicht übervorteilt fühlt.

Abdelaali El Maghraoui

Das Arbeiten im Bankwesen aus Sicht muslimischer Gelehrter

Arbeit zwischen Zinsverbot und wirtschaftlicher Realität

1. Einleitung

> I work in a courier company and I face a lot of pressure in my job caused by bad treatment and the heavy duty they give me here. I can not handle it any more Wallah. I have applied for a bank employment and they have agreed, but I have been informed that it is forbidden to work in a non-Islamic bank. I live in Um al Quwain and the bank is there also. I will save money and effort and I will not be humiliated like here. Now they are humiliating me every now and then. So please advise me is it Haram – forbidden to work in a non-Islamic bank? Please advise as soon as possible. Waiting for you soonest reply.[1]

Diese verzweifelte Anfrage stammt von einem in den Vereinigten Arabischen Emiraten lebenden Arbeitnehmer und wurde an die Verantwortlichen des bekannten Internetportals „Islamweb" gerichtet, die es sich zum Ziel gesetzt haben, Muslime durch adäquates Wissen in den verschiedenen religiösen Bereichen zu beraten. Dass der betroffene Ratsuchende das letztendlich besser bezahlte Stellenangebot nicht ohne Weiteres annimmt, um so dem beim Kurierdienst erlebten Elend ein Ende zu setzen, dürfte von denjenigen, die mit dem konventionellen Bank- und Finanzwesen nichts Ominöses assoziieren, als exzentrisch empfunden werden. Solch ein Sachverhalt dürfte sogar als eine selbstverständliche Angelegenheit bewertet werden, die keinerlei Konsultation eines Gelehrten bedürfe. Mit ihren Bedenken bildet die oben fragende Person allerdings keine Ausnahme. Ähnliche Anfragen lassen sich auf den Websites etlicher Islamportale finden.[2] Somit stehen wir durchaus vor einer Fragestellung, die keineswegs lediglich die Sorgen einzelner Glaubender zum Ausdruck bringt. Auch wenn solche Anfragen von in unterschiedlichen Gesellschaften sozialisierten Muslimen gestellt werden, sind sie in einem bemerkenswerten Merkmal vereint. Sie alle beginnen nämlich mit der Illustration der eigenen Hintergrundgeschichte. Offensichtlich erhofft sich der Fragende dadurch, dass die beratende Instanz explizit auf seine individuelle Situation Bezug nimmt,

---

1 http://www.islamweb.net/emainpage/index.php?page=showfatwa&Option=FatwaId&Id=83763. Zuletzt aufgerufen am 30.05.2014.

2 Siehe u. a. http://www.islamtomorrow.com/articles/bank_job_haram.htm; http://islamqa.info/en/26771; http://www.islamhelpline.net/node/6211. http://www.alifta.net/Fatawa/FatawaChapters.aspx?languagename=ar&View=Page&PageID=5484&PageNo=1&BookID=3. Jeweils zuletzt aufgerufen am 30.05.2012.

und dass sie ihn nicht unbedingt mit einer allgemeingültigen Antwort abspeisen wird. Inwieweit dies auf die Situation des obigen Ratsuchenden zutrifft, wird später geklärt.

Die dargestellte Anfrage soll hier vielmehr die Tatsache konstatieren, dass das Arbeiten in konventionellen Bank- und Finanzinstituten durchaus für kontroverse Diskussion unter den muslimischen Gelehrten gesorgt hat. Sich mit den Hintergründen und den Argumentationen dieser Diskussion zu befassen, ist die Zielsetzung dieses Beitrages. Zunächst gilt es jedoch, zwei Ansatzpunkte darzustellen, die den theologisch-theoretischen Kanon dieses Beitrages bilden. Bei dem einen handelt es sich um die grundlegende Frage nach dem Stellenwert und der Relevanz des Erwerbs in der islamischen Tradition. Dieser Aspekt, der die Makroebene der hier angestrebten Zielsetzung bilden soll, wird im zweiten Kapitel dieses Beitrages thematisiert. Bei dem anderen Ansatzpunkt, der Gegenstand des dritten Teils ist, handelt es sich um das primär im Koran und im Hadith verankerte Verbot vom sogenannten *Ribā*.[3] Die von gläubigen Muslimen gestellte Anfrage, ob es islamkonform sei, in einer mit Zinsen operierenden Bank erwerbstätig zu sein, oder ob eher nach Alternativen außerhalb dieses Finanzsystems gesucht werden sollte, ist nämlich in Relation mit diesem Verbot zu verstehen. Obschon das *Ribā*-Verbot in den beiden genannten Rechtsquellen nicht derartig verankert ist, dass Bankzinsen ohne Weiteres diesem Verbot unterliegen, ist bereits an dieser Stelle die vorherrschende Gleichsetzung des *Ribā*-Verbots mit einem strikten Zinsverbot festzuhalten. Einen differenzierten Umgang mit Bankzinsen – wie dies von manchen Gelehrten präferiert wird – schließen die Befürworter solch einer restriktiven Interpretation aus. Komplexer wird zudem die Debatte um das *Ribā*-Verbot, sobald es in Verbindung mit der Frage nach der Zulässigkeit bzw. Unzulässigkeit des Arbeitens im konventionellen Bankwesen thematisiert wird. Es wäre zu erwarten, dass jene *Ribā*-Interpreten, die eine absolute Distanzierung von Produkten konventioneller Banken diktieren, dementsprechend jeglicher Erwerbstätigkeit im herkömmlichen Bankwesen ein einstimmiges und klares Verbot erteilen. Der hier vorliegende Beitrag wird allerdings die These eruieren, dass selbst innerhalb der Befürworter einer restriktiven *Ribā*-Interpretation verschiedene Auffassungen diesbezüglich vertreten sind. Die ohnehin kontrovers geführte Diskussion um *Ribā* gewinnt somit an Ambiguität.

3 Lexikalisch gesehen bedeutet das Wort *ribā* u. a. „wachsen“, „sich erhöhen“, „hoher Rang“. Als *terminus technicus* wird *ribā* mit Zins oder Wucher übersetzt. Verfolgt man allerdings die Diskussion um *ribā* in den klassischen und modernen Rechtswerken, so ist festzustellen, dass keiner dieser beiden Begriffe den exakt rechtlichen Sinninhalt von *ribā* wiedergeben kann. Um Zweideutigkeiten vorzubeugen wird im Folgenden der arabische Originalbegriff verwendet.

2. Die theologisch-ökonomischen Relevanzdimensionen des Erwerbs

Die These, dass die islamische Tradition dem Erwerb gegenüber grundsätzlich positiv eingestellt ist und dass sie diesen gar zu einer Pflicht erklärt hat, ist inzwischen so unabweisbar, dass Debatten über die Zulässigkeit bzw. Unzulässigkeit des Erwerbs nahezu ausschließlich in den Werken klassischer Rechtsgelehrsamkeit verfolgt werden können. Arbeit an sich wird von heutigen Muslimen wohl als eine theologisch nicht zu justifizierende Selbstverständlichkeit wahrgenommen. Die hier bezweckte Thematisierung der Wichtigkeit des Erwerbs für das Leben eines Muslims konzipiert sich dementsprechend auf der Grundlage jener Ansätze, die in den frühklassischen Quellen erarbeitet wurden. Als eines der wichtigsten Werke gilt in diesem Zusammenhang das *kitāb al-kasab* (‚das Buch über den Erwerb‘). Das Traktat ist dem Rechtsgelehrten Muḥammad b. al-Ḥasan aš-Šaibānī (gest. 189/804), Mitbegründer der hanafitischen Rechtsschule, zugeschrieben. Erhalten ist es in Form einer vom hanafitischen Rechtsgelehrten Muḥammad ibn Aḥmad as-Saraḫsī (gest. 571/1175–6) kommentierten Version.[4]

Die Bedeutung des *kitāb al-kasab* besteht darin, dass es die Philosophie der frühislamischen Gelehrsamkeit – bzw. die der hanafitischen Rechtsschule – bezüglich des Erwerbs und dessen Bedeutung für das Leben des Menschen präsentiert. Von *theologischen* Komponenten inspiriert, entwirft das Traktat eine Erwerbstheorie, die in Interaktion mit der *ökonomischen* Realität steht und Korrelationen zwischen dem *Theologischen* und dem *Ökonomischen* aufzeigt.[5] Die folgenden drei Unterpunkte dieses Kapitels mögen hier zur näheren Illustration herangezogen werden.

4 Saraḫsī bezieht sich wiederum auf die Version, die aš-Šaibānīs Schüler ibn Samāʿa (gest. 232/847) überlieferte. Vgl. Muḥammad Ibn al-Ḥasan aš-Šaibānī, *Kitāb al-Kasb (das Buch über den Erwerb)*, komm. Muḥammad b. Aḥmad as-Saraḫsī, ed. Abū-Ġudda, ʿAbd-al-Fattāḥ. Aleppo 1997, 65. An dieser Stelle sei angemerkt, dass es nicht immer einfach ist, zwischen Urtext und Saraḫsīs Kommentar zu unterscheiden. In diesem Zusammenhang stellt Michael Bonner zu Recht fest, dass es sich bei *kitāb al-kasb* um „a composite, multi-authored work" handelt. Vgl. Michael Bonner, „The Kitāb al-Kasb attributed to al-Shaybānī: Poverty, Surplus, and the Circulation of Wealth", in: *Journal of the American Oriental Society* (121 (3), 2001), 425.

5 Dem Verfasser dieses Beitrags ist bekannt, dass das Traktat weitgehende Argumente gegen die damaligen arbeitsscheuen Asketen aufzeigt, die eine äußert negative Haltung gegenüber dem Erwerb vertraten und das Verharren auf die Verrichtung von religiösen Pflichten predigten. Hier geht es aber in erster Linie um die Analyse des Sinninhalts dieser Argumente. Für weitere Informationen zu den Hintergründen dieser Debatte siehe den ebenfalls in diesem Band veröffentlichten Beitrag von Necmettin Kizilkaya.

2.1 Erwerb als Mittel zum Lebensunterhalt

Dass es beim Erwerb (*iktisāb*) auf das redliche Geldverdienen ankommt, wird gleich zu Beginn des Traktates hervorgehoben. Geld ist wiederum deshalb von Bedeutung, weil es zur Befriedigung der dem Menschen inhärenten Lebensbedürfnisse gebraucht wird. Diese Bedürfnisse, von deren gemäßigtem Zufriedenstellen der Fortbestand des Menschen abhänge, unterteilt *kitāb al-kasab* in Nahrung, Trank, Kleidung und Unterkunft. Das Notwendige an diesen Gütern zu erwerben erklärt das Traktat darüber hinaus zur religiösen Pflicht (*farīḍa*). Solch eine Erklärung wird allerdings keineswegs willkürlich determiniert, sondern anhand verschiedener individueller Variablen kanalisiert und weist letztlich mehrere Erscheinungsformen auf. Für eine Person, die keinerlei juristische Verantwortung gegenüber anderen Personen trägt, ist der Erwerb solange Pflicht, bis sie das unabdingbare Minimum zum Leben und somit zur Erfüllung religiöser Pflichten erreicht hat. Hat eine Person jedoch Schulden, so ist sie verpflichtet, über das Lebensnotwendige hinaus genügend zu erwerben, sodass ihre Schulden beglichen werden können. Ist eine Person wiederum verheiratet, hat sie Kinder oder bedürftige Eltern, so ist sie in der Pflicht, so viel zu arbeiten, dass der notwendige Lebensunterhalt für sie selbst sowie für die zu unterhaltenden Personen gewährleistet werden kann.[6] Mit dem Erreichen des Lebensnotwendigen (*mā lā budda minh*) transformiert sich der Erwerb diesem Modell zufolge von einer Pflicht zu einer Option. Es sei dem Einzelnen anheimgestellt, über das Lebensnotwendige hinaus weiterhin einer Erwerbstätigkeit nachzugehen, um somit Geld und Vermögen akkumulieren zu können, oder sich vom Erwerb zu distanzieren.[7] Beide Richtungen seien aus islamischer Sicht akzeptabel. Es empfehle sich jedoch nach der Erfüllung des notwendigen Lebensunterhalts auf das Anhäufen von Vermögen zu verzichten und sich auf Gott und auf das jenseitige Leben zu konzentrieren. Dies sei der sicherere Heilsweg.[8]

2.2 Erwerb als Mittel zur Erfüllung religiöser Pflichten

Der Sinn des obligatorischen Erwerbens vom Lebensnotwendigen liegt darin begründet, dass der Mensch durch Arbeit überhaupt in die Lage versetzt wird, sich dem Dienste Gottes zu widmen. Das Verrichten des Gebets setzt beispielsweise die Bedeckung der Blöße mit Kleidungsstücken voraus.[9] Üblicherweise können diese

6 Ibn al-Ḥasan aš-Šaibānī, 121 ff. Johannes Christian Wichard bezeichnet aš-Šaibānīs Buch als einen Kompromiss zwischen den damals vertretenen Meinungen über den Erwerb und Reichtum. Vgl. Johannes Christian Wichard, *Zwischen Markt und Moschee. Wirtschaftliche Bedürfnisse und religiöse Anforderungen im frühen islamischen Vertragsrecht*, Paderborn 1995, 37 ff.

7 Vgl. Ibn al-Ḥasan aš-Šaibānī, 131.

8 Vgl. *ebd.*, 136.

9 Vgl. *ebd.*

mittels Erwerb beschafft werden. Im Zuge dieser kausalen Argumentation ist festzustellen, dass Gott den Erwerb als Mittel zum Vollzug von Pflichthandlungen ihm gegenüber geschaffen hat (*fa ǧaʿala l-ikitsāb sababan li l- ʿibāda*).[10] Eine Argumentation, die sich primär auf den Koranvers 62:10 zurückführen lässt. Gelderwerb (*ibtiġāʾ al-faḍl*) wird im letzten Teil dieses Verses nämlich dem Gedenken Gottes (*ḏikr i-llāh*) vorangestellt. Ferner wird die Annahme, dass Arbeit der Ursprung der gottdienstlichen frommen Taten sei, anhand einer Anekdote veranschaulicht, deren Hauptakteur der Prophetengefährte Abūḏar al-Ġafārī (gest. 31–2/652–3) ist. Den kausalen Zusammenhang zwischen Erwerb und dem Verrichten von gottdienstlichen Werken drückt die Anekdote in proaktiver Diktion aus: Auf die Frage, welche Taten nach der Verinnerlichung des *imān*[11] besser sind, soll Abū Ḏarr geantwortet haben: „Das Verrichten vom Gebet und das Verzehren vom Brot" (*aṣ-ṣalāt wa aklu l-ḫubz*). Als der Fragende Abū Ḏarr verwundert anschaute, soll dieser seine Aussage folgendermaßen zugespitzt haben: „Gäbe es das [tägliche] Brot nicht, würde Gott der Erhabene nicht angebetet" (*laulāʾ al-ḫubz mā ʿubida Allāh taʿālā*).[12]

Die Religion wiederum nimmt Einfluss auf die Art und Weise, wie eine Erwerbstätigkeit praktiziert wird. Konkret geht es hierbei in erster Linie um das religiöse Pflichtwissen, welches sich der Erwerbstätige aneignen müsse. Von wichtiger Bedeutung ist hier die explizit vertretene Auffassung hervorzuheben, dass die Ausübung einer Erwerbstätigkeit im Handelssektor (*tiǧāra*) entsprechenden Wissens bezüglich des *Ribā*-Verbots bedürfe. Dadurch sei es dem in diesem Sektor Erwerbstätigen möglich, sich von mit *Ribā* in Verbindung stehenden Geschäften zu distanzieren.[13] Auf eine nähere Behandlung des *Ribā* wird im *kitāb al-kasab* verzichtet. Zieht man jedoch in Betracht, dass der sogenannte Überschuss-*Ribā* (*Ribā al-faḍl*) bzw. Veräußerungsgeschäfts-*Ribā* (*Ribā al-buyūʿ*) in der Entstehungszeit des *kitāb al-kasab* von den Rechtsgelehrten in umfangreicheren – und zum Teil in komplexen – Zusammenhägen als etwa verzinsliche Darlehen diskutiert wurde, so sollten sich die erforderten Kenntnisse spezifisch auf diese Art von *Ribā* beziehen.[14] Unter *Ribā al-faḍl* ist, in aller Kürze, jeder Überschuss zu verstehen, welcher beim Austausch zweier Güter derselben Gattung zustande kommt. Diesem Typus von *Ribā* liegt ein bekanntes, von ibn aṣ-Ṣāmit überliefertes Hadith zugrunde. Demnach hat der Prophet den Tausch von bestimmten Handelsgütern gegen ihresgleichen für verboten erklärt, es sei denn, dass dies in gleichen Mengen und auf der Stel-

10 Vgl. *ebd.*, 70.

11 Darunter ist die feste Überzeugung davon zu verstehen, dass es Gott, seine Gesandten, seine Engel, seine herabgesandten Schriften, die Vorherbestimmung Gottes sowie den Jüngsten Tag gibt.

12 *Ebd.*, 132.

13 Vgl. *ebd.*, 149.

14 Um hier nur ein Beispiel zu nennen, vgl. das Rechtswerk des as-Saraḫsī selbst, der Kommentator des *„kitāb al-kasab"*: Muḥammad ibn Aḥmad as-Saraḫsī, *Kitāb al-mabsūṭ (das ausführliche Buch)*, Beirut 1993, 12:109–121.

le stattfindet.[15] Dass der Überschuss-*Ribā* in frühislamischer Zeit den Inbegriff des *Ribā* darstellte, lässt sich des Weiteren nicht zuletzt auf die Bedeutung des Tauschhandels für die damalige Wirtschaftspraxis zurückführen,[16] wohingegen die zeitgenössische Diskussion über *Ribā* vor allem von Bankzinsen bestimmt wird. Auf *Ribā al-faḍl* näher einzugehen, würde weit über den diesem Beitrag gesetzten Rahmen hinausgehen.

Ferner ist in diesem Zusammenhang zu erwähnen, dass die Hanafiten mit ihrer Aufforderung zur Aneignung von Fachwissen über das *Ribā*-Verbot vor der Ausübung einer mit diesem Verbot eventuell in Berührung kommenden Handelstätigkeit von den Ansichten manch anderer Gelehrter der damaligen Zeit abweichen. Der bekannte Gelehrte al-Ḥasan al-Baṣrī (gest. 110/728) ist beispielsweise denjenigen gegenüber, die ihren Lebensunterhalt im Bereich des Wechselgeschäfts (*ṣarf*), des Handels mit Geldmünzen, zu verdienen pflegten, negativ eingestellt und äußert sich entsprechend despektierlich.[17] Dies lässt sich auf die Annahme zurückführen, dass bei solchen Geschäften eine Verletzung des beschriebenen *Ribā*-Verbots ohnehin von vornherein unvermeidbar sei. Nach Mālik ibn Anas (gest. 179/795), dem Gründervater der malikitischen Rechtsschule, ist eine Ausübung des Berufs des Geldwechslers, die nicht mit diesem Verbot kollidiert, wiederum nur über die Eigenschaft der Frömmigkeit möglich.[18]

Zusammenfassend kann an dieser Stelle also festgehalten werden, dass die immense Bedeutung des Erwerbs darin besteht, Arbeitende und Gott in Beziehung zu bringen. Diese Beziehung ist allerdings nicht durch beliebige Erwerbstätigkeiten herzustellen. Vielmehr interagiert die Religion, indem sie die Ausübung bestimmter Arbeitsarten verbietet oder durch das Auferlegen bestimmter Prämissen, wie etwa den Erwerb von Fachwissen oder das Vorhandensein der Eigenschaft der

---

15 Dieses Hadith ist in verschiedenen Versionen überliefert worden. Eine davon lautet: „Verkauft Gold gegen Gold, Silber gegen Silber, Weizen gegen Weizen, Gerste gegen Gerste, Datteln gegen Datteln, Salz gegen Salz, in gleichen Mengen und in gleichen Maßen. Wer aufschlägt oder mehr verlangt, der treibt *ribā*." Vgl. Abu Bakr Aḥmad Ibn al-Ḥusain Ibn ʿAli al-Baihaqi, *as-Sunan il-kubra (die großen Sunan)*, Beirut 1977, 5:282. Durch den Analogieschluss haben die Rechtsgelehrten dieses Verbot auf weitere Stoffe ausgeweitet. Dabei sprechen die Rechtsschulen keineswegs mit einer Stimme. Vielmehr wird der Rechtsgrund, *ratio legis*, für dieses Verbot in den Rechtsschulen unterschiedlich determiniert. Vgl. hierzu u.a. Wichard, 185 ff.

16 Florian Amereller, *Hintergründe des ‚Islamic Banking'. Rechtliche Problematik des riba-Verbotes in der Shari'a und seine Auswirkungen auf einzelne Rechtsordnungen arabischer Staaten*, Berlin 1995, 70.

17 Diese Haltung soll al-Ḥasan al-Baṣrī (gest. 110/728) folgendermaßen zum Ausdruck gebracht haben: „Wenn du um Wasser bittest und vom Haus eines Geldwechslers Wasser eingereicht bekommst, dann solltest du es nicht trinken." Vgl. ʿAbdarraḥmān Ibn al-Qāsim al-ʿUtaqī; Abu al-Walīd Muḥammad Ibn-Aḥmad Ibn Rušd, *Kitāb al-Mudauwana al-kubrā li Mālik Ibn Anas (Handbuch der großen Mudawwana von Mālik Ibn Anas)*, überl. nach Saḥnun Ibn-Saʿīd at-Tanūḫī ʿan ʿAbd-ar-Raḥmān Ibn al-Qāsim, Kairo 1906, 3:53.

18 Vgl. *ebd.*, 3:54.

Frömmigkeit, limitiert. Oder, anders ausgedrückt: Die Religion setzt dem Erwerb zwar einerseits Grenzen, andererseits ist dieser jedoch für ihren Fortbestand von existenzieller Bedeutung.

2.3 Arbeitsteilung als theologisch-ökonomische Größe

Die im *kitāb al-kasab* hervorgehobene Bedeutung des Erwerbs lässt sich nicht allein dadurch erklären, dass auf diesem Wege das Verhältnis des Menschen zu seinem Schöpfer aufrechterhalten wird; auch Elemente aus der wirtschaftlichen Realität rechtfertigen die im Rahmen dieser Theorie postulierte Notwendigkeit des Erwerbs. Es sei eine große Weisheit (*ḥikmat al-bāliġa*), wie Gott die Mittel zum Bestreiten des Lebensunterhalts unter den Menschen distribuiert habe. Selbst wenn ein Mensch seine gesamte Lebenszeit darauf verwendet, kann er nicht alles lernen, was er zum Leben benötigt. Vielmehr sind die Menschen derartig voneinander abhängig, dass jeder auf das angewiesen ist, was der andere durch Gottes Anleitung erlernt und erwirtschaftet hat. Eine Befriedigung der Lebensbedürfnisse erscheint außerhalb dieser Konstellation der Arbeitsteilung als undenkbar. Abgeleitet wird die Gott gewollte Arbeitsteilung aus dem folgenden Hadith: „Die Gläubigen sind wie ein Mauerwerk, ein Teil hält den anderen fest."[19] Darüber hinaus wird in diesem Zusammenhang auch die Koranstelle 43:32 herangezogen. Dort heißt es: „Wir haben den Lebensunterhalt unter ihnen verteilt und den einen von ihnen einen höheren Rang verliehen als den anderen, damit die einen von ihnen die anderen in ihren Dienst stellen. Jedoch die Barmherzigkeit deines Herrn ist bei weitem besser als all das, was sie anhäufen."[20]

Dieser Vers impliziert, dass der Arme das Vermögen des Reichen braucht und der Reiche auf die Arbeitskraft des Armen angewiesen ist. Analog dazu benötigt etwa der Bauer zur Deckung seines Bedarfs an Kleidung die Arbeit des Webers; und der Weber ist wiederum von der Arbeit des Bauers abhängig, um somit nicht nur Nahrung, sondern auch Baumwolle, aus der er Kleidungsstücke webt, zu erlangen. Die beschriebene Arbeitsteilung[21] verdeutlicht den ökonomischen Stellen-

19 Ibn al-Ḥasan aš-Šaibānī, 164.

20 Bei der Übersetzung aller in diesem Beitrag vorkommenden Koranpassagen werden verschiedene gängige Koranübersetzungen herangezogen und miteinander verglichen. Auf diese Weise sind letztlich sich gegenseitig ergänzende und besser zu verstehende Übersetzungen entstanden. Auf die Erwähnung einer spezifischen Koranübersetzung wird hier somit verzichtet.

21 Bemerkenswert ist, dass Ansätze solcher Arbeitsteilung im später entstandenen Werk *ʾiḥyāʾ al-ʿulūm ud-dīn* (*die Erneuerung der religiösen Wissenschaften*) des berühmten Gelehrten Abū-Ḥāmid al-Ġazālī (gest. 505/1111) erweitert um einen sozioökonomischen Aspekt erkennbar sind, auch wenn al-Ġazālī bei seiner Behandlung des Erwerbs stärker zu Elementen asketischer Prägung tendiert. Die Tatsache, dass die Menschen verschiedene Berufe, die in der Wirklichkeit eine gegenseitig ergänzende Funktion aufweisen, praktizieren, stellt

wert des Erwerbs und verfolgt zugleich Zielsetzungen theologischer Natur. Denn jeder, der einer bestimmten Erwerbstätigkeit nachgeht, ermöglicht es durch seine Arbeit letztendlich anderen, Gott zu dienen. Arbeitsteilung wird in diesem Kontext als gegenseitiger Beistand (*muʿāwana*) bei der Erfüllung frommer Taten wahrgenommen. Dieser Ansatz lässt sich auch in der folgenden Koranstelle wiederfinden: „Helft einander gute Werke zu vollbringen und Frömmigkeit zu erlangen."[22] Der Erwerbstätige befähigt demzufolge mit seiner Arbeit sich selbst oder den anderen, ein gottgefälliges Leben zu führen und kann über den Erhalt des Arbeitsentgelts hinaus mit einem himmlischen Lohn rechnen.[23]

Die dargestellte Arbeitsteilung bestätigt essenziell die im Trakt *kitāb al-kasab* durchgängig verfolgte These, dass es die Relevanz des Erwerbs sowohl theologisch als auch ökonomisch zu verankern gilt. Beide Relevanzdimensionen münden ineinander und sind aufs engste miteinander verflochten. Allerdings kann diese Arbeitsteilung an Bedeutung verlieren, wenn in Betracht gezogen wird, dass das *kitāb al-kasab* Erwerbstätigkeiten landwirtschaftlicher Art als wertvoller und empfehlenswerter betrachtet als die des Handelssektors. Zwar seien Erwerbsarten in den vier Wirtschaftszweigen Sach- und Personenmiete (*iǧāra*), Handel, Landwirtschaft und Handwerk in gleicher Weise erlaubt,[24] jedoch wird dem landwirtschaftlichen Sektor eine höhere Priorität beigemessen, da die daraus erwirtschafteten Produkte mehr Nutzen für den Menschen sowie auch für andere Lebewesen mit sich brächten.[25] Mit dieser Sichtweise widerspricht *kitāb al-kasab* der Meinung mancher Gelehrter, die Erwerbstätigkeiten im Handelsbereich landwirtschaftlichen Tätigkeiten vorzogen.[26]

Nichtsdestotrotz bleibt zu konstatieren, dass nach der dem *kitāb al-kasab* entnommenen Erwerbstheorie das Verleugnen des Stellenwertes des Erwerbs einer Infragestellung des Fortbestandes der Religion gleicht. Deren Ausübung geht nämlich aus dem Erwerb hervor. Die Religion wiederum erhebt den Anspruch, ein reibungsloses Nebeneinander von Erwerbspraxis und religiösen Normen herzustellen.

---

al-Ġazālīs Auffassung zufolge ein konstitutives Element zum Aufrechthalten des Gleichgewichts innerhalb der Gesellschaft und zum Schutz der Gemeininteressen dar. Als potenzielle Bedrohung für den „sozialen Frieden" klassifiziert er hingegen jene Menschen, die im Jugendalter keinerlei handwerkliche oder gewerbliche Tätigkeit erlernen konnten und somit als erwachsene Personen nicht in der Lage sind, ihren Lebensunterhalt mittels des Erwerbs zu bestreiten, da bei solchen Menschen mit der Aneignung der Eigenschaften der Räuberei und der Bettelei zu rechnen sei, was letztendlich zu einem Leben auf Kosten erwerbstätiger Menschen führe. Vgl. Abū-Ḥāmid Muḥammad Ibn-Muḥammad al-Ġazzālī, *Iḥyāʾ ʿulūm ad-dīn (die Erneuerung der religiösen Wissenschaften)*, Kairo 1992, 3:349–354.

22 Q 5:2 (siehe Anm. 20); vgl. Ibn al-Ḥasan aš-Šaibānī, 164 f. sowie 132.

23 Vgl. Ibn al-Ḥasan aš-Šaibānī, 164 f.

24 Vgl. *ebd.*, 140.

25 Vgl. *ebd.*, 147.

26 Dies wird von zahlreichen Hadithen gestützt. Einzelheiten dieser Diskussion werden selbst im *kitāb al-kasb* mit den entsprechenden Argumenten präsentiert. Vgl. *ebd.*, 140–148.

Es hat sich herauskristallisiert, dass das Traktat zur Vorbeugung einer Kollision mit dem seitens der Religion auferlegten *Ribā*-Verbot vor der Ausübung einer in den Bereich des Handels fallenden Tätigkeiten explizit zur Aneignung von Wissen über dieses Verbot auffordert. Daraus lässt sich ferner schließen, dass der Erwerb bereits in der Entstehungszeit des *kitāb al-kasab* im Spannungsfeld des *Ribā*-Verbots diskutiert wurde. Die von den zeitgenössischen muslimischen Gelehrten aufgrund dieses Verbotes geführte Diskussion über die islamrechtliche Beurteilung des Arbeitens in konventionellen Bank- und Finanzinstituten reiht sich somit in einen Diskurs ein, dessen Wurzeln bis ins frühislamische Zeitalter zurückreichen. Darauf, was detailliert unter diesem bereits mehrmals erwähnten Verbot zu verstehen ist und welche theologisch-theoretischen Komponenten diesem zugrunde liegen, wird im folgenden Teil eingegangen.

3. Zum *Ribā*-Verbot

Es sei angemerkt, dass sich die folgende Auseinandersetzung lediglich auf die Grundzüge des im Koran artikulierten *Ribā*-Verbots konzentriert. Der oben bereits dargestellte und auf die Hadithen zurückgehende *Ribā al-faḍl* ist hier nicht von Belang, da der erstgenannte *Ribā*-Typus den Referenzrahmen bildet, innerhalb dessen sich die Auseinandersetzung mit den unterschiedlichen Auffassungen muslimischer Gelehrter hinsichtlich der Zulässigkeit bzw. Unzulässigkeit des Arbeitens im konventionellen Bank- und Finanzwesen diskutieren lässt.

Die Koranstelle 2:275–280 erklärt die mit *Ribā* affizierten Geschäfte in einer klaren Diktion für kategorisch verboten. Diejenigen, die nun von solchen Geschäften nicht lassen, müssten mit einer einzigartig peinigenden Strafe am Tag des Jüngsten Gerichts rechnen. Sie würden nämlich an jenem Tag nicht anders dastehen als einer, der vom Satan erfasst und zum Straucheln gebracht wurde. Darüber hinaus wird in denselben Versen die Unterlassung von *Ribā*-Geschäften als Voraussetzung des Glaubens (*imān*) gehandelt. Werden *Ribā*-Transaktionen von Gläubigen dennoch weiterhin praktiziert, so werde ihnen von Gott und seinen Gesandten der Krieg erklärt. Was genau unter einer *Ribā*-Operation zu verstehen ist, wird allerdings weder in dieser Koranpassage noch in anderen sich auf *Ribā* beziehenden Koranstellen[27] determiniert. Vielmehr sind wir hier auf die klassischen Korankommentare angewiesen. Die Untersuchung dieser Kommentare führt zu dem Ergebnis, dass es hierbei um einen vorislamischen Handelsbrauch geht, in dem Kapital kreditiert wurde. Indizien hierfür liefert eben jene Koranstelle 2:278–280. Dort ist nämlich die Rede vom „entliehenen Kapital“ (*ruʾūs al-amwāl*) sowie auch vom in Bedrängnis geratenen Schuldner. Hinsichtlich des Zeitpunkts der Vereinbarung eines Aufpreises zwischen dem Gläubiger und dem Schuldner wie auch hinsichtlich der Höhe des

27 Vgl. Q 3:130, Q 4:161 und Q 30:39.

zu leistenden Zuschlages liefern die Korankommentatoren jedoch voneinander abweichende Auffassungen.[28] Die Frage, ob der im Koran behandelte *Ribā* wucherischen Charakter aufweist oder im engeren Sinn mit Zins gleichzusetzen ist, bleibt somit auch unter der Heranziehung einschlägiger Korankommentare umstritten. Ebenfalls umstritten ist der spezifische Sinn, der diesem Verbot unter Umständen zugrunde liegt. Analog zu den gottdienlichen Ritualvorschriften betrachten manche Gelehrte das *Ribā*-Verbot als eine dem Menschen von Gott auferlegte Verpflichtung. Folglich sei es dem Menschen nicht möglich, den tieferen Sinn dieses Verbots zu erfassen.[29] Andere Gelehrte wiederum sind der Überzeugung, dass die Begründung des *Ribā*-Verbots selbstverständlich logisch und rational nachvollzogen werden könne. Erwähnenswert ist in diesem Zusammenhang die Meinung des schafiitischen Koranexegeten Muḥammad ibn il- ʿUmar Faḫruddīn ar-Rāzī (gest. 606/1210). Demnach verfolgt das *Ribā*-Verbot die Intention, die Menschen von der Versuchung fernzuhalten, mittels auf *Ribā*-Transaktionen basierenden Gewinnen Geld mühelos zu verdienen, was sie letztlich von Erwerbstätigkeiten, wie etwa im Bereich des redlichen Handels und des schwierigen Handwerks, abhalten würde. Dabei bestehe das Wohlergehen des Menschen in der Ausübung solcher Tätigkeiten. Darüber hinaus verursache die im *Ribā* inhärente Profitmaximierung das Verschwinden der Güte und des rechten Verhaltens unter den Menschen sowie die Ausbeutung Bedürftiger durch die Reichen – eine Praxis, die keineswegs mit der Barmherzigkeit Gottes zu vereinbaren sei.[30]

Im Zuge der Expansion konventioneller Bank- und Finanzinstitute hat die Frage nach dem islamrechtlichen Umgang mit den Bankzinsen die gläubigen Laien stets beschäftigt und dementsprechend für unzählige Schriften und *Fatwas* gesorgt, die wiederum die im islamischen Recht inhärente Meinungsverschiedenheit[31] signifikant bezeugen. Bankzinsen weisen in den Augen zahlreicher zeitgenössischer muslimischer Rechtsgelehrter und Theoretiker des islamischen Bank- und Finanzwesens[32] ohne Weiteres Parallelen mit dem auf, was im Koran als *Ribā* bezeichnet

---

28 Ausführlich zum *ribā* im Koran vgl u. a. Abdullah Saeed, *Islamic Banking and Interest. A Study of the Prohibition of Riba and its contemporary Interpretation,* Leiden 1996, 17–30; Rüdiger Lohlker, *Das islamische Recht im Wandel. Ribā, Zins und Wucher in Vergangenheit und Gegenwart*, Münster 1999, 70–114.

29 Vgl. Lohlker, 117.

30 Muḥammad ibn ʿUmar Faḫraddin ar-Rāzī, *At-Tafsīr al-kabīr (die große Koranexegese)*, Beirut[3] 1980, 7:87 ff.

31 Zur Ambiguität im islamischen Recht vgl. Thomas Bauer, *Die Kultur der Ambiguität. Eine andere Geschichte des Islams*, Berlin 2011, 161 ff.

32 Das *ribā*-Verbot gilt als elementare Grundlage für Islamic Banking and Finance. Die Etablierung erster islamischer Privatbanken lässt sich auf die 70er-Jahre des 20. Jahrhunderts zurückführen. Zur Entwicklung islamischer Banken sowie der islamkonformen Finanzinstrumente vgl. u. a. Iqbal Munawar und Philip Molyneux, *Thirty Years of Islamic Banking. History, Performance and Prospects*, New York 2005; Michael Gasner und Philip Wackerbeck, *Islamic Finance: Islam-gerechte Finanzanlagen und Finanzierungen*, Köln [2]2010.

wird.[33] Für die Vertreter dieser Position sind jegliche verzinslichte Transaktionen als *Ribā*-Geschäft einzustufen.[34] Nichtsdestoweniger existieren, wie noch gezeigt werden wird, Stimmen, die diesbezüglich für eine differenzierte Betrachtungsweise plädieren. An mehr Brisanz und zugleich an mehr Komplexität gewinnt jedoch die Debatte um das *Ribā*-Verbot, wenn die Frage nach der Vereinbarkeit des Arbeitens in mit Zinsen operierenden Finanzinstituten mit den Normen des Islams in die Diskussion einbezogen wird. Wie sich nun diese Diskussion gestaltet und welche Faktoren dabei hervorgehoben werden, wird sich im folgenden Schritt zeigen.

4. Das Arbeiten im konventionellen Bankwesen unter Betrachtung des Verbots vom *Ribā*

Wie eingangs illustriert, werden zeitgenössische Gelehrte stets um Stellungnahme zur Anfrage gebeten, ob man als Muslim den Lebensunterhalt durch eine Erwerbstätigkeit in einer mit Zinsen operierenden Bank ohne islamrechtliche Bedenken verdienen darf oder sich lieber Alternativen außerhalb des konventionellen Finanzsektors suchen soll. Die Auseinandersetzung mit den bekanntesten und entsprechend in Form von sogenannten *Fatwas*[35] erteilten Meinungen lässt sich in zwei Kategorien unterteilen.

---

33 Für die Rechtsgelehrten vgl. u. a. Muḥammad Abū Zahra, *Buḥūṯ fī ar-ribā (Forschungen zum ribā)*, Kuwait 1970; Yūsuf al-Qaraḍāwī, *Fawāʾid al-bunūk hiya ar-ribā al-muḥarram, dirāsa fiqhīya fī ḍauʾi al-qurʾān wa-ʾs-sunna wa-ʾl-wāqi maʿā munāqaša mufaṣṣala li-fatawī faḍīlat al-muftī ʿan šahādāt al-ʾistiṯmār (Bankzinsen sind der verbotene ribā. Eine islamrechtliche Untersuchung im Licht des Korans, der Sunna und der Praxis, mit einer ausführlichen Anfechtung der Fatwa des hochstehenden Muftis über die Investmentzertifikate)*, Beirut 1995. Für die Theoretiker des Islamic Banking vgl. u. a. Umer Muhammad Chapara, *Towards a Just Monetary System*, Leicester 1985, 57; Muhammad Abdul Mannan, *Islamic Economics. Theory and Practice*, London 1986, 162; ʿAlī Aḥmad as-Sālūs, *Al-Iqtiṣād al-islāmī wa-ʾl-qaḍaya al-fiqhiya al-muʿaṣira (die islamische Wirtschaftsordnung und die modernen Rechtsfälle)*, Doha 1996, 1:114 ff.

34 In diesem Zusammenhang wird das bei al-Baihaqī zu findende Hadith herangezogen, welches besagt: „Jede Art der Leihe, die einem Nutzen einbringt (*qarḍ ǧarra manfʿa*), ist eine Art des ribā." Zit. und übers. nach Lohlker, 36. Die Untersuchung des früher entstandenen Muṣannaf von ʿAbdarrazzāq aṣ-Ṣanʿānī führt, so Lohlker, allerdings zu dem Schluss, dass solche Leihen nicht in die Kategorie des *ribā* eingeordnet, sondern für missbilligte bzw. für nicht gutzuheißende Handlung erklärt wurden. Vgl. *ebd.*

35 Unter dem Begriff *Fatwa* ist die Rechtsauskunft eines Rechtsgelehrten (*muftī*) über eine konkrete rechtliche oder religiöse Anfrage zu verstehen. Eine *Fatwa* ist nicht rechtverbindlich. Ihre Wirkungskraft hängt von der Autorität des Muftis ab. Zur *Fatwa* vgl. u. a. Émile Tayn, „Fatwā", in: P. Bearman, Th. Bianquis, C.E. Bosworth, E. van Donzel und W. P. Heinrichs (Hrsg.), *Encyclopaedia of Islam,* Brill Online^2 2014, Abrufbar unter: http://referenceworks.brillonline.com/entries/encyclopaedia-of-islam-2/fatwa-COM_0219?s.num=0&s.f.s2_parent=s.f.book.encyclopaedia-of-islam-2&s.q=fatwa (zuletzt aufgerufen am 22. Januar 2014).

4.1 Das Arbeiten im konventionellen Bankwesen als Beihilfe zum Sündigen

Konsequenterweise impliziert die Gleichsetzung von Bankzinsen mit dem verbotenen *Ribā* nicht nur, dass sich Muslime heutzutage zur Abwicklung ihrer finanzdienstlichen Bedürfnisse der Angebote von zinsfrei und islamkonform operierenden Finanzinstituten bedienen sollten, sondern auch, dass jegliche Aktivität in einem konventionellen Bank- oder Finanzinstitut – sei es als Angestellter, Berater, Manager oder in einer anderen Form – zumindest islamrechtliche Vorbehalte in sich bergen sollte. Gültigkeit hat nämlich der autoritative Hadith, welcher die mit *Ribā* in Berührung kommenden Akteure vehement verurteilt. Der Prophetengefährte Ǧābir b. ʿAbdallāh b. ʿAmr berichtete: „Der Gesandte Gottes hat denjenigen, der *Ribā* nimmt (*ākil ar-Ribā*), den, von dem dieser genommen wird (*muʾkil*), den, der [den Vertrag] niederschreibt und die beiden Zeugen (*šāhid*) dafür verflucht. Er sagte: Sie sind alle gleich."[36] Ganz im Sinne dieses Hadiths beantwortete das Internetportal „Islamweb" die eingangs präsentierte Anfrage: „It is Haram [i.e. forbidden] to work at usury-taking banks because such a work constitutes a form of co-operation in sin and transgression. Allah Says (interpretation of meaning): {… but do not help one another in sin and transgression. And fear Allâh. …}[5:2]. It is known that the Divine threat against dealers in Riba embraces every person who helps in such an action even in writing a word. The Prophet (Sallallahu Alaihi wa Sallam) said: ‚Allah has cursed the consumer of Riba, the one who gives it, the one who writes its (contract) and the two witnesses.'"[37] Fernhalten sollte sich somit der Fragende vom Stellenangebot des konventionellen Finanzinstitutes. Explizit wurde ihm geraten, entweder seine jetzige Erwerbstätigkeit fortzusetzen oder nach einer erlaubten Arbeitsalternative zu suchen. Arbeite er weiterhin im selben Kurierdienst, so sei die erarbeitete Vergütung jedenfalls gesegnet: „Thus, we advise the inquirer to continue in his Halal [i.e. permissible] hard work since there is a good blessing in its wages […]. Anyway, if you can not continue in your present work, you are advised to seek for any other permissible work."[38]

In seiner Autorität als Vorsitzender der saudischen „Ständigen Kommision für wissenschaftliche Studien und Fatwawesen"[39] (*al-laǧna ad-dāʾima liʾl-buḥūṯ*

36 Zit. und übers. nach Lohlker, 28.

37 http://www.islamweb.net/emainpage/index.php?page=showfatwa&Option=FatwaId&Id=83763. Zuletzt aufgerufen am 30.05.2014.

38 http://www.islamweb.net/emainpage/index.php?page=showfatwa&Option=FatwaId&Id=83763. Zuletzt aufgerufen am 30.05.2014.

39 Übersetzt nach Lohlker, 248. Diese Kommission ist der sogenannten „Kommission der großen Gelehrten" (*haiʾa kibār al-ʿulamāʾ*) zugeordnet. Die Funktion dieser letztgenannten Kommission, die 1971 gegründet wurde, besteht darin, das Königshaus in allen islambezogenen Fragen zu beraten. Vgl. hierzu Reinhard Schulze, *Islamischer Internationalismus im 20. Jahrhundert. Untersuchungen zur Geschichte der islamischen Weltliga*, Leiden 1990, 297.

al-ʿilmīya wa'l-iftā') äußerte sich der einflussreiche und bekannte ʿAbdalʿazīz b. ʿAbdallāh b. Bāz ähnlich hinsichtlich der Frage nach dem Arbeiten in einer Bank, die zinsbasierte Geschäfte tätigt. Ausgehend vom oben zitierten *Ǧābir*-Hadith sind ibn Bāz zufolge Muslime aufgefordert, sich von Tätigkeiten, die in irgendeiner Weise Beihilfe zur Praktizierung von Zinsgeschäften leisten, gänzlich zu distanzieren. Andernfalls sei die Ausübung solcher Tätigkeiten als Hilfeleistung zum Sündigen zu klassifizieren. In Sure 5:2 werden die Gläubigen jedoch aufgefordert, einander beim Vollzug guter, frommer Taten zu helfen, nicht jedoch beim Begehen von Sünden. Dabei macht er keinerlei Unterschied, ob die in solch einer Bank ausgeübte Tätigkeit notwendig zum Bestreiten des Lebensunterhalts ist oder ob diese in direkter sowie auch indirekter Verbindung mit den Zinstransaktionen steht.[40] Eine hausmeisterliche Tätigkeit in einer derartigen Bank wäre beispielsweise genauso als unzulässig zu bewerten wie die Vermittlung und Sachbearbeitung von verzinslichen Finanzprodukten.

Der ehemalige Großmufti von Jordanien, Nuḥ ʿAlī Salmān al-Quḍāt, präferiert wiederum einen formalistischen und buchstabentreuen Umgang mit dem Hadith vom Ǧābir. Infolgedessen kommt er zu dem Ergebnis, dass lediglich Tätigkeiten, welche in unmittelbarer Weise mit Zinsen in Berührung kommen, unzulässig sind. Entsteht durch eine in einer herkömmlichen Bank ausgeübte Tätigkeit kein direkter Kontakt mit Zinsen, so ist diese al-Quḍāt zufolge erlaubt. In Anlehnung an den Gelehrten Yaḥya ibn Šaraf an-Nawawī (gest. 676/1227) sieht er in den erstgenannten Aktivitäten eine Unterstützung des Nichtigen (al-*bāṭil*), was eindeutig Sure 5:2 widerspreche.[41] Fraglich ist nur, wie al-Quḍāts Bewertung in die Praxis umzusetzen ist. Eine Bank kann nur existieren, wenn Fachpersonal für das Finanz- und Rechnungswesen, für den IT- und weitere Bereiche involviert ist. Vielmehr kann al-Quḍāts Aussage als eine indirekte absolute Ablehnung des konventionellen Bankwesens interpretiert werden.

40 Vgl. u. a. Fatwa-Nr. 2828; Fataw-Nr. 2620 und Fatwa-Nr. 2608. Jeweils abrufbar unter:http://www.alifta.net/Fatawa/FatawaChapters.aspx?languagename=ar&View=Page&PageID=5485&PageNo=1&BookID=3; http://www.alifta.net/Fatawa/FatawaChapters.aspx?languagename=ar&View=Page&PageID=5484&PageNo=1&BookID=3; http://www.alifta.net/Fatawa/FatawaChapters.aspx?languagename=ar&View=Page&PageID=5483&PageNo=1&BookID=3. Zuletzt aufgerufen am 21.01.2014.

41 Vgl. Fatwa-Nr. 467 (vom 25.01.2010) sowie Fatwa-Nr. 666 (vom 27.04.2010). Jeweils abrufbar unter: http://www.aliftaa.jo/Question.aspx?QuestionId=467#.Uta3xhCFeE4 http://www.aliftaa.jo/Question.aspx?QuestionId=666#.Uta3lBCFeE4 (zuletzt aufgerufen am 21.01.2014)

4.2 *Ribā* im Spanungsfeld der wirtschaftlichen Realität

Einleitend zu seiner 2004 unter dem Titel *al-ʿamal fī al-bunūk*[42] (das Arbeiten im Bankwesen) erteilten *Fatwa* hebt der einflussreichste Gelehrte Yūsuf ʿAbd Allāh al-Qaraḍāwī hervor, dass das gegenwärtige Wirtschaftsleben mit dem verbotenen *Ribā* gänzlich affiziert worden sei. Dabei habe sich die Wirtschaft im Islam die Eliminierung von *Ribā*-Geschäften zur konstitutionellen Grundlage erklärt. Die Großsünde des *Ribā* lasse den Segen im Individuum sowie innerhalb der gesamten Gesellschaft dahinschwinden und verursache Unglück sowohl im Diesseits als auch im Jenseits. Dennoch – und trotz der Aussage der oben bereits erwähnten Hadith über die Akteure des *Ribā*, welches al-Qaraḍāwī übrigens auch zitiert – ist es seiner Auffassung nach islamrechtlich zulässig, als Muslim einen Posten in einem mit Zins arbeitenden Bank- oder Finanzinstitut zu bekleiden. Zur Untermauerung seiner Haltung führt al-Qaraḍāwī primär Argumente an, die von entwicklungsfördernder Natur sind und die sich in der aktuellen wirtschaftlichen Realität postulieren lassen. Einzelnen Personen das Arbeiten im konventionellen Bankwesen zu verbieten, kann al-Qaraḍāwī zufolge nicht das Faktum revidieren, dass *Ribā*, als Zins interpretiert, zum zentralen Bestandteil des heutigen Wirtschafts- und Finanzsystems geworden sei. Eine gründliche Korrektur der vorherrschenden Situation bedinge vielmehr, dass das kollektive Bewusstsein der muslimischen Bevölkerung vom verderblichen und ausbeuterischen Charakter des kapitalistischen Bankwesens überzeugt würde. Solch eine kollektive Transformation sei zudem in gradueller und durchdachter Weise zu vollziehen, da eine abrupte Abschaffung des konventionellen Bankwesens das Risiko eines wirtschaftlichen Desasters für die Muslime berge. Die Sorge, dass sich ohne herkömmliche Banken eine größere Unterlegenheit der muslimischen gegenüber anderen Kulturen herausbildet, spielt offensichtlich eine bedeutende Rolle in al-Qaraḍāwīs Argumentation. Seiner Auffassung nach begünstigt ein grundsätzliches Verbot einer Erwerbstätigkeit in mit Zins arbeitenden Banken und Finanzinstituten nämlich, dass der Banken- und Finanzsektor von Juden und anderen Nicht-Muslimen monopolisiert werde, was ebenfalls erhebliche makroökonomische Nachteile für den Islam und seine Anhänger verursache.

Die Aufrechterhaltung der auf dem konventionellen Finanzwesen basierenden Wirtschaftsrealität erlaubt somit al-Qaraḍāwī zufolge im Gegensatz zum bestehenden *Ribā*-Verbot das Arbeiten im Bankwesen. Zum Schluss seiner *Fatwa* hebt al-Qaraḍāwī ferner das islamrechtliche Konzept von *ḍarūra* (Notwendigkeit) bzw. von *ḥāǧa* (Bedürfnis) hervor. Demnach sei es aufgrund der Notlage des ägyptischen Fragestellers legitim, den Lebensunterhalt durch eine Tätigkeit in konventionellen Banken zu bestreiten. Die Relevanz des Konzepts von *ḍarūra*, welches

42 Diese *Fatwa* wurde am 29.11.2004 auf al-Qaraḍāwīs Internetseite veröffentlicht. Abrufbar unter: http://www.qaradawi.net/fatawaahkam/30/1283–2012-02–15-020100.html. Zuletzt aufgerufen am 21.01.2014.

al-Qaraḍāwī zufolge in diesem Zusammenhang nicht unbeachtet bleiben darf, lässt sich vor allem angesichts der wirtschaftlichen Lage Ägyptens, dem Abstammungsland der fragenden Person, besser verstehen. Vor allem in jenen arabischen Staaten, in denen kein Erdöl gefördert wird, bedingt das rasante Bevölkerungswachstum in der Regel einen proportionalen Anstieg der erwerbsfähigen Personen. Die Wirtschaft dieser Länder wächst hingegen unterproportional, was letztendlich bedeutet, dass die Anzahl der Arbeitslosen stetig ansteigt. Arbeitsplätze für die fortwährend steigende Zahl an Hochschulabsolventen zu schaffen ist bekanntlich eine der großen Herausforderungen, mit der sich die Regierungen solcher Länder zu beschäftigen haben – eine Herausforderung, die zum Ausbruch der sogenannten Arabellion Ende des Jahres 2010 beigetragen hat. Aus dieser Perspektive erscheint das Verbot des Arbeitens im konventionellen Bankwesen für den Arbeit suchenden Muslim als eine Einschränkung seiner Einstellungsmöglichkeiten. Jede Inanspruchnahme dieses Verbotes impliziert somit einen potenziellen Anstieg der Arbeitslosenquote in den islamischen Ländern.

Der ökonomische Kontext spielt bei al-Qaraḍāwī allerdings keine derartig grundlegende Rolle, dass ihm ein differenzierter Umgang mit Bankzinsen zugeschrieben werden könnte. Al-Qaraḍāwī gilt weiterhin als Befürworter einer generellen Gleichsetzung von *Ribā*-Verbot und Zinsverbot. Ausgehend von der Wichtigkeit der Zinsen für das wirtschaftliche Wohlergehen vertreten hingegen manch andere Gelehrte die Auffassung, dass Bankzinsen mit den Normen des Islam grundsätzlich vereinbar seien. In jüngster Zeit bekannt geworden ist in diesem Zusammenhang vor allem der im Jahr 2010 verstorbene Sayyid Muḥammad Ṭanṭāwī, Šaiḫ der al-Azhar Universität, bei der es sich um eine der größten Autoritäten des sunnitischen Islam handelt. Bei seiner Auseinandersetzung mit dem *Ribā* eruiert Ṭanṭāwī, dass die Ungenauigkeit der Definition von *Ribā* bereits in der Frühzeit des Islam kontroverse Diskussionen in Gang gesetzt habe. Inzwischen gehöre das Problem des *Ribā* zu den schwierigsten und komplexesten Aufgaben innerhalb des islamischen Rechts. Eine ausnahmslose Ausdehnung des *Ribā*-Verbots auf Zinsen moderner Art sei keineswegs aufrechtzuhalten und lasse sich weder durch die primären Rechtsquellen (Koran und Sunna) noch anhand der klassischen Rechtswerke begründen. Vielmehr bedürfe die islamrechtliche Beurteilung solcher Geschäfte der Verwendung des eigenen rationalen Gutdünkens (*iǧtihād*).[43] Er selbst kommt zu dem Ergebnis, dass im Voraus festvereinbarte Zinsen für islamkonform zu erklären seien,

43 Ausführlicher beschäftigt sich Ṭanṭāwī mit der islamrechtlichen Sicht auf Bankgeschäfte in seiner Studie aus dem Jahr 1990. Vgl. Sayyid Muḥammad Ṭanṭāwī, *Muʿamalat al-bunuk wa-aḥkamuha aš-šarʿiya (Banktransaktionen und ihre islamrechtlichen Beurteilungen),* Kairo 1990. Zur Zusammenfassung von Ṭanṭāwīs Position über Bankzinsen vgl. Lohlker, 262–267; sowie Abdelaali El Maghraoui, *Islamic Banking, Ribā-Verbot und die Etablierung eines zinsfreien Bankwesens in arabischen Ländern*, in: TOBIAS-lib Hochschulschriftenserver der Universität Tübingen, 2011, 46–50. Abrufbar unter: tobias-lib.uni-tuebingen.de/volltexte/2011/5603/. Zuletzt abgerufen am 22.01.2014.

wenn dadurch Kapital zur Finanzierung von entwicklungsfördernden Projekten mobilisiert und dementsprechend die Spartätigkeit unter der Bevölkerung angeregt werde. Dies habe letztendlich positive Auswirkungen auf das Allgemeinwohl und harmonisiere mit dem islamischen Grundprinzip der „Erlaubnis vom Nützlichen und des Verbots vom Schädigenden" (*al-aṣl fī l-manāfiʿ al-ibāḥa wa-fī l-maḍār at-taḥrīm*).[44] Dennoch bleibt festzuhalten, dass sich die Interpretation des *Ribā* als umfassendes Zinsverbot im islamischen Rechtsdenken durchgesetzt hat.

5. Fazit

Die Auseinandersetzung mit dem Traktat *kitāb al-kasab* führte zu zwei wichtigen Erkenntnissen. Erstens hat sich gezeigt, dass die Relevanz des Erwerbs durch zweierlei ineinander verflochtene Aspekte hervorzuheben ist, einen theologischen und einen ökonomischen. Der Erwerb wird in dem Traktat als die ultimative Ursache dafür wahrgenommen, dass der Mensch überhaupt in die Lage versetzt wird, den ihm von Gott auferlegten Pflichthandlungen gerecht werden zu können. Die Legitimität des Erwerbs ist in diesem Sinne somit nicht infrage zu stellen. Betont wird ferner die Relevanz des Erwerbs aufgrund der Tatsache, dass der Mensch in seinem ganzen Leben nicht alles erlernen kann, was er zum Leben benötigt. Vielmehr ist jeder Mensch von der Arbeit anderer abhängig. Die gottgewollte Arbeitsteilung erleichtert den Menschen, ihre lebensnotwendigen Bedürfnisse zu befriedigen und schließlich Gott zu dienen. Zweitens ist festzuhalten, dass zwar der Vollzug von religiösen Pflichten durch den Erwerb ermöglicht wird, jedoch die Religion Einfluss darauf ausübt, welche Erwerbsarten praktiziert werden dürfen. Folgerichtig stehen Religion und Erwerb stets in einem wechselseitigen Verhältnis zueinander. Dies manifestiert sich im *kitāb al-kasb* durch den expliziten Hinweis, dass für die Ausübung einer Erwerbstätigkeit im Handelssektor fundierte Kenntnisse über das im Koran und im Hadith artikulierte *Ribā*-Verbot vorausgesetzt werden. Auf diese Weise kann der Erwerbstätige vermeiden, den Lebensunterhalt durch Aktivitäten zu bestreiten, die mit *Ribā* in Verbindung stehen. Sich Wissen aneignen zu müssen, kann somit als Präventivmaßnahme betrachtet werden, nicht einmal mit *Ribā*-ähnlichen Geschäften in Kontakt zu kommen.

In der zeitgenössischen innerislamischen Debatte über den Erwerb spielt primär die zweite Erkenntnis eine Rolle. Diskussionen über die grundsätzliche Rechtmäßigkeit des Erwerbs sind hingegen mittlerweile von sekundärer Bedeutung. Dies

44 Dies erklärt Ṭanṭāwī – damals als Großmufti von Ägypten – im Rahmen seiner 1989 erteilten Fatwa zu Zulässigkeit von Investmentzertifikaten (*šahādat al-istiṯmār*), bei denen die National Bank of Egypt als Vermittler (*wakīl*) fungiert und einen im Voraus genau festgelegten Zinssatz verspricht. Dazu vgl. Sayyid Muḥammad Ṭanṭāwī, 160 ff.; siehe auch Karim El-Ghawhary, *Islamische Banken in Ägypten. Soziale Verantwortung oder parasitäres Gewinnstreben?*, Berlin 1994, 15 f.

lässt sich nicht zuletzt durch die Tatsache begründen, dass die wirtschaftliche Realität islamischer Länder den Erwerb zur lebensnotwendigen Selbstverständlichkeit gemacht hat. Gelehrte werden heutzutage lediglich konsultiert, wenn es um die Ausübung einer Erwerbstätigkeit geht, die möglicherweise mit den religiösen Vorschriften kollidiert. Dabei gewähren die Gelehrten nicht immer den Argumenten aus ihrem religiösen Repertoire Vorrang, sondern mitunter denen der herrschenden Realität. Ein solcher Paradigmenwechsel ist eindeutig am Fallbeispiel des Arbeitens im konventionellen Finanzwesen zu beobachten. Wie gezeigt wurde, lassen sich hinsichtlich dieser Anfrage jene Gelehrte, die das *Ribā*-Verbot in seiner Semantik generell als Synonym eines strikten Zinsverbots interpretieren, in drei verschiedene Positionen einteilen. Die eine Position erkennt in diesem Verbot des Arbeitens in konventionellen Finanzinstituten erhebliche ökonomische Nachteile für die islamischen Länder und eine Zunahme der ohnehin hohen Arbeitslosigkeit. Daher sieht sie abweichend vom *Ribā*-Verbot keinerlei islamrechtliche Bedenken, den Lebensunterhalt in einer mit Zins arbeitenden Bank zu verdienen. Die zweite Position verfolgt einen formalistischen Ansatz, indem sie alle Erwerbstätigkeiten für unzulässig erklärt, die in direktem Kontakt mit Zinsen stehen. Aktivitäten in einer Bank, die beispielsweise nicht in den Bereich der Sachbearbeitung und des Verkaufs von zinsbasierten Produkten fallen, dürfen hingegen praktiziert werden. Die dritte Position lehnt wiederum jegliche Art des Erwerbs im herkömmlichen Finanzsystem ab. Bei den Vertretern dieser Position, die bemerkenswerterweise häufig aus Erdöl fördernden und dementsprechend wirtschaftlich besser positionierten Staaten stammen, wird weder der islamrechtlichen Konzeption von *ḍarūra* (Notwendigkeit) noch der wirtschaftlichen Realität Rechnung getragen.

Der zu Beginn dieses Beitrags zitierte Arbeitnehmer aus den Vereinigten Arabischen Emiraten wurde von einer Instanz beraten, die der dritten Gruppe zuzurechnen ist. Ob er in der Tat diesem Rat gefolgt ist, mag dahingestellt bleiben und ist ihm letztendlich anheimgestellt. Ein Blick in die Wirtschaftspraxis islamischer Länder zeigt jedenfalls, dass konventionelle Banken, die bekanntlich in diesen Ländern üblich sind, weitgehend durch muslimisches Fachpersonal verwaltet werden. Gelehrtenmeinungen und die Realität stehen in diesem Fall keineswegs miteinander im Einklang, was letztlich impliziert, dass die Idee der gänzlich zinslosen Wirtschaft lediglich als frommer Wunsch zu betrachten ist.

Mohamed Haj Salem

Kann Glücksspiel Erwerbsarbeit sein?

Spielverbot in der muslimischen Kultur als Fallstudie

Im Allgemeinen wird Glücksspiel in gegenwärtigen westlichen Gesellschaften als Vernachlässigung von Arbeit, Verschwendung von Zeit und Eigentum, als Ausdruck von Trägheit und als eskapistischer Versuch gewertet, sich den alltäglichen Herausforderungen des Lebens zu entziehen. Diese Haltung findet sich auch und gerade in islamischen Gesellschaften wieder, in denen ein angebliches generelles Verbot des Glücksspiels vor allem religiös, durch den Koran und die Sunna, begründet und legitimiert wird. Obwohl dieses Verbot von Muslimen in der Regel weitgehend akzeptiert und befolgt wird, gibt es unter islamischen Gelehrten eine anhaltende Debatte über die in islamischen Quellentexten enthaltenen expliziten und impliziten Hinweise auf den Umgang mit Glücksspielen. Diese Debatte zeugt von einer Vielfalt an Meinungen und beschränkt sich nicht nur auf religiöse Überlegungen, sondern bezieht auch kulturelle und insbesondere wirtschaftliche Aspekte mit ein. In diesem Beitrag gehe ich der Frage nach, wie und inwieweit islamische Rechtsquellen von expliziten und impliziten Verboten des Glücksspiels sprechen und wie dieses Thema im Verlauf der Geschichte von unterschiedlichen Rechtsgelehrten behandelt wurde und noch heute behandelt wird.

Der vorliegende Aufsatz möchte einen groben Überblick über die Kontroverse liefern, welche innerhalb der arabisch-islamischen Gesellschaft zum Thema ‚Spiel' existiert. Bereits an dieser Stelle sei jedoch vorweggenommen, dass im Text des Korans kein explizites Verbot des allgemeinen Spiels auftaucht. Der Koran äußert sich lediglich in Bezug auf das Glücksspiel (*maysir*). Nichtsdestotrotz hat sich dieses spezifische koranische Verbot innerhalb der muslimischen Jurisprudenz (*fiqh*) auf das Spielen im Allgemeinen ausgeweitet. Es stellt sich hier die Frage, wie es zur Verbreitung dieser Annahme gekommen ist.

1. Glücksspiele und die Gründe des Verbots im Koran

Das Glücksspiel wird im Koran ausdrücklich an drei Stellen genannt, nämlich in Sure 2, Vers 219[1] sowie in Sure 5, Verse 90 und 91.[2] Hier fällt auf, dass die im

1 Q 2:219: „Man fragt dich nach dem Wein und dem Losspiel. Sag: In Ihnen liegt eine schwere Sünde. Und dabei sind sie für die Menschen (auch manchmal) von Nutzen. Die Sünde, die in ihnen liegt, ist aber größer als ihr Nutzen. Und man fragt dich, was man spenden soll. Sag: Den Überschuss (von dem, was ihr besitzt)! So macht Allah euch die Verse klar. Vielleicht würdet ihr nachdenken." *Der Koran*, übersetzt von Rudi Paret, Stuttgart [11]2010.

2 Q 5:90: „Ihr Gläubigen! Wein, das Losspiel, Opfersteine und Lospfeile sind (ein wahrer) Greuel und Teufelswerk. Meidet es! Vielleicht wird es euch (dann) wohl ergehen." Q 5:91:

Koran geforderte Unterlassung von Glücksspielen mit dem Verbot berauschender Getränke einhergeht, die zunächst in Sure 2 als „Sünde" und in Sure 5 als „Greuel" beschrieben und damit absolut verboten werden. Zudem wird das Glücksspiel in den oben genannten Textstellen stets im Zusammenhang mit Götzenverehrung erwähnt, wodurch eine direkte Verbindung zwischen diesen beiden Tätigkeiten hergestellt wird. Was jedoch kann in diesem Kontext unter Glücksspiel verstanden werden?

Bereits in einer vorangegangen Arbeit[3] bin ich zu der Schlussfolgerung gelangt, dass das Glücksspiel im vorislamischen Verständnis das Verspielen von Lospfeilen durch die reichen Araber in der winterlichen Dürre bezeichnet, um die Götzen durch Opferung von Kamelen in einer von Unterhaltung, Gesang und Alkoholkonsum beherrschten Atmosphäre um Regen zu bitten. Die polytheistischen Festlichkeiten waren Anlass dafür, dass diese Götzenanbetungszeremonie mit sämtlichen Elementen – also Lospfeilen, Opfersteinen und berauschenden Getränken – im Islam verboten wurde. Es ist wichtig, an dieser Stelle darauf hinzuweisen, dass im Zuge des ‚Glücksspiels' leicht bekleidete Frauen den Männern zur Festlichkeit vorgeführt wurden und die Götzen um Regen bitten mussten. Dieser Brauch fand über einen Zeitraum von dreizehn aufeinanderfolgenden Tagen statt, normalerweise in den frühen Morgenstunden beim Erscheinen der Plejaden im Herbst, wenn es in der eigentlich durch starken Regen geprägten Jahreszeit wider Erwarten trocken geblieben war. Zu Beginn der Zeremonie holte der Wahrsager des Stammes, der sogenannte *ḥuraḍa*, einen Lederbeutel (*rabāba*) hervor und entnahm diesem die Lospfeile (*azlām*). Er lud dann die Reichen des Stammes zum Glücksspiel ein, um die Götter um Regen anzuflehen, während sich die Armen des Stammes um die Vorbereitung eines großen Feuers im Hof kümmerten. Der Schächter (*ǧazzār*) bereitete währenddessen die Kamele vor, um sie über den Opfersteinen zu schlachten und in jeweils zehn Teile zu zerlegen. Diese dienten als Einsatz im Glücksspiel der Stammesführer, die sich in der Nähe des Götzenhauses im Hof die Köpfe kahlschoren, bevor das eigentliche Spiel unter Aufsicht des *ḥuraḍa* begann.

Aus dieser Beschreibung der Zeremonie lässt sich ableiten, dass es Aufgabe des Wahrsagers war, das Glücksspiel zu steuern, seine Instrumente zu pflegen und ganz allgemein auf Einhaltung der Regeln zu achten. Als Spielführer unterlag ihm auch die allgemeine Kontrolle über die Schiedsgerichtsbarkeit, also die Ernennung der Gewinner, sowie die Aufsicht über die für die Götzen gestifteten Gelder. Der Schächter übernahm unter anderem die zeremonielle Vorbereitung der geschlachteten Kamele und das obligatorische Einschmieren der Opfersteine, die auch Stammesgrenzen kennzeichneten, mit dem Blut der Opfertiere, um so die bösen

„Der Satan will (ja) durch Wein und das Losspiel nur Feindschaft und Haß zwischen euch aufkommen lassen und euch vom Gedenken Gottes und vom Gebet abhalten. Wollt ihr denn nicht (damit) aufhören?" *Der Koran*, übersetzt von Rudi Paret.

3 Siehe Mohammad Haj Salem, *Al-Maysir al-Ǧāhilī. Abʿāduh wa-Dawruh fī Mumānaʿat Ẓuhū ad-Dawla*, unver. Diss., Manouba Universität, Tunesien, 2014.

Geister (*ǧinn*) zu bannen. Diese Praxis galt als eine unerlässliche religiöse Tätigkeit innerhalb der Institution der Priesterschaft der vorislamischen Zeit. Mit dem Erscheinen des Islam wurden dieser Brauch und die damit einhergehende Priesterschaft jedoch vollends abgeschafft. Ein institutionalisierter Klerus war im Islam nie vorgesehen. Den Spielern selbst wurde es untersagt, vom Fleisch der eingesetzten Tiere zu essen. Das Fleisch musste an die Armen innerhalb des Stammes und an jene außerhalb (*aʿrān*), insbesondere jedoch an Kinder und Frauen, verteilt werden.

Anhand dieser Ausführungen lässt sich feststellen, dass die vorislamische Art des Glücksspiels weder ein bloßes Vergnügen war, um Langeweile zu vertreiben, noch ein Mittel des schnellen Gewinns darstellte. Eine Gegenüberstellung von Arbeit und Glücksspiel erscheint daher unzulässig. Dabei ist hervorzuheben, dass es sich bei den ökonomischen Normen des Glückspiels nicht allein um Wirtschaftsregeln handelte, sondern auch um kulturelle und gesellschaftliche Bräuche, die das Leben der Menschen prägten. In diesem Zusammenhang ist besonders die Norm des Wohlstands neu zu definieren. Das Opfern von Tieren und das Ausgeben von Geld – ein Akt, der nach unserem heutigen Wirtschaftsdenken als Verlust verstanden werden würde – stellten damals einen Gewinn dar, steigerte sich doch hierdurch der Wohlstand der Gemeinde. Glücksspiel ist somit als religiöser Opferbrauch zu verstehen, der zum Winterbeginn stattfand, wenn die Stämme sich nach der Hitzephase bei bekannten Wasserstellen trafen, die von knappen Niederschlägen gekennzeichnet waren. Wie bereits erwähnt, zielte der Brauch darauf ab, die arabischen Götter mithilfe der Götzen um Regen anzuflehen. Wenn die Götter aber ihre Unzufriedenheit durch den Abzug des ‚leeren Pfeils' (*safīḥ*) zeigten, sahen sich die Spieler dazu gezwungen, den Einsatz der Lose und Opfertiere so lange zu erhöhen, bis die Götter zufrieden gestimmt waren.

Zusammengefasst hat das Glücksspiel als kollektive Praxis in der vorislamischen Zeit eine handfeste religiöse, wirtschaftliche, soziale und politische Dimension. Dies übersteigt den Rahmen, in dem diese Aktivität für gewöhnlich verstanden wird. Das Glücksspiel ist daher nicht als Gegenteil des Arbeitens, nicht als bloßer Verlust oder als Verschwendung zu verstehen. Diese Aspekte werden in den folgenden sechs Punkten zusammengefasst:

Erstens gilt bzw. galt das Glücksspiel in der vorislamischen Ära als ein wirtschaftliches Mittel für ökonomische Notlagen, vor allem bei etwaiger Überproduktion, welche nicht in den laufenden Produktionszyklus reintegriert werden konnte. Da Dürren immer eine Gefahr für die gesamte Gemeinschaft darstellten, konnte diese Art von zeremoniellem Glücksspiel eine präventive oder zumindest abmildernde Wirkung haben.

Zweitens kann die Praxis des Glücksspiels als ein Mechanismus verstanden werden, durch den die Kosten der Tierhaltung reduziert wurden, indem ein Ausgleich zwischen der Anzahl der Tiere und der Menge der verfügbaren natürlichen Ressourcen hergestellt wurde. In dieser Hinsicht kann das Glücksspiel als Beitrag zum Wohlstand bzw. zum Gleichgewicht von Mensch und Natur verstanden werden.

Drittens wurde das Glücksspiel als Zauberbrauch genutzt, um das Erscheinen der Plejaden (Erscheinen der Göttin *ʿUzzāʾ*) herbeizuführen und um die Götter um Regen anzubeten. In diesem Sinne kann das Glücksspiel auch als eine Art Arbeit verstanden werden. Fragt man, was die Erwerbsarbeit vom Glücksspiel unterscheidet, so unterstützt die Ausführung in diesem Beitrag das Argument, dass beide Aktivitäten die gleichen Ziele haben. Wie bereits dargelegt wurde, ist das Glücksspiel als eine gesellschaftliche Institution zu verstehen. Seine Regeln ähneln allen anderen Arbeitsregeln. Wenn man zudem den Distraktionsaspekt des Glücksspiels in Betracht zieht, dann wird diese Institution zum Prototyp einer Kombination aus Arbeit und Freude.

Viertens ist Glücksspiel als eine ‚Rettungsinstanz' in Zeiten von Katastrophen, Plagen und Hungersnöten zu verstehen. Die Großen der Gemeinschaft, getrieben von ritterlicher Moral, nehmen an einem Wettbewerb teil, um denjenigen aus ihrer Mitte zum Stammesführer zu ernennen, der dafür am geeignetsten erscheint. Diese Zeremonie hatte auch einen religiösen Hintergrund, der sich in der tiefen Ergebenheit zu den Normen der Ahnenreihe widerspiegelt, die die Gesetze der Gesellschaft – wie das Glücksspiel selbst – beschlossen hatten.

Fünftens war Glücksspiel meist eine feste Einkommensquelle für die Betreiber der Priesterschaft in der vorislamischen Zeit, und zwar durch den Erlös der verkauften Lospfeile. Daher kann man von Glücksspiel als Beruf bzw. als Erwerbsarbeit sprechen. Hierbei ist die Rede von zwei Sorten von Einnahmen: Zum einen der Lohn des Betreibers (Priester), zum anderen das zu gewinnende Geld, Gold oder andere wertvolle Gegenstände. Da die beim Spielen zu vergebenden Gegenstände an die Armen und Bedürftigen verteilt werden, kann man den angeblichen Gewinner als echten ‚Verlierer' sehen. Wenn das Glücksspiel aber nicht zur Verschwendung führt und den Armen hilft, warum wird es dann verboten? Es scheint, dass das islamische Verbot sich nicht auf den wirtschaftlichen, sondern auf den religiösen Aspekt des Glücksspiels bezog, wurde doch das Ritual des Glücksspiels – die Verehrung anderer Götter außer Allah – vom Islam strikt verboten. Des Weiteren widersprechen die Rituale (Nacktheit etc.) den Vorgaben des islamischen Glaubens.

Sechstens ist Glücksspiel als Lebensunterhalt für die Armen, an welche die Pfeilgewinne letztlich verschenkt wurden, zu verstehen. Dies hatte einen stärkeren Zusammenhalt des Stammes zur Folge.

Abschließend kann noch festgehalten werden, dass das Glücksspiel im soziologischen Sinne eine der festen Gesellschaftsnormen der vorislamischen Gesellschaft war. Das erklärt auch die Entstehung des zugeschriebenen ‚Gesellschaftszwangs' und die Verachtung von jenen, die sich weigerten, an Glücksspielen teilzunehmen, wie es in vorislamischen Gedichten beschrieben wird. Wie bereits in anderen Arbeiten erwähnt, wird auch das Verbot durch den Islam und die Einführung der

Almosengabe *zakāt* erklärt. Ziel war es, die die vorislamische Zeit kennzeichnende Priesterschaft durch eine ‚religiöse Vereinigung' zu beenden und damit die Stämme in einer politischen Einheit (*ʾūmma*) zu integrieren sowie Einkommensressourcen für den jungen Staat zu schaffen.

2. Vom Verbot des heidnischen Spielrituals (*maysir*) zum Verbot des Glücksspiels allgemein (*qimār*)

Das Wort *maysir* bezeichnet die bereits oben beschriebene Art des Glücksspiels, bei dem mit stumpfen Pfeilen um Fleischstücke von Kamelen gespielt wurde. Der Begriff wird sogar noch in den ersten drei Jahrhunderten der *hiǧra* (d.h. nach dem Tod des Propheten Muhammad) in seiner ursprünglichen wörtlichen Bedeutung ‚Einfachheit, Sanftheit, Abhängigkeit' benutzt, bevor er etwa ab dem 10./4. Jahrhundert von arabischen Linguisten ausschließlich für die oben erwähnte Praxis des Glücksspiels Verwendung fand.[4] Seitdem trägt der Begriff in allen arabischen Quellen ausschließlich diese eine spezifische Bedeutung. Hier ist auffällig, dass Linguisten die arabische Nutzung des Begriffs *maysir* zunehmend an die generelle Bedeutung des ‚Spiels' koppelten, wohingegen die Rechtsgelehrten an einer spezifischeren Bedeutung des ‚Wettens auf Kamele' festhielten, also dem hier beschriebenem Glücksspiel.

In der Folgezeit verbreitete sich die Bedeutungszuschreibung von Seiten der Rechtsgelehrten, dass es doch nur um das Glücksspiel geht, was jedoch auf Kosten der linguistischen Bedeutung ging. Dies würde eine große und tiefe Resonanz in der Bewusstseinsbildung der islamischen Gemeinschaft zu diesem Thema in ihrer gesamten späteren Geschichte haben, und damit ihre Position gegenüber der Frage, warum der Koran das Glücksspiel verbietet, bestimmen. Vor allem spielt dabei eine entscheidende Rolle, dass dieses Glücksspielverbot im Koran, dem ersten originalen Text, in gleich zwei Fällen eng mit dem strikten Alkoholverbot einhergeht, in dem der Alkoholkonsum zur ‚Mutter aller Übel' erklärt wird.

Zunächst ist festzuhalten, dass der Koran das Spielen im Sinne des *maysir* nicht als unrechtmäßige Geldverschwendung ansieht. Andernfalls wäre es schon zu Anfang der medinensischen Phase verboten worden. Des Weiteren dürfte auch klar geworden sein, dass das heidnische Spielritual *maysir* keinesfalls mit dem allgemeinen Glücksspiel *qimār* gleichzusetzen ist. Vielmehr ist *maysir* als eine Tätigkeit zu verstehen, die zwar eine Tendenz zum Glücksspiel aufweist, es letzten Endes jedoch nicht ist. Bestenfalls könnte man sagen, dass das Ritual des *maysir* eine besondere Variante des Wett- und Glücksspiels darstellt.[5] An dieser Stelle

4 Vgl. Muḥammad al-Azadī Ibn Durayd, *Al-Ištiqāq*, Beirut ²1979, 465; Abū al-Faḍl Ǧamāl ad-Dīn Muḥammad Ibn Manẓūr, *Lisān al-ʿArab*, 1990, 6:300; Abū Ǧaʿfar Muḥammad aṭ-Ṭabarī, *Ǧāmiʿ Bayān ʿan Taʾwīl Āyā al-Qurʾān*, Beirut 1984, 2:357.

5 Abū al-Maʿālī Ibn Ḥamdūn, *At-Taḏkira al-Ḥamdūnīya*, Beirut 1996, 7:327.

erscheint es mir besonders wichtig, nochmals hervorzuheben, dass die entsprechenden Schlussfolgerungen und Bestimmungen erst lange nach dem Verbot des *maysir* eingeführt wurden. Das Verbot des *qimār* wurde vom Verbot des *maysir* im Koran durch die Rechtsgelehrten abgeleitet, da *maysir* eben als eine Art von *qimār* angesehen wird, und das obwohl sich *maysir* auf den Wetteinsatz von Kamelen beschränkt.[6] Diese Deduktion entsprang folgender Logik: Wenn der Grund für das Verbot des Spielens im Sinne des *maysir* war, dass es die Menschen vom Gedenken an Gott und dem Gebet abhielte, wie es in der Sure *al-Mā'ida* genannt wird, dann wird analog dazu alles andere, was eine ebenso zerstreuende und ablenkende Wirkung auf die Menschen hat, als verwerflich und somit als unerlaubt angesehen.[7]

Diese Logik hat dazu geführt, dass die Rechtsgelehrten sämtliche Glücksspiele verboten haben, wobei sie sich entweder auf Aussagen des Propheten, die das Spielen verbieten,[8] oder auf den Konsens der Gelehrten stützen.[9] Das Verbot von Glücksspielen und allen anderen Wettspielarten erschien im Kontext der islamischen Jurisprudenz zunächst als eine klare Sache.

Was ich in Anbetracht der soeben dargestellten Deduktionen islamischer Jurisprudenz aber nicht akzeptieren kann, ist die Rigorosität sunnitischer wie auch schiitischer Gelehrter, die durch ihr Verbot jeglicher Ausnahmen keinerlei Güte und Aufgeschlossenheit zeigen.[10] Dies erscheint angesichts der Tatsache, dass ein allgemeines Glücksspielverbot auf den Worten eines einzigen Mannes basiert, befremdlich. Es war ʿAbdullāh ibn ʿAbbās,[11] der nach der Offenbarung des Koranverses, der sich auf das Glücksspiel bezog, verkündete: „Glücksspiel und Wetten sind gleich."[12] Um seine Meinung zu untermauern, erweiterte er den Begriff ‚Glücksspiel' auf all das, was als ‚Verbrauch von Geld auf falsche Art' bezeichnet werden konnte, selbst wenn dieser im Rahmen von Handelsgeschäften und Verkaufstätigkeiten vollzogen wurde.[13] Dies verleitete manchen Gelehrten dazu,

6 Vgl. Abū al-Fawz ʿAbd al-Qādir al-Baġdādī, *Ḫizānat al-Adab wa Lubb Labāb Lisān al-ʿArab. Wa Hāmišat Šarḥ aš-Šawāhid al-Kubrā li-l-Badraʿaynī*, Kairo 1881, 2:393.

7 Vgl. beispielsweise Abū ʿAbd Allāh Muḥammad al-Qurtubī, *Al-Ǧāmiʿ li-Aḥkām al-Qurʾā al-Karīm*, Beirut 1985, 6:292.

8 Vgl. Abū al-Ḥusayn al-Qušayrī an-Nīsābūrī Muslim, *Al-Ǧāmiʿ aṣ-Ṣaḥīḥ*, Beirut 1987, 4:1170.

9 Vgl. Abū ʿAbd Allāh Muḥammad Al-QurṬubī, *Al-Ǧāmiʿ li-Aḥkām al-Qurʾā al-Karīm*, Beirut [2] 1985, 6:58; ʿAlī ibn Muḥammad ibn ʿAbd al-Karīm Ibn al-Athīr, *An-nihāya fī ġarīb al-ḥadīṯ wa-l-aṯar*, Beirut 1974, 5:296; Ṣadr ad-Dīn ibn Faḫr ad-Dīn Aš-Širāzī, *Tafsīr al-Qurʾān al-Karīm*, Qum 1945, 2:158.

10 Vgl. hierzu u. a. Muḥammad ibn al-Ḥasan Al-Ḥurr al-ʿAmalī, *Wasāʾil aš-Šīʿa ilā Taḥṣīl aš-Šarīʿa*, Qum [5] 1983, 17:316.

11 Vgl. Abū al-Fidāʾ Ǧamāl ad-Dīn ibn KaṮīr, *al-Bidāya wa-n-Nihāya*, Beirut 1983, 8:296; Abū ʿAbd Allāh Šams ad-Dīn al-Ǧawzīya ibn Qayyim, *Tuḥfat al-Mawdūd bi Aḥkām al-Mawlūd*, Damaskus 1971, 181.

12 Vgl. Abū Ǧaʿfar Muḥammad aṭ-Ṭabarī, *Ǧāmiʿ Bayān ʿan Taʾwīl Āyā al-Qurʾān*, Beirut 1984, 2:358 f.

13 Vgl. Al-Baġdādī, 2:393.

einige Handelsgeschäfte als Glücksspiel einzuordnen.[14] Leider folgen die meisten zeitgenössischen Gelehrten noch immer den Urteilen alter Rechtsgelehrter, beispielsweise in ihrem Verbot von Unfall-, Sachschaden- und Lebensversicherungen, die jeweils als Glücksspiel dargestellt werden.[15] Auf diese Weise wandelt sich die Bedeutung des Begriffs Glücksspiel (*qimār*) unter Rechtsgelehrten. Die alte Bedeutung des Wortes *maysir*, einer bestimmten Art des Glücksspiels mit Wetten auf Kamelfleisch, wurde langfristig durch den Begriff *qimār* ersetzt, welcher allgemeine Glücksspiele beschreibt und in einigen Fällen so weit gefasst wird, dass er sogar die Infragestellung von Sachschaden- und Lebensversicherungen beinhaltet.

Diese etwas eigenwillig anmutende Logik bezieht sich auch auf sämtliche Varianten von Wettspielen, bis hin zu sportlichen Wettkämpfen, die für nicht erlaubt erklärt werden. Besonders strenge Rechtsgelehrte gehen noch weiter und verbieten alle Arten an Spielen, ob diese nun mit einem Wetteinsatz verknüpft sind oder nicht, da stets der Verdacht besteht, dass sie letztlich ja doch in Glücksspiele münden könnten.

Einige konservative Gelehrte sind sogar so weit gegangen, folgende Behauptung aufzustellen: „Alles was von Gott und dem Gebet ablenkt, ist *maysir*."[16] Dazu werden alle Arten von Spiel und Vergnügen gezählt, obwohl in den als authentisch anerkannten Hadith-Büchern (*Buḫārī, Muslim, Mālik, Tirmiḏi, Nasāʾī, Ibn Māǧǧa, Abū Dāwūd* und *Ad-Darīmī*) keinerlei Anhaltspunkte zu finden sind, anhand derer das Spielen generell verboten werden könnte. Als verboten sind folgende Spielarten aufgelistet: „Das Spielen, Glücksspiele, Brettspiele, Schach, Vierzehn und Herzen."[17] Allerdings machen die Rechtsgelehrten beim Verbot jeglichen Spieles Ausnahmen in dreierlei Fällen: dem Spielen mit der Ehefrau, dem Bogenschießen und dem Pferdereiten.[18]

14 Siehe hierzu z. B. Abū ʿUmar Yūsuf al-Qurtubī ibn ʿAbd al-Barr, *At-Tamhīd limā fī Muwatta ʿ Mālik min al-Maʿānī wa-l-Asānīd,* Ar-Ribaṭ 1967, 2:317.

15 Vgl. General Presidency of Scholarly Research and Iftaʾ Kingdom of Saudi Arabia, *Fatāwā al-Laǧna d-Dāʾima li l-Buḥūṯ al-ʿIlmīya wa l-Iftāʾ. Al-Kitāb al-ʿĀšir*, Ar-Riyad 1996, Fatwa 5969.

16 Vgl. Abū Muḥammad Ǧamāl ad-Dīn Az-Zaylaʿī, *Niṣb ar-Rāya fī Taḫrīǧ Aḥādīṯ al-Hidāya,* Kairo 1938, 4:275; Abū ʿAbd Allāh Šams ad-Dīn al-Ǧawzīya ibn Qayyim, *Iʿlām al-Muwaqqiʿīn ʿan Rabbi-l-ʿālamīn*, Beirut 1973, 1:334.

17 Vgl. Abū Bakr Aḥmad al-Bayhaqī, *As-Sunan al-Kubrā*, Mekka 1994, 10:221; Ibn Haǧar al-ʿAsqalānī, *At-Talḫīṣ al-Ḥabīr fī Taḫrīǧ Aḥādīṯ ar-Rāfiʿī al-Kabīr*, Medina 1964, 4:202.

18 Vgl. ʿAlāʾ ad-Dīn Abū Bakr Al-Kāsānī, *Badāʾiʿ aṣ-Ṣanāʾiʿ fī Tartīb aš-Šarāʾiʿ. Šarḥ Tuḥfat al-Fuqahāʾ li-ʿAlāʾ ad-Dīn Muḥammad as-Samarqandī*, Beirut 1982, 6:206; Taqī ad-Dīn Aḥmad ibn Taymīya, *Al-Fatāwā al-Kubrā* Beirut 1974, 3:428. Diese Haltung kann man als seltsam und nicht kanonisch bezeichnen, da es sehr wohl kanonische Aussagen über den Propheten im Zusammenhang mit dem Spielen gibt: Er fand es, laut Überlieferung, beispielsweise immer sehr liebenswert, wenn seine Ehefrau Aisha mit ihrer Puppe zu spielen pflegte. Vgl. Sulaymān ibn al-Ašʿaṯ Abū Dāwūd, *As-Sunan*, Beirut [4]ohne Jahr, 4:283 (Hadith-Nr. 4932). Siehe zudem Abū al-Barakāt Badr ad-Dīn Muḥammad al-Ġuzzī, *Al-Marāḥ*

3. Neue rechtswissenschaftliche Perspektiven auf Spiel, Wettspiel und Glücksspiel

Die oben beschriebene Einseitigkeit und Strenge der Auslegung des Glücksspielverbots und des Spiels im Allgemeinen als zerstreuende Ablenkung vom Gedenken an Gott widerspricht meiner Auffassung nach dem von mir untersuchten Quellenmaterial. Es fällt insbesondere auf, dass der koranische Text spezifisch auf *maysir* als Spielvariante eingeht und dieses verbietet, ohne jedoch andere vorislamische Spielvarianten und Wettkämpfe zu erwähnen. So hatte bereits der Orientalist Georg Freytag in seiner *Einführung in das Studium der arabischen Sprache*[19] festgestellt, dass in der vorislamischen Zeit 57 unterschiedliche Spiele in der Kultur und Tradition arabischer Stämme verankert waren. Allein diese Tatsache stellt die oben dargestellte engstirnige Wahrnehmung und höchst einseitige und strenge Auslegung islamischer Jurisprudenz in Frage. Dies sollte ein Hinweis und auch eine Anregung sein, uns heute mit einem neuen Blick der Frage zu nähern, ob und inwieweit *maysir* mit *qimār* oder gar mit dem allgemeinen Spiel gleichzusetzen ist und somit verboten werden sollte. Ich halte es für zwingend erforderlich, in diesen Überlegungen auch die religiös-heidnischen Dimensionen des präislamischen Arabiens in ihrer Gesamtheit zu berücksichtigen. Ebenso sind weitere sozioökonomische und machtpolitische Faktoren, die während der frühen islamischen Expansions- und Konsolidierungsphase von Bedeutung waren, in neue Betrachtungen des Glücksspiels einzubeziehen.

Fazit

In diesem Beitrag habe ich das religiöse Verbot vom Glücksspiel interpretiert und seinen expliziten Bezug auf die vorislamische Ära hervorgehoben. Glücksspiel war damals sehr verbreitet und entwickelte sich im Laufe der Zeit zu einer etablierten Institution, die großes Ansehen in Arabien genoss. Eine genaue Untersuchung ergab, dass nicht nur der Aspekt des Vergnügens, sondern auch wichtige soziale Funktionen im Ablauf der Glücksspielrituale enthalten waren. Letztere bestanden hauptsächlich darin, dass die Reichen beim Spielen einen Teil ihres Vermögens zu Gunsten der Armen und Bedürftigen verloren. Dies war insbesondere in Zeiten der Dürre und Not von großer Bedeutung. Das islamische Verbot des Glücksspiels bezieht sich aber eher auf das heidnische Prozedere, welches mit diesem Ritual einherging.

Was den Aspekt der Arbeit betrifft, so wurde festgestellt, dass das Glücksspiel nicht im Widerspruch zum Konzept der Arbeit steht. Es kann sogar als anerkann-

fī al-Mizāḥ, Kairo 1986, 62; Abū al-Faraj al-Ḥanbalī ibn Rajab, *Laṭāʾif al-Maʿārif fīmā li-Mawāsim al-ʿĀm min al-waẓāʾif*, Kairo 1996, 121.

19 Vgl. Georg Freytag, *Einleitung in das Studium der arabischen Sprache*, 1861.

ter Beruf bezeichnet werden. Für die Priester war dieses Spiel eine sichere Geldeinnahme. Für die Spieler bot das Glücksspiel die Gelegenheit, einen Teil ihres Vermögens zu verlieren und dadurch den Armen zu helfen und einen Ausgleich zwischen Mensch und Natur zu erzielen. Glücksspiel wurde in dieser Hinsicht als ein Beitrag zum Wohlstand der Gemeinschaft verstanden. Bemerkenswert dabei ist, dass dieser Wohlstand nicht nur durch Profit erzielt wurde, sondern auch durch Verluste.

Autorinnen und Autoren

Prof. Dr. Judith Dick promovierte im Fachbereich Rechtswissenschaft der Justus-Liebig-Universität Gießen zum Thema „Offizieller Rechtspluralismus im Konkurrenzverhältnis unterschiedlich geregelter Geschlechterverhältnisse – das Recht der Khasi im System der personalen Rechte (personal laws) Indiens.“ Seit 2008 ist sie Professorin für Sozialrecht an der Evangelischen Hochschule Berlin. Ihre Forschungsschwerpunkte sind Grundsicherung für Arbeitsuchende (SGB II), Sozialrecht und Rechtswirklichkeit, Rechtspluralismus sowie Praxisprojekte und Forschung zu Rechtsberatung und Sozialer Arbeit.

Dr. Niloufar Hoevels ist Partnerin und Rechtsanwältin in der Kanzlei Zirnbauer, Dr. Hoevels & Partner in Nürnberg. Sie hat an der Friedrich-Alexander-Universität in Erlangen studiert und über das Thema Islam und Arbeitsrecht bei Herrn Prof. Dr. Rohe promoviert. Ihre Promotion wurde im Jahr 2003 mit dem Förderpreis der Schmitz-Nüchterlein-Stiftung ausgezeichnet. Sie befasst sich intensiv mit Rechtsproblemen von muslimischen Arbeitnehmern in Deutschland und ist neben ihrer Tätigkeit als Anwältin als Lehrbeauftragte der Technischen Hochschule Nürnberg aktiv.

Dr. Christine Hunner-Kreisel ist Juniorprofessorin am Institut für Soziale Arbeit, Bildungs- und Sportwissenschaften an der Universität Vechta. Ihre Arbeitsschwerpunkte sind internationale Jugendforschung, Forschung zum Aufwachsen in der Familie und unter Migrationsbedingungen, transnationale/-kulturelle Perspektiven auf Migrationsprozesse von Kindern, Jugendlichen und ihren Familien unter besonderer Berücksichtigung von familiären und institutionellen Erziehungs- und Bildungsprozessen sowie qualitative Forschungsmethoden.

Prof. Dr. Ansgar Kreutzer ist Professor für Fundamentaltheologie und Koordinator für Religionswissenschaft an der Katholisch-Theologischen Privatuniversität Linz (Österreich). Nach Studien der Katholischen Theologie (Diplom), der Soziologie und der Philosophie der Religion und des Christentums (Magister Artium) in Freiburg, Paris und Frankfurt am Main promovierte er in Katholischer Theologie mit einer Dissertation zur Pastoralkonstitution Gaudium et Spes, für die er im Jahr 2006 den Karl Rahner Preis erhielt. Er habilitierte sich im Jahr 2010 mit der Arbeit „Kenopraxis. Eine handlungstheoretische Theologie der Selbstentäußerung“. Seine Arbeitsschwerpunkte sind Theologie des Zweiten Vatikanischen Konzils (besonders der Pastoralkonstitution) im Kontext von Modernisierungsprozessen, Theologie der Kenosis, Theologie der Arbeit und der Populärkultur, das Spannungsfeld von Systematischer Theologie, Sozialethik und Religionssoziologie sowie Politische Theologie.

Prof. Dr. Mouez Khalfaoui promovierte 2007 an der Universität Erfurt und hat seit 2012 einen Lehrstuhl für islamisches Recht an der Eberhard Karls Universität Tübingen. Zu seinen Forschungsschwerpunkten gehören islamisches Recht, Arbeitsethik im Islam sowie Minderheiten in Europa. Zudem fungiert er als Berater bei politischen und sozialen Institutionen in Europa und der muslimischen Welt.

Necmettin Kizilkaya, PhD, arbeitet derzeit als Assistant Professor an der theologischen Fakultät der Universität Istanbul. Er durchlief zunächst ein Bachelorprogramm in Theologie und anschließend einen Masterstudiengang in islamischem Recht an der Marmara Universität. 2011 promovierte er in islamischem Recht an der Selcuk Universität. Seine Forschungsinteressen liegen insbesondere im Bereich des islamischen Rechts und Wirtschaftspraxis, wobei er sich vor allem auf die Geschichte des islamischen Rechts konzentriert.

Abdelaali El Maghraoui hat an der Eberhard Karls Universität Tübingen Islamwissenschaften und Wirtschaft studiert. Derzeit ist er wissenschaftlicher Mitarbeiter am Tübinger Zentrum für Islamische Theologie und Doktorand im Graduiertenkolleg Islamische Theologie der Stiftung Mercator. Er promoviert mit einer Arbeit zum Thema „Islamrechtliche Konzeptionen des Geldes".

Prof. Dr. Torsten Meireis ist außerordentlicher Professor für Systematische Theologie (Ethik) an der Universität Bern. Nach dem Studium der Evangelischen Theologie, Gesellschaftswissenschaften und Philosophie in Frankfurt am Main, München und Heidelberg promovierte er an der Ruprecht-Karls-Universität in Heidelberg mit einer Arbeit zum Thema „Theologiestudium im Kontext". Er habilitierte im Jahr 2007 im Fach Systematische Theologie mit der Arbeit „Tätigkeit und Erfüllung. Protestantische Ethik im Umbruch der Arbeitsgesellschaft".

Prof. Dr. Matthias Möhring-Hesse ist seit 2011 Professor für Theologische Ethik/Sozialethik an der Katholisch-Theologischen Fakultät der Eberhard Karls Universität Tübingen. Er studierte in Frankfurt und Münster Theologie, Philosophie und Soziologie, promovierte in katholischer Theologie an der Philosophisch-Theologischen Hochschule Sankt Georgen in Frankfurt und habilitierte sich im Fach Christliche Sozialwissenschaften an der Westfälischen Wilhelms-Universität Münster. Seine aktuellen Forschungsschwerpunkte sind Gerechtigkeitstheorie und Fragen der Arbeits- und Sozialpolitik.

Sarah Prenger studierte Katholische Theologie und Kultur- und Sozialanthropologie (Bachelor of Arts) und absolviert derzeit den Master-Studiengang „Christentum in Kultur und Gesellschaft" an der Westfälischen Wilhelms-Universität Münster. 2003 trat sie der Christlichen Arbeiterjugend Deutschland (CAJ) bei, deren Bundesvorsitzende sie seit 2010 ist. Seit 2012 ist sie zudem Koordinatorin der europäischen CAJ. Im Jahr 2007 initiierte sie das Projekt „So keres?“ zur Situation von Roma-Jugendlichen in Deutschland, das 2011 vom „Bündnis für Demokratie und Toleranz“ ausgezeichnet wurde.

Dr. Mohamed Haj Salem studierte in Tunesien Soziologie, Anthropologie und Politikwissenschaft an der Universität Tunis. Er promovierte im Jahr 2009 im Fach Arabistik zum Thema „Das Glücksspiel in der vorislamischen Ära“. Zu seinen Forschungsschwerpunkten gehören muslimische religiöse Bewegungen, Übersetzung und islamisches gegenwärtiges Denken.

Dr. theol. habil. Hansjörg Schmid ist Leiter des Schweizer Zentrums für Islam und Gesellschaft an der Universität Fribourg/Schweiz und Privatdozent für Christliche Sozialethik an der Ludwig-Maximilians-Universität München. Bis Ende 2014 war er Leiter des Referats Interreligiöser Dialog an der Akademie der Diözese Rottenburg-Stuttgart. Er ist Mitbegründer des „Theologischen Forums Christentum – Islam“, Herausgeber der gleichnamigen Buchreihe im Verlag Pustet und Mitglied des Gesprächskreises „Christen und Muslime“ beim Zentralkomitee der deutschen Katholiken.

Prof. Dr. Berthold Vogel ist Direktor des Soziologischen Forschungsinstituts (SOFI) an der Georg-August-Universität Göttingen und Projektleiter am Hamburger Institut für Sozialforschung. Er unterrichtet im Fachbereich Gesellschaftswissenschaften an der Universität Kassel. Seine Arbeitsschwerpunkte sind die Politische Soziologie sozialer Ungleichheit, der Wandel der Arbeitswelt und die Theorie und Empirie des Wohlfahrtsstaates.

Dipl. Päd. Jana Wetzel ist wissenschaftliche Mitarbeiterin im Institut für Soziale Arbeit, Bildungs- und Sportwissenschaften an der Universität Vechta und promoviert zum Thema „Bildungsverläufe junger Muslim_innen“.

Dr. Kirsten Wiese ist Juristin und arbeitet bei der Senatorin für Finanzen in Bremen. Ihre Forschungsgebiete sind Religions- und Weltanschauungsfreiheit, das Verhältnis von Staat und Religion, Antidiskriminierungsrecht, sozialer und ökologischer öffentlicher Einkauf. Sie promovierte im Jahr 2008 zum Thema „Lehrerinnen mit Kopftuch. Zur Zulässigkeit eines religiösen und geschlechtsspezifischen Symbols im Staatsdienst“. Seit 2001 befindet sie sich in wissenschaftlichem Austausch im „Berliner Arbeitskreis Rechtswirklichkeit“.

Schriftenreihe Graduiertenkolleg Islamische Theologie, Band 2

Harry Harun Behr, Fahimah Ulfat (Hrsg.)

Zwischen Himmel und Erde

Bildungsphilosophische Verhältnisbestimmungen von Heiligem Text und Geist

2014, 180 Seiten, br., 24,90 €,
ISBN 978-3-8309-3076-1

Die Verhältnisbestimmung von Text und Geist und die Frage nach dem Menschenbild im Islam standen im Mittelpunkt zweier Symposien am Interdisziplinären Zentrum für Islamische Religionslehre (IZIR) an der Universität Erlangen-Nürnberg, deren Beiträge dieser Band vereint.
Er möchte dazu beitragen, pädagogisches Denken aus der Enge der dezidiert technokratischen Verfasstheit islamisch-religionspädagogischer Diskurse zu befreien und die Beziehung von Islam und Schule einmal philosophisch zu vertiefen. Die versammelten Beiträge verlaufen dabei entlang interdisziplinärer Grundlinien christlicher und islamischer Theologien, der Philosophie, der Soziologie und der Pädagogik. Es geht auch darum, der Verhältnisbestimmung von Mensch und Gott nachzugehen und die ihr zu Grunde liegenden theologischen, pädagogischen und anthropologischen Bilder ans Licht zu holen, um mehr aus der Tiefe der jeweiligen Traditionen zu schöpfen.
Mit Beiträgen von Harry Harun Behr, Martin Engelbrecht, Hans-Jürgen Fraas, Winfried Gebhardt, Reza Hajatpour, Tuba Işık, Lutz Koch, Joachim Kügler, Fahimah Ulfat und Frank van der Velden.

WAXMANN

Mouhanad Khorchide, Milad Karimi,
Klaus von Stosch (Hrsg.)

Theologie der Barmherzigkeit?

Zeitgemäße Fragen und Antworten des Kalam

2014, 198 Seiten, br., 24,90 €,
ISBN 978-3-8309-2981-9

Gott hat dich, Muhammad, als Barmherzigkeit für die Welten entsandt" (Q 21:107). Bedenkt man, wie oft im Koran die Barmherzigkeit Gottes an zentraler Stelle gepriesen wird, fällt auf, wie wenig sie in der traditionellen islamischen Gelehrsamkeit als Schlüsselbegriff theologischen Arbeitens etabliert wurde. Vor diesem Hintergrund möchte dieser Band die theologischen Dimensionen von Barmherzigkeit entwickeln und die Zentralität der Rede von Gottes Barmherzigkeit zum Anlass nehmen, alle Disziplinen islamischen Denkens mit dieser Schlüsselkategorie zu konfrontieren. Kann eine Theologie der Barmherzigkeit die grundlegende Botschaft des Korans systematisch erschließen? Welche Konsequenzen hat eine Fokussierung auf Gottes Barmherzigkeit für das Verständnis der Beziehung zwischen Gott und der Schöpfung? Welche Auswirkungen hat sie auf den Umgang mit Koran und Sunna? Bietet sie Perspektiven für eine Auseinandersetzung mit zeitgenössischen außerislamischen Diskursen?
Dieser Band möchte damit auch den vielfältigen Diskurs über die Einordnung der Barmherzigkeit in der Islamischen Theologie in Deutschland darstellen und um wissenschaftliche Positionen bereichern.

WAXMANN